जाति व्यवस्था
मिथक, वास्तविकता और चुनौतियाँ

जाति व्यवस्था

मिथक, वास्तविकता और चुनौतियाँ

सच्चिदानन्द सिन्हा

अनुवाद

अरविन्द मोहन

राजकमल प्रकाशन

ISBN : 978-81-267-1263-2

मूल्य : ₹995

पहला संस्करण : 2006
दूसरा संस्करण : 2016
पहली आवृत्ति : 2024

प्रकाशक : राजकमल प्रकाशन प्रा.लि.
1-बी, नेताजी सुभाष मार्ग, दरियागंज
नई दिल्ली-110 002

शाखाएँ : अशोक राजपथ, साइंस कॉलेज के सामने, पटना-800 006
पहली मंजिल, दरबारी बिल्डिंग, महात्मा गांधी मार्ग, प्रयागराज-211 001
1, अनमोल सोराबजी संतुक लेन, धोबी तलाव, मरीन लाइंस, मुम्बई-400 002
वेबसाइट : www.rajkamalprakashan.com
ई-मेल : info@rajkamalprakashan.com

मुद्रक : राजकमल प्रकाशन प्रा. लि.
नई दिल्ली-110 002

JAATI VYAVASTHA
by Sachchidanand Sinha

क्रम

प्राक्कथन

यह अध्ययन देश में चलनेवाले सामाजिक मारकाट, खासकर जातीय दंगों और आदिवासी समूहों के आन्दोलनों के कारणों को समझने की कोशिश में शुरू हुआ। ये आन्दोलन जितने समय से चल रहे हैं उससे यह मान्यता भी खंडित हुई है कि ये सामाजिक जीवन के बुलबुलों की तरह हैं और क्षण-भर में फूटकर खत्म हो जाएँगे। इसलिए यह कोशिश की गई है कि समस्या की जड़ों तक पहुँचा जाए जिससे पता चले कि ऐसे आन्दोलन को असली खुराक कहाँ से मिलती है। इन समस्याओं को अलग-अलग या अलग-अलग ढंग से देखने की जगह पूरी दुनिया में उभरे संकीर्णतावाद और सामाजिक समूहों के टकराव की आम प्रवृत्ति के सन्दर्भ में देखने की कोशिश की गई है। इस परिप्रेक्ष्य में यह अध्ययन मुख्यतः जाति व्यवस्था की उत्पत्ति और उसकी वास्तविकता पर ही मुख्य ध्यान देता है। फिर इसमें अन्दरूनी सामाजिक सम्बन्धों का जो जाल दिखता है उससे हमारे राष्ट्र की उत्पत्ति पर ही प्रकाश नहीं पड़ता बल्कि यह बात भी समझ आती है कि कुछ खास क्षेत्रों के वे क्या तथ्य हैं जो राष्ट्रीय एकता के लिए परेशानी पैदा कर रहे हैं।

यह अध्ययन प्रमुख समाजशास्त्रीय सिद्धान्तों के ऊपर भी गम्भीर सवाल खड़े करता है जो सामाजिक यथार्थ के तार्किक और कार्यकारी पहलुओं पर जरूरत से ज्यादा जोर देते हैं। ये सिद्धान्त मुख्य रूप से एक छोटे दौर के यूरोपीय अनुभव पर आधारित हैं। बीती घटनाओं का कोई भी अध्ययन यही बताएगा कि मनुष्य तार्किक प्राणी न होकर तर्कशील प्राणी है। वह अपने सामाजिक कामकाज में सिर्फ अपनी तर्कबुद्धि का ही इस्तेमाल नहीं करता बल्कि वह अपने एकांगी पूर्वाग्रहों और मान्यताओं में बह जाता है और फिर तर्क का उपयोग अपने भावों और फैसलों को न्यायोचित बताने के लिए करता है। इसलिए समस्या का अध्ययन समूहों के अन्तर-सम्बन्धों या सम्बन्धों के आदान-प्रदान में जो अविवेकशीलता आती है उसे ही ध्यान में रखकर किया गया है। फिर इन सिद्धान्तों के सीमित यूरोपीय सन्दर्भों से हटकर व्यापक परिप्रेक्ष्य में चीजों को

देखना एक अनिवार्यता भी थी। जाति व्यवस्था जैसे अध्ययन ही सिद्धान्तों और नजरिए में जरूरी बदलाव की शुरुआत कर सकते हैं।

इस अध्ययन का सबसे बड़ा हिस्सा जाति व्यवस्था की वास्तविकता की जाँच-पड़ताल वाला है। यह महसूस किया गया है कि जाति के सन्दर्भ में जिन बातों को वास्तविक मान लिया जाता है उनका काफी बड़ा हिस्सा काल्पनिक ही है और इससे गलत धारणा बनती है, गलत निष्कर्ष तक पहुँचा जाता है। *जाति : पूर्वाग्रह और पराक्रम* शीर्षकवाला अध्ययन इस मामले में कुछ बातों को बहुत खुले ढंग से बताता है। और एक अर्थ में यही इस अध्ययन का सबसे महत्त्वपूर्ण हिस्सा है जिससे अन्य निष्कर्ष भी निकाले जाने चाहिए। इस अध्याय का अध्ययन करनेवाला कोई भी व्यक्ति यह निश्चित राय बना सकता है कि पौराणिक ग्रन्थों या आम मान्यता में जाति का जो रूप है वह भारत में कभी नहीं रहा है। बल्कि ऐतिहासिक अध्ययनों, लोक-परम्पराओं, शिलालेखों-पुरालेखों और गैर-ब्राह्मणवादी साहित्य में जब इतने सारे तथ्य बिखरे पड़े हैं और जिनसे एकदम अलग तस्वीर उभरती है तो लोग जाति व्यवस्था के मिथों पर इतना विश्वास कैसे करते आए हैं। इस अध्ययन में जिन कुछ तथ्यों के आधार पर आम धारणाओं का प्रतिकार किया गया है वे किसी भी ऐतिहासिक प्रमाण की तरह ही पक्के हैं। कुछ अन्य प्रमाण परिस्थितिजन्य हैं। लेकिन उनकी संख्या इतनी बड़ी है कि अगर हम गलतियों के लिए गुंजाइश रखें तब भी ये परिस्थितिजन्य प्रमाण उन दो बुनियादी मान्यताओं पर सन्देह तो पैदा कर ही देते हैं जिन पर यह जाति व्यवस्था टिकी है। पहली मान्यता है कि जातियाँ सदियों से वैवाहिक सम्बन्धों के मामले में अपवादों को छोड़कर एक बन्द व्यवस्था रही हैं, इसलिए उनके खून में मिलावट नहीं है। दूसरी मान्यता है कि अलग-अलग जाति के लोगों को वर्णाश्रम धर्म के अनुरूप ही अलग-अलग पेशे दिए गए हैं और वे उन्हीं को चलाती आ रही हैं। जहाँ तक पहली मान्यता की बात है इतिहास के पक्के प्रमाण ही जाति से परे वैवाहिक सम्बन्धों के इतने प्रमाणों से भरे हैं कि ब्राह्मणवादी दावे और उनकी रची काल्पनिक दुनिया एकदम उलट-पलट जाती है।

इस अध्ययन को सही परिप्रेक्ष्य में रखने के लिए जाति व्यवस्था से सम्बन्धित कुछ महत्त्वपूर्ण सिद्धान्तों की भी परीक्षा की गई है। होमो-हायरार्किकस वाले सिद्धान्त की कुछ ज्यादा विस्तार से चर्चा की गई है क्योंकि इससे इस विनाशकारी दृष्टि को बल मिल सकता है कि जाति व्यवस्था भारतीय मानस में व्याप्त स्वाभाविक भेदभाव का ही एक प्रतिफल है। इससे इस मान्यता को भी बल मिल सकता है कि भारतीय और यूरोपीय मानस ने समान स्थितियों में एकदम

अलग-अलग किस्म का व्यवहार किया। जाति व्यवस्था के कुछ पारम्परिक किस्म के पक्षधरों के लिए यह नजरिया जाति व्यवस्था की पवित्रता या मान्यता को बरकरार रखता है।

यह उम्मीद की गई थी कि गम्भीर अध्येताओं द्वारा जाति व्यवस्था की असलियत के अध्ययन से हर जाति में विशिष्टताबोध के पीछे काम करनेवाले नजरिए की सच्चाई सामने आएगी क्योंकि यह विशिष्टता-बोध सभी समूहों में है। यह सही है कि लोग आसानी से तथ्यों पर भरोसा नहीं कर लेते। फिर भी जाति व्यवस्था ने जिस तरह से हमारे लोगों को अपना गुलाम बना लिया है उसमें जातीय पूर्वाग्रहों को तोड़ने के लिए हमें तथ्य ढूँढ़कर सामने लाने ही होंगे।

लेखक उन सारे लोगों का आभारी है जिनसे की गई बातचीत इस व्यवस्था को समझने में बहुत उपयोगी साबित हुई। इनमें से काफी सारे लोग पिछड़े और दलित वर्गों के थे और उनसे बात करके लेखक को जाति व्यवस्था के बारे में उनके नजरिए को जानने का अवसर मिला। पर ऐसे लोगों की संख्या इतनी बड़ी है कि नाम लेकर आभार प्रकट करना भी सम्भव नहीं है। लेकिन वह दुसाधों के भक्ता, यदु भगत और बुजुर्ग खखन माझी का खास आभारी है। यदु भगत ने बड़े धीरज के साथ दुसाधों की परम्पराओं और पूजा-पाठ के विशिष्ट तौर-तरीकों तथा देवी-देवताओं के बारे में विस्तार से बताया तो खखन माझी ने मुसहरों के बारे में काफी कुछ बताया। दरअसल मुसहरों से लेखक के नजदीकी सम्पर्क ने ही जाति के कबीलाई पक्ष की ओर ध्यान देने की प्रेरणा दी जो इस अध्ययन का बुनियादी दृष्टिकोण है। लेखक भारतीय इतिहास अनुसन्धान परिषद पुस्तकालय और नेहरू स्मारक पुस्तकालय एवं संग्रहालय के पुस्तकालयाध्यक्षों और कर्मचारियों के प्रति धन्यवाद ज्ञापित करना चाहता है जिन्होंने इन पुस्तकालयों की सुविधाएँ उसे उपलब्ध कराईं।

—सच्चिदानन्द सिन्हा

भूमिका

हाल की घटनाओं ने मानव व्यवहार से सम्बन्धित कुछ बहुत ही मान्य समाजशास्त्रीय सिद्धान्तों को गड़बड़ा दिया है। निश्चित रूप से समाजशास्त्र के दिग्गज लोग बड़े जतन से खड़े किए गए अपने सैद्धान्तिक मॉडलों को बचाने के लिए नित नए भाष्य पेश करते रहेंगे। लेकिन यह सम्भव नहीं लगता कि समाजशास्त्रियों द्वारा दी जानेवाली व्याख्या के किसी भी खाँचे में ये घटनाएँ समा जाएँगी। अभी भी घटनाओं के सन्दर्भ में जब हम इन सिद्धान्तों को देखते हैं तो पाते हैं कि वास्तविकता और सिद्धान्त के बीच कोई मेल नहीं बैठता। आज पश्चिमी जगत में समाजशास्त्र की जिस धारा संरचनावादी-व्यवहारवादी का झंडा बुलन्द है उसकी बुनियादी मान्यता है कि लोगों का अनुकूलन समुदाय से समाज की ओर हो रहा है अर्थात् वे संकीर्ण स्थानीयता छोड़कर वैश्विकता की तरफ बढ़ रहे हैं। इस मूल्यांकन के मुख्य कारक, जिन्हें पार्सन्स विन्यास परिवर्ती (पैटर्न वैरिएबल्स) कहते हैं, इस प्रकार माने जाते हैं :

सामुदायिक रुझान (स्थानीय)	**सामाजिक रुझान (वैश्विक)**
1. विशिष्टवाद	वैश्विकता
2. प्रभावक्षमता	प्रभावी तटस्थता
3. विसरणशीलता	विशिष्टता
4. आरोपण	कार्यसम्पादन
5. सामुदायिक अनुकूलन	आत्मकेन्द्रीकरण

उपरोक्त बातों का मतलब यह है कि समाज के विकास के साथ ही पारम्परिक रूप से तय भूमिकाओं से आगे बढ़कर तार्किक रूप से तय लक्ष्य अपनाए जाते हैं और इस गति या क्रम को उलटा नहीं जा सकता। हाँ, बीच के दौर में, दोनों व्यवस्थाओं का कम-ज्यादा मिश्रित असर रह सकता है। इसका यह भी मतलब है कि लोग समुदाय और जाति के भावनात्मक रिश्तों की जगह

अपने फायदे की समझ-बूझ भरी दृष्टि से काम करेंगे। यह सही है कि इस चीज को खुले तौर पर नहीं कहा गया है पर टालकॉट पार्सन्स की यह पूरी प्रणाली क्रान्ति की सम्भावनाओं को टालने के लिए ही बनी थी। लेकिन सामंजस्य और सन्तुलन पर उनका जोर होने के बावजूद विकास की सम्भावना से पूरी तरह इनकार नहीं किया जा सकता क्योंकि यह साफ दिखते तथ्यों से मुँह चुराना होगा। इसलिए इस चीज को बहुत हल्के और अप्रकट रूप में ही स्वीकार किया गया। जैसे, टालकॉट पार्सन्स लिखते हैं :

> "लेकिन इस तथ्य (विज्ञान के अलावा स्वतन्त्र परिवर्तनीयता–लेखक) के दूर होते ही हम सामाजिक व्यवस्था में बदलाव के सामान्य दिशापरक तत्त्व को तार्किकता प्रदान करने की प्रक्रिया के बारे में पर्याप्त भरोसे से बोल रहे होंगे।"[1]

ऐसे व्यवहार का आदर्श उदाहरण वह स्थिति होगी जिसमें कोई व्यक्ति अपने लिए अधिकतम उपलब्धियाँ पाने का प्रयास करता है जिससे उसका दर्जा भी सुधरे और उसके आर्थिक लाभ भी बढ़ें। इस काम में वह अपने समुदाय के अन्य सदस्यों से सहयोग लेने को उनके साथ एका बनाने की जगह उन सदस्यों को अपना प्रतिद्वन्द्वी मानता है। यह सब वह उन लक्ष्यों को पाने के नाम पर करता है जिन्हें वह तार्किक रूप से तय हुआ मानता है। इसलिए ऐसे में जो समाज बनेगा वह किसी भी किस्म के व्यक्तिगत और पारिवारिक बन्धनों से मुक्त व्यक्तियों से बना होगा जो तार्किक ढंग से तय कुछ लक्ष्यों को पाने के लिए बिना दया-माया के एक-दूसरे से मुकाबला करते हैं। परिवार और कुलवाले पुराने सामाजिक रिश्तों के मरते जाने के साथ ही समाज को जोड़ने के लिए वर्गीकरण, बाजार और मुद्रा तथा नौकरशाही जैसे नए कारक आ जाते हैं। काफी हद तक ये चीजें विकसित औद्योगिक समाजों के बनने का प्रमाण हैं। और फिर ये इतनी प्रसिद्ध हो गई होती हैं कि जो समाज इस ओर बढ़ रहे होते हैं या बढ़ना चाहते हैं उनके यहाँ भी इन चीजों की माँग होने लगती है। यह प्रक्रिया निरन्तर आगे ही बढ़ते जानेवाली है–निम्नतर तार्किकता से उच्चतर तार्किकता की ओर–और इसे पलटा नहीं जा सकता।

दूसरा प्रभावी समाजशास्त्रीय सिद्धान्त मार्क्सवाद ने पेश किया। इस सिद्धान्त के अनुसार उत्पादक शक्तियों का विकास और उनके अनुसार उत्पादन सम्बन्धों में बदलाव ही इतिहास की निर्धारक शक्ति है। इन्हीं चीजों के आधार पर ऊपरी चीजें–सुपर स्ट्रक्चर, खड़ी होती है जिनमें न्यायिक, राजनीतिक, दार्शनिक और अन्य विचार शामिल हैं। संक्षेप में कहें तो इसी आर्थिक बुनियाद पर समाज की

बाकी सारी विचारधाराएँ बनती हैं। लेकिन इस सिद्धान्त के अनुसार भी आर्थिक सम्बन्ध ही सबसे प्रमुख बन जाते हैं और उत्पादन पद्धति तथा उत्पादन सम्बन्धों में बदलाव के साथ ही अन्य चीजें भी तेजी से और अनिवार्यतः उसी के अनुरूप अपना बदलाव करती हैं। यह तर्क भी एक अन्य तरीके से यही कहता है कि आधुनिक औद्योगिक प्रणाली अपने आपमें सब कुछ समेट लेनेवाली चीज है और जब यह आती है तो पूँजीवाद या औद्योगीकरण के पहलेवाले सारे सामाजिक और पारिवारिक सम्बन्ध इसमें घुल-मिलकर खत्म हो जाते हैं। यहाँ व्यक्तियों की स्थिति या महत्त्व के अन्तर को माना जाता है पर यहाँ भी व्यक्ति, चाहे वह पूँजीपति हो या मजदूर अपने उद्यम से अपनी कमाई या सम्पत्ति बढ़ाने में व्यक्तिगत रुचि लेता है। पूँजीपति को दिन-रात अपनी पूँजी और संसाधन बढ़ाने की चिन्ता रहती है तो मजदूर को अधिक कमाई और बेहतर काम की। यहाँ भी व्यक्ति को बाकी सारे सम्बन्धों, मूल्यों से मुक्त मान लिया गया और अगर दूसरे लोगों से वह जुड़ता भी है तो पैसों के माध्यम से जिसे कार्लाइल 'कैश नेक्सस' कहते हैं और मार्क्स ने भी इसे पूँजीवादी व्यवस्था में लोगों के बीच के सम्बन्ध को बताने के लिए उपयुक्त शब्द माना। मार्क्स ने इसे पूँजीवादी व्यवस्था में पैदा होनेवाला विरक्ति भाव या उदासीनता माना।

लेकिन मार्क्सवादी सिद्धान्त में तब भी बचने लायक कुछ ठौर-ठिकाने हैं। यहाँ माना गया है कि अपने परिवार और समुदाय से कटे मजदूर के लिए अपने साथ के उन मजदूरों के साथ मैत्रीभाव बढ़ाने, एकता कायम करने का रास्ता रहता है जो उसी पूँजीवादी नियोक्ता द्वारा उसके साथ काम करने के लिए उसी जगह पर जमा कर दिए गए होते हैं। इस समाज में सिर्फ एक किस्म की एकता होती है—वर्गवाली एकता। कुल, परिवार, जाति और राष्ट्र में बाकी सारे रिश्ते पूँजीवाद की भारी-भरकम कीमियागिरी में गल-खप जाते हैं।

इसलिए हम चाहे जिस रास्ते चलें, बात तार्किकतावाले अन्त पर ही पहुँचती है। पूँजीवाद और समाजशास्त्र में दोनों ही प्रमुख सिद्धान्त हमें बताते हैं कि परिवार, कुल और कबीले वगैरह के सम्बन्ध बाबा आदम के जमाने की चीजें हैं और अब समाप्ति की राह पर हैं और अब लोग सिर्फ भौतिक कारणों से ही गतिविधियाँ करेंगे और ये भौतिक हित भी बहुत सीमित आर्थिक अर्थों में परिभाषित होते हैं।

पर क्या वास्तविकता इन सिद्धान्तों से मेल खाती है ? जब ये सिद्धान्त प्रतिपादित हुए हैं उसके बाद से हम हर रोज एक अलग किस्म की वास्तविकताओं से रूबरू होते हैं और जिनका इन सिद्धान्तों द्वारा बताई कार्यपद्धति से कोई लेना-देना नहीं है। अन्धराष्ट्रवाद, कबीलाई संघर्ष, जातीय लड़ाइयाँ और जातिसंहार

की मानसिकता से भड़की हिंसक घटनाएँ ही पिछले कुछ समय की सबसे प्रकट और ताकतवर किस्म की सामाजिक हलचलें रही हैं।

आजादी हासिल करने के बाद भारत ने भी खुद को आधुनिक बनाने की कोशिश की। अधिकांश दलों ने धर्मनिरपेक्षता और लोकतन्त्र को अपना आदर्श बनाया जिसमें बाद में समाजवाद को भी जोड़ा गया। हमारे पहले प्रधानमन्त्री ने नए युग की शुरुआत को रेखांकित करने के लिए यह घोषणा भी कर दी कि बड़े औद्योगिक कारखाने और राष्ट्र की सिंचाई और बिजली की क्षमताओं को प्रयोग में लाने के लिए बननेवाले बड़े-बड़े बाँध हमारे नए पूजास्थल हैं–तीर्थस्थल हैं और विज्ञान तथा तकनीक श्रद्धाभाव रखने की नई चीजें हैं। कुछ समय के लिए पूरा देश भी उनकी इन बातों और भावों को प्रतिध्वनित करता लगा। छुआछूत कानूनी रूप से अपराध बन गया; जाति व्यवस्था को दकियानूसी मानकर समाप्त किया जाना था; और सभी किस्म के कबीलाई भावों और संकीर्णताओं को छोड़कर तार्किक और आधुनिक वैज्ञानिक व्यवस्था लाने की बात थी। ऐसा ही सबने सोचा भी था।

पर वास्तविकता में हमें एकदम अलग प्रवृत्ति दिखाई देती है। जिस जातिवाद को सदा के लिए विदा होना था उसे असल में सिर्फ परदे की ओट में छिपा दिया गया था और अब राजनीतिक हलके में यह सबसे बड़े पहलवान के रूप में विराजमान है। तमिलनाडु की राजनीति में यह सबसे पहले प्रभावी हुआ और इसने बाकी सारे मुद्दों को पीछे छोड़ दिया। केरल में वाम और दक्षिण पन्थ, दोनों जमातों की राजनीतिक पार्टियों ने बहुत साफ पहचाने जा सकनेवाले जातीय और साम्प्रदायिक गठबन्धन किए। महाराष्ट्र में भी बहुत साफ जातीय पहचानों के इर्द-गिर्द ही प्रभावी राजनीतिक समूहों का उदय हुआ। कर्नाटक और आन्ध्र प्रदेश की कहानी भी यही है। उत्तर की बारी बाद में आई और राष्ट्रीय आन्दोलन के प्रभाव से ही ऐसा हुआ। राष्ट्रीय आन्दोलन जातिवादी भावना को काफी समय तक दबाए रखने में सफल रहा, पर अब चुनावी राजनीति हो या सामाजिक जीवन के टकराव, दोनों ही में जातिवाद ने उत्तर भारत को भी अपनी पूरी जकड़न में ले लिया है। पश्चिम और दक्षिण में जिस तरह से मराठों, रेड्डियों, वोक्कालिगों और गौडाओं का प्रभुत्व है, उत्तर में यादवों, जाटों और कुर्मियों ने भी वैसी ही स्थिति बनाने की कोशिश की है। और इस बीच अगर अनुसूचित जाति के लोगों ने अपने लिए कोई अलग जगह बनाने की कोशिश की है तो उन पर चारों ओर से मार पड़ रही है। बिहार में बेहतर मजदूरी की माँग या अन्य मामलों में सम्मानजनक या बराबरी के व्यवहार की उपेक्षा करने के मामले, उनको मारने,

उनकी बस्तियाँ जलाने की घटनाएँ आम हैं। महाराष्ट्र में एक विश्वविद्यालय का नाम भीमराव अम्बेडकर के नाम पर रखने की प्रतिक्रिया कुछ वर्ष पहले सबने देखी ही है जबकि बाबा साहब अम्बेडकर के लिए दलितों के मन में अपार सम्मान का भाव है।

ये उन असंख्य घटनाओं में से कुछ ही हैं जो लगभग नियमित रूप से घटने लगी हैं। दिलचस्प बात यह है कि भारत के सबसे बड़े और आधुनिक औद्योगिक नगर मुम्बई समेत सभी जगहों पर महारों के बीच, जिस अनुसूचित जाति के डॉ. अम्बेडकर भी थे, जबर्दस्त जातीय एकता है। मुम्बई के औद्योगिक मजदूरों में उनका एक अलग ही समूह है और उनकी जातीय एकता वर्गवाली लक्ष्मण रेखा को भी काटती है।

बिहार के भोजपुर जैसी जगहों पर भी, जहाँ लड़ाई विशुद्ध रूप से आर्थिक मुद्दों पर लड़ी जा रही है वहाँ भी लड़ाई की अन्तिम तैयारी खालिस जातिगत आधार पर होती दिखती है। भोजपुर में नक्सलियों ने भूमिहीन मजदूरों को संगठित करने का प्रयास किया है। मोटे तौर पर भूमिहीनों की श्रेणी में अनुसूचित जातियों के लोग ही आते हैं। जब लड़ाई ने तीखा रूप लिया तो सवर्णों के खिलाफ दलित जातियों का जमावड़ा हुआ। अक्सर सवर्णों में भी ज्यादातर छोटे किसान और खेती से किसी तरह जीवन बसर कर लेनेवाले लोग ही हैं और उनका जीवनस्तर भी भूमिहीन मजदूरों के लगभग बराबर ही होता है। लेकिन इस साफ दिखते तथ्य से भी लड़ाई और ध्रुवीकरण में कोई बहुत अन्तर नहीं आता।

एक अन्य महत्त्वपूर्ण बात है जातीय ध्रुवीकरण का उन इलाकों से बाहर निकलकर फैलते जाना जहाँ इसकी शुरुआत हुई थी। एक गाँव या एक क्षेत्र में हुआ ऐसा ध्रुवीकरण पूरे प्रदेश में और अक्सर प्रदेश की सीमाओं को लाँघकर कई प्रदेशों को अपने दायरे में ले लेता है। अक्सर जातियों के राष्ट्रीय संगठन बनाने के प्रयास भी हुए हैं जिनमें अलग-अलग प्रान्तों के एक ही जाति के लोग अपनी जाति की एकजुटता की कसमें खाते हैं, ये अपनी जाति की माँगें आगे रखते हैं। जहाँ एक प्रदेश से आगे निकलनेवाला औपचारिक संगठन नहीं हो तो ऐसा संगठन बनाया जाता है और अपने जाति-भाई लोगों से सम्पर्क बनाया जाता है। ऐसी एकता आम तौर पर राष्ट्रीय रूप लेती है और फिर इन्हें 'पिछड़ों' या 'दलितों' की एकता जैसी बड़ी छतरी के नीचे समेटने की कोशिश होती है। पर यह बादवाली एकता या एकता का प्रदर्शन टिकाऊ रूप नहीं लेता और आम तौर पर किसी तात्कालिक मुद्दे को लेकर ही बनती है।

हाँ, एक खास क्षेत्र से निकलकर सभी क्षेत्र के एक जाति के लोगों को जोड़ने का प्रयास इनसे ज्यादा टिकाऊ होता है क्योंकि उसमें जातिवाले मूल्यों के साथ एक कबीलाई जुड़ाव भी रहता है।

पिछले कुछ वर्षों से आदिवासियों के आन्दोलन भी जोर पकड़ रहे हैं। इन आन्दोलनों के दो स्वरूप सामने आ रहे हैं। पूर्वोत्तर क्षेत्र के सीमावर्ती क्षेत्रों में बसे कबीलों की तरफ से, जिनके कबीले के ही कुछ लोग सीमा के उस तरफ भी रहते हैं, अलग राष्ट्र की माँगें उठ रही हैं। मिजोरम और नागालैंड की स्थिति ऐसी ही है। और जो आदिवासी इलाके गैर-आदिवासी इलाकों के बीच आ गए हैं उनमें भारतीय संघ के अन्दर ही आदिवासी-बहुल राज्य की माँग उठती रही है और झारखंड समेत कुछ इलाकों में उसमें सफलता भी मिली है। यहाँ भी अलग-अलग जगहों पर बिखरी आदिवासी जमातों में एकता कायम करने की प्रवृत्ति रही है।

जैसे, अलग प्रदेश बनाने के लिए 30 जून, 1980 को आल इंडिया झारखंड पार्टी ने जो माँग रखी थी उसमें पश्चिम बंगाल, बिहार, ओड़िसा और मध्य प्रदेश के आदिवासी इलाकों को मिलाकर झारखंड राज्य बनाने की बात थी। वैसे तो आदिवासी लोगों में भी मुंडा, उराँव और सन्थाल जैसे अनेक समूह हैं पर उन सभी के ऊपर जिस तरह से गैर-आदिवासी संस्कृति का दबाव चारों ओर से पड़ने लगता है उसमें वे अपनी सांस्कृतिक पहचान को बचाने के लिए, अभी तो सबको साथ लेकर चल रहे हैं, पर यह भी उल्लेखनीय है कि सदियों से साथ-साथ रहने के बावजूद न तो आदिवासियों-गैरआदिवासियों के बीच ज्यादा मेलमिलाप हुआ है, न स्वयं आदिवासी समूहों का आपस में विलय होकर उनकी कबीलाई पहचान ही समाप्त हुई है। यहाँ यह भी उल्लेखनीय है कि पश्चिम बंगाल में पहले भी कोई बड़ा आदिवासी आन्दोलन नहीं था पर वाममोर्चा सरकार बनने के बाद इसने जोर पकड़ा। मिदनापुर, बाँकुड़ा, पुरुलिया और वीरभूम में अस्सी के दशक के शुरू में काफी बड़े आन्दोलन हुए और इनमें हुआ ध्रुवीकरण स्पष्ट रूप से आदिवासी पहचान के साथ था। सभी पारम्परिक शासकों की तरह निकट-दृष्टि रखनेवाली वाममोर्चा सरकार को आदिवासी आन्दोलन के पीछे काल्पनिक हाथ नजर आया। उसने आदिवासियों के असंतोष के लिए ईसाई मिशनों को जिम्मेदार ठहराया। पर आदिवासी आन्दोलन, जो रोज ज्यादा दमदार बनता गया है, की इस व्याख्या से कौन सहमत होगा।

मार्क्सवादी कम्युनिस्ट पार्टी के शासनवाले एक अन्य राज्य, त्रिपुरा में भी पार्टी ने आदिवासियों के सवाल पर बहुत अजीब किस्म का आचरण किया। वहाँ

भी अस्सी के दशक के शुरू से अपनी पहचान बचाने का आन्दोलन आदिवासी लोग चला रहे हैं। पास-पड़ोस के इलाकों से रोज आकर त्रिपुरा में बसनेवाली बंगाली आबादी ने आदिवासियों को उनके घर में ही अल्पसंख्यक बना दिया है और हर क्षेत्र में बंगालियों का ही प्रभुत्व है। हालाँकि माकपा सरकार ने आदिवासियों को शान्त करने के लिए कुछ प्रशासनिक प्रबन्ध किए, किन्तु वह घुसपैठिया बंगालियों के विरुद्ध आदिवासियों की भावना के ज्वार को रोकने में असफल रही। आदिवासियों और बंगालियों के बीच हिंसक झड़पें हुईं। 'आमरा बंगाली' नामक एक उग्र और दकियानूस सोचवाला बंगाली संगठन भी उभर आया। इस किस्से को बताने का सीधा और छोटा सा मकसद यह है कि दुनिया के मजदूर तो एक नहीं ही होते, पास-पास के इलाकों और दो तरह की सांस्कृतिक पहचानवाले श्रमजीवी भी टकराते हैं—एकता नहीं रख पाते। माकपा ने यहाँ भी हर समस्या के पीछे विदेशी हाथ देखना जारी रखा।

पूर्वोत्तर भारत के अन्य इलाकों में भी भारी हलचल चलती रही है। आजादी के काफी समय बाद तक शान्त रहनेवाले ये इलाके भी अस्सी के दशक की शुरुआत से आन्दोलित हुए हैं। सबसे पहले असम में 'बहिरागतों' को प्रदेश से निकालने का आन्दोलन और मारकाट चली। मुख्यतः बांग्लादेशी लोगों की घुसपैठ से असमिया लोगों की सांस्कृतिक पहचान खतरे में पड़ गई थी। पर मामला सिर्फ सांस्कृतिक पहचान का ही नहीं था—असल में बंगालियों द्वारा आर्थिक समेत हर क्षेत्र में प्रभुत्व बना लेने का डर था। नागालैंड, मणिपुर, मिजोरम, मेघालय जैसे सभी राज्यों में कबीलाई पहचान सुदृढ़ करने, बाहरी प्रभावों को नकारने, बाहरी प्रभावों के डर ने आन्दोलन खड़े किए। कई जगहों पर तो 250 वर्ष से प्रभावी वैष्णव हिन्दुत्व के खिलाफ भी मुहिम चली और उसे गुलामी का प्रतीक बताया गया। विद्रोह और हिंसा का क्रम निरन्तर जारी है और इस पूरे इलाके में चल रहा है।

जो तथ्य सामने आ रहे हैं उनसे साफ है कि जातीय ध्रुवीकरण और उग्र आदिवासी आन्दोलनों जैसे सामूहिक व्यवहार को समाजशास्त्र के मौजूदा उपकरणों से ढंग से नहीं समझा जा सकता। साथ ही यह भी साफ लगता है कि राष्ट्रीय एकता पर आदिवासी इलाकों से ज्यादा दबाव पड़ रहा है। यह सही है कि कभी तमिलनाडु में द्रविड़िस्तान और पंजाब में खालिस्तान की माँग कुछ अतिवादी समूहों ने की थी। लेकिन सख्ती और जवाबी रणनीति ने इस आन्दोलन को बहुत कम समय में इतिहास की चीज बना दिया। दूसरी ओर आदिवासी विद्रोह में भले ही बहुत ज्यादा संख्या में लोगों की भागीदारी न होकर उनका स्वर एकदम अलग

रहा है और उनको दबाया नहीं जा सका है। निश्चित रूप से इसका सीधा रिश्ता हमारे राष्ट्र के बनने की प्रक्रिया से है और भारतीय राष्ट्र से आदिवासियों की विरक्ति के सवाल को बहुत ही समझबूझ के साथ देखना और हल करना होगा। इन सबके लिए विदेशी शक्तियों को या 'मुट्ठी भर' लोगों को जिम्मेवार बता देना असल में शुतुरमुर्ग की तरह अपना सिर रेत में घुसाने जैसा काम ही होगा।

हमने देखा है कि जाति हो या कबीलाई आन्दोलन, दोनों में क्षेत्रीय सीमाएँ लाँघकर क्षैतिज सम्बन्ध बनाने की प्रवृत्ति साफ है। यह पहलू हमें जाति की उत्पत्ति को समझने में मदद कर सकता है।

लेकिन जब हम इस समस्या पर विचार करना शुरू करते हैं तो पाते हैं कि विभिन्न जातीय, भाषाई और धार्मिक समूहों का एक-दूसरे के प्रति यह द्वेष-भाव सिर्फ भारत में ही नहीं है। पूरी दुनिया में ऐसा है और सामाजिक तथा आर्थिक तनाव की स्थितियों में दूसरे समूह को दबाने—नाश करने की प्रवृत्ति उभरने लगती है। अगर हम आज की दुनिया को देखें तो हमें बहुत ही विरोधाभासपूर्ण स्थिति दिखेगी। दुनिया में काफी समय तक दो ध्रुव दिखते रहे, आज एक ध्रुव की बात कही जा रही है पर सारी लड़ाइयाँ जातीय समूहों और कबीलाई पहचानों के आधार पर लड़ी जा रही हैं जो आतंकवाद, बगावत या जवाबी बगावत के रूप में सामने आ रही हैं। 75 साल कम्युनिस्ट शासन में रहने के बाद जब सोवियत संघ के इलाके बिखरे तो विशुद्ध कबीलाई पहचान के आधार पर बँटे। अफ्रीकी देशों की लड़ाई तो कबीलाई है ही, अपने आसपास के देशों—पाकिस्तान, श्रीलंका, बर्मा और ईरान में भी कबीलाई या जातीय पहचानवाले समूह भयंकर लड़ाई लड़ रहे हैं। श्रीलंका के तमिलों की लड़ाई तो तमिल पहचान बनाने और अलग तमिल प्रान्त बनाने की है। औद्योगिक देशों में जातीय समूहों के खिलाफ भेदभाव थोड़े अप्रकट ढंग से होता है। जैसे, वहाँ अकुशल मजदूरी का काम बाहर से आए लोगों को दिया जाता है जो काम अब वहाँ के लोग नहीं करते या नहीं करना चाहते। पर जब मन्दी हो या बेरोजगारी का दबाव, छँटनी का कुल्हाड़ा प्रवासी कामगारों की गर्दन पर ही पड़ता है। अब तो विकसित देशों में रंगीन चमड़ीवाले मजदूरों का आना भी बहुत आसान नहीं रह गया है। उन्हें आसानी से वीसा ही नहीं मिलता।

सबसे आधुनिक समाजों में गिने जानेवाले अमेरिका में भी, जिसे विभिन्न राष्ट्रीयताओं के लोगों का 'मेल्टिंग पॉट' (मिलन पात्र) ही कहा जाता है, नस्ल और जातीय पहचान के आधार पर विभाजन बहुत खुल गए हैं। दर्शनशास्त्र के अमेरिकी प्रोफेसर माइकेल नोवाक की निम्नलिखित टिप्पणी इस बात की जबर्दस्त

वकालत करती है कि अलग तरह से समाजशास्त्रीय चिन्तन की जरूरत है। उनकी मान्यता भी कुछ वैसी ही है जैसी चर्चा हमने पहले की है। अमेरिका के जातीय सम्बन्धों के बारे में वे निम्नलिखित बातें लिखते हैं :

> "पाँचवाँ, सुधारवादी नौकरशाही ने जातीय विविधता की अनदेखी की है। (उसने माना कि यह स्वतः समाप्त हो जाएगी।) जातीय विविधता की राजनीतिक ताकत को नहीं समझा गया। अश्वेत, शिकानो और इंडियन लोगों के चेतन होने और एक हद तक सुगठित होने से बाकी जातीय समूह मनोवैज्ञानिक रूप से भ्रमित हो गया है। वे 'वास्प' (WASP) बनने में सक्षम नहीं हैं। उनका अपने आप पर से भरोसा उठता जा रहा है।
>
> "सातवाँ, समाज की बहुत ही मशीनी समझ और छवि के चलते विशेषज्ञ भी सामाजिक जीवन को चलानेवाली वास्तविक शक्तियों की तरफ से आँखें मूँदे रहे। विशेषज्ञों की भाषा में 'प्रोग्राम,' 'फंक्शन,' 'मशीन,' 'इनपुट,' 'वर्कशॉप,' 'फ्लड इन' जैसे मदों की भरमार हो गई मानो समाज कोई जीती-जागती चीज न होकर मशीन हो। अश्वेतों और जातीय समूहों के जीवन में जो सबसे प्रमुख चीज़ें हैं—परिवार, पास-पड़ोस और स्थानीय समुदाय, उनकी इन विशेषज्ञों ने कोई खास कीमत नहीं समझी। सारी बातें कल्पना के आधार पर करना तो लाट साहबी है। इससे जीवन्त चिन्तन भी पंगु बन जाता है।
>
> "आठवाँ, हर जातीय समूह के साथ सामाजिक मुद्दा भी अलग-अलग बन जाता है क्योंकि हर समूह की व्यक्ति, परिवार, समाज, राजनीतिक कामकाज और नैतिकता के बारे में अलग-अलग राय है।"[2]

समाज में बँटवारा करनेवाली सबसे साफ लाइन आर्थिक नहीं है। हमें विवाद के स्रोत को समझना होगा। जैसे, यह जानना होगा कि आदिवासियों के सहयोग के पीछे क्या मानसिकता काम करती है, क्या जाति व्यवस्था और कबीलाई जीवन शैली में कोई समानता है जिससे कि जातियों में भी उन्हीं के समान विशिष्ट किस्म का एकता-बोध होता है ? इन सभी बातों पर हमें विचार करना चाहिए।

अपने मुख्य मुद्दे, भारतीय जाति व्यवस्था पर बात करें तो पाएँगे कि विभिन्न जातियों के बीच परस्पर नफरत और बैर का जो भाव है उसके पीछे दो मिथों अर्थात् काल्पनिक सत्यों का सबसे बड़ा हाथ है। एक तरफ तो वर्ण-व्यवस्था का

ब्राह्मणवादी सिद्धान्त है जिसके अनुसार कुछ लोग जन्म से ही श्रेष्ठ हैं और यह श्रेष्ठता उच्च जाति में पैदा होने से ही मिल जाती है। इस विचार का कहना है कि ऐसे बड़े लोगों को फिर बड़े या ऊँचे दर्जे के ही काम करना चाहिए जिनमें श्लोक पढ़ना, पूजा-पाठ करना या हथियार लेकर लड़ना और दूसरों को मारने का काम शामिल है। और अगर इसकी परम्परा के थोड़े पुराने और आदिम रूप की तरफ देखें तो पाएँगे कि उच्च वर्ण में जन्म लेनेवालों का सबसे प्रधान काम था—यज्ञ में बलि चढ़ाना और इसमें भी घोड़ों और बड़े पालतू पशुओं की बलि को ज्यादा महत्त्व दिया जाता था। पर वैदिक यज्ञवाले दिनों की तुलना में अब बहुत दरिद्र हो चुकी इस जमात ने ऐसी बलि को या तो बन्द कर दिया है या फिर बकरी और भेड़ जैसे छोटे पशुओं की बलि दी जाती है। ऐसे कामों से बनी श्रेष्ठता और युद्ध के आधार पर उच्च जातियों के लोग अन्य जातियों और दलितों से किसी तरह का सम्पर्क रखने से बचते थे। यह आम तौर पर माना जाता है कि इस तरह से उन्होंने अपनी 'शुद्धता' सदियों तक बनाए रखी और अगर किसी नीची जाति की स्त्री या पुरुष के सम्पर्क में आने पर सन्तान पैदा हुई तो उसे अपने वर्ण में न लेकर वर्ण-संकर घोषित किया गया। और आज जो असंख्य जातियाँ दिखती हैं उनमें कई की उत्पत्ति ऐसी ही है।

इस नजरिए को सिर्फ पारम्परिक बातों से ही नहीं धर्मशास्त्रों का समर्थन भी मिलता जिनकी रचना और संग्रह ब्राह्मणों ने स्वयं किया।

जहाँ तक वर्ण-व्यवस्था की उत्पत्ति की बात है तो इसे मनुष्य जाति की उत्पत्ति के साथ ही आई माना जाता है। इसकी उत्पत्ति उस काल्पनिक पुरुष के विभिन्न अंगों से हुई बताते हैं—ब्राह्मण मुख से पैदा हुए, क्षत्रिय भुजाओं से, वैश्य जाँघों से और शूद्र पैरों से। और वर्ण-व्यवस्था की इस उत्पत्ति के साथ विभिन्न वर्णों के काम भी तय कर दिए गए—ब्राह्मणों के जिम्मे पूजा-पाठ और अध्ययन का काम आया तो क्षत्रियों के जिम्मे लड़ने-भिड़ने और शासन करने का, वैश्यों के जिम्मे खेती और व्यापार आया तो शूद्रों के जिम्मे तीनों वर्णों की सेवा का। पहले तीन वर्णों को द्विज अर्थात् दो बार जन्मनेवाला कहा जाता है। माना जाता है कि उनका दूसरा जन्म उपनयन संस्कार के समय होता है।

जाति व्यवस्था से जुड़ा दूसरा मिथक शूद्रों और अन्त्यजों की तरफ से है। इस मिथक के अनुसार पिछड़ी जातियाँ ब्राह्मणों की सोची-समझी रणनीति या साजिश का शिकार बनी हैं। यह साजिश उन्हें नीचा करने की थी। इस नजरिए के अनुसार शूद्र सदा से इसी स्थिति में नहीं थे पर उनकी मौजूदा स्थिति पाँच हजार वर्ष से चल रही है और द्विजों तथा शूद्रों के बीच बँटवारे की लाइन इस

दौरान बहुत ही जड़ और कठोर बनी रही है और द्विजों, खासकर ब्राह्मणों के झूठ के आधार पर ही टिकी रही है।

शूद्रों की स्थिति सुधारने सम्बन्धी आन्दोलन के एक प्रमुख नेता भीमराव अम्बेडकर इस बारे में अपने विद्वतापूर्ण नजरिए को रखते हैं जिससे अन्दाजा लगता है कि यह सब कैसे हुआ होगा। अपनी किताब 'हू वेयर द शूद्राज ?' (शूद्र कौन थे ?) में वे अपने तर्क को इस तरह प्रस्तुत करते हैं :

1. ''शूद्र आर्य समुदाय के सूर्यवंश के लोग थे।''
2. ''कभी ऐसा समय भी था जब आर्य समाज सिर्फ तीन वर्णों–ब्राह्मण, क्षत्रिय और वैश्य को ही मान्यता देता था।''
3. ''शूद्र कोई अलग वर्ण नहीं था। हिन्दू आर्य समाज में उनके क्षत्रिय वर्ण का हिस्सा ही माना जाता था।''
4. ''शूद्र राजाओं और ब्राह्मणों के बीच लगातार ठनी रहती थी जिसमें ब्राह्मणों पर तरह-तरह के अत्याचार हुए और उनका अपमान हुआ।''
5. ''इसलिए ब्राह्मणों के मन में शूद्रों के प्रति नफरत पैदा हुई। वे उन्हें अपना शोषक और दमनकारी मानते थे। परिणामस्वरूप ब्राह्मणों ने शूद्रों का उपनयन कराना बन्द कर दिया।''
6. ''जब उपनयन होना बन्द हो गया तो क्षत्रिय श्रेणी में रहे शूद्रों का सामाजिक दर्जा नीचे आ गया और वे वैश्यों से भी नीचे आ गए और इस प्रकार चौथा वर्ण बना।''[3]

वर्ण-व्यवस्था में अपने खोए दर्जे के भाव से जुड़ा यह नजरिया ही ब्राह्मणों के प्रति शूद्रों के मन में बैठी कड़वाहट का एक प्रमुख कारण है। इसमें यह भाव जुड़ा हुआ है कि उसके सामाजिक दर्जे में गिरावट के लिए ब्राह्मण ही दोषी रहे हैं। आगे अपने अध्ययन के क्रम में हम देखेंगे कि पूरे ज्ञात इतिहास में समाज के सभी वर्णों में क्षत्रिय का दर्जा पाने की बेचैनी रही है। इस नजरिए का मेल आज की स्थिति से भी होता है कि ब्राह्मण ही छोटी जाति के लोगों को समाज में उचित स्थान नहीं लेने दे रहे हैं। अपने दोष या शिकायतों को दूसरों के मत्थे मढ़ने के लिए जिन्हें किसी बहाने भर की जरूरत होती है वे दूसरी ऐतिहासिकता की पुष्टि करने का सिरदर्द मोल नहीं लेते। इसलिए यह मिथक न सिर्फ बना रहा है बल्कि मजबूत होता गया है।

ये दोनों ही दृष्टिकोण और मिथक दोनों सम्बन्धित समूहों की एक-दूसरे के प्रति राय और बैर-भाव दोनों में वृद्धि करते हैं और संघर्ष जारी रखने में निश्चय को दृढ़ करते हैं। पहला समूह जन्मजात श्रेष्ठता के दावे को चलाए रहना चाहता

है तो दूसरा लादे गए छोटे दर्जे को हटाना चाहता है। और दोनों ही समूह इसके लिए लड़ने-भिड़ने को तैयार हैं।

निस्सन्देह यह सब कुछ सार्वजनिक रूप में न कहा जाता है, न इसके अनुरूप खुली तैयारी होती है—खासकर द्विजों की तरफ से तो अपनी श्रेष्ठता की बात सार्वजनिक रूप से शायद ही कभी कही जाती हो। लेकिन गैर पारम्परिक कामों, पदों और अधिकारों से लैस शूद्रों के काम में खोट निकालने और आलोचना करने के पीछे यह साफ मंशा रहती है कि शूद्र लोग इन पदों या श्रेष्ठ स्थानों के लिए कितने अयोग्य हैं। इसी मिथक के अनुसार आराम से खुले टकराव भी दिखते हैं—और चौथे वर्ण के लोगों के खिलाफ इस या उस बहाने, प्रत्यक्ष या परोक्ष रूप से भेदभाव होता दिखता है। और शूद्र अपने तर्क को मजबूत करने या सही साबित करने के लिए मन से इन सवालों को उठाते हैं और पर्याप्त जोरदार ढंग से भी उठाते हैं।

इन शक्तिशाली और प्रभावी मिथकों के अलावा भी जाति व्यवस्था की सम्भावित उत्पत्ति और विकास पर गम्भीर और सावधानीपूर्ण अध्ययन समाजशास्त्रियों, इतिहासकारों और नृशास्त्रियों की तरफ से हुए हैं। जिन लोगों ने ये अध्ययन किए हैं उनकी जाति व्यवस्था में सीधी भागीदारी नहीं थी या उनकी इन विचारों में कोई दिलचस्पी नहीं थी पर कई बार लगता है कि वे भी इन दो प्रचलित मिथकों में से किसी-न-किसी के पक्ष को लेकर आगे बढ़े हैं। इसके अलावा, ये अध्ययन कुछ खास पहलुओं को ही लेकर हुए हैं और जाति को ध्यान में रखकर सामाजिक-राजनीतिक स्थिति की समग्र तस्वीर पेश करने की कोशिशें नहीं हुई हैं। विशुद्ध वैज्ञानिक नजरिए से देखें तो ये गलतियाँ टाली नहीं जा सकती थीं। लेकिन इससे इन क्षेत्रों के व्यावहारिक अध्ययन इन प्रभावी मिथकों को बगैर छुए निकल जाते हैं। इसलिए हमें लोगों के नजरिए और इन अध्ययनों के निष्कर्ष के आधार पर एक पूरी तस्वीर बनानी चाहिए। इसी से इन पारम्परिक मिथकों का प्रभाव टूटेगा—एक-दूसरे के प्रति शत्रुभाव में कमी आएगी। पर यह करने से पहले विशेषज्ञों के विभिन्न विचारों का भी मूल्यांकन करना जरूरी हो जाता है। जातीय सम्बन्धों की वास्तविकता के विविध तथ्यों को जाँचने से पहले तक कुछ प्रमुख सिद्धान्तों की चर्चा करेंगे जिससे इस अध्ययन को एक स्पष्ट परिप्रेक्ष्य में रखा जा सकेगा।

अध्याय : 1

आर्य उत्पत्तिवाले सिद्धान्त

हमारी सामाजिक संस्थाओं को तार्किक ढंग से समझने की सबसे प्रारम्भिक कोशिशें यूरोपीय लोगों ने कीं जो अपने समाजों के बारे में उनकी जानकारी से एकदम भिन्न थीं और जिन्हें देखकर वे हैरान से थे। और इस व्यवस्था का हिस्सा न होने के चलते वे इन संस्थाओं के बारे में अपेक्षाकृत बेलाग नजरिया भी अपना सकते थे। लेकिन अपेक्षाकृत बेलाग ही, क्योंकि इन संस्थाओं के बारे में भले ही भारतीय लोगों के कुछ पूर्वाग्रह हों, पर इन यूरोपीय लोगों के भी अपने पूर्वाग्रह कम नहीं थे।

शुरुआती सारे अध्ययनों पर आर्य नस्लवाली अवधारणा का रंग बहुत गहरा चढ़ा हुआ था। तभी हुए अध्ययनों से यह संकेत मिले थे कि यूरोप, ईरान और भारत की संस्कृत मूल की कई भाषाओं का विकास साझा भारोपीय भाषा परिवार से हुआ था और इसी आधार पर एक आर्य नस्लवाली अवधारणा बनी थी। यह माना गया था कि तब एक आर्य जाति थी जो अपने साथ कुछ मूल सांस्कृतिक प्रवृत्तियों के साथ इस भाषा को भी लेकर दुनिया के अलग-अलग हिस्सों में पहुँची थी। इसी सोच के तहत जब मैक्स मूलर ने शतपथ ब्राह्मण का अनुवाद प्रकाशित कराया तो उसकी भूमिका में लिखा :

> "उत्तरोत्तर दौर की साहित्यिक रचनाओं से हम देख सकते हैं कि आर्य संस्कृति का केन्द्र सिन्धु क्षेत्र से बदलकर यमुना और गंगा हो गया था। चूँकि नए जीते गए क्षेत्रों में मुख्यतः आदिम कबीलों के लोग थे, जो विजेता आर्यों के आगे पराजय कबूल कर चुके थे या आर्यों ने उन्हें शूद्र या गुलामों की श्रेणी में रखा था, इसलिए ब्राह्मणवादी आस्थाओं और रीति-रिवाजों को आदिम प्रजा के मूर्तिपूजक रस्मो-रिवाज के दुष्प्रभावों से बचाने के लिए आर्य लोगों

और गुलाम जनता के बीच अभेद्य दीवार खड़ी करने का सुझाव ब्राह्मण ग्रन्थों में ही दिया गया था। चूँकि इस तरह के वर्ग विभेद भले ही मुख्यतः धार्मिक हितों के चलते बने हों पर धीरे-धीरे समाज के सभी वर्णों के आपसी रिश्तों के निर्धारण का आधार बनते गए और धर्म-सूत्रवाले काल तक आते-आते इन्होंने नियमों या कानूनों का रूप ले लिया। यही धर्म-सूत्र आगे चलकर हिन्दू कोड का आधार बने।''[1]

इस प्रकार यह माना गया कि आदिम कबीलों के मूर्तिपूजक रस्मो-रिवाज से आर्य मान्यताओं को बचाने की आर्यों की कोशिशों ने ही बाद में जाति व्यवस्था का रूप लिया। इसी नस्लवादी मान्यता पर आधारित एक और सिद्धान्त सेनार्ट ने दिया। उसने भारतीय जाति संगठनों और यूनानी तथा रोमन समाजों के वर्गीकरणों के बीच समानता देखी। किसी नई व्यवस्था को अपनी ज्ञात चीजों या व्यवस्था से जोड़कर या उसी सन्दर्भ में देखना बहुत स्वाभाविक भी है। वे लिखते हैं :

''रोम के जीन्स, क्यूरा और ट्राइब, यूनान के फेमिली, फ्रेट्रिया और फाइले तथा भारत के परिवार, गोत्र और जाति के बीच काफी समानता है। ये समानताएँ तो शुरू से ही हैरान करनेवाली हैं ही, असली समानता अन्य बारीकियों में भी है। 'क्लैन' (कुल) और ट्राइब (कबीला) में तथा समूह और जाति में जो बारीक फर्क है वह शादियों के मामले में उनके नजरिए का है। कुल-गोत्र के बाहर शादी करनेवाला समूह अधिक सीमित है जबकि इस बन्धन को न जाननेवाले समूह बड़े हैं।''[2]

उन्होंने आगे लिखा है :

'' पुराने किसी भी प्रमाण से साबित नहीं होता कि भारोपीय लोगों ने हाथ से करनेवाले कामों और पेशों को बहुत पसन्द किया हो। यूनानियों और रोमनों ने ये काम गुलामों या मध्यवर्ती समूहों के लिए छोड़ दिए थे। आर्य जब गाँवों में बसे और पूरी तरह पशुचारी जीवन अपनाया तो उन्हें अन्य किसी भी जगह की तुलना में भारत में हाथ से काम करने की और भी कम जरूरत थी। आम तौर पर हाथ के काम आदिम कबीलाई लोगों या मिश्रित या अस्पष्ट नस्लवालों के लिए थे जिनको कि सामाजिक दृष्टि से उसी स्तर पर रखा गया था।

"किसानी अपनाने के क्रम में इन दोनों जमातों ने अपने पारम्परिक कौशलों को तो जारी रखा पर साथ ही अपने से उन्नत नस्ल के समतुल्य संगठन को अपने ऊपर उतारने की इच्छा भी रखी। अपवित्रता के डर से आर्यों ने खुद को अनेक पेशों से दूर रखा; यह डर बाकी लोगों में भी फैला और बाहर से आए आर्यों और उनके पुजारियों के धार्मिक प्रभाव में रहनेवाले निम्न समूहों के लोगों में आम हो गया।"[3]

और यहाँ यह निष्कर्ष निकालने में कोई हर्ज नहीं है कि इस तरह के सिद्धान्तों और विचारों ने सवर्ण हिन्दुओं के मन में बैठी स्वाभाविक श्रेष्ठता के भाव को ही प्रबल किया। 'आर्य' शब्द भारतीय साहित्य में एक आदरपूर्ण सम्बोधन से अधिक भाव नहीं रखता था। पर इन व्याख्याओं से वह अचानक नया महत्त्व, नया वजन पाने लगा। अंग्रेजी पढ़े-लिखे सवर्ण लोगों के मन में इसने नया गर्व भरा कि वे भी इसी मूल के हैं जिससे उनके अंग्रेज मालिक पैदा हुए हैं और अब इनके मूल्यों और रंग-ढंग की नकल करने में उन्हें भले कितनी भी मेहनत करनी पड़ती हो, पर यह करने में कोई नैतिक बाधा नहीं है। शारीरिक श्रम न करने की उनकी अपनी इच्छा को भी सेनार्ट के नजरिए से मदद मिलती थी। निश्चित रूप से आर्य नस्लवाली, पूरी की पूरी अवधारणा ही सन्दिग्ध है। अतः कहने का सबसे बड़ा आधार तो यह है कि अनेक कबीले एक भाषा बोलते-समझते हैं पर इससे वे एक नस्ल के नहीं हो जाते। अक्सर एक भाषा अपने क्षेत्र का विस्तार करती हुई अलग-अलग जातीय समूहों तक पहुँच जाती है। इसमें ऐसी जातियों-नस्लों के लोग भी होते हैं जो इस भाषा के उद्गमवाले समूह से अलग होते हैं जैसे आज अमेरिकी नीग्रो और भारतीय लोगों द्वारा अंग्रेजी बोलना। भारतीय उपमहाद्वीप को ही देखें तो बलूचिस्तान के ब्रहुई लोग, जिन्हें रिज़्ले तुर्क-ईरानी शारीरिक श्रेणी में रखते हैं, द्रविड़ मूल की भाषा बोलते हैं। भाषा और नस्ल के बीच शायद ही कोई सम्बन्ध है लेकिन ये सारे सिद्धान्त इसे ही आधार मानकर आगे बढ़ते हैं।

नस्लवादी मूल के विचार को आगे बढ़ाने के लिए एच.एच. रिज़्ले ने इस उपमहाद्वीप के अलग-अलग लोगों की भौतिक बनावट का एक अनुभवसिद्ध अध्ययन प्रस्तुत किया। उन्होंने मुख्यतः माथे और नाक की बनावट को अपना आधार बनाया और माना कि लोगों की नस्ल सम्बन्धी जानकारी के लिए सबसे अच्छे पैमाने यही हैं। उनके दिशा-निर्देश के तहत लोगों की शारीरिक बनावट, नाक और माथे के आकार की माप सम्बन्धी व्यापक अध्ययन हुए और इनसे

जाति और नस्ल के अन्तर-सम्बन्धों को स्थापित करने की कोशिश की गई। उनके अनुसार इन अध्ययनों से जो मुख्य श्रेणियाँ उभरीं वे इस प्रकार थीं :

"I. तुर्क-ईरानी। मुख्यतः बलूचिस्तान और पश्चिमोत्तर सीमा प्रान्त के बलोच, ब्रहुई और अफगान। औसत से ऊपर की कद-काठी, रंग गोरा, आँखें प्रायः काली लेकिन कभी-कभार भूरी भी, चेहरे पर काफी बाल, माथा चौड़ा, नाक सामान्यतः लम्बी, पतली और उठी हुई।"

"II. भारोपीय। पंजाब, राजपूताना और कश्मीर के मुख्यतः राजपूत, खत्री और जाट। इस श्रेणी के लोग आसानी से तुर्क-ईरानी लोगों से अलग दिखते हैं और भारत में आए पारम्परिक आर्य विजेताओं के ज्यादा करीब दिखते हैं। लम्बी कद-काठी, गोरा रंग, काली आँखें, चेहरे पर काफी बाल, लम्बा सिर, पतली और उभरी हुई नाक लेकिन ज्यादा लम्बी नहीं।"

"III. शक–द्रविड़। पश्चिम भारत के मराठा ब्राह्मण, कुनबी और कूर्ग। सम्भवतः शक और द्रविड़ तत्त्वों के मिलन से पैदा हुई श्रेणी। छोटे कद, लम्बे सिर, चौड़ी नासिका, छोटी नाक के चलते तुर्क-ईरानी श्रेणी से एकदम भिन्न। चौड़ी नाक के अलावा बाकी गुण सम्भवतः द्रविड़ तत्त्वों के आपसी मेल से आए। इसके उच्चतर समूहों में संकर तत्त्व कम लेकिन निचले समूहों में द्रविड़ तत्त्वों की भरमार।"

"IV. आर्य-द्रविड़ या हिन्दुस्तानी। संयुक्त प्रान्त, राजपूताना के कुछ हिस्सों; और बिहार के निवासी और हिन्दुस्तानी ब्राह्मणों के सबसे ऊपरी समूह से लेकर सबसे निचले चमारों तक में प्रतिनिधित्व। इस श्रेणी की उत्पत्ति सम्भवतः भारोपीय और द्रविड़ श्रेणियों के अलग-अलग स्तर के संगम से हुई है। बड़ा सिर, जो निरन्तर मझोले की दिशा में अग्रसर लगता है, गेहुँआ से लेकर काला तक रंग, मध्यम से लेकर चौड़ी नासिका, भारोपीय श्रेणी से कद-काठी में छोटे और सदा औसत से छोटे आकार के। इस श्रेणी के उच्चतर समूह भारोपीय श्रेणी के ज्यादा करीब जबकि निचले समूह अनेक मामलों में द्रविड़ों से ज्यादा अलग नहीं हैं...।"

"V. मंगोल-द्रविड़ या बंगाली। बंगाल और ओड़िसा के बंगाली ब्राह्मण और कायस्थ, पूर्वी बंगाल के मुसलमान और भारत के इस हिस्से के अन्य विशिष्ट समूह। सम्भवतः द्रविड़ और मंगोल तत्त्वों

के मिलन से उत्पन्न श्रेणी जिसके उच्चतर समूहों में भारोपीय खून का आधिक्य। चौड़ा माथा, श्याम वर्ण, चेहरे पर काफी बाल, मध्यम कद-काठी, मध्यम ऊँचाईवाली और चौड़ी होती नाक।''

''VI. मंगोल। हिमालय क्षेत्र, नेपाल, असम, बर्मा के निवासी जिनका प्रतिनिधित्व लाहुल और कुलू के केनेत, दार्जिलिंग और सिक्किम के लेप्चा, नेपाल के लिम्बू, मुर्मी और गुरुंग, असम के बोडो और बर्मी करते हैं। चौड़ा माथा, पीलापन लिये हुए श्याम वर्ण, चेहरे पर बहुत कम बाल, छोटी या औसत से कम कद-काठी, चेहरा सपाट, छोटी और सपाट नाक, कम बरौनियोंवाली आँखें।''

''VII. द्रविड़। लंका (सीलोन) से लेकर गंगा घाटी तक के इलाके के लोग जिसमें मद्रास, हैदराबाद, मध्य प्रान्त, अधिकांश मध्य भारत और छोटानागपुर शामिल हैं...छोटे या औसत से छोटी कदकाठी, बहुत ही श्याम वर्ण, भरपूर बाल जो कई बार घुँघराले भी होते हैं। काली आँखें, लम्बा सिर, चौड़ी पर चेहरे को सपाट नहीं होने देनेवाली नाकवाले लोग...''[4]

उपरोक्त लम्बे विवरण में सबसे महत्त्वपूर्ण बात यह है कि ये सारे गुण क्षेत्रीय आधार पर तय किए गए हैं, किसी इलाके में किसी एक खास गुण को भले ही प्रमुख बताया गया हो लेकिन शारीरिक गुणों में भारी घालमेल है और इनमें शायद ही कहीं जातीय आधार पर अन्तर दिखता है या दिखाया गया है। और यह चीज स्पष्टतः इस सिद्धान्त की हवा निकाल देती है कि ब्राह्मण और क्षत्रिय ही मूलतः आर्य हैं। इस अध्ययन-सर्वेक्षण से यह बात निस्सन्देह रूप से साबित हो जाती है कि सारे ही लोगों की शारीरिक बनावट बहुत ही मिश्रित ढंग की है। निश्चित रूप से अलग-अलग जातियों के लोगों के बीच बनावट के मामले में बहुत हल्की भिन्नता है लेकिन इसके लिए एकदम अलग कारण जिम्मेवार हो सकते हैं। भारतीय जातियों के बाहर विवाह की बहुत सख्त मनाही की व्यवस्था को देखते हुए हम कह सकते हैं कि अगर खून की शुद्धता किसी भी हद तक बरकरार रहती तो निश्चित रूप से कुछ 'अति शुद्ध' जातियों के लोगों की शारीरिक बनावट तो एक जैसी रहती। पर असलियत यही है कि किसी भी बड़ी जाति के एक ही परिवार में हर तरह की शारीरिक बनावटवाले लोग मौजूद मिलेंगे। और यह चीज उस जाति की कुछेक 'पथभ्रष्ट' कन्याओं के निचली जातिवालों के संसर्ग में आने भर से नहीं आ गई होगी। इतनी विविधता आने का साफ मतलब है कि काफी बड़ी संख्या में उच्च और निम्न जाति के स्त्री-पुरुषों के बीच व्यापक

संसर्ग रहा होगा। रिज़्ले ने भी इस चीज की अनदेखी नहीं की है। इसलिए जाति के उद्भव का अपना सिद्धान्त पेश करते हुए वे लिखते हैं :

> "...विश्व इतिहास में जब कभी भी एक जाति के लोगों ने दूसरों को दबा दिया है, चाहे आक्रमण और युद्ध के द्वारा या धीरे-धीरे उनके क्षेत्र पर कब्जा करते हुए, तो सबसे पहले उन्होंने वहाँ की औरतों को रखैल या पत्नी के रूप में अपने साथ कर लिया लेकिन अपनी बेटियों की शादियाँ अपने समूह में ही कीं। हमलावर और पराजित लोग एक ही नस्ल के हों या अलग-अलग, शादियों या सम्बन्धों में इस भेद का दौर जल्दी ही समाप्त हो जाता है और फिर पूरा मेल-मिलाप हो जाता है। जिन मामलों में नस्लों का भेद बहुत बड़ा होता है और ताकतवर समूह बाद तक अपनी ही नस्ल के युवकों-पुरुषों को अपनी जमात में शामिल करता है वहाँ यह मेल एक अन्य स्तर पर होता है। ऐसी स्थितियों में उच्चतर नस्ल के पुरुषों और निम्नतर नस्ल की महिलाओं से पैदा सन्तानों का एक अलग अर्द्धवर्ण बनता है; वे आपस में शादी-ब्याह करते हैं और यह सारा कुछ काफी हद तक एक नई जाति की तरह हो जाता है।"[5]

वैसे तो यह व्याख्या पुराणों और धर्मशास्त्रों के उन ब्यौरों से काफी मेल खाती है जिनमें अनेक जातियों के होने की चर्चा है लेकिन यह व्याख्या भी उच्च जाति के लोगों के बीच भी अलग-अलग तरह की शारीरिक बनावट का स्पष्टीकरण नहीं देती जो निश्चित रूप से रिज़्ले की 'अर्द्धजाति' की श्रेणी में तो नहीं ही आती है। इतना ही नहीं अगर ये अर्द्धजातियाँ भी एक दौर और दो स्पष्ट नस्लों का संकर होतीं तो इनके लोग भी रंग-रूप, कद-काठी में एक जैसे होते। लेकिन जाति समाज की सबसे निचले पायदानवालों में ही हमें एक हद तक समानता दिखाई देती है। इससे तो यह निष्कर्ष निकाला जा सकता है कि आज के ऊपरी जातिवालों में बीती सदियों में काफी घालमेल हुआ है जबकि सबसे नीचेवाले ही अपेक्षाकृत अलग-थलग रहे हैं।

बम्बई प्रेसिडेंसी के लोगों सम्बन्धी सर्वेक्षण के माथे और नासिका सम्बन्धी सूचकांकवाली श्रेणियाँ ही रिज़्ले के सिद्धान्त को पूरी तरह उलट देती हैं। नीचे दिया यह सूचकांक और इसमें जुड़ी आर.ई. एन्थोवेन की टिप्पणियाँ इस सिद्धान्त को पूरी तरह गलत बताती हैं।

> "बम्बई प्रान्त के लोगों की नाक और माथे की बनावट की मापवाली रिज़्ले की सारणी कुछ इस प्रकार है :

माथे की माप	नासिका का आकार
1. देशस्थ ब्राह्मण	1. देशस्थ ब्राह्मण
2. महार	2. नागर ब्राह्मण
3. चितपावन ब्राह्मण	4. शेनवी ब्राह्मण
4. कुनबी	4. बनिया
5. कोली	5. प्रभु
6. मराठा	6. कोली
7. शेनवी ब्राह्मण	7. चितपावन ब्राह्मण
8. बनिया	8. कुनबी
9. नागर ब्राह्मण	9. मराठा
10. प्रभु	10. महार

> ''यह देखा जा सकता है कि माथे की मापवाली श्रेणी में महार, जो इस प्रेसिडेंसी की सबसे निचली जातियों में एक है, देशस्थ और चितपावन ब्राह्मणों के बीच बैठते हैं। कम-से-कम यह तो बहुत अजीब चीज है।''[6]

वे आगे कहते हैं :

> ''...अगर रिज़्ले द्वारा तैयार कराई श्रेणियों के आधार पर कोई सिद्धान्त बनाना ही हो तो वह यही होगा कि बम्बई प्रेसिडेंसी की जातियों और कबीलों के बीच बहुत स्पष्ट आपसी सम्बन्ध है जो नस्ल के रूप में सबसे ऊपरी जाति को सबसे निचली जाति से जोड़ता है जबकि हमारा इतिहास, परम्पराएँ, रीति-रिवाज और रंग-रूप अभी तक हमें कुछ और ही बातों पर भरोसा करने को कहते रहे हैं।''[7]

वैसे तो जी.एस. घुर्ये भी जाति का उद्गम नस्ल से जुड़ा मानते थे लेकिन वे रिज़्ले की इस बात से असहमत थे कि बाहर से लोगों के दो रेले भारत में आए और दूसरे ने ही यहाँ आकर वर्ण-व्यवस्था बनाई। देश के विभिन्न भागों के लोगों की शारीरिक बनावट के आधार पर घुर्ये द्वारा की गई व्याख्या का खंडन करने के बाद उन्होंने एक नई व्याख्या दी। वे लिखते हैं :

> ''हिन्दुस्तान से बाहर हम पाते हैं कि एक भाषाई क्षेत्र के लोगों की शारीरिक बनावट मिश्रित किस्म की होती है और विभिन्न जातियों के अनुसार उनकी अलग-अलग श्रेणियाँ होने की पुष्टि नहीं करती।

> ब्राह्मणों की बनावट अन्य जातियों से कोई इतनी भिन्न नहीं होती कि वे सबसे विशिष्ट दिखें और शारीरिक आधार पर बननेवाली श्रेणी में सबसे ऊपर होने योग्य लगें। इसके विपरीत अपने सामाजिक दर्जे के हिसाब से सभी नीचे मानी जानेवाली कुछ जातियाँ शारीरिक बनावट के हिसाब से उच्च वर्णवालों से बेहतर ही लगती हैं। इसी तरह हिन्दुस्तान में शारीरिक बनावट के हिसाब से ब्राह्मण से लेकर मुसहर तक की शारीरिक बनावट हिन्दुस्तानी समाज की जाति व्यवस्था की श्रेणियों के ही काफी अनुकूल है। यह चीज तभी सम्भव है जब ब्राह्मणों का रक्त का सम्बन्ध स्थानीय आबादी के मध्य नहीं बनने दिया गया हो लेकिन अन्य समूहों में विभिन्न अनुपात में यह सम्बन्ध बनने दिया गया हो...हमने यह भी देखा है कि प्रत्येक भाषायी क्षेत्र के ब्राह्मणों की शारीरिक बनावट अन्य क्षेत्र के तथा हिन्दुस्तान के ब्राह्मणों की तुलना में अपने इलाके की अन्य जातियों से ज्यादा मेल खाती है। इससे यह स्पष्ट है कि अपनी ही बिरादरी में सम्बन्ध सीमित रखने की शुरुआत हिन्दुस्तान में हुई और फिर यह रिवाज अन्य इलाके के ब्राह्मणों में भी पहुँचा–हिन्दुस्तानी ब्राह्मणों का रेला उधर नहीं गया।"[8]

घुर्ये हमें यह नहीं बताते कि यह तर्क सिर्फ ब्राह्मणों तक ही क्यों सीमित रहना चाहिए और अन्य द्विज जातियों पर क्यों लागू नहीं होता। और यह तर्क हमें इस बात की भी जानकारी नहीं देता कि अन्य भाषाई क्षेत्रों के ब्राह्मण कौन थे। दरअसल वे खुद ही कहते हैं कि हिन्दुस्तान के ब्राह्मण और पंजाब के चुहड़ा के बीच शारीरिक बनावट में ज्यादा मेल है, हिन्दुस्तानी ब्राह्मण और अन्य हिन्दुस्तानी उच्च जातियों के बीच उतनी समानता नहीं है।[9] अगर हम घुर्ये के नजरिए से सहमत हों तो भारत के, खासकर उत्तर प्रदेश के बाहर के अधिकांश ब्राह्मण और अन्य सारी बड़ी जातियाँ विशुद्ध द्विज होने का दावा करने लायक नहीं बचतीं। और पंजाब का चुहड़ा ! निश्चित रूप से वह भी शुद्ध रक्त का है और हिन्दुस्तान के ब्राह्मणों की तरह ब्राह्मणत्व का हकदार है।

इन साफ दिखते विरोधाभासों के बावजूद नस्लवादी सिद्धान्त का प्रभुत्व बरकरार रहा क्योंकि वह धर्मशास्त्रों और पुराणों, जो हिन्दुओं के सामाजिक मसलों में प्रामाणिक माने जाते थे, की परम्परा की पुष्टि करता था।

दरअसल यह नजरिया मनुस्मृति के काफी करीब लगता है जिसका कहना है :

"5. ब्राह्मण, क्षत्रिय, वैश्य जातियाँ (वर्ण) द्विज हैं लेकिन चौथी, शूद्र एक बार ही जन्मती है, इनके अलावा कोई पाँचवीं जाति नहीं है।"

"6. ब्राह्मण पुरुष और वैश्य कन्या से उत्पन्न पुत्र अम्बष्ठ कहलाता है, शूद्र कन्या से उत्पन्न पुत्र निशाद कहलाता है जिसे परसाव भी कहा जाता है।"

"9. क्षत्रिय पुरुष और शूद्र कन्या से पैदा पुत्र उग्र कहलाता है जिसमें क्षत्रिय और शूद्र दोनों के गुण आते हैं, जो अपने तौर-तरीकों में डरावना और क्रूरता में आनन्द लेता है।"

"क्षत्रिय पुरुष और ब्राह्मण कन्या से उत्पन्न पुत्र की जाति सुत होती है; वैश्य पुरुष और क्षत्रिय कन्या से उत्पन्न पुत्र मागध और वैश्य पुरुष और ब्राह्मण कन्या से उत्पन्न पुत्र वैदेह कहलाता है।"[10]

जातियों और अन्य उपजातियों की उत्पत्ति की व्याख्या ऐसे की जाती है। चार वर्णों के अलावा अन्य जातियों की उत्पत्ति के बारे में ऐसा ही वर्णन पुराणों और महाभारत में भी आता है। हालाँकि इन विवरणों में थोड़ा अन्तर है कि किस-किस वर्ण के संगम से किस-किस जाति की पैदाइश होती है।

पेशे से जुड़ाववाला सिद्धान्त

जातियों की उत्पत्ति के बारे में तार्किक व्याख्या प्रस्तुत करने का एक अन्य सिद्धान्त इन्हें श्रम के विभाजन या समाज के विभिन्न कामों की विशेषज्ञता से जोड़ता है। यह सिद्धान्त एक झटके में इस व्यवस्था से अतार्किकता की कालिख धो देता है और कुछ समूहों के लोगों में इस व्यवस्था से ऊपर न उठ पाने की व्याख्या इस 'पुरानी' अच्छी व्यवस्था में आ गई बुराइयों के रूप में करता है। इस सिद्धान्त को जे.सी. नेसफील्ड ने रखा और जल्दी ही इसे उन सभी लोगों की स्वीकृति मिल गई जो इस पुरानी व्यवस्था द्वारा आधुनिक जन के लिए पैदा की जानेवाली परेशानियों से परेशान थे।

नेसफील्ड के अनुसार, जाति व्यवस्था विभिन्न पेशों पर आधारित है और यह पेशा सभ्यता के जिस स्तर या श्रेणी से जुड़ा है, उसे अपनाने या करनेवाली जाति का सामाजिक दर्जा भी उतना ही ऊँचा या नीचा होता है। सबसे पुराना पेशा शिकार करना है और पासी, भर, बहेलिया जैसी जातियाँ जो अभी भी इस काम में लगी हैं, जातियों की श्रेणी में सबसे नीचे आती हैं। इसके बाद मछली पकड़ने के धन्धे से जुड़ी जातियों का दर्जा है क्योंकि इस काम को शिकार करने

से थोड़ा अच्छा माना जाता है। इनके ऊपर पशुपालक जातियों और फिर खेतिहर जातियों का नम्बर आता है। इन सबके ऊपर इन सबकी संरक्षक, क्षत्रिय जाति आती है और सबसे ऊपर पुजारी और आध्यात्मिक गुरु ब्राह्मण होते हैं। इसी प्रकार दस्तकार जातियाँ दो श्रेणियों में बँटी हैं। पहली श्रेणी धातु युग से पहले की जातियों की है जिनमें चमार, मोची, कोरी, तेली, कलाल आदि शामिल हैं। दूसरी श्रेणी धातु युग के बाद की जातियों की है जिनमें पत्थर, लकड़ी, धातु का काम करने वाली या गहने, बर्तन और अन्य धातु के औजार बनाने वाली जातियाँ शामिल हैं। पहलेवाली श्रेणी को निचला दर्जा मिला जबकि बादवाली को ऊँचा।[11]

इस सन्दर्भ में अक्सर जातियों की तुलना मध्यकाल में यूरोप में प्रचलित विभिन्न शिल्पी संघों से की जाती है। इस बात को इस तथ्य से भी थोड़ी मदद मिली कि भारत में भी अक्सर शिल्प की श्रेणियों की चर्चा की जाती है; और चूँकि जाति की पहचान अक्सर पेशों से जुड़ी है, यह माना जा सकता था कि जातियों की उत्पत्ति ऐसे ही पेशेवर संगठनों से हुई होगी। कई बार होता है कि किसी जाति की उपजातिवाले एक ही तरह का काम करते हैं और वे शादी-ब्याह भी बाहर नहीं करते। लेकिन ये सारी चीजें जाति व्यवस्था के मजबूत ढाँचे के अन्दर ही चलती हैं जो ऐसे अलगाव/विखंडन को बढ़ावा देता है। लेकिन पूरी जाति प्रणाली ऐसे ही नहीं बनी होगी यह बात कुछ अन्य तथ्यों से भी स्पष्ट लगती है।

सबसे पहली बात तो यह है कि जातियों की श्रेणी हर जगह नेसफील्ड के सिद्धान्त या सोचने के अनुरूप ही नहीं है। अक्सर धातु का काम करनेवाले, खासतौर से लोहे के उपकरण बनानेवाले जो धातु से जुड़े पेशों में भी काफी बाद में आए लोग हैं, जातियों की पाँत में काफी नीचे आते हैं। और शिकार को कभी भी पिछड़ा काम नहीं माना जाता और क्षत्रियों का तो यह प्रिय कर्म रहा है, खासकर मनोरंजन के लिए। इसके अलावा, दुसाध, मुसहर जैसी न जाने कितनी जातियाँ हैं जिन्हें किसी पेशेवाली श्रेणी में नहीं डाला जा सकता। लेकिन इस सिद्धान्त के खिलाफ सबसे महत्त्वपूर्ण तथ्य यह जाता है कि शिल्प और दस्तकारी तो खेती के काफी बाद आई हैं लेकिन भारत में सदा खेती को ही सभी पेशों में उत्तम माना गया है।

होमो-हायरार्किकस मनुष्य

जाति के बारे में सबसे नया सिद्धान्त लुई डुमांट का है जो इस व्यवस्था के पक्ष

में बहुत मजबूत तर्क देता है। वे इन भारतीयों के लिए बहुत प्राकृतिक या स्वाभाविक व्यवस्था बना देते हैं। वे रिज़्ले के नस्लवादी सिद्धान्त को ठुकराते हैं। सेलेस्टिन बोग्ले के अनुसार वे इन मुद्दों से बात शुरू करते हैं, "जाति की भावना इन तीन प्रवृत्तियों–विकर्षण, वर्गीकरण और दास योग्यता, को एक साथ जोड़ती है और जो कोई जाति व्यवस्था की परिभाषा देने की कोशिश करता है उसे यह बात जरूर ध्यान में रखनी चाहिए।"[12] सो इस सिद्धान्त की बात करने के क्रम में शुरू से यह जान लेना चाहिए कि इस व्यवस्थित सैद्धान्तिक ढाँचे का यही सार-तत्त्व है।

बोग्ले इस श्रेणी व्यवस्था और इसकी शुरुआत के बारे में भी लगभग नेसफील्ड जैसी राय ही रखते हैं। वे लिखते हैं :

> "हमें जातियों को उनके सम्मान के हिसाब से, नेसफील्ड की तरह सत्ता देने की जरूरत है और फिर कोई भी यह बता सकता है कि उत्पादन और औद्योगिक सम्बन्धों के हिसाब से जो श्रेणी बनती है लगभग वैसी ही श्रेणी सामाजिक भी है। इस श्रेणी में सबसे नीचे मानक इतिहास के प्रारम्भिक दौरवाले पेशों को–जैसे मछली पकड़ने वाले मल्लाह और शिकारी–अभी तक अपनाए रखनेवाले हैं। धातु युग के पहले सबसे आसान कौशल के साथ काम करनेवाले लोग, जैसे टोकरी बुननेवाले, कुम्हार और तेली धातु का काम करनेवालों से नीचे की श्रेणी में हैं जबकि उन लोगों का ज्यादा सम्मान है।"[13]
>
> लेकिन इस मुद्दे पर मौलिक रूप से अलग राय रखते हुए डुमांट बताते हैं कि जाति का पूरा ढाँचा एक निश्चित वैचारिक रुझान पर टिका है और उनका कहना है कि यह भावना धार्मिक है। वे शुरुआत इस बात से करते हैं कि "आधुनिक पश्चिमी परिवेश के अलावा मनुष्य को एक पूरे ढाँचे में दूसरों के साथ एक छोटे हिस्से भर के रूप में देखा जा सकता है,...ध्वनिग्राम की तरह ही, यह अपने आप में कुछ नहीं है, सिर्फ दूसरों से अलग कुछ है, और उनके चलते ही इसका महत्त्व है।"[14]

वे सोचते हैं कि पारम्परिक समाजों को आधुनिक मानसिकता से नहीं समझा जा सकता क्योंकि आधुनिक नजरिया मानता है कि कोई भी व्यवस्था विभिन्न वस्तुओं से बनती है और हर चीज का अपना मतलब होता है जो उपरोक्त धारणा से एकदम उलट है। पर वे भी जोर देकर कहते हैं कि जाति एकदम विशिष्ट तरह की संस्था है और कहीं कोई एकाध चीज का मेल हो जाने भर से इसकी

तुलना किसी और व्यवस्था से नहीं की जानी चाहिए। डुमांट के अनुसार जाति व्यवस्था की विशिष्टता सामाजिक दर्जे और सत्ता को एकदम अलग-अलग रखना है।

उनकी मान्यता है कि श्रेणीबद्धता अर्थात् ऊँच-नीच और असमानता मनुष्य के अन्दर प्राकृतिक रूप से है। पर यूरोपीय समाज ने कम-से-कम सैद्धान्तिक रूप से ही, असमानता को अस्वीकार किया है और समानता को एक बुनियादी मूल्य माना है। उनका मानना है कि अमेरिका में रंगभेद तभी उभरा जब नीग्रो लोगों की गुलामी का सवाल, जो उनकी नजर में जीवन की सच्चाई है, अमेरिका के समानतावाले प्रभावी मूल्य से टकराया। इस प्रकार मनुष्यों की समानता की अवधारणा के समान्तर ही नस्लों की असमानता की अवधारणा भी चलती है जिसके अनुसार नीग्रो लोगों को नीचे का दर्जा देना तर्कसंगत है, और भारतीय जाति व्यवस्था के बारे में उनका मानना था कि भारतीय समाज ने सोच-समझकर यह दूसरा मूल्यबोध अपनाया है और इसी के चलते सामाजिक दर्जे के आधार पर यह श्रेणी निर्धारित हुई है। वे मानते हैं कि ऐसा मानव समाज के बारे में परमाणुवादी नजरिए की जगह साकल्यवादी नजरिया अपनाने के चलते हुआ है। हिन्दू समाज में सम्पूर्ण को प्राथमिकता दी गई है और यह सम्पूर्ण श्रेणियों के आधार पर बना है। चूँकि यह विचार उनके पूरे विश्लेषण में सूत्र जैसी भूमिका निभाता है इसलिए पहले उनके ही शब्दों में उनकी यह राय जान लेना उपयोगी होगा। वे लिखते हैं :

> "...अगर जरूरी ही हो तो असमानता का सामान्य सिद्धान्त उन समाजों पर केन्द्रित होना चाहिए जो इसे एक अर्थ प्रदान करते हैं, न कि उन समाजों पर जो इसे नहीं मानते या इससे मुकर जाते हैं। श्रेणीबद्धता के इस सिद्धान्त को पूरे मूल्यांकित या सीधे और प्रत्यक्ष रूप में होने के साथ ही अमूल्यांकित या अवमूल्यांकित या जटिल, मिश्रित, अप्रकट रूप में भी होना चाहिए। (यहाँ हमें टॉलकोट पार्सन्स की इस उक्ति को याद करना चाहिए कि ऐसा सिद्धान्त एक पूर्ण सामाजिक व्यवस्था पर विचार करने का एक विशिष्ट तरीका है।) ऐसा करते हुए निश्चित रूप से कोई भी एक समाज के मूल्य को दूसरे पर नहीं थोपेगा। हाँ, वह विभिन्न तरह के समाज के परिप्रेक्ष्य में इनको रखने का काम कर सकता है। वह किसी समाज को सिर्फ उसके मूल्यों के साथ दूसरों के मूल्यों के सन्दर्भ में भी देखने का प्रयास करेगा...[15]

श्रेणीबद्धता के इस विचार के पक्ष में वे टॉलकोट पार्सन्स की इन पंक्तियों को अपनी स्वीकृति के साथ पेश करते हैं :

> "हम विभिन्न लक्ष्यों को पाने के लिए उनके अनुरूप प्रयत्न या उद्यमों की कल्पना करते हैं अर्थात् लक्ष्य के हिसाब से ही उसे पाने की प्रक्रिया का चुनाव करते हैं, सो लक्ष्य के सन्दर्भ में प्रयत्न या उद्यम से जुड़ी प्रक्रिया में भी बदलाव और विकास सम्भव है...और जब यह विकास सामाजिक व्यवस्था की जीवन्त प्रक्रिया से जुड़ा हो तब इसके दो बुनियादी निहितार्थ होते हैं—पहला, व्यवस्थाओं की इकाइयों को चाहे वे बुनियादी इकाइयाँ हों या भूमिकाएँ, समूह हों या व्यक्तित्व, विकास की प्रकृति के अनुरूप होना चाहिए...लेकिन विकास प्रक्रिया के हिसाब से यही सम्भावना बनती है कि ये चीजें विभिन्न इकाइयों को एक श्रेणी में रखने का आधार बनें, उनकी श्रेणीयुक्त पहचान का आधार बन जाएँ..."[16]

पर डुमांट द्वारा श्रेणियों पर इतना जोर देना कि व्यक्तियों की पहचान ही मिट जाए या धूमिल हो जाए, बात को कुछ ज्यादा आगे बढ़ाना ही लगता है। समाज के किसी व्यक्ति की तुलना ध्वनिग्राम से करना उचित नहीं है। यह सही है कि मनुष्य की कल्पना समाज से बाहर, अन्य लोगों के सम्बन्धों और समाज में उसकी भूमिका से अलग करके नहीं की जा सकती। लेकिन जिस तरह उसके अन्दर सामाजिकता के प्रति सहज और सघन झुकाव है उसी तरह उसके अन्दर अपनी पहचान और निजता को लेकर भी बहुत स्पष्ट और गहरा भाव मौजूद रहता है। और ऐसा सिर्फ मनुष्यों में ही नहीं है—अन्य सामाजिक पशुओं में भी यह भाव है और उनके व्यवहार की व्याख्या करते हुए हमें इस बात को ध्यान में रखना ही चाहिए। किसी भी समूह के लोगों की निजता को भुलाकर हम उनके साहस को श्रेणीबद्ध नहीं कर सकते। प्रत्येक प्रजाति अपने-अपने ढंग से विकसित मानदंडों के अनुरूप ही जब प्रत्येक अकेले/व्यक्ति के दावों की जाँच करके साहस और बहादुरी की श्रेणी तय करती है और फिर अपने सरदार का चुनाव करती है। मजबूत व्यक्ति को नेतृत्व देना और औरतों पर अधिकार देना भले ही पूरे समूह की सुरक्षा के लिए जरूरी हो पर समूह में बाकी सभी लोगों द्वारा सरदार की अधीनता सिर्फ सुरक्षा के लिए ही स्वीकार की जाती है, इससे उनकी निजता समाप्त नहीं हो जाती। पशु के अन्दर भी साहस और बल की श्रेणी का निर्धारण स्थायी नहीं होता। अगर चुनौती देनेवाला कोई आए तो इस श्रेणी में बदलाव हो सकता है। अगर निजता की भावना, उसका वजूद और उसकी शक्ति नहीं

होती तो यह बदलाव कैसे हो सकता है। इसके अलावा खुद इस श्रेणीबद्धता में अलग-अलग लोगों के जिम्मे अलग-अलग स्थान और काम तय होते हैं। इसका साफ मतलब है कि यह व्यवस्था भी लोगों की निजता को मानती है, सम्मान देती है। संक्षेप में कहा जा सकता है कि साहस, बल या उपयोगिता की यह श्रेणीबद्धता भी व्यक्ति की पहचान के भाव को और उजागर करती है। यह बात मानव समाज समेत सभी पर लागू होती है। नेतृत्व की भूमिका और सामाजिक दर्जे की श्रेणियों को बहुत सीमित अर्थों में ही स्वीकार किया जाता है। लेकिन इसका यह मतलब नहीं है कि अन्य लोगों की निजता को स्वीकार ही न किया जाता हो। नेता पर इस बात की जवाबदेही रहती है कि वह अपने समूह के अन्य सदस्यों की सुरक्षा की देखभाल करे। मनुष्य के अन्दर परोपकार की भावना भी रहती है और निजता या व्यक्ति की अपनी पहचान के सवाल के सन्दर्भ में इसका भी ध्यान रखा जाना चाहिए।

इसके अलावा मनुष्य बेहतर ढंग से अपनी बात दूसरों तक पहुँचा सकता है और इसके चलते दूसरों से तदनुभूति रखता है। बात को बेहतर और ज्यादा तरीकों से दूसरों तक पहुँचा सकने के चलते मनुष्य के अन्दर भावनाओं का साझा भी होता है और इसके चलते एक-दूसरे के प्रति सहानुभूति और समानता की भावना भी जगती है। इसलिए समता की भावना को यूँ ही आई हुई चीज नहीं मानना चाहिए, यह मनुष्य जाति के अस्तित्व का एक अनिवार्य अंग है। इसीलिए जब कभी कोई मनुष्य दूसरे मनुष्यों के प्रति भेदभाव बरतता है तो उसे अपने व्यवहार को उचित बताने के लिए रंग, शारीरिक बनावट, संस्कृति या धर्म जैसी चीजों में अन्तर होने का बहाना खड़ा करना पड़ता है।

उसे जब भी अपनी जाति के दूसरे सदस्य को अपना गुलाम या अधीनस्थ बनाना होता है तो उसके अन्दर अपराधबोध आता ही है और इसी के चलते वह ऐसे बहाने ढूँढ़ता है।

लेकिन लोगों के विभिन्न समूहों की श्रेणीबद्धता की तुलना हम एक ही समाज के विभिन्न समूहों के लोगों की श्रेणीबद्धता से नहीं कर सकते। किसी एक समूह में कोई एक व्यक्ति अगुवा या सरदार बने और धीरे-धीरे उसका वंश ही सरदार की जगह ले ले, यह बात तो समझ में आ सकती है लेकिन यह चीज समझ से परे है कि एक पूरा-का-पूरा समूह ही नेतृत्व ले ले और पीढ़ी दर पीढ़ी उसी समूह के लोग ही सरदारी करते रहें क्योंकि किसी खास समूह में कोई खास गुण जन्म से ही नहीं आ जाते। समाज जरूर ऐसा कर लेता है। और जहाँ कहीं भी समूहों के अन्दर भी उन समूहों की भूमिका एकदम तय हो वहाँ प्रभुत्व और

अधीनता को समझना मुश्किल नहीं है और यह चीज पुराने समय, पुरानी स्थितियों में हुए विवाद और संघर्षों से ही निर्धारित हुई होती है। सम्भव है कि टॉलकोट पार्सन्स हमारे समय के कुछ जटिल समाजों के अनुभवों का सामान्यीकरण कर रहे हों लेकिन इन सीमित अनुभवों के आधार पर हमें यह निष्कर्ष नहीं निकाल लेना चाहिए कि वर्गीकरण और श्रेणियाँ सामाजिक वजूद के लिए स्वाभाविक और जरूरी चीजें हैं। भारत में भी, जहाँ वर्ण-व्यवस्था काफी पक्का रूप ले चुकी है, बड़े-बड़े उथल-पुथल हुए हैं पर उन्होंने जो बड़ा राजनीतिक रूप अख्तियार कर लिया उसमें सामाजिक वास्तविकताएँ छुप गईं या गौण मान ली गईं। बाद के हमारे अध्ययन से यह बात स्पष्ट हो जाएगी।

डुमांट असमानताओं से भरे सामाजिक सम्बन्धोंवाली सामाजिक व्यवस्था में कोई प्रणाली ढूँढ़ने या देखने के लिए विचारधारा पर बहुत जोर देते हैं। लेकिन सम्भवतः यह मान लेने के चलते कि ये भावनाएँ कुछ लोगों में स्वाभाविक रूप से अन्तर्निहित हैं, वे उन वस्तुगत स्थितियों की तलाश करने का सिरदर्द नहीं लेते जिन्होंने इस विचारधारा को आधार प्रदान किया होगा। जैसा कि एक लेख में वे लिखते हैं :

> ''मेरा मानना है कि कोई भी सामान्य सामाजिक विचारधारा, किसी भी समाज में प्रभुत्व बनानेवाली विचारधारा अपनी प्रकृति में वैश्विक है, सबको समेटनेवाली है। यह बात जाति के दर्शन पर भी लागू होती है, हमारे मुख्यतः आर्थिक, बुनियादी दर्शन पर भी लागू होती है। अक्सर यह स्वीकार किया जाता है कि आधुनिक उदार समाज में कोई एक प्रभावी दर्शन नहीं है लेकिन यह बात कहने का कोई खास मतलब नहीं है क्योंकि इसमें व्यक्ति की निजता, समानता और स्वतन्त्रता पर जोर दिया गया है और आर्थिक कामकाज को सामाजिक गतिविधियों की सबसे प्रमुख शाखा माना जाता है। उदार समाज सम्भवतः मूल रूप से ऐसा समाज है जिसमें मुख्यतः आर्थिक सोच से चलनेवाले मनुष्य की निजता को बेलगाम छोड़ दिया गया है या उसे अधिकतम सम्भव आजादी दी गई है। प्रत्येक चीज को प्रभुत्वकारी विचारधारा की भाषा में बताने की प्रवृत्ति आ गई है। जैसे सेजाने नामक पेंटिंग की नीलामी को, उसकी लाखों पाउंड की कीमत को आगे करके बताया जाता है। लेकिन ये विचारधाराएँ सिर्फ भाषा नहीं हैं क्योंकि अर्थव्यवस्था निश्चित रूप से आधुनिक समाज का एक वजनदार तथ्य बन गई है, लेकिन, हम अक्सर इस

बात पर हैरान हो सकते हैं कि समाज में भारत की जातियों की तरह विचारधारा से अलग भी कुछ चीजें हैं और उसके साथ मिलकर उसी के अनुसार संस्थाएँ बनी हैं, काम होते हैं...[17]

अपने प्रभाव और कार्यक्षेत्र में विचारधारा लोगों के ऊपर क्या और कैसा प्रभाव रखती है, इस बारे में उनका कहना सम्भवतः सही है। लेकिन न तो ये विचारधाराएँ आसमान से टपकती हैं ना ही इन्हें कोई व्यक्ति या समूह महज शौक के लिए या खिलवाड़ के लिए गढ़ता है। कुछ निश्चित समस्याओं को निपटाने या कुछ टिकाऊ बन गई व्यवस्थाओं और चीजों का तर्क ढूँढ़ने के लिए विचारधाराएँ पैदा होती हैं या गढ़ी जाती हैं। अक्सर इनका आविष्कार असमानतावाले सम्बन्धों के चलते दिमाग में पैदा होनेवाली बेचैनी को शान्त करने के लिए भी किया जाता है जैसाकि पहले बताया गया है। लेकिन डुमांट इन समस्याओं की तह में जाकर पर्याप्त छानबीन नहीं करते और बहुत ही चलताऊ ढंग से कुछ सामान्य किस्म के निष्कर्षों के आधार पर पूरी समस्या को खारिज कर देते हैं। जाति व्यवस्था की मुख्य विशेषताओं और उत्पत्ति के बारे में वे लिखते हैं :

"इतना ही नहीं, यहाँ जिस श्रेणीबद्ध विलगाव पर विचार किया जा रहा है खुद वही इस प्रणाली की अनेक विशेषताओं की व्याख्या करता लगता है—भले ही इस मामले में यह व्याख्या अनौपचारिक किस्म की हो। इस व्यवस्था की ऐतिहासिक स्थापना का निर्णायक कदम सम्भवतः वह था जब राजाओं के विपरीत ब्राह्मणों को धार्मिक कर्मकांडों और आयोजनों पर एकाधिकार दे दिया गया। इससे दो बुनियादी तथ्य अस्तित्व में आए और श्रेणीबद्धता में सत्ता के साथ किसी किस्म की मिलावट या घालमेल नहीं रह गया तथा शुद्ध और अशुद्ध के बीच भी कोई घालमेल होना बन्द हो गया। इस आखिरी मुद्दे को अधिक स्पष्ट करने के लिए यह बताना जरूरी है कि पुजारियों के प्रभुत्व ने कर्मकांड को बढ़ावा दिया और इसी ने शुद्ध-अशुद्ध, छूत-अछूत का भाव पैदा किया, अछूत या अपवित्र पद को प्रभावी किया। इस प्रकार आदर्श किस्म की श्रेणीबद्धता में विशुद्धता का विरोध एक जरूरी वैचारिक रूप ले लेता है।"[18]

वे आगे कहते हैं :

"हम यह करने का जोखिम उठा सकते हैं कि इसके बाद सारी स्थितियाँ इस व्यवस्था की ऐतिहासिक उत्पत्ति के बारे में एक

नजरिया विकसित करती हैं। यह माना जा सकता है कि आर्यों के आगमन के पूर्व के भारत में होकार्ट शैली की सरदारी व्यवस्था थी जो अलग-अलग कामों और सेवाओं से जुड़ी थी। दर्जा और सत्ता के बीच के अन्तर, जो कुल मिलाकर भारोपीय चीज थी, ने होकार्टवादी व्यवस्था को जाति व्यवस्था में बदल दिया...''[19]

इस ब्यौरे से यह स्पष्ट नहीं है कि राजा और पुजारी के कामकाज के बहुत स्पष्ट बँटवारे से शुद्ध-अशुद्धवाला विचार निकल सकता है। दरअसल क्षत्रिय और बाद के दिनों में खुद की क्षत्रिय के रूप में पहचान करानेवाली जातियों को कभी भी अशुद्ध या संकर नहीं माना जाता था। दरअसल जब कभी अशुद्धता या छुआछूत की बात आई है तो यह शूद्रों या जाति-निष्कासितों या विधर्मियों के लिए थी। बल्कि विधर्मियों और जाति-निष्कासित लोगो में पुजारी भी, जो वैसे तो ग्रामदेवता वगैरह की पूजा कराते थे, अशुद्ध माने जाते थे। अगर धार्मिक कर्मकांड कराना ही शुद्धता का एकमात्र आधार होता तो जाति-बहिष्कृत समुदाय के पुजारियों को ब्राह्मण का दर्जा या फिर अन्य बहिष्कृतों से ऊँचा दर्जा मिलना ही चाहिए था। इसके विपरीत यह उदाहरण भारत भर में मिलेंगे कि ब्राह्मणों की कुछ श्रेणियों के लोग अनेक दूसरी जातियों के लोगों से नीचे दर्जे के माने जाते हैं। जैसे श्राद्ध के समय मुख्य पुरोहित की भूमिका निभानेवाले महापात्र समूहों को दूसरी जाति के हिन्दू भी अपने से नीचा मानते हैं।

इसका मतलब हुआ कि ब्राह्मण से लेकर सबसे निचली जाति तक की कोई बहुत स्पष्ट श्रेणी नहीं है। और मध्यवर्ती जातियों में कौन ऊपर है, कौन नीचे, इसका तो कोई मान्य क्रम निश्चित रूप से नहीं है। अक्सर विभिन्न जातियों की तरफ से खुद को ऊँचा बताने का दावा किया जाता है जिसे अन्य जातियाँ मानने से इनकार करती हैं। जैसे यादव (अहीर), कुर्मी (कुनबी) और कोइरी के बीच या राजपूत और भूमिहार या दुसाध और चमार के बीच कोई श्रेणीवाला सम्बन्ध नहीं है। इन तीन समूहों की जातियाँ अक्सर आपस में बराबर का दर्जा पाने या खुद को दूसरों से ऊँचा बताने के विवाद में लगी रहती हैं। डुमांट भी इन चीजों से वाकिफ हैं पर इस मुश्किल से यह कहते हुए बचकर निकल जाते हैं कि ऐसे आयामों में शुद्ध-अशुद्धवाले विलगाव से काम चलाना चाहिए। लेकिन यह कहने का मतलब इस विवाद को समझाना या इसको विस्तार से बताना नहीं है। पुजारी का दर्जा राजपुत्र से ऊपर है यह बात भी सभी जगहों पर और हर अवसर पर लागू नहीं होती। डुमांट की मान्यताओं को रिचर्ड बर्गहर्ट ने चुनौती दी जिन्होंने एकमात्र हिन्दू देश, नेपाल, जहाँ आज तक हिन्दू धार्मिक परम्पराओं

का आदर और आचरण होता है, की जातीय श्रेणीबद्धता का अध्ययन किया था और अपनी मान्यताओं को उसी पर आधारित किया था। उनके अध्ययन के निष्कर्ष में यह कहा गया है :

> ''एफ.जी. बार्बी का एकदम बन्द सामाजिक वर्गीकरण का सिद्धान्त और लुई डुमांट की श्रेणीबद्धता का सिद्धान्त, दोनों ही हिन्दू समाज को एकरूप और एकजुट मानने की अवधारणा पर टिके हैं और इन दोनों ने इन सिद्धान्तों को हिन्दू समाज को समझने में खास उपयोगी होना माना था। पर नेपाल राजवंश के अठारहवीं और उन्नीसवीं सदी की शुरुआत के दस्तावेजी प्रमाण हिन्दू समाज के ऐसे सरलीकृत मॉडेलों को सही नहीं ठहराते और बताते हैं कि ब्राह्मण, संन्यासी और राजा, तीनों हिन्दू समाज में श्रेष्ठता का अपना-अपना क्रम मानते हैं जिसमें तीनों ही खुद को समाज में सर्वश्रेष्ठ और ऊँचा बताते हैं।''[20]

जहाँ तक पुरोहित कर्म का सवाल है उसमें धार्मिक कर्मकांडों में ब्राह्मण को शुद्ध और वैश्यों को अशुद्ध नहीं माना जाता। सिर्फ शूद्रों को यज्ञ करने की अनुमति नहीं है और उन्हें दूसरों से अलग रखा गया है। जैसे शतपथ ब्राह्मण भी कहता है :

> ''9. प्रत्येक व्यक्ति का इसमें प्रवेश नहीं होता लेकिन सिर्फ ब्राह्मण, राजन्य या वैश्य यज्ञ और बलि का अधिकारी है।
>
> ''10. उसे हर किसी से मेल-जोल नहीं करने दो; क्योंकि जो समर्पित और पवित्रीकृत है वह देवताओं के निकट पहुँच जाता है और स्वयं पूजनीय बन जाता है। पर देवता तो हर किसी से मेल-जोल नहीं रखते, सिर्फ ब्राह्मण, राजन्य या वैश्य से सम्बन्ध रखते हैं क्योंकि वही लोग बलि देने और यज्ञ करने में सक्षम हैं। अगर उसे कभी शूद्र से बात करने की मजबूरी हो तो उसी के माध्यम से बाकी को सन्देश भिजवा देना चाहिए कि 'फलाँ-फलाँ को यह बात कह आओ', यह पवित्रीकृत लोगों के आचरण का नियम है।''[21]
> (III कांड, 1 अध, 1 ब्रा)

इन उद्धरणों से यह स्पष्ट है कि शुद्धता के मामले में क्षत्रिय और वैश्यों को भी ब्राह्मणों के बराबर माना जाता था।

अगर हम सत्ता और दर्जे को सिर्फ भौतिक शक्ति के रूप में न देखें तो ब्राह्मणों द्वारा पूरे धार्मिक कर्मकांडों की पुरोहिती का एकमात्र हकदार बन जाने

के बाद सत्ता के बँटवारे और दर्जे पर सवाल नहीं उठाया जा सकता, सैद्धान्तिक रूप में ही सही, पर ब्राह्मण ही समाज के नियम-कानून बनाने का दावा करते थे। और नियमों से ही सारी सत्ता चलती थी, राज्याभिषेक में भी ब्राह्मणों की स्वीकृति जरूरी थी। ब्राह्मणों द्वारा तय नियम-मर्यादाओं का उल्लंघन करने पर ब्राह्मण राजा की सत्ता को भी चुनौती दे सकते थे और उसे सत्ता से हटा भी सकते थे जैसाकि राजा वेण के प्रकरण से ज्ञात होता है। कम-से-कम शास्त्र और पुराण, भले ही वे ब्राह्मणों की रचनाएँ ही हों, तो यही कहते हैं। लेकिन यह वर्णों की आदर्श स्थिति थी और डुमांट को विचारधारा के आधार पर फैसला करने की जगह इन तथ्यों को ध्यान में रखना चाहिए था।

पर शाब्दिक रूप में भी तय नियमों की व्याख्या करें तो यह मतलब नहीं निकलता कि ब्राह्मणों और क्षत्रियों के बीच काम और अधिकार के विभाजन में यह बात शामिल नहीं है कि ब्राह्मण अस्त्र-शस्त्र का प्रयोग ही नहीं कर सकते। पुराण और पौराणिक कथाएँ बताती हैं कि ब्राह्मणों को भी खास तौर से अस्त्र-शस्त्र की शिक्षा दी जाती थी और वे भी क्षत्रियों की तरह ही नहीं, उनसे ज्यादा बहादुर भी हो सकते थे। पुराण के लेखकों के अनुसार परशुराम द्वारा 21 बार क्षत्रियों का नाश करने की कहानी इसी चीज को बताती है। इसी प्रकार रावण भी ब्राह्मण था जिसे धरती के सभी राजा-महाराजा मिलकर भी नहीं हरा सकते थे। वह देवताओं से भी युद्ध में नहीं हारनेवाला था पर आखिर में क्षत्रिय राजा राम ने उसको मारा। इसी प्रकार ब्राह्मण द्रोणाचार्य ने न सिर्फ पांडवों और कौरवों को अस्त्र-शस्त्र की शिक्षा देने के लिए कुरु वंश के यहाँ गुरु-पद स्वीकार किया बल्कि खुद भी महाभारत में दुर्योधन के साथ युद्ध में भाग लिया। पांडवों ने उन्हें पराजित करके मारा और इससे इस मान्यता का भी खंडन होता है कि ब्राह्मण को किसी भी स्थिति में न मारने की धारणा गलत है। यह बात सामान्यतः समझ में भी आ सकती है कि दुर्योधन के राज में सेवा करने और उसके अधीन युद्ध करनेवाले द्रोणाचार्य को उनके नियोक्ता और स्वामी से ऊँचा दर्जा हासिल नहीं रहा होगा—अगर यह दर्जा बहुत ही खास किस्म का न हो तो फिर देवराज शुनःशेफ जिसे राजा अम्बरीश ने उसके पिता ऋषि ऋचीक से गायों के बदले बलि देने के लिए खरीदा था, की कथा राजा की तुलना में गरीब ब्राह्मण जो ऋषि भी था, के दर्जे के बारे में बहुत अच्छी राय नहीं बनने देती। बौद्ध साहित्य में तो क्षत्रिय ही ब्राह्मण से श्रेष्ठ स्थिति में लगते हैं।

इतिहास में तो ब्राह्मणों द्वारा राजा के मन्त्री, सेनापति और अन्य पदों पर काम करने के इतने उदाहरण भरे पड़े हैं कि जाति से कर्त्तव्यों और कामों के

बँटवारे की पूरी अवधारणा ही अवास्तविक लगने लगती है। ब्राह्मणों के लिए सिर्फ पूजा-पाठ से जुड़ी जिम्मेदारियाँ ही आरक्षित थीं। लेकिन ब्राह्मणों के अलावा अन्य द्विज लोग बिना ब्राह्मणों की मदद के भी अपना दैनिक पूजा-पाठ कर सकते थे। हाँ, विवाह, उपनयन, श्राद्ध और विशेष यज्ञ वगैरह में ब्राह्मण पुरोहितों की जरूरत रहती थी, पर ऐसे खास अवसरों के लिए तो दुनिया के हर मजहब और समाज में मौलवी, पुजारी, पादरी जैसी व्यवस्थाएँ हैं ही और अकेले इन्हीं जिम्मेवारियों का निर्वाह करने के चलते ब्राह्मणों को समाज में विशेष दर्जा नहीं मिल सकता था। असलियत यही है कि भारतीय इतिहास के ज्यादातर भाग में ब्राह्मण अपने गुणों और विद्वता के जरिए सम्मान हासिल करने के अलावा कोई बहुत खास दर्जा नहीं रखते रहे हैं। यह बात पुराणों के लेखकों के प्रलापों से भी पुष्ट होती है कि कलियुग में ब्राह्मणों की स्थिति बहुत खराब हो जाएगी और खुद इन लेखकों की गिनती के अनुसार वे भी कलियुग में ही थे।

सन् 399 से 414 के बीच भारत की यात्रा करनेवाले फाहियान के विवरणों से हमें समाज में चांडालों की बदहाली का तो पता चलता है लेकिन वह ब्राह्मणों और वैश्यों को एक ही श्रेणी में रखते हुए बताता है कि ये दोनों बौद्ध भिक्षुओं को दान दिया करते थे। यह बात ध्यान में रखने की है कि यह काल अवधि फिर से उभरते हिन्दुत्व के चरमोत्कर्ष वाली है। वह लिखता है :

> "पूरे देश में लोग किसी भी जीव की हत्या नहीं करते; नशीले पेय का सेवन नहीं करते; लहसुन, प्याज भी नहीं खाते। अपवाद में सिर्फ चांडाल हैं। यह नाम उन दुष्ट लोगों का है जो दूसरों से अलग रहते हैं। जब वे नगरद्वार पर या बाजार के द्वार पर आते हैं तो लकड़ी बजाकर या पटककर अपने आने की सूचना देते हैं जिससे लोग जान जाएँ और उनके सम्पर्क में आने से बचें। उस देश में लोग सूअर और मुर्गियाँ नहीं रखते और जीवित पशुओं को नहीं बेचते; बाजारों में कसाइयों की दूकानें नहीं हैं, न ही नशीले पेयों की दूकानें हैं—सिर्फ चांडाल ही मछुआरे और कसाई हैं और मांस-मछली का धन्धा करते हैं।"[22]

यह मथुरा के आसपास के इलाके का विवरण है। एक अन्य स्थान पर वह लिखता है :

> "...जब भिक्षु लोग अनाज की पैदावार में से अपना वार्षिक अंश पा लेते हैं तब वैश्यों और ब्राह्मणों के प्रमुख लोग भिक्षुओं की जरूरत के वस्त्र और अन्य चीजें ले आते हैं और उनमें वितरित करते हैं।"[23]

दो शताब्दी बाद (सन् 624 से 645) भारत की यात्रा पर आया ह्वेनसांग बौद्ध भिक्षुओं का सम्मान करनेवाले एक ब्राह्मण राजा का विवरण देता है। वह कामरूप के बारे में लिखता है :

> "...यहाँ का शासक जाति से ब्राह्मण और नारायण देव का वंशज भास्कर वर्मा (सूर्य-कवच) है। उसका दूसरा नाम कुमार (युवक) है और इस वंश का यहाँ 1000 पीढ़ियों से राज है। राजा ज्ञान और कला का मर्मज्ञ है और उसकी प्रजा उसका अनुसरण करती है; यहाँ दूर-दूर से सक्षम और विद्वान लोग अध्ययन के लिए आते हैं। राजा बौद्ध नहीं है लेकिन वह योग्य श्रमणों का आदर करता है।"[24]

वैसे तो राजपूत खुद के क्षत्रिय होने का दावा करते हैं, पर दूसरे पेशों में रहने के उनके उदाहरण ज्यादा हैं। यह सही है कि वर्गवाले मिथक के चलते दूसरा काम करने से उनकी प्रतिष्ठा कुछ कम जरूर हो जाती है। सत्रहवीं सदी के उत्तरार्द्ध में आए यूरोपीय यात्री थेवेनॉट ने जो विवरण दिया है उससे राजपूतों और अन्य जातियों की सामाजिक स्थिति पर कुछ प्रकाश पड़ता है। इस विवरण की खास चीज है शूद्रों में मानी जानेवाली जाति कुर्मी को वैश्यों, अर्थात् बनियों से ऊपर दर्जे का बताना। वह लिखता है :

> "...दूसरे नम्बर पर (अर्थात् ब्राह्मणों के बाद–लेखक) क्षत्रियों या राजपूतों का दर्जा आता है जिनका काम हथियारों से जुड़ा है। उनके बच्चे भी यही करते हैं या उन्हें भी यही करना होता है क्योंकि वे सब खुद को मूर्तिपूजकों (जेंटाइल्स) की राजकुमारी का वंशज मानते हैं। मुल्तान, लाहौर और सिन्ध प्रान्त में उनमें से काफी लोग व्यापारी, नहीं तो बुनकर हैं और भले ही उनका दर्जा घटा नहीं है पर उनका सम्मान नहीं है। तीसरी श्रेणी शूद्र अथवा कुर्मी की है जो जमीन पर काम करते हैं। इनमें से कुछ लोग हथियार भी रखते हैं और यह ऊँची जाति का सम्मानित काम है तब भी उनका दर्जा बढ़ा नहीं है...चौथी श्रेणी बनियों की है और वे सभी व्यापार, पैसे के लेन-देन या दलाल हैं और कुछ भी करके पैसा बनाने में माहिर हैं।"[25]

उनका विवरण यह भी बताता है कि कुछ जातियाँ अछूत थीं और यह चीज ऐसे सारे विवरणों में जरूर मिलती है। वे कहते हैं :

> "सभी चौरासी जातियों में सबसे नीचे हैं पारिया और ढेंढ अर्थात् हलालखोर, क्योंकि इन्हें सबसे बदमाश माना जाता है और जो लोग

इन्हें छू देते हैं वे अपवित्र हो जाते हैं। पारिया मरे हुए जानवरों को ढोकर ले जाने और उनकी खाल उतारने का काम और उनमें से कुछ चमड़े का काम भी करते हैं। हलालखोर शहर की सफाई करते हैं, निजी और सार्वजनिक मकानों को साफ करते हैं और उनको मासिक वेतन मिलता है...वे सभी तरह का मांस, निषिद्ध या प्रचलित, खाते हैं।''[26]

दिलचस्प तथ्य यह है कि कुर्मी अर्थात् शूद्र वैश्यों से ऊपर थे, यह सूचना इब्न-ए-खुरेदाद्बा भी देता है जो दसवीं सदी के करीब भारत आया था। वह भी शासक परिवार के लोगों को सर्वोच्च स्थान पर, ब्राह्मणों से भी ऊपर, रखता है। मोहम्मद हबीब उसके कथन को उद्धृत करते हैं :

''हिन्दुओं में सात वर्ग हैं। इनमें सब्काफ्रिया सबसे ऊँची जाति के होते हैं और इनमें से ही राजा का चुनाव होता है। अन्य छह वर्गों के लोग इस वर्ग का आदर करते हैं और सिर्फ इसी के आगे नत होते हैं। दूसरा वर्ग ब्राह्मणों का है जो शराब और अन्य नशीले पेयों से दूर रहता है। तीसरा वर्ग कटारिया (क्षत्रिय) लोगों का है जो तीन प्याले से अधिक शराब नहीं पीते। इस वर्ग के लोगों के बेटों को ब्राह्मण अपनी लड़कियाँ नहीं ब्याहते पर ब्राह्मण इनकी लड़कियों को बहू बनाते हैं। चौथे सुदारिया (शूद्र) हैं जो पेशे से खेतिहर हैं। पाँचवें, बैसुरिया (वैश्य) काश्तकार और कारीगर हैं : छठे सांडाल (चांडाल) हैं जो दासकर्म करते हैं। सातवें लाहुद (बाजीगर और संगीतकार) हैं जिनकी औरतों को सजना-सँवरना पसन्द है और मर्दों को मनोरंजक खेल और बाजीगरी।''[27]

ग्यारहवीं सदी के शुरू में आए अलबेरूनी वैश्यों को शूद्रों से ऊपर बताते हैं। यह फर्क इस बात से आया हो सकता है कि दोनों ने अलग-अलग इलाके में प्रचलित वर्णक्रम को देखा होगा। हो सकता है कि मूलतः विद्वान अलबेरूनी ने सिर्फ लिखित स्रोतों के आधार पर अपनी राय बनाई हो और अक्सर लिखत-पढ़त में अधिक पारम्परिक नजरिया ही मौजूद होता है। यह भी सम्भव है कि खेती का दर्जा ऊपर मानने के चलते, जैसा कि अभी तक है, मुख्यतः खेतिहर जाति, कुर्मी का दर्जा भी ऊँचा हो गया हो। लेकिन सबसे दिलचस्प बात है कि शासक परिवारों का दर्जा आम तौर पर ब्राह्मणों से भी ऊपर था। ब्राह्मणवादी परम्परा भले ही कुछ और कहती हो पर यह वास्तविक स्थिति लगती है क्योंकि पूरे ज्ञात इतिहास में ब्राह्मणों द्वारा शासकवाली सत्ता पाने और क्षत्रिय

का दर्जा हासिल करने के प्रयासों के विवरण मिलते हैं और इस क्रम में अक्सर वे खुद को ब्राह्मण-क्षत्रिय कहते थे या क्षत्रियों की उपाधियाँ धारण कर लेते थे।

उपरोक्त तथ्य डुमांट के पक्की श्रेणियोंवाले सिद्धान्त को तो काटते ही हैं जातियों का दर्जा सदा-सदा के लिए स्थिर रहनेवाले नजरिए को भी गलत बताते हैं। वास्तविकता में हम पाते हैं कि समय और स्थितियों के हिसाब से आदर्श मॉडलों में बदलाव आता रहा है।

पाँचवाँ वर्ण, अर्थात् अछूतों का मामला एकदम अलग है और वास्तविकता में यह चतुर्वर्ण व्यवस्था के ढाँचे के बाहर ही है।

यह सम्भव है कि चांडालों के सामाजिक दर्जे में बौद्ध और जैन मतों के प्रचार-प्रसार के साथ ही गिरावट आई होगी क्योंकि जैन धर्म में मांस-मछली खाने की एकदम सख्त मनाही है। प्रारम्भिक वैदिक साहित्य में पशु-बलि की महत्ता बहुत है और ऐसे में यह तार्किक नहीं लगता कि वैदिक धर्म के अनुयायी चांडालों से बहुत नफरत नहीं करते होंगे। शतपथ ब्राह्मण में, जो बाद की रचना मानी जाती है और गंगा-यमुना प्रदेश में बसावट के दौर में रची गई थी, इस बदलाव का संकेत मिलता है कि तब तक पशु-बलि की जगह अन्न से तैयार विशिष्ट पकवानों का भोग लगाने का चलन शुरू होने लगा था। जैसाकि शतपथ ब्राह्मण कहता है, "अब इस पकवान का भोग ही पशु-बलि है।"[28]

सम्भव है कि यह बदलाव आदिम निवासियों के दबाव में हुआ हो क्योंकि वे लोग खेतिहर थे और उनको पशुओं की जरूरत थी और वे पशुओं का बहुत सम्मान भी करते थे। इस बारे में हम आगे विस्तार से चर्चा करेंगे।

बौद्ध और जैन धर्म, दोनों का ही अभ्युदय ब्राह्मणवादी प्रभाववाले इलाके से बाहर हुआ और सम्भव है कि यह पशुचारी घुसपैठियों के धार्मिक कार्यों में दी जानेवाली बलि-प्रथा के खिलाफ हुआ हो सकता है। इन घुसपैठियों का धर्म वैदिक ऋचाओं मे वर्णित है। पर यह जुगुप्सा जगानेवाला काम जंगलों और नदियों के सहारे जीवन जीनेवाले स्थानीय लोग भी करते थे जिनके लिए जानवरों और मछलियों का शिकार और भक्षण सामान्य जीवन का अंग थे।

समाज के कुछ वर्गों के लोगों को जाति-बहिष्कृत करने का कुछ रिश्ता बौद्ध मत से हो सकता है, इस तर्क के पक्ष में यह प्रमाण भी जाता है कि बर्मा और जापान में जाति-बहिष्कृत लोग हैं जबकि ये इलाके कभी भी ब्राह्मण मत के प्रभाव में नहीं आए हैं, जबकि यहाँ बौद्ध मत की धूम मची रही थी। हटन ने बर्मा में अछूत या जाति-बहिष्कृत लोगों के सात वर्ग बताए हैं जिन्हें संडाल कहा जाता है।[29] इनमें पगोडा गुलाम, भिखमंगे, जल्लाद (फाँसी देनेवाले), जेलर और पुलिस,

कोढ़ी और अपंग, शवपेटिका बनानेवाले तथा पगोडा गुलामोंवाले वर्ग से ही आनेवाले सरकारी गुलाम हैं। वे बताते हैं कि पगोडा गुलाम आम तौर पर युद्धबन्दियों में से चुने जाते हैं। जापान के जाति-बहिष्कृत एता लोगों के बारे में वे लिखते हैं :

> ''बर्मा के संडालों की तरह ही जापान के एता हैं। इसमें शक नहीं कि उनका छुआछूत का विचार पुरानी मान्यताओं से जुड़ा है लेकिन इसमें सम्भवतः बौद्ध मत के आगमन और इसमें जीव-हत्या की सख्त मनाही तथा इसके साथ ही भारतीय जाति व्यवस्था के सीधे प्रभाव का भी हाथ है। इन अछूत एता लोगों की संख्या दस लाख मानी जाती है और ये जापानी समाज के हाशिए पर ही जीवन व्यतीत करते हैं। इनके खिलाफ पूर्वाग्रह इतना कठोर है कि एता शब्द भी फुसफुसाकर ही बोलना होता है। यह नाम भी सबसे पहले सन् 700 के आसपास ही आया लगता है और बौद्ध मत के आगमन के साथ ही जुड़ा है। अछूत जाति के पेशों में जल्लाद, कसाई, चर्मकार, फेरीवाले, बाजीगर, कब्र खोदनेवाले, दाइयाँ, छाता और लालटेन बनानेवाले, जूता बनानेवाले, अभिनेता, टोकरी और मिट्टी के बरतन बनानेवाले आते हैं। भारत में बौद्ध काल में भी अछूत समूह में यही वर्ग थे।''[30]

यह स्पष्ट है कि हिन्दू धर्म इस बदलाव या विकास में कोई भूमिका नहीं निभा सकता था। अगर उसकी कोई भूमिका होती तो हिन्दू धर्म से जुड़ी अन्य विशेषताएँ या दुर्गुण भी आए होते। और यह मानने के पर्याप्त आधार उपलब्ध हैं कि बौद्ध मत ने चांडालों से परिहार को और बढ़ाया ही होगा। वैसे तो बौद्ध मत ने शूद्रों के साथ किसी तरह का भेदभाव-भरा बर्ताव नहीं किया लेकिन चांडालों के साथ उनका व्यवहार परिहार का था। सम्भवतः कर्म के सिद्धान्त का आधार यही था और इसके अनुसार चांडाल अपने पूर्व जन्म के कर्मों का ही यह फल भोग रहे होते हैं। के.ए. नीलकंठ शास्त्री का भी यही मानना है और अपने नजरिए के पक्ष में वे पहली सदी में संग्रहीत बौद्ध कहानियों के संग्रह अवदनासा, जो जातक कथाओं जैसा ही है, की एक कहानी को पेश करते हैं। कहानी है कि चांडाल कन्या प्रकृति बुद्ध के प्रिय शिष्य आनन्द से प्रेम कर बैठती है और उनसे विवाह का प्रस्ताव करती है। बुद्ध यह सुझाव देते हैं कि उसके लिए सर्वश्रेष्ठ मार्ग आनन्द की तरह भिक्षु बन जाना ही है जिसे वह मान लेती है। लेकिन 'शुद्धि' के बाद ही उसे भिक्षु व्यवस्था में शामिल माना जाता है।

नीलकंठ शास्त्री लिखते हैं :

> "निम्न कुल में जन्म के चलते उसके अन्दर पाप और अशुद्धियों के जितने लक्षण थे, बुद्ध ने उन्हें दूर किया और इस प्रकार शुद्धिकरण के बाद ही उसे भिक्षुणी (नन) बनाया। यह बयान पर्याप्त स्पष्ट ढंग से बताता है कि समाज सुधारक के अनुसार भी चांडाल कन्या साधना के योग्य नहीं थी और यह करने के पूर्व उसे पाप और अज्ञान की स्थिति से मुक्त कराया गया।"[31]

बौद्ध काल के बाद फिर से उभरे हिन्दुत्व ने जब बौद्ध मत के अनेक गुण-दोषों को अपनाया तो सम्भव है कि जाति व्यवस्था में इस एक अतिरिक्त दुर्गुण को भी जोड़ लिया, जो तभी उभर ही रहा था। इस नजरिए से देखने पर डुमांट का यह कथन अपने आप में एक पराकाष्ठा ही लगता है कि जाति की श्रेणीबद्धता पराकाष्ठाओं पर ही सबसे स्पष्ट ढंग से दिखती है। साफ लगता है कि वे मूल जाति व्यवस्था से बाहर के स्रोतों से अपने निष्कर्ष निकाल रहे हैं।

छुआछूत और दूषणवाला यह पहलू इतना छुतहा / प्रसरणशील है कि एक ही जाति के लोग भी आपस में ऐसा आचरण कर सकते हैं। अलबेरूनी हमें बताता है कि एक ही जाति के लोग एक थाली में खाना नहीं खा सकते थे और कई बार जाति-भोजों के समय लोग पाँत में ही तख्ता लगाकर या रेखा खींचकर दूसरों से खुद को अलग रखते थे। दूषित हो जानेवाले इस नजरिए से किया जानेवाला मत व्यवहार सम्भव है कि बौद्ध और हिन्दू मतों के भी पहले आदिम समाजों में चलता रहा हो।

डुमांट यह बात नहीं देख पाते कि जाति व्यवस्था सदियों के दौरान विकसित हुई है और इसमें अनेक नई बातें नए सामाजिक और आदर्शीकरण के दबावों के चलते आई हैं। और यह न देख पाने के चलते ही वे मूलतः धार्मिक ग्रन्थों, ब्राह्मणों द्वारा प्रतिपादित एक खास नजरिए पर ही पूरा सिद्धान्त खड़ा कर देते हैं। लेकिन हम भारतीय वास्तविकताओं के काफी बड़े हिस्से से नजर फेरकर ही इस नजरिए से सहमत हो सकते हैं।

मार्क्सवाद का यान्त्रिक प्रयोग

जाति की उत्पत्ति की आर्थिक व्याख्या इसके पहले की मान्यताओं के विपरीत है और डी.डी. कोसाम्बी तथा आर. एस. शर्मा जैसे कुछ मार्क्सवादी विद्वान इसे आगे लाते हैं। लेकिन मार्क्सवाद की उनकी समझ और भारतीय समाज पर इसे

लागू करने का प्रयास काफी कुछ यान्त्रिक-सा ही है। अपने बने बनाए सैद्धान्तिक ढाँचे में बातों को फिट करने के प्रयास में ऐसे अध्ययन जाति व्यवस्था की बुनियादी बातों को भी दरकिनार कर देते हैं। वे इस धारणा के आधार पर सभी चीजों को साबित करना चाहते हैं कि आर्य कबीले के लोग वर्गों में बँटे और इसी क्रम में किसी तरह से उनका जातियों में विभाजन हो गया। इसी लाइन पर काम करते हुए जब आर. एस. शर्मा बहुत स्पष्ट व्याख्या नहीं तलाश पाते तो वे सेनार्ट के वर्गवाले बँटवारे को ही जाति व्यवस्था के सन्दर्भ में लागू करते हैं। वे लिखते हैं :

> "फिर, ऐसा लगता है कि शुरू में उपनयन सारे कबीले के लोगों का होता था लेकिन जब कबीला वर्गों में बिखर गया तो यह समूह और समाज में ऊँचा स्थान रखनेवाले वर्ग का सम्मानसूचक वैशिष्ट्य बन गया और इसके जरिए वे कमोबेश एक विशिष्ट समूह, जो कई बार गोपनीय ढंग से काम करता था, का हिस्सा बन जाते थे। सेनार्ट के इस विचार के अनुसार आगे बढ़ते हुए कुल द्वारा बाहर ही शादी करने और कबीले द्वारा अपने अन्दर ही शादी करने के चलन ने बाद में जाति व्यवस्था का रूप लिया। यह तर्क दिया जा सकता है कि आदिवासी समाज की दीक्षा या प्रवेशन की रस्म आगे चलकर तीन वर्णों के लिए उपनयन के रूप में सामने आई और परिणाम यह हुआ कि शूद्रों का सामाजिक दर्जा और अधिक नीचे चला गया।"[32]

यह बहुत ही सरलीकृत और हल्की व्याख्या है। अगर उपनयन सिर्फ समृद्धि से हासिल किया जानेवाला सम्मानसूचक वैशिष्ट्य था तो हमें बाद में उपनयन के चलते बँटे समाज में सम्पत्ति को ही विभाजक रेखा का रूप लेते देखना चाहिए था। पर वास्तविकता में तो हम यही पाते हैं कि जातीय विभाजन का सबसे स्पष्ट चरित्र सम्पत्ति या समृद्धि को ध्यान में न रखना ही है। कोई कितना अमीर या गरीब हो, इससे उसकी जाति का निर्धारण नहीं होता। एक अन्य जगह पर वे कहते हैं कि शूद्र पराजित कबीले के लोग थे। लेकिन यहाँ वे जो बात कह रहे हैं वह पहलेवाले तर्क को काटती है और उसका मतलब साफ है कि गरीबी के चलते ही उनको उपनयन का अधिकार नहीं दिया गया था। यह बात अम्बेडकर के नजरिए के करीब लगती है कि शूद्रों का सामाजिक दर्जा उपनयन का अधिकार न मिलने के चलते और नीचे हुआ—हालाँकि अम्बेडकर मानते हैं कि ब्राह्मणों ने बदले की भावना से ऐसा नहीं होने दिया जबकि शर्माजी मानते हैं कि ऐसा उनके

गरीब होने के चलते हुआ होगा। आर. एस. शर्मा एक इतिहासकार हैं फिर भी वे इस मामले में भारी लापरवाही दिखाते हैं और अपने सिद्धान्त के पक्ष में ऐतिहासिक प्रमाण रखने का प्रयास नहीं करते। विभिन्न जातियों के लोगों की आर्थिक स्थिति में भारी बदलाव के बावजूद जातीय बँटवारा जितना पक्का बना रहता है वह किसी के मन में भी इस सिद्धान्त को लेकर शक पैदा करने के लिए काफी है।

लेकिन इसका यह मतलब भी नहीं है कि जाति के सामाजिक दर्जे का उसकी आर्थिक स्थिति से कोई लेना-देना ही नहीं है। सामूहिक रूप से देखने पर यह साफ लगता है कि जातियों की आर्थिक स्थिति और इसकी सामाजिक स्थिति के बीच निश्चित रूप से सम्बन्ध है। लेकिन इससे यह निष्कर्ष निकालने की जगह, कि जाति व्यवस्था आर्थिक कारणों से पैदा हुई है, यह कहना उचित होगा कि जाति व्यवस्था का उदय कुछ कबीलों को पराजित और दमित करने के साथ हुआ और जो लोग विजेता थे या मालिक के रूप में उभरे उन्होंने पराजित लोगों के लिए कुछ आर्थिक बाधाएँ और परेशानियाँ भी जोड़ दीं...और यह व्यवहार हम आज के अपने सभ्य दौर में भी विजेता और पराजित लोगों के बीच पाते हैं। अगर जाति व्यवस्था के आर्थिक कारणों से पैदा होने का तर्क सही होता तो फिर हमें निचली जाति में सिर्फ गरीब-ही-गरीब मिलते—अपवादस्वरूप भी कोई समृद्ध नहीं मिलता। तब जाति और वर्ग के विभाजनवाली लाइनें आपस में मिल जातीं और यह जाति व्यवस्था रह ही नहीं जाती। लेकिन यह विभाजन अन्य आधारों पर हुआ है इसलिए किसी व्यक्ति विशेष की आर्थिक स्थिति में आनेवाला बदलाव उसकी जातीय स्थिति पर कोई प्रभाव नहीं डालता।

यह आर्थिक आधारवाला सिद्धान्त जातियों की वास्तविक स्थिति के मद्देनजर इतना बेमतलब है कि यह सिर्फ इस मसले को सुलझाने की कौन कहे, जातियों के बीच की दुश्मनियों और बैरभाव जैसी चीजों को समझाने और उससे पैदा होनेवाले संशय भाव को हटाने में जरा भी मदद नहीं करता। पिछड़े और दबे लोगों में इस चेतना से जो यह निराशा का भाव पैदा होता है कि वे हजारों साल से गुलामी झेलते रहे हैं, वह इस तथ्य से और गहराता है कि लोग भावनात्मक रूप से अपने ही समूह से जुड़े रहते हैं।

हम लोग जाति व्यवस्था की उत्पत्तिवाले सवाल पर आगे विस्तार से चर्चा करेंगे। अगले अध्याय में हम मानवीय व्यवहार में कठोरता के कुछ सम्भावित स्रोतों की जाँच-पड़ताल करेंगे क्योंकि यह जातियों के मामले में सबसे साफ ढंग से दिखाई देती है।

सन्दर्भ और पाद-टिप्पणियाँ

1. *शतपथ ब्राह्मण, भाग* I, जुलियस एगेलिंग का अनुवाद, प्रधान सम्पादक : मैक्समूलर, मोतीलाल बनारसीदास, दिल्ली, 1963, (पहला संस्करण, 1882), पृ. XII-XIII
2. सेनार्ट, एमिले, *कास्ट इन इंडिया, द फैक्ट एंड द सिस्टम,* ई. डेनिसन रोज का अनुवाद, एस पब्लिकेशंस, दिल्ली, 1975, पृ. 189
3. पूर्वोक्त, पृ. 202
4. एच.एच. रिज़्ले, जॉर्ज ए. ग्रियर्सन और विलियम क्रुक, *द एन्थोलॉजी एंड लैंग्वेज, लिटरेचर एंड रिलीजंस* ऑफ इंडिया, द एकेडेमिक प्रेस, गुड़गाँव, दिल्ली 1975 (सबसे पहले इम्पीरियल गजट ऑफ इंडिया 1907-09 में प्रकाशित), पृ. 11-14
5. एच.एच. रिज़्ले, *द पीपुल्स ऑफ इंडिया,* ओरिएंटल बुक रिप्रिंट कॉर्पोरेशन बुक पब्लिशर्स, दिल्ली, 1969 (पहला संस्करण, 1915), पृ. 273-274
6. आर.ई. एन्थोवेन, *द ट्राइब्स एंड कास्ट्स ऑफ बॉम्बे,* खंड I, कॉस्मो पब्लिकेशंस, दिल्ली, 1975 (सबसे पहले 1920 में प्रकाशित), पृ. XIV-XV
7. पूर्वोक्त, पृ. XVI
8. जी.एस. घुर्ये, *कास्ट एंड क्लास इन इंडिया,* पॉपुलर बुक डिपो, बॉम्बे, 1951 (सबसे पहले 1932 में कास्ट एंड रेस इन इंडिया नाम से प्रकाशित), पृ. 126
9. पूर्वोक्त, पृ. 120
10. *द लॉज ऑफ मनु,* जी. बूलर का अनुवाद, सम्पादक : मैक्समूलर, मोतीलाल बनारसीदास, दिल्ली, 1964, पृ. 402
11. आर.वी. रसेल द्वारा 'ट्राइब्स एंड कास्ट्स ऑफ सेंट्रल प्रोविंसेज' में दिए गए निष्कर्ष पर आधारित, खंड I, कॉस्मो पब्लिकेशंस, दिल्ली, 1975
12. सेलेस्टीन बोग्ले, *एसेज ऑन द कास्ट सिस्टम,* कैंब्रिज यूनिवर्सिटी प्रेस, 1971, डी.एफ. पोकॉक द्वारा भूमिका के साथ अनूदित (सबसे पहला प्रकाशन 1917), पृ. 10
13. पूर्वोक्त, पृ. 32
14. लुई डुमांट, *होमो हायरार्किकस, द कास्ट सिस्टम एंड इट्स इम्प्लीकेशंस,* मार्क सैंसबरी द्वारा अनूदित, विकास पब्लिकेशंस, दिल्ली, प्रथम संस्करण 1966, पृ. 39-40।
15. पूर्वोक्त, परिशिष्ट, 'कास्ट, रेसिज्म एंड स्ट्रेटिफिकेशन', पृ. 258
16. लुई डुमांट द्वारा होमो हायरार्किकस में उद्धृत।
17. लुई डुमांट, *ए फंडामेंटल प्रॉब्लेम इन द सोशियोलॉजी ऑफ कास्ट,* मोटन पब्लिशर्स, पेरिस/हेग द्वारा प्रकाशित 'रिलीजन, पॉलिटिक्स एंड हिस्ट्री ऑफ इंडिया' नामक आलेख संग्रह में, 1970, पृ. 154-55।
18. लुई डुमांट, होमो हायरार्किकस, पृ. 213-14

19. पूर्वोक्त, पृ. 213-214।
20. रिचर्ड बर्गहर्ट, *हायरार्किकल मॉडेल्स ऑफ हिन्दू सोशल सिस्टम,* मैन, खंड 13, अंक 4, दिसम्बर 1978, पृ. 519
21. शतपथ ब्राह्मण II, बुक III और IV, जुलियस एगेलिंग का अनुवाद, मुख्य सम्पादक : मैक्समूलर, मोतीलाल बनारसीदास, पटना, 1963, (सबसे पहले 1883 में प्रकाशित), पृ. 4
22. द ट्रेवेल्स ऑफ फाहियान, जेम्स लेगे का अनुवाद, ओरिएंटल पब्लिशर्स, दिल्ली-6, पृ. 42-43
23. पूर्वोक्त, पृ. 46-47
24. ह्वेनसांग की भारत यात्रा (सन् 629-645) सम्बन्धी थॉमस वाल्टर्स का विश्लेषण। उनकी मौत के बाद टी.डब्ल्यू. राइज डेविड्स और एस.डब्ल्यू. बुशेल द्वारा सम्पादित, मुंशीराम मनोहरलाल पब्लिशर्स, प्रा.लि., दिल्ली, 1973, पृ. 185-86
25. थेवेनॉट का 'ट्रेवेल्स ऑफ थेवेनॉट एंड करेई' में आलेख। सम्पादक—सुरेन्द्रनाथ सेन, भारतीय राष्ट्रीय अभिलेखागार, नई दिल्ली, 1949, पृ. 88
26. पूर्वोक्त, पृ. 89
27. *पॉलिटिक्स एंड सोसाइटी ड्यूरिंग द अर्ली मीडिएवल पीरियड* से उद्धृत। प्रो. मोहम्मद हबीब का कलेक्टेड वर्क्स। पीपुल'स पब्लिशिंग हाउस, दिल्ली, 1975, पृ. 202-03
28. शतपथ ब्राह्मण, खंड I, पृ. 49
29. जे.एच. हटन, *कास्ट इन इंडिया,* ऑक्सफोर्ड यूनिवर्सिटी प्रेस, बम्बई, 1947, (सबसे पहले 1946 में प्रकाशित)।
30. पूर्वोक्त, पृ. 147
31. के.ए. नीलकंठ शास्त्री, *आस्पेक्ट्स ऑफ इंडियन हिस्ट्री एंड कल्चर,* ऑरिएंटल पब्लिशर्स, दिल्ली, 1974, पृ. 61-62
32. आर.एस. शर्मा, *शूद्राज इन एंशिएंट इंडिया,* मोतीलाल बनारसीदास, 1958, पृ. 69

अध्याय : 2

हम विभाजित क्यों हैं

खास सन्दर्भों और सीमित दायरे में ही मार्क्सवादी और व्यवहारवादी खेमे की बातें सही बैठती हैं। दुनिया-भर के लोगों के व्यवहार में जो मूल्य सबसे ज्यादा प्रभावी दिखते हैं वे काफी हद तक कबीलाई, धार्मिक और क्षेत्रीय निष्ठा से जुड़े लगते हैं। हम इनमें से कुछ के अभिव्यक्त होने के मसले पर भूमिका में चर्चा कर चुके हैं। पर सवाल उठता है कि ऐसा होता क्यों है ? सम्भावित कारण तो इसका आत्मकेन्द्रीकरण ही लगता है : यह भ्रम भी इसकी केन्द्रीय भूमिका में है और इस चीज को रॉबर्ट आर्द्रे ने बहुत ही दिलचस्प ढंग से वर्णित किया है। वे मानते हैं कि यह मनुष्य का स्वाभाविक विचार है। यह पूरी तरह गैर आर्थिक भ्रम है और यह न तो आर्थिक हिसाब-किताब से चलता है, न वस्तुगत विचार-विमर्श से। इस विचार के अनुसार मनुष्य अपने समूह को, जो एक कबीलाई समूह हो या राष्ट्र, दूसरों के लिए उदाहरण बन सकने लायक मानता है। आर्द्रे लिखते हैं :

> "...लेकिन यह भ्रम साथ ही एक सामाजिक व्यामोह का रूप ले सकता है, जिसके बारे में हम बहुत कम जानते हैं, और जो इस समूह की चालाकी और हिंसा को उन लोगों के खिलाफ आक्रोश भड़काने का काम कर सकता है जो इसके केन्द्रीय दावे को मानें।
>
> "ऐसे में यह भले ही लगे कि यह दर्जन-भर या बीसेक या सौ पगलाए लोगों का छोटा समूह है पर वही एक बेचैनी भरे जुनून से सारी मानव जाति को अपने समूह के भ्रम को मनवाने का प्रयास कर सकता है। या यह भी सम्भव है कि यह व्यामोह पाँच करोड़ लोगोंवाले एक राष्ट्र को हो जो अपनी श्रेष्ठता के दावे के बारे में उतना ही एकजुट हो और मनुष्य जाति के 'कल्याण' के नाम पर

ही सबके ऊपर अपना प्रभुत्व कायम करने के लिए हिंसा पर भी उतर आए। ऐसे सामाजिक व्यामोह का भ्रम दुर्लभ ही है जो सबसे खराब आचरण और हिंस्र व्यवहार के लिए भी कोई (कु) तर्क न ढूँढ़ ले।"[1]

बचपन में खास सामाजिक व्यवहार या रीति-रिवाजों से मन पर जो छाप पड़ती है, यह भ्रम उसी आधार पर विकसित हो सकता है। बच्चे पर अपनी संस्कृति के विशेष मूल्यों, प्रतीक और संकेतों की गहरी छाप होती है और वह इससे बँधा होता है। जब वह बड़ा हो जाता है और अपनी बुद्धि, विवेक और तर्क का प्रयोग करने लगता है, तब भी वह बचपन में मन में बैठी बातों के भावनात्मक प्रवाहों से बँधा होता है। बचपन में मन में बैठे प्रतीकों और संकेतों के प्रति खास तरह का आचरण वह सोच-समझकर नहीं, नैसर्गिक ढंग से करता है। और यहाँ उसकी बुद्धि और विवेक का काम आचरण और व्यवहार सम्बन्धी गड़बड़ियों को दूर करना न होकर उनके लिए तर्क ढूँढ़ना हो जाता है।

हम ही केन्द्रीय भूमिकाओं में हैं, यह भ्रम या धारणा बाद में 'ईश्वर द्वारा हम ही चुने गए हैं, श्रेष्ठ जाति होने, बेहतर नस्ल होने या उच्चतर वर्ग का होने जैसी अवधारणाओं का रूप लेती है और उसी पर अपने तर्क खड़े कर लेती है। टॉयनबी एक अलग सन्दर्भ में इसी तरह का दम्भ धार्मिक परम्पराओं में भी देखते हैं। वे लिखते हैं :

"इस प्रकार यहूदी समाज अपने को ही सबसे सही मानने की मानवीय प्रवृत्ति को कुछ और आगे बढ़ाकर यह दावा करते हैं कि उन्हें ही ईश्वर का आशीर्वाद हासिल है जो न सिर्फ सर्वशक्तिमान है बल्कि बुद्धिमान और सब कुछ ठीक करनेवाला भी है। यह आत्मकेन्द्रीयता की बुराई को और भारी रूप देना है और इसमें यह खयाल शामिल है कि वही चुने हुए लोग हैं और उन्हें तथा उनके कबीलेवाले लोगों को ही यह 'आशीर्वाद' प्राप्त है। और इस भ्रम या व्यामोह का उपयोग मसीहाओं की तरह ऊपर उठने के लिए, किसी मिशन को पूरा करने की धारणा को आगे बढ़ाने के लिए नहीं किया जाता। वे यह बस मान सकते हैं कि उनका चुनाव विशेष किस्म की शक्ति, समृद्धि और गौरव को भोगने की जगह खास किस्म की जिम्मेवारियाँ उठाने, खास तरह के काम करने, ईश्वर की इच्छा को पूरा करने में खास तरह के उथल-पुथल को झेलने के लिए हुआ है लेकिन ऐसी स्थिति में भी अपनी विशिष्टता का बोध

> उन्हें खुद को केन्द्र में रखने को प्रेरित करता है और यह विशिष्ट दर्जा देनेवाला ईश्वर भी इस मामले में केन्द्र में नहीं रह पाता। और साम्यवाद हो या नेशनल सोशलिज्म, इस तरह की बाद की पश्चिमी विचारधाराओं में भी यह नैतिक प्रभाव रहा है कि वे ही 'चुने हुए लोग' हैं और यहूदी मत के उस प्रारम्भिक हिस्से को भुला दिया गया कि सर्वशक्तिमान ईश्वर का अस्तित्व है।"[2]

ऐसा दम्भ संयोग मात्र नहीं है बल्कि यह जन्मजात दुर्गुण या गुण है। यह बात मानव व्यवहार और पशु व्यवहार के अध्ययनों से भी स्पष्ट हुई है।

मानव व्यवहार से यह संकेत मिलता है कि बाहरी चीजों के प्रति एक खास तरह से प्रतिक्रिया करने के कुछ निश्चित गुण लेकर ही मनुष्य का जन्म होता है। मनुष्य की बाद की भौतिक और सामाजिक स्थितियों के अनुसार इनमें बदलाव होता है, पर स्वयं को इन स्थितियों के अनुकूल बनाने भर के लिए। सीखने की प्रक्रिया इन आन्तरिक गुणों में हल्का बदलाव लाती है या उनको ही पुष्ट करती है–उनको समाप्त नहीं करती। जब कभी वे संस्कृति के द्वारा दबा दिए जाते हैं, तब वे अवसर की ताक में बैठे होते हैं। पहला अवसर पाते ही, जो अक्सर परेशानीवाला होता है, वे उभर आते हैं और भावनात्मक तनाव पैदा करते हैं। ये बुनियादी गुण उस साँचे जैसा व्यवहार करते हैं जिसमें व्यक्ति का सामाजिक सम्बन्ध बनता या ढलता है। लेकिन ये साँचे स्वयं बहुत कठोर या पक्के नहीं हैं, उनमें बदलाव होता है, लाया जा सकता है–हाँ, कुछ बुनियादी चीजें सदा विद्यमान रहती हैं। ये सामाजिक सम्बन्ध क्या ठोस रूप लेंगे यह अन्य मानव समूहों और लोगों से अन्तर्सम्बन्धों के साथ-साथ भौतिक स्थितियों के हिसाब से भी तय होता है। इसलिए किसी भी सामाजिक सम्बन्ध को किसी एक विचारधारा के हिसाब से पूरी तरह नहीं समझा जा सकता क्योंकि विचारधाराओं को ठोस वास्तविकताओं की ही व्याख्या करनी होती है। इसी प्रकार उन्हें विशुद्ध भौतिक आधार पर भी नहीं समझा या समझाया जा सकता क्योंकि भौतिक स्थितियाँ मनुष्यों के आदर्शों और विचारों के अनुरूप ढलती हैं और ये आदर्श और विचार मनुष्य के आन्तरिक गुणों और आकांक्षाओं के अनुरूप बनते हैं।

पर इस तथ्य में परेशान करनेवाली चीज यह है कि मानव व्यवहार का एक बुनियादी गुण/दुर्गुण अपने समूह से बाहरवालों के प्रति बैरभाव है। दरअसल लोगों के बीच एकता और आपसी तालमेल भी सीधे-सीधे दूसरे समूह के लोगों के प्रति उनके सामूहिक बैरभाव के अनुपात में सीधे बढ़ता-घटता है। यह पाया गया है कि परिवार, कुल और कबीले के बीच आपस में लड़ाई होती रहती है पर जैसे

ही दूसरे कबीले और कुल के लोगों से टकराव की स्थिति होती है ये आपसी भेद और मनमुटाव दब जाते हैं। जैसाकि कोनर्ड लॉरेंज ने बताया है, मनुष्य का यह गुण झुंड में रहनेवाले पशुओं की कुछ प्रजातियों में भी पाया जाता है।[3] अक्सर मानव व्यवहार की इस विकृति को दबाने में मनुष्य की तर्कबुद्धि का उपयोग होता है।

दूसरी तरफ जिस समूह के प्रति ऐसी निष्ठा होती है वह स्वयं भी लोगों को बाहर न जाने देने के लिए अपना आधार व्यापक करता है, अपने अन्दर बदलाव करता जाता है। इस बदलाव या विस्तार का एक उदाहरण संस्कृति के बारे में यूनान की अवधारणा है। आर्नल्ड टॉयनबी बताते हैं :

> ''पाँचवीं सदी ईसा पूर्व के तीसरे चतुर्थांश में लिखते हुए हेरोडोटस एथेंसवासियों के मुँह से 479 ई.पू. में कहलाता है कि किसी एथेंसवासी के लिए यह कल्पना करना भी मुश्किल है कि वह एक नस्ल (जाति) और भाषा से एक बने यूनानी समुदाय से दगा करेगा। यह एकता साझा तीर्थों और रीति-रिवाजों या एक जीवन पद्धति से भी बनी है। हेरोडोटस ने यहाँ यूनानी की परिभाषा में जो-जो चीजें जरूरी मानी हैं उनमें से एक नस्ल और एक भाषा को अभी भी इसका प्रमुख तत्त्व माना जाता है जबकि साझा संस्कृति को और जोड़ दिया जाता है। दूसरी ओर 380 ई.पू. में प्रकाशित पांगिरिकस में इसोक्रेटिस यह उल्लेख करता है कि यूनानी संस्कृति के विकास के साथ ही एथेंसवासियों ने यूनानीपने को मात्र सामाजिक अर्थ की जगह एक आध्यात्मिक अर्थ भी दिया है। एक एथेनियन संस्कृति में साझा करनेवाले लोग अब सामान्य भौतिक बनावट में साझा करने की जगह 'यूनानी' नाम के साथ ज्यादा जरूरी और मजबूत पहचान का अनुभव करते हैं।''[4]

यह बहुत ही सूक्ष्म और चालाकी भरा बदलाव है जो पुराने अहंकार और दम्भ पर आभिजात्य की हल्की चादर चढ़ा देता है। हमारे लोग सही करें या गलत, हमारे हैं और सबसे ऊपर रहेंगे, यह कहने की जगह अब यह जोर दिया गया कि हमारे लोगों को दूसरों से ऊँची कुर्सी मिलनी चाहिए क्योंकि वे 'सुसंस्कृत' होने के चलते इसके हकदार हैं। सामूहिक व्यवहार में तर्कसम्मति का यह सबसे सामान्य तरीका है। 'आर्य जाति' की श्रेष्ठता, मिडल किंगडम का सबसे श्रेष्ठ होने, 'श्वेत जाति की जवाबदेही', 'समाजवादी पितृभूमि' जैसी सारी अवधारणाएँ असल में लोगों के अन्दर बैठे आदिम अहंकार को सन्तुष्ट करने या इस समूह

की हिंस्र मंशा को और उकसाने के लिए ही सामने लाई गई हैं। लेकिन इससे भी महत्त्वपूर्ण चीज है कि इन तरीकों का इस्तेमाल करके एक समूह के अन्दरवाली निष्ठा का अधिक व्यापक दायरे में प्रसार करना, अलग-अलग कबीलोंवाले तत्त्वों को समेटकर एक बड़े समूह को उभारना या राष्ट्रों का उद्‌भव कराना। लेकिन किसी भी समूह का चाहे जितना भी विस्तार हो जाए अपना और पराया अर्थात् समूह के अन्दरवाले और बाहरवाले का भाव बरकरार रहता है और दायरा चाहे जैसा बनाए, उसके बाहर माने जानेवालों को अलग ही रखने की प्रवृत्ति रहती है। ऐसे लोगों को उन सभी अधिकारों और लाभों से वंचित रखने की प्रवृत्ति रहती है जिन्हें समूह के अन्दर के लोग अपना हक मानते हैं।

इसके अलावा मनुष्य भी अन्य सामूहिक जीवन जीनेवाले प्राणियों की तरह अपना अलग दर्जा, प्रतिष्ठा चाहनेवाला प्राणी है। जब तक मानव समूह एक-दूसरे से अपेक्षाकृत अलग-अलग रहते हैं—सिर्फ कोई वस्तु लेने-देने या शादी-ब्याह जैसा ही सम्बन्ध रखते हैं तब तक यह श्रेणी या दर्जेवाला हिसाब भी अस्पष्ट-सा, बेमानी-सा बना रहता है। जब समूह काफी दूरी पर रहते हैं और एक-दूसरे की जरूरी प्राकृतिक सम्पदा में दखल नहीं देते, छेड़छाड़ नहीं करते तब तक ऐसा बना भी रहता है। लेकिन जैसे ही दुनिया की आबादी बढ़ती गई या दूसरे कारणों से विभिन्न समूहों के बीच सम्बन्धों में टकराव बढ़ता गया कबीलाई जीवन में युद्ध बहुत आम होता गया। फिर शारीरिक और बौद्धिक क्षमता और महत्त्वाकांक्षा में ऊपर रहनेवाले लोग कबीलों के मुखिया और प्रधान बनने लगे। इन लड़ाइयों के चलते कबीले खुद भी किसी के अधीन रहने और किसी को अधीन बनाकर रखने जैसी स्थितियों के अभ्यस्त होते गए। इस प्रकार जातिनाश के डर और श्रेष्ठता की चाह से मानव समूहों में एक ऐसा रिश्ता विकसित हुआ जिसमें मनुष्य द्वारा मनुष्य को अधीन रखना, एक समूह द्वारा दूसरे को अपने अधीन रखना आम होता गया। और लोगों ने माना कि इस तरह के दर्जे और श्रेष्ठता की स्थिति का लाभ अन्य भौतिक मामलों में भी लिया जा सकता है। जो लोग नेतृत्व में थे उनके लिए यह और भी ज्यादा लाभ की स्थिति हो गई।

सामाजिक व्यवहार का तीसरा पहलू, जो विचारधारा को इतना महत्त्वपूर्ण बनाता है, सामाजिक सम्बन्धों के सारे पक्षों का एक व्यापक मिथक के साथ जुड़ा होना, और मिथक गढ़ना भी मनुष्य के अन्दर से पैदा होनेवाली एक अनिवार्यता है। इस प्रकार किसी भी रिश्ते या घटना को इस व्यापक अवधारणा का हिस्सा माना जाता है। ऐसे में यदि कोई नितान्त निजी लाभ का काम करता है तो वह भी उस खास विचारधारा द्वारा निर्धारित किसी सिद्धान्त के अनुसार होनेवाला

काम लगता है। और इसमें जघन्य कामों को भी व्यक्ति, परिवार, कबीले, जाति या राष्ट्र की शान की रक्षा के लिए की गई बहादुरी माना जा सकता है, लेकिन इस खोखली व्यवस्था के काफी पीछे छुपकर बैठे जो स्वार्थ होते हैं उन्हें ये विचारधाराएँ छुपाने का प्रयास करती हैं।

और इसी प्रकार इतिहास को विकास के हिसाब से चार चरणों में बाँट दिया गया जो उत्पादन पद्धति के विकास के स्तर से जुड़े हैं। इसकी शुरुआत आदिम साम्यवाद से होती है और यह दास प्रथा, सामन्ती प्रथा से होते हुए पूँजीवाद तक आता है।

आइए, सबसे पहले दास प्रथावाले समाज को देखें। इस उत्पादन सम्बन्ध को किसी खास उत्पादन प्रणाली से जुड़ा मान पाना कठिन है। दास प्रथा के रूप तो अफ्रीका के शिकारी समाज, मंगोलिया और अरब जगत के चरवाहा समाज, यूनान और रोम के कृषक और व्यापारी समाज तथा उन्नीसवीं सदी के अमरीका के आधुनिक औद्योगिक समाज जैसे भिन्न-भिन्न तरह के भौतिक आधार पर काम करनेवाले समाजों में मिल जाते हैं। इन सबमें दास प्रथा की एक ही चीज समान है—दास या गुलाम बनाने का तरीका। समुद्री डाकों और युद्ध के माध्यम से दास बनाने का काम हुआ और बाद में यह बढ़कर बाजाप्ता दासों की खरीद-फरोख्त तक गया। समय-समय पर इस मंडी में, जंगों में बनाए गए गुलामों की बड़ी संख्या आती रही लेकिन नियमित स्रोत बहुत ही व्यवस्थित ढंग से छापे मारकर गुलाम पकड़ना-बनाना ही था जो दास व्यापार की व्यवस्थित प्रणाली के साथ जुड़ गया।

और इस मामले में पूरे इतिहास में ईसाई और विधर्मी, दोनों ही खुले दिमाग से काम करते रहे और अपनी धार्मिक अवस्थाओं को अपने अनुयायियों के इस कारोबार में दखल नहीं देने दिया। और इसके लिए सिर्फ इस बात की जरूरत थी कि अन्दरूनी विवेक की आँखें बन्द कर दी जाएँ या कोई ऐसा परदा डाल दिया जाए जिससे अपने समुदाय के बाहर के सारे लोगों को अलग मानने में हर्ज न हो। उन्हें सीधे जंगली या बर्बर कह दिया जाता था या अधिक परिष्कृत अमेरिकी ईसाई इन्हें विधर्मी या म्लेच्छ करार देते थे जिनके प्रति कोई मानवीय करुणा दिखाने की जरूरत नहीं थी। लेकिन जब उन्हें ईसाई धर्म का बपतिस्मा दे दिया गया तब भी उनके बन्धन नहीं टूटे और उनकी चमड़ी का काला रंग उन्हें अलग ही नहीं करता था, उन्हें सामान्य लोगों के समुदाय के हाशिए पर ही रखता रहा।

प्राचीन काल के लोगों का नजरिया भी अलग नहीं था। तब की दुनिया के नजरिए के बारे में एम.आई. फिनले बताते हैं :

"लेकिन यूनानियों और रोमनों की दृष्टि में अधिकांश गुलाम सदा असभ्य ही रहे। सिद्धान्त रूप में गुलाम बाहरी आदमी हैं, बर्बर और असभ्य हैं और यही चीज उन्हें इतिहास में ज्ञात अस्वैच्छिक श्रम के अन्य तरीकों से अलग करती है। ऐसे अस्वैच्छिक कामों में मिस्र के किसानों को जबरिया फौज में भर्ती करके पिरामिडों का निर्माण कराना, रोम में मुवक्किल, कर्ज के चलते बँधुआ बननेवाले या चपरासी का काम आदि शामिल हैं...[5]

दासों की नियमित आपूर्ति के तरीके के बारे में वह लिखते हैं :

"इसका जवाब यह है कि ई.पू. 500 में ही बर्बरों-असभ्यों को उनके सरदारों से खरीदने-बेचने का नियमित व्यापार शुरू हो गया था। अपने युद्धों के दौरान पकड़े गए बच्चे, दंड या कर के रूप में लिये गए लोग वगैरह दास थे—ठीक हमारे आधुनिक काल में खरीदे-बेचे जानेवाले नीग्रो गुलामों की तरह, उनके व्यापार का यूनानी या रोमन सैनिक गतिविधियों या समुद्री डाकों से कोई लेना-देना न था। यह विशुद्ध रूप से व्यापारियों का अपना धन्धा था जो यूनानी-रोमन दुनिया के बाहर के अनेक हिस्सों से दास मँगाते थे।"[6]

अमेरिका में श्वेत और नीग्रो दोनों को ही शुरू में अनुबन्धित मजदूर माना जाता था जो करारवाली अवधि के बाद मुक्त कर दिए जाते थे। लेकिन अलग मूल और रंग का होने के चलते बाद में नीग्रो लोगों को पूरी उम्र की गुलामी करनी पड़ी। यहाँ भी हम पाते हैं कि विभिन्न मानव समुदायों के बीच सीमा रेखा खींची गई। इस बदलाव के बारे में विलियम लॉरेन काट्ज लिखते हैं :

"जेम्स टाउन में मजदूरों की कमी को दूर करने के लिए जहाज भर अफ्रीकी लोग खरीदे गए। उसी वर्ष, उसी उद्देश्य से लन्दन से एक सौ नवयुवक भी लाए गए। मजदूरी के अनुबन्धवाला समय बीतने के बाद नीग्रो और श्वेत, दोनों ही समूह के लोगों को आजाद कर दिया गया—क्योंकि वे गुलाम नहीं गिरमिटिया मजदूर थे...

"लेकिन दो पीढ़ी बाद हाउस ऑफ बर्गेसेज ने कानून बना दिया कि हाल ही में आए अफ्रीकी और उनकी सन्तानें उम्र-भर के लिए गुलाम माने जाएँगे। उनको गुलाम बनाने के पक्ष में यह तर्क दिया गया कि वे न तो ईसाई थे, न ही श्वेत। लेकिन जैसे ही उनमें से कुछ ने बपतिस्मा ले लिया वर्जीनिया ने यह कानून बना दिया कि बपतिस्मा दासों को दासता से मुक्ति नहीं दिला सकता।"[7]

इसी प्रकार, सामन्तवाद को भी हम एक खास उत्पादन पद्धति से जुड़ा नहीं मान सकते। न तो यह पूरे विश्व में समान था, न ही यह उत्पादकता में वृद्धि के किसी खास स्तर को सीधे दिखाता था। लेकिन, सामन्तवाद में भी जो चीज सबसे खास दिखती है वह है यूरोप के किसानों द्वारा सातवीं और आठवीं सदी में लूटमार करनेवाले सशस्त्र गिरोहों से अपनी रखवाली करनेवालों के सामने अपने कुछ अधिकार समर्पित करना और उनकी कुछ शर्तों को कबूल करना। तब के कैथोलिक यूरोप में इस तरह की रखवाली कर सकने का वचन बहुत कम ही योद्धा सरदार से पाते थे। इंग्लैंड में यह जर्मनों की जीत से सीधे जुड़ा है। जीत के बाद जर्मन लोग सामन्त / लॉर्ड बन गए और स्थानीय लोग गुलामों की हैसियत में आ गए। यह व्यवस्था बहुत अजीबोगरीब स्थिति में उभरी जब खेतिहर लोग सीधे-सीधे खरीद-फरोख्तवाली रकम जैसी चीज में बदल गए या फिर लुटेरों के हमलों से बचने के लिए किसी एक मजबूत दिखते लुटेरा सरदार के अधीन ही आ गए जो बाद में लॉर्ड या सामन्त के रूप में उभरा।

सुदूर ब्राजील में भी इसी तरह के घटनाक्रम और विकास का ब्यौरा क्लाड लेवी-स्ट्रास देते हैं जबकि वहाँ की उत्पादन प्रणाली और सामन्त काल के यूरोप की उत्पादन प्रणाली में कोई मेल ही नहीं दिखता। म्बाया-गुआकुरु के ऐसे ही एक समाज के बारे में वे लिखते हैं :

> "इन इंडियनों के अपने महाराजा-महारानी थे...बड़े सामन्त और उनकी बेगमें बड़े आयोजनों पर पधारते थे। लेकिन सारे छोटे और घरेलू काम गुआन लोग करते थे जिनकी भाषा और संस्कृति अलग थी और जो इस क्षेत्र में पहले से बसे हुए थे...गुआन खेती करते थे और पैदावार का एक हिस्सा म्बाया सामन्तों को देते थे जो सशस्त्र घुड़सवार हमलावरों और लुटेरों से उनकी रखवाली करते थे। सोलहवीं सदी में आया एक जर्मन मध्य यूरोप के सामन्तों और गुलामों के इन दो समूहों के लोगों की तुलना करने से खुद को नहीं रोक पाता।"[8]

निस्सन्देह गुलाम समाज या सामन्ती समाज में वर्गों का वही मतलब नहीं रहता जो पूँजीवाद में रहता है। यूनानी या रोमन सभ्यता के या सामन्त काल के यूरोप के वर्ग विभाजन और पूँजीवादी यूरोप में वर्ग सम्बन्धों में तुलना करना एकदम बेमानी है। दोनों पुरानी व्यवस्थाओं में शोषण साफ नजर न आनेवाली शक्तियों पर आधारित था। दरअसल ये व्यवस्थाएँ तभी अस्तित्व में आईं जब कुछ समूहों या कबीलों ने दूसरे समूहों या कबीलों को अपने अधीन कर लिया और तलवार

के जोर पर उनके श्रम से पैदा चीजों का काफी बड़ा हिस्सा जबरन ले लिया।

यह ताकत का जोर था जिसने तब मौजूद उत्पादक शक्तियों से बनी व्यवस्था के बेहतर और शान्तिपूर्ण बदलाव को असम्भव बना दिया और मार्क्स भी इस तथ्य से पूरी तरह परिचित थे। अब गुलामों की मुक्ति इस सम्बन्ध को पूरी तरह नष्ट किए बगैर सम्भव ही नहीं थी और इससे उत्पादन की प्रक्रिया भी नष्ट होनी थी। रोमन युग में गुलामों के अनेक भीषण और हिंसक विद्रोह हुए। इसी प्रकार सामन्तकालीन यूरोप में भी जैक्वेरी विद्रोह हुए जिनमें विद्रोही किसान सामन्त के महल वगैरह सब कुछ फूँकते जाते थे। यह सब इसके चलते हुआ कि उत्पादक शक्तियाँ हथियार या शारीरिक बल के इतनी पास थीं कि उत्पादन की व्यवस्था को आतंक और डर की व्यवस्था से दूर रख पाना सम्भव नहीं रह गया था।

लेकिन प्रभुत्व और गुलामीवाले सभी समाजों में निश्चित रूप से एक चीज साझी थी जो सामाजिक विकास की मार्क्सवादी व्याख्या में सही बैठती है। इन सभी समाजों में दबे या निचले समूहों–चाहे वे गुलाम हों या दास, शूद्र हों या अछूत–के श्रम से होनेवाले उत्पादन का अतिरिक्त या छीना हुआ हिस्सा प्रभुत्ववाले समूहों के पास ही जाता था। इस प्रकार यह विभाजन या दर्जा भौतिक लाभ-घाटे से जुड़ा था। लेकिन प्रभु वर्ग ने हरदम अपने असली चरित्र को गैर-आर्थिक कारणों या बहानों के परदे में छुपाए रखा और इस विभाजन के पक्ष में दर्शन और सिद्धान्तों का पाठ करता रहा। इस प्रकार विचारधारा सिर्फ आर्थिक या उत्पादन सम्बन्धों की अभिव्यक्ति नहीं है जो इसमें बदलाव लाती हो बल्कि यह एक व्यवस्था में रहनेवाले सभी लोगों को उसके मूल्यों के प्रति अनुकूल बनाने या उनकी पुष्टि करने को बाध्य करनेवाली एक अनुकूलन शक्ति है। भले ही यह उसी व्यवस्था के उत्पादन सम्बन्धों से वजूद में आती हो और अपना रंग-रूप ग्रहण करती हो। अक्सर यह तब भी मौजूद रहती है जब इसको पैदा करनेवाली स्थितियाँ वजूद में नहीं रह गई हों।

विशुद्ध आर्थिक हिसाब से वास्तविक वर्ग विभाजन पूँजीवाद के तहत ही होता है। पर यहाँ भी बहुत ज्यादा समृद्धिवाले छोटे-छोटे दौरों को छोड़ दें तो यह व्यवस्था भी बलपूर्वक ही बरकरार रखी गई है। इसके अलावा व्यवस्था सामाजिक विभाजन की पुरानी प्रणालियों से भी कुछ चीजें अघोषित रूप से लेती है और उन्हें जीवित करती है। ऐसा सिर्फ हाशिएवाले मूल्यों में ही नहीं, सबसे प्रमुख और प्रभावकारी मुद्दों में भी होता है।

इसी प्रकार प्रकार्यवाद हमारे ऐतिहासिक अनुभव के लम्बे हिस्से की व्याख्या कर पाने में सक्षम नहीं है। युद्ध और डाकों तथा लूट में अगर हम इनसे लाभ

पानेवालों का पक्ष भुला दें तो इनकी व्यावहारिक प्रासंगिकता को समझना मुश्किल हो जाएगा जबकि इतिहास में इसकी भरमार है। व्यावहारिक या प्रकार्यवाले सम्बन्ध सिर्फ कुछ अपवाद जैसे या अलग-अलग मामलों में या फिर जीवन की एकदम जमी-जमाई स्थितियों में ही काम करते हैं। पर किसी बन रहे, नया आकार ले रहे, और वह भी अन्य समाजों से अक्सर हिंसक मुठभेड़ करते हुए, समाज को समझने के मामले में ये बातें बहुत लाभकर नहीं हो सकतीं।

चूँकि शायद ही कोई मानव समूह बाकी सबसे अलग-थलग होकर चलता है, इसलिए सामाजिक व्यवस्था को समझने का पक्का और अच्छा तरीका उससे रिश्ता रखने और आदान-प्रदान करनेवाले विभिन्न समूहों के सन्दर्भ में ही उसका अध्ययन करना है। मनुष्य के बुनियादी गुणों और विचारधारा से उसके रिश्तों को समझने के साथ उसके रंग-रूप का एक मोटा अन्दाजा लगाया जा सकता है। लेकिन उत्पादन पद्धति में बदलाव के साथ ही लोगों के जीवन की स्थिति ही नहीं, दूसरे लोगों के साथ उनके व्यवहार और आचरण की वास्तविक स्थितियाँ भी बदल जाती हैं। जैसे दो शिकारी कबीलों का रिश्ता वह नहीं होगा जो एक शिकारी और दूसरे चरवाहा कबीले के बीच या चरवाहा और खेतिहर समूह का होगा। मनुष्य चरित्र के बुनियादी गुणों के साथ ही आर्थिक जीवन में ये रूप भी मनुष्यों के आपसी रिश्तों और इस प्रकार सामाजिक विकास की वास्तविक दिशा का निर्धारण करते हैं।

बहुत थोड़े से बुनियादी रुझानों के साथ मनुष्य या मानव समूह आपसी व्यवहार और रिश्ते बनाता है जो अलग-अलग स्थितियों में एकदम अलग-अलग रूप ले लेते हैं। फिर बननेवाले सम्बन्धों को एक सैद्धान्तिक जामा पहना दिया जाता है। यह सिद्धान्त या विचारधारा इस बात की व्याख्या का आधार भी बन जाता है कि कौन-सी चीज क्यों उस रूप में सामने आई है और फिर यह उस समूह के लोगों के भविष्य के व्यवहार के लिए दिशा-निर्देश भी बन जाता है। यह विचारधारा सबको प्रभावित करनेवाले विभिन्न कामों और उद्देश्यों से जुड़े मूल्यों का पैमाना भी तय करती है। चूँकि समूह की बुनियादी जरूरतों के ऊपर ही उसका बचे रह पाना निर्भर करता है इसलिए आर्थिक कारकों की तो अनदेखी नहीं की जा सकती लेकिन आर्थिक गतिविधियों को शायद ही कभी पूरी तरह स्वतन्त्र क्रियाकलाप माना जाता है। इसे हरदम एक बड़ी सामाजिक जिम्मेवारी के हिस्से के तौर पर देखा जाता है जो अक्सर रीति-रिवाजों का रूप ले चुके होते हैं। परिवार के सदस्यों के बीच हो या एक समाज का निर्माण करनेवाले विभिन्न समूहों के बीच की कड़ी, यही रीति-रिवाज बनते हैं। हो सकता है कि

सामाजिक जिम्मेवारियों के निर्धारणवाली प्रणाली ऐसी बना दी जाए कि वह एक समूह को दूसरे की कीमत पर लाभ की स्थिति में रखे (जैसे, हमारे भारतीय गाँवों के रिश्ते हैं) लेकिन विचारधारा इसे ही सारे ब्रह्मांड की स्वाभाविक या प्राकृतिक व्यवस्था के तौर पर मान्यता देती है। बुर्जुआ समाज के अलावा, इस आर्थिक सम्बन्ध को बाकी सभी समाज वैयक्तिक और सामाजिक बन्धनों के जटिल तन्त्र से पूरी तरह ढककर रखा जाता है और एक तरह के सम्बन्धों को दूसरों से अलग करके देखना बहुत मुश्किल होता है। सम्भव है कि मुश्किल स्थितियों में परस्पर बन्धन या एहसानोंवाले रिश्तों की ऊपरी चिकनी सतह में भी दरारें उभरें और यह भी सम्भव है कि बेचैनी का भाव पैदा हो, लेकिन कुल मिलाकर यह भ्रान्ति या माया बनी रहती है।

किसी बाहरी व्यक्ति के लिए किसी समाज का अध्ययन करने के क्रम में उसके बुनियादी गुणों तक पहुँचने में यह मुखौटा एक बड़ी बाधा बन जाता है और उसे गलत निष्कर्ष की तरफ ले जा सकता है। जैसे डुमांट लिखते हैं :

> "...सबसे पहले तो सिर्फ हमारा सामाजिक अध्ययन केन्द्रित नजरिए से सामाजिक-पारिवारिक सम्बन्धों की जगह आर्थिक मसलों को महत्त्व देने की जरूरत है। बल्कि अधिक रचनात्मक नजरिया यह होगा कि हम यह स्वीकार करके बात शुरू करें कि किसी विदेशी समाज से जुड़े सामाजिक तथ्यों की सच्चाई तक पहुँचने में दुविधा या दोहरापन एक वास्तविकता है। अगर हम स्थानीय सोच के अनुसार चलें या उनके विचारों को छोड़कर विशुद्ध अपने नजरिए से देखें, दोनों में ही परेशानी है। अगर हम उनके नजरिए से देखें और घटनाक्रम को जानना चाहें तब भी मुश्किल होती है और हमें उनकी व्याख्या अपूर्ण लगती है।"[9]

लेकिन यह बहुत ही निराशावादी नजरिया है। दरअसल तथ्यों के ऊपर चढ़ा मुखौटा बाहरी लोगों की तुलना में स्थानीय लोगों के लिए ज्यादा परेशानी पैदा करता है। किसी भी सामाजिक व्यवस्था को देखने का वस्तुगत नजरिया प्रेक्षक द्वारा अपनी समाजशास्त्र-केन्द्रित दृष्टि को बदलना होना चाहिए। और इसके लिए सबसे पहले तो यह बात मन में बिठानी होगी कि मनुष्य-प्रकृति एकसमान है और हरेक जगह मनुष्य बुनियादी रूप से समान मनोवृत्तियों से काम करता है—संचालित होता है। इस मान्यता के बाद विचारों का एक ऐसा उपकरण विकसित हो सकता है जो विभिन्न सामाजिक व्यवस्थाओं की व्याख्या कर सकता है। और यह किसी भी स्थिति में आदर्श होना चाहिए।

वैसे तो मानव समाज अलग-अलग स्थितियों में अलग-अलग ढंग से विकसित हुआ है और इसने कुछ हद तक लोगों के सोच-विचार और रहन-सहन में फर्क डाला है पर मनुष्य मूलतः एक है। उसका विकास अलग-अलग ढंग से नहीं हुआ है। यह सोचना कि भारतीय लोग अलग हैं और मूलतः धार्मिक और समग्रतावादी नजरिए के हैं—गलत है। डुमांट यही गलती करते हैं। दरअसल यह एक किस्म के सामाजिक अहंमात्रवाद में फँसना है जिसकी खुद डुमांट ने अन्यत्र निन्दा की है। भारतीय मानस के धार्मिक और समग्रतावादी होने की बात मानकर ही वे जजमानी व्यवस्था को धार्मिक मानते हैं।[10] जजमानी व्यवस्था में कुछ कर्मकांड थे पर उसे धार्मिक मान लेना गलत है। ये कर्मकांड भी असल में आर्थिक सम्बन्धों को मजबूत बनाने का आवरण भर थे जो गाँव की अर्थव्यवस्था को टिकाऊ बनाने के लिए जरूरी थे। डुमांट इस चीज को मान सकते थे। पर इन सबमें यह बात खासी महत्त्वपूर्ण है कि ये सारी चीजें अपेक्षाकृत ज्यादा आराम का जीवन जीनेवाली ऊँची जातियों के हक में थीं और इसकी व्याख्या जाति व्यवस्था बनने के इतिहास को देखकर ही की जा सकती है। जैसे—लोहार, बढ़ई, धोबी, नाई, तम्बोली, हलवाहे सभी को अपने तय पारिश्रमिक अर्थात् हर किसान की उपज के एक छोटे हिस्से के लिए गाँव-भर का काम करना होता है। अगर यह व्यवस्था श्रम करनेवालों के हक में होती अर्थात् उत्पादन का बँटवारा ज्यादा न्यायसंगत होता तो यह बहुत ही विकसित सहकारी व्यवस्था लगती और श्रम के स्वैच्छिक बँटवारे का अद्भुत उदाहरण बनती।

दरअसल यहाँ हम उन दोनों कारकों को, जिनका जिक्र ऊपर हुआ है, काम करते देख सकते हैं। इतिहास के किसी दौर में विभिन्न समूहों के बीच बने कामकाजी सम्बन्ध इस व्यवस्था के रूप में अपनी सारी असमानताओं के साथ स्थापित हो गए और चलते जा रहे हैं। यह आपसी सम्बन्धों या मेल-जोल की विशेष परिस्थितियों की पैदाइश हो सकते हैं। (हम बाद में इस पर ज्यादा विस्तार से चर्चा करेंगे।) लेकिन यह सारा कर्मकांड, सारी व्यवस्था इस तरह भी बनी कि सभी लोगों की जरूरतें पूरी हों। दरअसल कर्मकांडों ने ही आगे चलकर इन सम्बन्धों को टिकाऊ रूप दिया। कुछ कर्मकांड या चलन विशुद्ध रूप से धार्मिक कार्यव्यापार से आए होंगे लेकिन सारे कार्यव्यापार को कर्मकांडों के दायरे में लाने की बात तब आसानी से समझी जा सकती है जब हम धार्मिक स्वीकृति को वैचारिक समावेश या घेराबन्दी का एक और तथा प्रभावी तरीका मानें और यह चीज दुनिया के सभी समाजों में रही है।

जाति व्यवस्था का एक महत्त्वपूर्ण गुण है—जमीन की मिल्कियत मुख्यतः

प्रबल जातियों के हाथ में रहना और यह चीज ठीक सामन्ती व्यवस्था में प्रबल वर्गों के हाथ में जमीन होने की तरह है। निचली जातियों के लोगों को खेतों में या अन्य कामों में शारीरिक श्रम करने भर के लिए मजबूर कर दिया जाता है। और इसी से इस तथ्य को समझा जा सकता है कि क्यों देश-भर में अनुसूचित जातियों के ज्यादातर लोग भूमिहीन हैं। वे गरीबी के चलते जाति या सामाजिक दर्जे में नीचे नहीं गए हैं बल्कि सामाजिक रूप से दबाए जाने के चलते उन्हें जो निचला दर्जा मिला है उसी के चलते वे सम्पत्ति से भी वंचित हैं। सबसे निचली जातियों के लोगों के पास जमीन न होना इस बात से भी जुड़ा हो सकता है कि वे लोग पहले शिकार या पशुपालन पर आधारित जीवन जीते होंगे और बाद में अकेले उसी से काम न चलने से खेतिहर समुदाय का हिस्सा बन गए होंगे। स्वाभाविक रूप से उनके पास न तो अपनी जमीन होगी न ही उनको किसी ने अपनी खेती की जमीन सौंपी होगी। इन लोगों को तीन आधार पर अपना दर्जा कम करना पड़ा होगा–1. बाहरी होने के चलते; 2. शारीरिक श्रम को घृणित काम माननेवाले समाज में शारीरिक श्रम करनेवाला होने से; और 3. जमीन न होने से जो कि इस समाज में हैसियत तय करने का एक बड़ा आधार था।

स्पष्टतः भारतीय जाति व्यवस्था में सत्ता, सामाजिक हैसियत और आर्थिक लाभ, तीनों ही समाज के उच्च वर्णों की तरफ ही केन्द्रित थे। अंग्रेजों के आने से पहले सदियों तक ये चीजें बरकरार रहीं। जैसाकि बुकानन ने 19वीं सदी के प्रारम्भिक काल वाले पूर्णिया (बिहार) जिले के ग्रामीण समाज सम्बन्धी अपने विवरण में स्पष्ट रूप से दिखाया है। वे लिखते हैं :

> ''इस जिले में खेतों का आकार-प्रकार जोतकारों की सामाजिक हैसियत के अनुसार है। सभी उच्च या शुद्ध नस्लों जैसे ब्राह्मण, राजपूत, कायस्थ, सैयद, पठान और मुगलों को अपने घर या बाग-बगीचे के लिए जितनी चाहिए उतनी लगान-मुक्त जमीन रखने का हक है। बैरागी, संन्यासी, वैष्णव और फकीरों जैसे दोनों धर्मों के धार्मिक लोगों को भी यही अधिकार है।[11]

और वे आगे लिखते हैं :

> ''बटाईदारी और खेती के काम की मजदूरी का विवरण मनुस्मृति और अर्थशास्त्र में आने से यह अन्दाजा लगता है कि जमीन की मिल्कियत ऊँची जाति के लोगों में ही है और खेती का वास्तविक काम भारत के अधिकांश हिस्सों में काफी हद तक निचली जातियों के लोग करते रहे हैं।''[12]

जनजातीय और जातीय समूहों के ऐसे सम्बन्धों में उनका आपस में विलय तो नहीं ही होता बल्कि अलग-अलग पहचान बनाए रखने की प्रवृत्ति ही मजबूत होती है या चेतना में यह बात बनी रहती है, यह चीज अत्याधुनिक पश्चिमी समाजों में भी दिखाई देती है। 'एनकाउंटर' नामक प्रसिद्ध पत्रिका में स्टीफन टॉलमिन के लेख 'यू नॉर्मन, मी सैक्सन' (तुम नार्मन, मैं सैक्सन) पर उठी प्रतिक्रिया में यह बात स्पष्ट देखी जा सकती है। टॉलमिन के अनुसार, इंग्लैंड में वर्ग विभेद की खटास को सिर्फ आर्थिक हिसाब से नहीं समझा जा सकता। इसकी जड़ें नॉर्मन विजय और इसके बाद के सामन्ती समाज के भेद में निहित हैं। अपने आलोचकों को जवाब देते हुए उन्होंने लिखा :

"मेरे तर्क संक्षेप में इस प्रकार हैं :

"(1) इंग्लैंड के मजदूर-प्रबन्धन सम्बन्धों में जो कड़वाहट और असंगति है वह किसी भी अन्य औद्योगिक समाज में आज नहीं है। अगर किसी अन्य देश में ऐसा होगा तो सिर्फ वहीं जहाँ विदेशी कब्जा रहा हो।

"(2) और शायद यह इसलिए है कि दोनों समूहों की भावनाएँ हैं। जैसे : प्रबन्धन स्वयं को 'नॉर्मन विजेता' वाली भावना से चलाते हैं तो मजदूरों को 'पराजित सैक्सन' मानते हैं। तो क्या इंग्लैंड में प्रबन्धन और मजदूरों ने 19वीं सदी में इसमें पहले के समाज में मौजूद सामन्त और मजदूरोंवाले सम्बन्धों और भावनाओंवाले सामाजिक विद्वेष भाव को नहीं अपना लिया है जो ज्यादा नहीं तो कम से कम 1066 ईस्वी से तो चली ही आ रही है।

"(3) और अगर ऐसा है तो एंजेल्स ने मैनचेस्टर के मजदूरों के नजरिए को पढ़ने की गलती की। उन्होंने इंग्लैड के सामाजिक विद्वेष से पैदा बैर-भाव को वैश्विक माना और इसे 'वर्ग संघर्ष' का गलत नाम दे दिया और दुनिया भर में आर्थिक असमानता से पैदा नाराजगी और ईर्ष्या भाव से इसे जोड़ दिया।"[13]

सम्भवतः यहाँ इस मामले पर कुछ ज्यादा ही विस्तार से चर्चा हो रही है। लेकिन निश्चित रूप से विभिन्न मानव समूहों के बीच आर्थिक विवाद से पैदा बैर-भाव उनके आपसी सम्बन्धों की खास स्थितियों से निकलनेवाले संकेतों से और गहराते हैं। आर्थिक सम्बन्ध कोई बहुत जड़ या ठोस नहीं होते और हर समय कुछ लोग वर्ग-विभाजनवाली रेखा को लाँघते या उससे नीचे आते रहते हैं। इससे यह रेखा भी धुँधली होती है, बैर-भाव की तीव्रता भी कम-ज्यादा होती रहती है। इसके अलावा आर्थिक श्रेणी में भी ऊपर-नीचे होने का क्रम चलता रहता

है। वर्ग श्रेष्ठता या विशिष्टतावाले अन्य मनोवैज्ञानिक कारण भी निश्चित रूप से होंगे ही।

इस समस्या पर नजदीकी ढंग से विचार करनेवाले जॉर्ज ऑरवेल ने वर्ग चेतना के बारे में कुछ बहुत ही ग्रहणशील बातें कही हैं जिनकी विशुद्ध आर्थिक पैमाने से व्याख्या कर पाना मुश्किल होता। इंग्लैंड के बारे में उन्होंने कुछ इस प्रकार कहा है :

> "फिर भी, ब्रिटिश वर्ग व्यवस्था के बारे में यह एक महत्त्वपूर्ण मुद्‌दा है कि आप इसे सिर्फ पैसे के हिसाब से नहीं समझ सकते। मोटे तौर पर तो यह आर्थिक श्रेणीकरण है पर इसे एक हल्की या अस्पष्ट किस्म की जाति व्यवस्था से भी समझा जा सकता है—भूत-प्रेत का वास बन गए रद्‌दी सामान से बने आधुनिक बँगले की तरह। और इसी से इस तथ्य की व्याख्या हो सकती है कि 300 पाउंड तक सालाना आमदनी वाले को तो उच्च मध्य वर्ग में मान लिया जाता है जबकि बिना बड़े होने का दिखावा करनेवाले मध्य वर्ग के लोग इससे काफी ज्यादा आमदनी पाकर भी उधर ही बने रहते हैं।"[14]

मध्य वर्ग में इतनी विविधता है लेकिन मजदूरों से व्यवहार के मामले में वर्ग वैशिष्ट्य का बोध भारी परेशानी पैदा करता है—प्रदूषण की विभीषिका की तरह। अन्यत्र ऑरवेल लिखते हैं :

> "यहाँ आप पश्चिम में वर्ग विशिष्टता के असली रहस्य को देखते हैं—इसी से आप यह समझ सकते हैं कि बुर्जुआ परिवार में पला-बढ़ा-पैदा हुआ यूरोपीय भले ही खुद को कम्युनिस्ट कहे, पर वह बहुत प्रयास करने पर भी मजदूर को अपने बराबर नहीं मानता। ऐसा सोचनेवाले गिने-चुने ही होंगे। बाकी निचले वर्ग के लोगों को देखकर नाक बन्द करते हैं।
>
> "हमें यही बताया-सिखाया गया है—निचले वर्ग के लोग बदबू मारते हैं। और यहाँ आप स्पष्टतः एक लक्ष्मण रेखा से घिर जाते हैं। हमारे लिए पसन्द-नापसन्द का भाव भौतिक भावना की तरह मौलिक बन चुका है। नस्लवाली नफरत, शिक्षा का अन्तर, मानसिकता-बौद्धिक स्तर और नैतिक मान्यताओं तक को बदला जा सकता है लेकिन भौतिक विकर्षण को नहीं खत्म किया जा सकता।"[15]

ऐसा लगता है कि लोग किसी भी किस्म के विशेषाधिकार को न्यायोचित

बताने के लिए ऐसी लक्ष्मण-रेखाएँ बनाते रहते हैं या फिर अपनी कुंठाओं को दूसरों पर उतारकर उनको छोटा दिखाने में लगे रहते हैं। आर्थिक मन्दी के दौर में अमेरिका में गरीब श्वेतों द्वारा नीग्रो लोगों के खिलाफ की गई हिंसा यह बताती है कि आर्थिक तंगी में भी मनुष्य अपने जैसों से वर्ग एकता कायम करने की जगह किसी भी अलग बतानेवाली चीज को विशिष्टता का बोझ न मानकर खुद को औरों से अलग बताता है और अपने को बेहतर मानकर सन्तुष्ट होता है। इसी चीज के चलते मूल, संस्कृति और शारीरिक बनावट के अन्तरवाला कोई भी वास्तविक या काल्पनिक इतिहास सबसे घटिया किस्म के लोभ से मुक्त नहीं हो पाता। यही भावना नस्लभेद की जड़ में भी है।

हाल के वर्षों में इंग्लैंड में जो जातीय दंगे हुए हैं उनमें भी यही दुखद सच्चाई सामने आई है। ब्रिटेन के आर्थिक और राजनीतिक प्रभुत्व में कमी आते जाने के साथ ही वहाँ के गोरों के जीवन-स्तर और आत्मसम्मान या श्रेष्ठताबोध में कमी आती गई है और वे फिर अपना गुस्सा उनके देश में बसे अश्वेतों पर उतारते हैं। वे लोग मुकाबला करने की स्थिति में भी नहीं होते। ऐसी स्थिति में गोरी ब्रिटिश पुलिस की निष्पक्षता और कानून के प्रति पूरी वफादारी भी डाँवाडोल हो जाती है। 23 अप्रैल, 1979 को साउथाल में जो प्रदर्शन हुआ था उस पर पुलिस लाठीचार्ज हुआ और यह आरोप लगा कि पुलिस ने अश्वेतों के साथ बहुत हिंसक व्यवहार किया। उसके बाद से ऐसे आरोप कई बार लग चुके हैं।

सामाजिक व्यवस्थाओं और सम्बन्धों को देखने का अर्थवादी और व्यवहारवादी, दोनों ही दृष्टिकोण तार्किक रूप से परिभाषित लक्ष्यों के हिसाब से विकसित हुए हैं। लेकिन जैसाकि पहले की चर्चा में जाहिर है ये बहुत ही एकांगी या भोलेपनवाले दृष्टिकोण हैं। यह सामाजिक सम्बन्धों के विकास को किसी बहुत ही व्यापक या जटिल विचारधारा या धार्मिक विचारों से ही निकलनेवाली बात भी इतनी ही अवांछित है। यहाँ तो सबसे महत्त्वपूर्ण चीज है इस विचारधारा के मूल की ही तलाश करना।

जाति व्यवस्था के विवरणों पर बारीकी से गौर करने पर इसकी विचारधारा के उत्स का पता भी चलता है। नए और निर्णायक साक्ष्यों के अभाव के चलते उत्सवाली बात तो सिर्फ कल्पना और अन्दाज पर ही निर्भर करती है। पर वास्तविकता के करीब पहुँचनेवाले अनुमान तो लगाने ही होंगे लेकिन यह सन्देह है कि जाति व्यवस्था की वास्तविकता को लेकर काफी बातें यूँ ही तय भी मान ली जाती हैं और ऐतिहासिक तथ्यों की उत्पत्ति के बारे में ठोस तथ्यों के आधार पर अनुमान भी नहीं लगाए गए हैं। इसलिए सब कुछ साफ दिखते तथ्यों के

आधार पर इस व्यवस्था के सदियों से चलने और टिके रहने पर गौर करना होगा, इससे ही हमें समाज में वास्तविक बँटवारे की प्रकृति को समझने के सूत्र हाथ लगेंगे और सम्भव है इससे कुछ भ्रान्तियों का निवारण भी हो।

सन्दर्भ और पाद-टिप्पणियाँ

1. रॉबर्ट आर्द्रे, *द हंटिंग हायपोथेसिस, फौंटाना/कॉलिंस,* 1977, पृ. 185-86
2. आर्नल्ड टॉयनबी, *एन हिस्टोरिन'स एप्रोच टू रिलीजन,* ऑक्सफोर्ड यूनिवर्सिटी सीरीज, 1979, पृ. 11
3. कोनराड लॉरेंज, *ऑन एग्रेसन,* मार्जरी केर विल्सन का अनुवाद, बैंटम, 1967
4. आर्नल्ड टॉयनबी, *सम प्रोब्लेम्स ऑफ ग्रीक हिस्ट्री,* ऑक्सफोर्ड यूनिवर्सिटी प्रेस, लन्दन, 1969, पृ. 59
5. एम.आई. फिनले, *आस्पेक्ट्स ऑफ एंटीक्यूटी,* पेलिकन, 1972, पृ. 157
6. फिनले, पूर्वोक्त, पृ. 163
7. विलियम लॉरेन काट्ज, *आई विटनेस : द नीग्रोज इन* अमेरिकन हिस्ट्री, पिट्समैन पब्लिशिंग कॉर्पोरेशन, न्यूयार्क, टोरंटो, 1967, पृ. 20-21
8. क्लादे लेवी-स्ट्रॉस, *त्रिस्ते ट्रोपिक,* फ्रेंच से अनुवाद : जॉन एवं डोरीन विटमैन, कंगारू बुक, न्यूयार्क, 1977, पृ. 186-87
9. लुई डुमांट, *ए फंडामेंटल प्रॉब्लेम इन सोशियोलॉजी ऑफ कास्ट,* रिलीजन पॉलिटिक्स एंड हिस्ट्री इन इंडिया में संकलित, मॉटन पब्लिशर्स, पेरिस/हेग, 1970, पृ. 55
10. लुई डुमांट, पूर्वोक्त, पृ. 155,
11. फ्रांसिस बुकानन, मोंटगोमेरी मार्टिन संपा., *ईस्टर्न इंडिया, न. 14, पूर्णिया में लेख। कॉस्मोस पब्लिकेशंस, दिल्ली, 1974, पृ. 281*
12. पूर्वोक्त, पृ. 282
13. स्टीफन टॉलमिन, *एनकाउंटर,* अगस्त, 1979
14. जॉर्ज ऑरवेल, *द रोड टू ए विजन पियर,* पेंग्विन, 1977, पृ. 107
15. पूर्वोक्त, पृ. 182

अध्याय : 3

जाति : पूर्वाग्रह और पराक्रम

जब हम जाति के इतिहास पर थोड़ी बारीकी से गौर करना शुरू करते हैं तो यह देखकर हैरान रह जाते हैं कि जाति व्यवस्था के बारे में जो अधिकांश सिद्धान्त बनाए गए हैं वे या तो हाल में विकसित कुछ प्रवृत्तियों को आधार बनाकर गढ़े गए हैं या फिर धर्मशास्त्रों और पौराणिक ग्रन्थों के कुछ सूत्रों या धर्मादेशों को आधार बनाकर, जबकि तत्कालीन राजनीतिक और सामाजिक व्यवस्था में उनके सही महत्त्व या वजन का हमें कुछ भी अन्दाजा नहीं है। हमें सिर्फ यह अन्दाजा है कि सम्भव है वे इतने बड़े मुल्क के एक छोटे हिस्से में कुछ समय के लिए प्रभावी होंगे या फिर सिर्फ पुरोहित-पंडित जमात की एक कामना मात्र होंगे और निरन्तर धार्मिक-राजनीतिक उथल-पुथलवाले समाज में उनको प्रभावी ढंग से व्यवहार में उतारना असम्भव होगा। बौद्ध मत के प्रभावी होने के बाद से ऐसी उथल-पुथल निरन्तर चलती रही है। लेकिन बीती शताब्दियों में जातीय सम्बन्धों की वास्तविक स्थिति के हिसाब-किताब पर नजर डालने से पूर्व हम उन बुनियादी स्थापनाओं पर गौर करेंगे जिन पर जाति व्यवस्था आधारित है।

वंश और रक्त की शुद्धता

यह सबसे प्रचलित स्थापना या अवधारणा है कि विभिन्न जातियों या वर्णोंवाले समूहों में नस्ल और रक्त का भेद है। इस स्थापना पर आधारित कुछ सिद्धान्तों की चर्चा हम पहले कर चुके हैं।

विभिन्न जातियों की उत्पत्ति का आधार अलग-अलग स्रोत बतानेवाले पुरुष सूक्त के अलावा शतपथ ब्राह्मण में भी ऐसे कई प्रसंग हैं जिनमें जातियों की अलग-अलग उत्पत्ति की बात कही गई है। निस्सन्देह इस बात का कोई वैज्ञानिक

आधार नहीं है लेकिन जो लोग धार्मिक आस्था वाले या परम्परावादी हैं उनके लिए ये चीजें इस मिथक को भ्रष्ट करनेवाली हैं। शतपथ ब्राह्मण कहता है :

> "12. प्रजापति ने 'भूः' से ब्राह्मण पैदा किए; 'भुवह' से क्षत्रिय; 'स्वः' से सामान्यजन।"[1]

ब्राह्मण ग्रन्थों में इस मसले पर इतने तरह की बातें कही गई हैं कि कोई भी यह मानने को विवश हो सकता है कि ये सभी चीजें स्पष्टतः अतार्किक लगनेवाली एक व्यवस्था का सामाजिक बँटवारे के लिए कोई तर्क ढूँढ़ने का प्रयास भर है, लेकिन जिन लोगों ने जाति व्यवस्था की मार सही है उनके लिए ये बातें एक दुर्बोध भय की तरह हैं क्योंकि ये उच्च वर्ग द्वारा अपने लाभवाली सामाजिक व्यवस्था को मुख्य रूप देने के लिए कही गई थीं। रक्त की शुद्धता की बात भी जाति व्यवस्था से जुड़ी है क्योंकि इसमें निचली जाति में शादी की स्पष्ट मनाही है। जो लोग नस्लों में अन्तरवाली बात को मानते हैं उनमें कुछेक ऐसे भी हैं जो मानते हैं कि अलग-अलग नस्लें असल में प्रजातियाँ हैं। इस नस्लवादी नजरिए पर विचार करने की जरूरत है क्योंकि जैसा हमने पहले देखा है कि जाति सम्बन्धी कुछ सिद्धान्तों में नस्लवाली बात पर जोर दिया गया है। इसलिए भारतीय जाति व्यवस्था में शामिल तत्त्वों से नस्ल को एकदम अलग साबित करना भी जरूरी है। आज प्रचलित मान्यता के अनुसार वर्ण की अवधारणा में कहीं-न-कहीं रंगवाला पहलू है पर असलियत यही है कि जाति और चमड़ी के रंग में कोई रिश्ता नहीं है।

ऐसे पूर्वाग्रह उन लोगों को भी प्रभावित कर सकते हैं जो स्पष्टतः विज्ञान के क्षेत्र में ही काम कर रहे हैं लेकिन जिनका कोई स्वार्थ इस पहलू से जुड़ा हो। तभी जमैका के इतिहासकार एडवर्ड लांग कह सकते थे, "एक होटेनटोट महिला के लिए एक ओरांग उटांग पति शर्मिन्दगी की चीज नहीं हो सकता।"[2] यह विचार 1774 में व्यक्त किया गया था। 1863 में ये एंथ्रोपोलॉजिकल सोसाइटी ऑफ लन्दन के लिए अध्यक्षीय भाषण देते हुए डॉ. जेम्स हंट यह जोर देकर कह सकते थे कि नीग्रो और यूरोपीय के बीच गोरिल्ला और चिम्पांजी से भी ज्यादा अन्तर है, और यूरोपीय तथा वनमानुष के बीच जितनी समानता है उससे ज्यादा समानता वनमानुष और नीग्रो के बीच है।"[3]

इन दोनों में से पहला कथन नीग्रो दास व्यापार के चरम पर होनेवाले दिनों का है और सम्भव है कि इससे गुलाम बनानेवालों को अपने धन्धे के लिए अतिरिक्त तर्क मिला हो। दूसरा कथन डार्विन की युगान्तकारी खोज के बाद का है। यह उल्लेखनीय है कि दूसरा कथन तब का है जब अमेरिका में नीग्रो दास

प्रथा समाप्त होने ही वाली थी और वहाँ के गृहयुद्ध में भी यह एक बड़ा मुद्दा बना हुआ था।

अपने पूर्वाग्रहों के चलते वैज्ञानिक प्रशिक्षणवाले लोग भी कुछ स्पष्ट तथ्यों को भूल जाते थे। जैसे यह तथ्य कि आम तौर पर अलग-अलग प्रजातियाँ आपस में शारीरिक सम्बन्ध बनाकर सन्तान उत्पन्न नहीं करतीं और अगर अपवादस्वरूप ऐसा होता भी है तो उनसे पैदा सन्तानें नपुंसक या अनुर्वर होती हैं और एक बीच की नस्ल नहीं तैयार होती। और बारीकी से जाँच करने पर हम पाते हैं कि नस्लवाली पूरी अवधारणा बहुत ही भ्रामक है और कुछ ऊपरी तथा मोटी पहचान के आधार पर लोगों को वर्गीकृत करने के अलावा और कुछ भी नहीं है। नस्लवाले बँटवारे के बारे में फिलिप मैसन लिखते हैं :

> ''लेकिन ये तीन मुख्य श्रेणियाँ न सिर्फ असंगत हैं बल्कि आबादी का काफी बड़ा हिस्सा इससे बाहर रह जाता है। अमेरिकी इंडियन निश्चित रूप से किसी अन्य की तुलना में मंगोलियाई लोगों के ज्यादा निकट हैं लेकिन इनको उस श्रेणी में रखा जाएगा इस पर सन्देह है। लेकिन अफ्रीका में बुशमैन, होटेनहोट और पिग्मी लोगों को नीग्रोवाली श्रेणी में नहीं डाला जा सकता, ना ही प्रशान्त क्षेत्र के मेलांसी लोगों को, जो शक्ल-सूरत में उनकी तरह के दिखते हैं। दक्षिण भारत में वेडोइड लोग हैं जो आसानी से किसी श्रेणी में फिट नहीं बैठते। फिर आस्ट्रेलिया के मूल निवासी हैं जिन्हें कुछ लोग 'आर्चेइक व्हाइट' श्रेणी में रखेंगे। जातीय सम्बन्धों और समानताओं को ढूँढ़ा जा सकता है लेकिन इसमें किसी भी एक तरह का निष्कर्ष निकालना गलत होगा और फिर यह मानना ही होगा कि कोई भी शुद्ध नस्ल नहीं है और इस पद का सच्चा मतलब क्या है यह जानना मुश्किल है। मनुष्य जाति को श्रेणियों में बाँटने का कोई स्पष्ट पैमाना नहीं है, जो आधार बताए जा रहे हैं उन सबमें अपवादों और सीमा के बीच खड़े लोगों की संख्या बहुत बड़ी है।''[3]

संयोग से दूसरा और ज्यादा प्रचलित सिद्धान्त रक्त की शुद्धता के पक्ष में और भी कुछ नहीं है। अभी तक खून का एक ही स्पष्ट वर्गीकरण ज्ञात है : ए, बी और एबी या ओ समूहों का। दुनिया-भर के सारे लोगों का खून इन्हीं समूहों में से एक का होता हैं। यह सम्भव है कि किसी खास जन-समुदाय में एक खास ग्रुप के रक्तवालों की बहुतायत हो पर ऐसा कोई जन-समुदाय नहीं हो सकता जिसमें सिर्फ एक ही समूह के रक्तवाले हों। यह बहुत आम है कि

किसी श्वेत व्यक्ति का रक्त समूह किसी नीग्रो से मेल खाए पर अपने ही परिवार के व्यक्ति से अलग हो। इसी प्रकार किसी ब्राह्मण को बड़े आराम से मोची का खून चढ़ाया जा सकता है, अगर वह उसी रक्त समूह का हो तो, लेकिन उसके अपने चचेरे भाई का भी खून नहीं चढ़ाया जा सकता अगर वह दूसरे रक्त समूह का हो। कम-से-कम इस मामले में प्रकृति ने यह बात जोरदार ढंग से स्थापित की है कि चमड़ी का रंग और बाहरी फर्क सिर्फ ऊपरी चीजें हैं। इसके अन्दर मनुष्य शारीरिक रूप से एक ही है। यह बात जीन के अध्ययन से भी स्थापित हो चुकी है कि सभी मनुष्य मूलतः एक ही हैं और सिर्फ बाह्य कारणों से उनका रंग-रूप अलग है। ऊपरी विशेषताएँ सिर्फ ऊपरी हैं और मौसम तथा जलवायु के अन्य प्रभावों के चलते बनी हैं। और इस एकता को रक्त की शुद्धतावाले तर्क से नहीं तोड़ा जा सकता, भले ही कोई समूह शादीवाले सम्बन्धों में कितनी भी बन्दिशें रखे। सभी मनुष्यों के खून का रंग एक ही होता है—लाल; किसी का खून दूसरे रंग—जैसे नीला—का नहीं होता।

जन्म से जुड़ी विशिष्टताओं पर जोर देनेवाले यह कह सकते हैं कि खून का मतलब शब्दशः खून ही नहीं होता, बल्कि किसी खानदान या वंश में पैदा होने से मिलनेवाली विशिष्टताएँ हैं। इन आनुवंशिक गुणों को बचाना जरूरी है क्योंकि निचले दर्जे के खानदान से मिलने पर ये नष्ट हो जाते हैं। उनके अनुसार खास चयन प्रक्रिया से कुछ समूहों के अच्छे जींस आ जाते हैं और उनकी हिफाजत जरूरी है। पर इतिहास इस बात का एक भी प्रमाण नहीं देता कि किसी खास समूह के नाम कोई विशिष्ट गुण रहे हों। इतिहास भारी उथल-पुथल से भरा रहा है और महान सभ्यताएँ उभरीं तथा रसातल में चली गईं और नई सभ्यताएँ सामने आईं। अक्सर नई सभ्यताएँ एकदम नए लोगों ने खड़ी कीं। अगर सभ्यताओं के उदय में वहाँ के लोगों के खानदानी गुणों का ही हाथ होता तो बार-बार एक ही इलाके के और एक ही समूह के लोगोंवाली सभ्यताएँ ही ऊपर आतीं। पर इतिहास में ऐसा कुछ भी नहीं दिखता और इतिहास इस तर्क को काटता भी है। और जीवविज्ञान तो ऐसे किसी दावे को समर्थन नहीं ही देता है। इस समस्या पर विचार करनेवाले डब्ल्यू.जे.एम. मैकेंजी इस निष्कर्ष पर पहुँचते हैं :

> ''अब शायद ही कोई मानव इतिहास में जीन्सवाली विशिष्टता को कोई प्रभावी कारण मानता है। निस्सन्देह रूप से जीन्स सम्बन्धी अन्तर है। इस अन्तर को देखने के लिए हमें खुद पर और अपने नाते-रिश्तेदारों पर ही गौर करना चाहिए। लेकिन पिछले 100,000

वर्षों में मनुष्य की जैविक सफलता का मुख्य सूत्र अतिमानव पैदा करना न होकर सामाजिक रूप से खुद को बदलते जाने का इतिहास है, मानव जीन का भंडार बहुत समृद्ध है; इसमें हममें से कोई भी दो आदमी समान नहीं हैं। (अपवाद जुड़वाँ लोगों में कुछ हो सकते हैं) या एक सामान्य दायरे के अन्तरों के साथ भी सभी मनुष्य जीन्स के हिसाब से एक हैं। यह बात अब वैज्ञानिक रूप में स्थापित और पुरानी हो चुकी है और यह अच्छे विज्ञान का उदाहरण भी है तथा इसे और अच्छे रूप में सामने लाने की जरूरत है। दूसरी ओर नस्लवादी लोग जो एक खास किस्म का सामाजिक डार्विनवाद अपना रहे थे उसके लिए कोई वैज्ञानिक आधार नहीं है।"[5]

हाल में कुछ मनोवैज्ञानिकों ने यह साबित करने का प्रयास किया है कि श्वेत और नीग्रो लोगों की बुद्धिमत्ता में एक फर्क रहता है। लेकिन वे भी मानते हैं कि अगर एक श्वेत परिवार के प्रत्येक व्यक्ति की अलग-अलग जाँच की जाए तो उनके बीच बुद्धिमत्ता का अन्तर और भी ज्यादा दिखता है। और यह चीज एक पूरे समुदाय की प्रतिभा को जाँचने के मामले में इस पूरे अध्ययन को स्वयं काफी कमजोर बना देती है। और फिर, यह पूरा-का-पूरा अध्ययन और इसके निष्कर्ष अपने आप में विवादास्पद हैं।

जैसाकि उपरोक्त चर्चा से जाहिर है नस्ल, रक्त की शुद्धता या किसी समूह की विशिष्टतावाली बात में कोई सैद्धान्तिक दम नहीं है। पर इसके साथ अपने पूर्वाग्रहों के साथ चलनेवाले लोग अभी तक उनको पाले हुए चलते रहे हैं और आगे भी ये पूर्वाग्रह अपने समूह की शुद्धता को बचाए रखने के नाम पर बने रह सकते हैं। पर यह देखना भी उपयोगी होगा कि क्या ऐसे लोगों के पूर्वज भी ऐसे ही भोंदू थे जैसा उन्हें बताया जाता है। भारतीय सन्दर्भ में हमें यह देखना है कि क्या भारत की मौजूदा जातियों में रक्त की शुद्धतावाला पहलू है भी या नहीं, भले ही जीवविज्ञान की दृष्टि से इसका कोई मतलब नहीं रह जाता हो।

वंशावली का जादू

पुराणों के अनुसार परशुराम (एक ब्राह्मण) ने इक्कीस बार क्षत्रियों का नाश किया था। इस पुराकथा के अनुसार चूँकि कोई क्षत्रिय पुरुष बचा ही नहीं था इसलिए ब्राह्मणों ने ही क्षत्रिय महिलाओं के संसर्ग से सन्तानें पैदा की थीं। अब इस कथा से यह स्पष्ट नहीं होता कि ऐसे विलोम संसर्ग से पैदा सन्तानें क्षत्रिय कैसे हुईं।

मान्य परम्पराओं के अनुसार ऐसी सन्तानें या तो पिता की जाति में शामिल मानी जाती हैं या फिर वर्णसंकर और मनुस्मृति की व्यवस्था के अनुसार निचली जातियों में धकेल दी जाती हैं। अब यहाँ हम इस प्रकरण से जुड़े नैतिकतावाले सवालों को भी नहीं उठाएँगे कि ब्राह्मणों ने अपने मृत दुश्मनों की पत्नियों को अपने कब्जे में क्यों लिया।

खैर, जो भी हो, ब्राह्मण पुरुषों और क्षत्रिय महिलाओं की इन 'संकर' सन्तानों को क्षत्रिय मान लिया गया। शायद यह पूरी कथा ही काल्पनिक है और पंडितों और समाज के लड़ाकू वर्गों के बीच किसी पुरानी दुश्मनी को बताती है और यह कथा भी नाराज पंडितों की तरफ से ही आई लगती है। इसके पीछे यह बताने की मंशा हो सकती है कि अगर ब्राह्मण हथियार उठा ले तो उसमें भी सबसे आगे जा सकता है। यह कथा रामायण की इस कहानी से सन्तुलित हो जाती है कि परशुराम राम के आगे नत हो जाते हैं। ये सारी बातें पौराणिक युग की हैं और ऐतिहासिकता की जगह ब्राह्मणवादी हिन्दुत्व के सबसे पहले दौर में समाज में चलनेवाली गिरोहबाजी या सामूहिक टकरावों का आभास भर देती हैं।

ज्ञात ऐतिहासिक दौर में हम किसी क्षत्रिय जाति का वजूद नहीं देखते हैं। हाल के वर्षों में क्षत्रिय के रूप में जो एक जाति ज्ञात हुई है वह कच्छ (गुजरात) में रंगसाजी और छापे का काम करनेवालों की है। 'सिकन्दर के हमले के समय बहुत छोटे-छोटे इलाकों का स्वामित्व रखनेवाले क्षत्रिय सरदारों का जिक्र भी मिलता है। उस दौर में क्षत्रिय थे पर वे कबीलों के रूप में थे, जाति के रूप में नहीं। पर तब शूद्र और अम्बष्ठ भी कबीले ही थे।

प्राचीन यूनानी और रोमन इतिहासकारों का लेखन भी यही बताता है। ए.एरियन के अनुसार, "...उसके (सिकन्दर के) साथ तीस पतवारोंवाली डोंगियों और व्यापारवाले भांडों, जिनका निर्माण क्षत्रियों ने कराया था, वाला समूह भी आ गया। स्वतन्त्र कबीलोंवाले क्षत्रियों ने उससे पराजय स्वीकार कर ली थी।"[7] इसी प्रकार भारत में सिकन्दर के सैन्य अभियान में शामिल रहे डियोडोरस सिकुलस ने लिखा, "...इसके बाद वह सोद्राई (शूद्र) और मासोनाई (?) जातियों के इलाके की तरफ बढ़ा जो दरिया के दोनों तरफ रहा करते थे..."[8]

दरअसल यह मान लेना एक आदत-सी बन गई कि जिस किसी के पास भी सत्ता थी वह क्षत्रिय ही था। और शासन में आए परिवारों ने भी खुद को क्षत्रिय कुल का होने का दावा करके इस मान्यता को मजबूत ही किया। और असल में यह हुआ हो सकता है कि जब ब्राह्मणवादी व्यवस्था अपनी जड़ें जमा रही होगी तब विभिन्न क्षत्रिय वंशों के लोग ही अधिकांश जगहों पर सत्ता के

शीर्ष पर होंगे और इसी के चलते राजा या राजन का मतलब क्षत्रिय मान लिया गया, इस जाति को योद्धा मान लिया गया।

लेकिन हमें जो ऐतिहासिक विवरण मिलते हैं उससे पता चलता है कि योद्धा और विजेता होने की गौरववाली स्थिति काल्पनिक ही ज्यादा है। वास्तव में क्षत्रियों को बार-बार संकटों का सामना करना पड़ा, बार-बार उजड़ना और बर्बाद होना पड़ा। राधाकुमुद मुखर्जी के अनुसार :

> "पुराण नन्द-वंश के संस्थापक का अधिक विश्वसनीय विवरण देते हैं जिन्हें वे महापद्म कहते हैं। उन्हें दूसरा परशुराम (पूरी क्षत्रिय जाति का संहारक) कहा गया है और जिन्होंने खुद को इस देश का एकमात्र शासक बनाया और पूरे क्षेत्र को एक ऐसी छतरी के नीचे ले आए जिसकी सत्ता को चुनौती नहीं दी जा सकती थी। तब जिन क्षत्रिय वंशों की पराजय हुई उनमें इक्ष्वाकु, पांचाल, कासी, हैहय, कलिंग, अस्माक, कुरु, मिथिला, सूरसेन और व्रतिहोत्र शामिल हैं। महापद्मनन्द द्वारा असंख्य क्षत्रिय रजवाड़ों को समाप्त करके साम्राज्य का निर्माण करने के पौराणिक विवरण ऐतिहासिक रूप में सही माने जा सकते हैं।
>
> "इस प्रकार महापद्म नन्द उत्तर भारत का पहला महान ऐतिहासिक सम्राट था। छोटे कुल में उसकी उत्पत्ति के बाद भी उसकी यह सफलता क्षत्रियों की राजनीतिक प्रभुता की पुरानी परम्परा के अन्त का सूचक थी।"[9]

इसलिए जब इतिहास और पुराकथाओं के बीच का धुँधलका था ही, तभी क्षत्रिय शासक राजनीतिक मंच से विदा होकर पुराकथाओं में जाने लगे थे। महापद्मनन्द के वंश का शासन समाप्त करके चन्द्रगुप्त मौर्य ने अपने वंश का शासन कायम किया जिसके छोटे कुल में पैदा होने की बात तो सभी स्वीकार करते हैं। इस काल के बाद में हम क्षत्रिय राजाओं के बारे में ज्यादा कुछ नहीं सुनते। मौर्य वंश के शासन का अन्त उसके ब्राह्मण सेनापति ने सम्राट की हत्या करके किया। स्पष्ट है कि तब ब्राह्मणों को छोटे कुल के सम्राट के अधीन काम करने में कोई संकोच न था। और फिर ऐसे शासक की हत्या करने, उसकी गद्दी पर दखल करने में और भी किसी किस्म की झिझक न थी।

मौर्य वंश के बाद आए शुंग वंश का शासन समाप्त होने के पश्चात् कुछ समय तक उत्तर भारत में कोई बड़ा साम्राज्य सामने नहीं आया। पर हम इसके बाद भावी राजनीति से इतना तो जानते ही हैं कि इस दौर में भी क्षत्रियों की शासक जमात

के रूप में वापसी नहीं हुई। पर इस दौरान भी क्षत्रिय और शासनवाला मिथक जरूर बरकरार रहा और जो भी जाति या कबीला शासन में आया उसने खुद के क्षत्रिय होने का दावा किया।

अगला जो सबसे महत्त्वपूर्ण साम्राज्य उभरकर आया वह गुप्तों का था। हमको उनकी जाति के बारे में बहुत कुछ मालूम नहीं है। पर यह भी उल्लेखनीय है कि उन्होंने अपनी जाति के बारे में कोई बड़े दावे नहीं किए हैं जिससे दो चीजों का अन्दाजा होता है, उनकी छोटे कुल में उत्पत्ति और दूसरे, इस दौर के क्षत्रियों के बारे में निम्न राय का होना। सत्ता जाने के बाद यह राय बनी थी। और जब तक इन पुराकथाओं पर पड़ी समय की परत उनकी योद्धावाली छवि को एक नई आभा दे पाती तब तक सारे शासक वह दर्जा पाने की इच्छा नहीं रखते थे।

हमारे पास उस दौर के कुछ ऐतिहासिक विवरण भी उपलब्ध हैं जो साफ बताते हैं कि राजपरिवारों की शादियों में वर्ण और जाति का खयाल नहीं रखा जाता था। चूँकि उन दिनों सभी राजपरिवार आपस में मजबूत पारिवारिक सम्बन्ध रखते थे और, चूँकि अधिकांश महत्त्वपूर्ण सैनिक जिम्मेवारियों का निर्वाह परिवार के लोग ही करते थे इसलिए यह माना जा सकता था कि रजवाड़ों की शादियों में जाति या वर्ण को आधार नहीं बनाया जाता था और अन्तर-जाति या अन्तर-वर्ण शादियाँ आम थीं।

हम जानते हैं कि वाकातकों, जो ब्राह्मण थे, और गुप्तों के बीच वैवाहिक सम्बन्ध था।

वाकातकों के शिलालेखों के आधार पर वी.वी. मिराशी लिखते हैं :

> "...इसके अलावा उनके (वाकातक महाराज पृथ्वीसेन प्रथम के) बेटे रुद्रसेन द्वितीय का गुप्त वंश के शासक चन्द्रगुप्त द्वितीय विक्रमादित्य (380-413 ई.) से सम्बन्ध था। उसकी शादी चन्द्रगुप्त द्वितीय की बेटी प्रभावती गुप्त से हुई थी। विंसेंट स्मिथ की यह मान्यता काफी हद तक विश्वसनीय लगती है कि गुप्त वंश और वाकातकों के बीच यह वैवाहिक सम्बन्ध उस समय हुआ जब चन्द्रगुप्त द्वितीय ने गुजरात और सौराष्ट्र के शक क्षत्रपों पर हमला किया था जो 395 ई. के आसपास हुआ था।"[10]

गुप्तकालीन अन्य शिलालेखों[11] से हम यह भी जानते हैं कि इस राजवंश के लोगों के लिच्छिवियों और मौखरियों से भी वैवाहिक सम्बन्ध थे जो क्षत्रिय होने का दावा करते थे।

सम्बन्धों का यह ब्यौरा धर्मशास्त्रों के हिसाब से भले ही उपयुक्त न हो पर इससे यह तो पता चलता ही है कि शादियों का यह गड्डमड्ड अभी भी वर्ण-व्यवस्थावाले वृहत्तर दायरे में था। पर जब हम बहुत ऊँचा होने का दावा करनेवाले आर्यों और म्लेच्छ घोषित हूणों की लड़कियों का सम्बन्ध होते देखते हैं तो मामला आसानी से समझने लायक नहीं रहता। इतना ही नहीं ब्राह्मणों ने इन म्लेच्छ लड़कियों का गौरवगान भी किया है। यहाँ हैहय राजवंश के क्षत्रिय, केदी राजा यशःकर्णदेव के ताम्रपत्र शिलालेख (सन 1122) से बातों को विस्तार से उद्धृत करना उचित होगा :

> "(5) हैहय राजकुमारोंवाले प्रतापी परिवार के कार्त्रिवीर्य, जिन्हें किसी चीज की कमी नहीं थी और जो हर प्रकार के अस्त्र-शस्त्र चलाने में निपुण थे और जो चन्द्रमा के प्रतापवाला राजशीर्ष धारण करने के योग्य थे।
>
> "(6) पर्वतराज हिमालय की तरह दिखनेवाले इस राजा ने कालचूरि वंश की स्थापना की और जिसे बाद के शासकों ने अपने बेदाग आचरण से और भी यशस्वी और मोती जैसा धवल बनाया।
>
> "(14) उन्होंने कर्णावती नामक करुणा स्तम्भ बनवाया, ज्ञान का सर्वोच्च संस्थान बनवाया, प्रतिभाओं को फलने-फूलने का अवसर दिया। उन्होंने वेदों का ज्ञान देने की व्यवस्था की।
>
> "(15) कालचूरि महाराज ने हूण वंश के सागर से पैदा हुई लक्ष्मी, प्रसिद्ध राजकुमारी अवल्लदेवी से विवाह किया। प्रतापी महाराज यशःकर्णदेव का यश दूध के सागर की तरह था जो उनके उठने से उठता था और यह भ्रम पैदा करता था कि वे उभरते चन्द्रमा हैं।"[12]

यह ध्यान रखना जरूरी है कि हूणों को ब्राह्मणवादी हिन्दुत्व म्लेच्छ मानता था और उनकी निन्दा करना बहुत आम था। फिर भी हम पाते हैं कि उनकी एक बेटी की तुलना सीधे-सीधे भगवान विष्णु की संगिनी लक्ष्मी से की गई है। यह चीज भारत में ब्राह्मणों के नाम और कार्यपद्धति का एक बहुत ठोस और अच्छा उदाहरण है। स्पष्टतः वे सत्ता और धनवाले किसी भी व्यक्ति को खुश करने और उसके पक्ष में कुछ भी बोल देने के लिए तैयार रहते थे। वे किसी को भी सामाजिक श्रेणी में ऊँचा उठा सकते थे।

यह चीज वर्ण-व्यवस्था के मिथ के सदियों तक टिके रहने की भी एक हद तक व्याख्या करती है जबकि हर आदमी इसके वजूद और असली होने पर ही

शक करता रहा है। वर्ण का मिथ इस कारण से भी बनाए रखा गया कि इसमें थोड़े या अज्ञात कुलशील के लोगों को सत्ता और धन के बल पर अपने को ऊँची श्रेणी में ले जाने की व्यवस्था थी। वे इसके सहारे सामाजिक वर्गीकरण में ऊपर आने का दावा कर और मनवा सकते थे। बाद में शासक होने के लिए खुद को क्षत्रिय मनवाना भी जरूरी सा हो गया, इससे ब्राह्मणों की स्थिति लगातार सर्वोच्च बने रहने का रहस्य भी समझ आता है जबकि बड़े-बड़े वंश आए, शीर्ष पर गए और फिर नीचे गिरकर ध्वस्त हो गए और उनका कोई नामलेवा नहीं बचा। ब्राह्मण बहुत ही लचीले रुखवाले थे और जो कोई भी उन्हें अपनी सत्ता, समृद्धि या धन से प्रभावित कर सकता था उसे वे उसकी क्षमता या चाहतवाली श्रेणी में डाल देते थे, प्रतापी वंशावली से जोड़ देते थे और समाज के लोगों से भी उनकी बदली स्थिति को कबूल करवा लेते थे।

शासकों को सूरज और चन्द्रमा या किसी और ही वंश परम्परा से जोड़नेवाली यह ब्राह्मणवादी परम्परा दक्षिण पूर्व एशिया तक गई, जहाँ तक हिन्दू धर्म का प्रसार हुआ। जावा (आधुनिक बर्मा) के राजा इरलंग्गा की वंशावली के बारे में संस्कृत शिलालेख पर टिप्पणी करते हुए सी.सी. बर्ग लिखते हैं :

> "अनेक दूसरे तर्कों से भी हम इसी निष्कर्ष पर पहुँचते हैं कि इरलंग्गा की वंशावली झूठी है और उसने इसे जबर्दस्ती हासिल करके सिंहासन पर अपने कब्जे को मजबूत किया था। पुरोहितों ने उसे प्रतापी राजवंश का उत्तराधिकारी बताकर गद्दी पर उसके कब्जे को उचित बता दिया था।"[13]

यह तरीका बहुत आसान था। वंशावली शुरू होती है चन्द्रमा, सूरज या किसी बहुत ही महान पौराणिक पात्र से और कई सौ वर्षों का फासला छोड़ने के बाद शासक के किसी थोड़े ज्ञात पूर्वज से फिर शुरू होती है। कई बार तो शासक के दादा या पिता से ही नई गिनती की शुरुआत होती है तो कई बार दस-बारह पीढ़ी पहले से। अगर कोई इन बीच के सैकड़ों वर्षों की कड़ियों की न सोचे तो फिर यह वंशावली बहुत ही प्रतापी लगने लगती है। ज्ञान के एकमात्र ठेकेदार या दावेदार पुरोहित जब शासक वर्ग की उत्पत्ति के बारे में स्वयं शासक की सत्ता से हाथ मिला ले तो उसकी बातों का वजन वैसे ही ज्यादा हो जाता है।

ईसाई संवत की पहली सहस्राब्दी की शुरुआतवाले दौर में तो ब्राह्मणों द्वारा शासक वर्ग को उच्च कुल का बताने, उन्हें वर्ण-व्यवस्था में ऊँचा दर्जा देने और ब्राह्मणवादी व्यवस्था से बाहरवाले लोगों को भी धार्मिक तमगा देने के तमाम प्रमाण बिखरे पड़े हैं।

कनखेड़ा (351-52 ई.) के शिलालेख में शक राजकुमार श्रीधरवर्मन का काफी गुणगान हुआ है और उन्हें ऊँचा दर्जा दिया गया है। शिलालेख में लिखा गया है :

> "विजय...जब तक सूर्य और चन्द्रमा हैं तब तक रहे। इस शिलालेख की स्थापना न्यायपूर्ण विजेता शक नन्द के पुत्र महादंडनायक (क्षत्रप) शक श्रीधरवर्मन ने कराई जिन्होंने देवताओं के सेनापति महासेन (कार्तिकेय) की उपासना की, जिनकी सेना कभी परास्त नहीं हुई और जिन्होंने अपनी दैवी शक्तियों से सदा जीत हासिल की।"[14]

यह लगता है कि गुप्त काल से या उसके पहले से भी समाज में एक किस्म की खलबली चलती रही जिसमें हर तरह के कारीगर और उद्यमशील लोग समृद्ध होने के साथ ही दान देकर, मन्दिरें बनवाकर या कल्याण और यश के और काम करके अपना सामाजिक दर्जा बढ़ाने का प्रयास कर रहे थे तथा ब्राह्मण भी उनको आशीर्वाद देकर और उनको बड़े वंश का बताकर उनकी नई स्थिति को मान्यता देने को तैयार रहते थे। निश्चित रूप से इस अवधि में अनेक कबीलों और समूहों के लोग वर्ण-व्यवस्था में अपनी छोटी या कमजोर सामाजिक हैसियत से ऊपर उठे होंगे। 1048-49 ई. का रीवा का शिलालेख कायस्थों की उत्पत्ति के बारे में जानकारी देता है। अन्य बातों के अलावा इसमें लिखा गया है :

> "(श्लोक-35) (अ. 35) वास्तव में...दोषरहित त्रिनेत्र से पवित्र जन्म लेनेवाला कचरा नामक व्यक्ति था—जो ऋषियों में सर्वश्रेष्ठ था और जिसने कुलांचण नगर को तीनों लोक का आभूषण बना दिया था।
>
> "(श्लोक-36) उनसे, जो आत्मज्ञाताओं में श्रेष्ठ थे, चौथे (वर्ण) कुल के एक बालक ने उस स्वर्ग से आई नदी के किनारे जन्म लिया जो पूरी दुनिया में पूजनीय है।
>
> "(श्लोक-37) पृथ्वी पर ईश्वर जैसे लोगों (ब्राह्मणों) के चरणों की धूल पानेवाले आपको यशस्वी और कर्मठ सन्तान की प्राप्ति हो और यह बालक स्वर्ग के स्वामी के मन्त्री (बृहस्पति) जैसा हो।
>
> "(श्लोक-38) चूँकि आप स्वयं असंख्य गुणों से भरी काया में स्थित हैं इसलिए आप कायस्थ नामक जाति में जाते हैं।"

इस शिलालेख में यह कोई भी देख सकता है कि ब्राह्मण किस आसानी से शूद्र की श्रेणी से कायस्थों को ऊपर उठा सकते थे।

बुनकरों के संघों, महावतों और दूसरे काम करनेवालों द्वारा दिए दान से सम्बन्धित अनेक ऐसे शिलालेख हैं जिनमें ब्राह्मणों द्वारा उनका यशगान हुआ है

और यह भी उल्लेखनीय है कि वही लोग ऐसे श्लोकों की रचना कर सकते थे। 1415 ई. का खलारी का शिलालेख ब्रह्मदेव के शासन में एक मोची द्वारा मन्दिर निर्माण कराने से सम्बन्धित है। अन्य बातों के अलावा इस शिलालेख में कहा गया है :

> "(श्लोक-9) यहाँ देदीप्यमान हैं देवपाल, जो अपने नाम के अनुरूप यशस्वी पिता शिवदास के पुत्र और जासन नामक चर्मकार के पौत्र हैं और जिनका सौन्दर्य चन्द्रमा के समान है और जिनकी कीर्ति चहुँ ओर है। जो अपने काम में कुशल हैं, जो अपनी अच्छाई में ब्राह्मणों के अनुगामी हैं और पवित्र कार्यों में जिनकी बहुत रुचि है और जिनका तेज नारायण के स्मरण से और निखरता जाता है।
>
> "(श्लोक-10) अपनी क्षमता और महान भक्ति भावना से उन्होंने कमंडल समेत नारायण का मन्दिर बनवाया। हरि इनकी इहलोक और परलोक की सदा कामनाएँ पूरी करें।
>
> "(श्लोक-11) हरि के कमलनुमा चरणों से टकरानेवाले अमृत के सागर में गोते लगानेवाले दामोदर मिश्र ने इस प्रशस्ति की रचना की जो अन्य कवियों के मस्तिष्क में भी आनन्द का संचार करती है।
>
> "(श्लोक-12) जब तक गंगा सूरज की बेटी यमुना के साथ इस संसार में प्रवाहित है, जब तक सितारों के स्वामी चन्द्रमा के साथ सूरज आसमान में चमक रहा है तब तक चर्मकार देवपाल का यश नारायण के इस मन्दिर के माध्यम से बना रहेगा।
>
> "(श्लोक-13) प्रसिद्ध वास्तव्य परिवार जो विद्वानों में अग्रणी रहा है, के रामदास ने अपनी सुन्दर हस्तलिपि में इस प्रशस्ति को लिखा है।
>
> "प्रस्तर में इसकी खुदाई सूत्रधार रणदेव ने की है।"[15]

इस शिलालेख को थोड़ा विस्तार से उद्धृत किया गया है क्योंकि इससे उस समय के सामाजिक माहौल और ब्राह्मणों के लोभ का बहुत अच्छी तरह से पता चलता है।

निश्चित रूप से इसे ब्राह्मणों की कम-से-कम इस एक मामले में समान दृष्टि का प्रमाण माना जा सकता है कि वे दान और इनाम देनेवाले की प्रशंसा करने में भेद नहीं करते थे भले ही वह व्यक्ति शक्तिशाली राजा हो या मोची। इस चीज का एक और तार्किक पहलू है विशुद्ध रूप से आर्थिक मंशा से काम करना।

पर ब्राह्मण अपने जजमान को वर्ण-व्यवस्था में तभी ऊपर उठाते थे जब वे शासक हों। अन्य मामलों में वे उनका यशगान करने और उनकी प्रशस्ति में कुछ लिख देने का काम ही करते थे या फिर उन पर लगी पाबन्दियाँ उठा देते थे। शूद्रों के धर्मशास्त्रों का अध्ययन करने सम्बन्धी रोक उठाने का जिक्र भी कुछ इस तरह आया है जैसे भला कोई बड़ी बात न हो। वराह काल (1495-96 ई.) के रतनपुर शिलालेख में कहा गया है :

> "(श्लोक-1) सूत्रधारों में कोकस कुल का छिटकू भी है जो शिल्प-शास्त्रों के ज्ञान और अपने हृदय की करुणा के लिए प्रसिद्ध है।
>
> "(श्लोक-2) ईश्वर और पुरखों की अनुकम्पा से वह पाँच विज्ञानों का सागर है–प्रतिभा, कौशल और सच्चाई के गुण तो नारायण ने दिए ही हैं।
>
> "(श्लोक-3) सूत्रधार छिटकू काष्ठ और प्रस्तर के साथ ही सोने के काम में भी कुशल है। उसके पास कलपुर्जों के विज्ञान की भी भारी जानकारी है।
>
> "(श्लोक-4) सूत्रधार छिटकू को वाँका और त्रिवाँका का ज्ञान है, वह लताएँ और पत्तियाँ उकेर सकता है। वह त्रिताल और सप्तताल भी जानता है।
>
> "(श्लोक-5) मन्मथ का सुयोग्य पुत्र सूत्रधार छिटकू विज्ञान का पूर्ण ज्ञाता है और उसने अपना हृदय केशव के साथ जोड़ रखा है।
>
> "(श्लोक-6) मंडन उसका अनुज है जो तीन देवी-देवताओं का भक्त है और धर्मग्रन्थों का पाठ करता है।
>
> "(श्लोक-7) वह ब्राह्मणों का भक्त है। ज्योतिष के ज्ञान समेत मंडन का सारा ज्ञान विश्वकर्मा के आशीर्वाद से ही मिला है।
>
> "(श्लोक-8) इसका लेखक दित्याणा है जो बहुत अनुशासित और अपने भाई के प्रति श्रद्धानत है। वह विज्ञान के उसके ज्ञान और अन्य प्रतिभाओं से भी प्रभावित है।
>
> "परम आनन्द रहे। स्मरणीय वर्ष 1552 में निर्मित।"[16]

यह संक्षिप्त ब्यौरा इस बात के प्रति ध्यान आकर्षित करने के लिए दिया गया है कि धर्मशास्त्रों के अध्ययन पर प्रतिबन्ध का व्यवहार में कहीं असर न था। निचले वर्ण के लोगों को भी ज्ञान और सम्पत्ति अर्जित करने का अधिकार तो था ही, ब्राह्मणों के सहयोग से वे वर्ण-व्यवस्था में ऊपर भी जा सकते थे

जैसाकि हमने कायस्थों के मामले में देखा है। यह सब कुछ ब्राह्मणों द्वारा किए जानेवाले स्तुतिगान और घोषित वंशावली से हो सकता था और ब्राह्मण दान-दक्षिणा लेकर यह कर सकते थे। लेकिन सामाजिक दर्जा बदलवा सकने का सबसे शक्तिशाली इंजन थी राजनीतिक सत्ता। इसे हासिल कर लेने के बाद कोई भी सामाजिक दर्जा पाया जा सकता था बशर्ते कि ब्राह्मणों और उनकी परम्परा की श्रेष्ठता मानें। बल्कि ब्राह्मणों के सहयोग से वर्ण-व्यवस्था में अपना दर्जा ऊपर करा लेना इतना आसान था कि इस व्यवस्था को चुनौती दे सकने में सक्षम लोगों में शायद ही किसी का ध्यान इस ओर भी गया। इसमें उन्हें कोई लाभ नहीं दिखा। उल्टे नया बना शासन कई नई तरह की सामाजिक जटिलताओं में उलझ सकता था। उल्टे इस व्यवस्था को मान लेने और ब्राह्मणों से अपनी वंशावली घोषित करा लेने से नए शासक को उस समाज में वैधता मिल जाती थी जो शासन पर क्षत्रियों का अधिकार मानता था और इसे ब्राह्मणों से मान्यता मिलने पर स्वीकार करता था। यूरोप में भी इस किस्म की मान्यता की जरूरत होती थी और यहाँ हमें नेपोलियन, जो छोटे कुल का था, द्वारा चर्च के साथ समझौता करने, अपना राज्याभिषेक कराने और शाही राजवंशों से वैवाहिक सम्बन्ध बनाने का उदाहरण दे सकते हैं।

इसलिए वर्ण-व्यवस्था को चुनौती देने की जगह सक्षम शासक स्वयं को उसमें ऊपर स्थापित करते थे और इससे अक्सर उन्हें यह शक्ति भी मिल जाती थी कि वे नई जाति बना लें, किसी को जाति से निष्कासित कर दें। और यह अधिकार उन्हें स्वयं ब्राह्मणों को भी जाति से निकालने में सक्षम बना देता था। विरंचिपुरम के निकट मिले शक संवत 1347 के शिलालेख से जातिगत मामलों में शासक के अधिकारों का उल्लेख मिलता है। इसमें कहा गया है :

> "दहेज और बहू लेनेवाले लड़के के पिता और लड़की के पिता, दोनों को राजा की तरफ से दंड और जाति निष्कासन की सजा मिलनी चाहिए।"[17]

वर्ण-व्यवस्था की शक्ति और उसमें बदलाव

राजनीतिक सता के साथ उभरनेवाले कबीलों और कुलों के राजाओं को राजपूत नाम से क्षत्रिय वर्ण में रखने के मामले सबसे स्पष्ट और ज्यादा संख्या में भारत के पश्चिमी भाग में दिखते हैं। वैसे भारी-भरकम नाम देते हुए शासकों को क्षत्रिय घोषित करने का काम पूरे देश में ही हुआ। जेम्स टॉड द्वारा राजस्थान के शासक

कुलों की सूची नीचे दी जा रही है। टॉड के अनुसार वंशावलियाँ रखनेवालों (जिनकी सूचियों को देखकर टॉड ने अपनी सूची बनाई थी) के अनुसार यह सूची तब मौजूद किसी भी अन्य सूची से बढ़िया थी।

सूची[18]

	कुल	
	इच्छाका, काकूस्थ, या सूर्य।	
	उन्वे, इन्दु, सोम, या चाँद	
	ग्रहिलोते या गहलोते	24 साचे
	यदु	4
	एस. तुआर	17
	राठौर	13
	कुशवाहा या कच्छवाहा	
	परमार	35
	चहुमान या चोहान	26
10	चालुक या सोलंकी	16
	पुरिहार	12
	चवुरा	अकेला
	टाक, टौक या तक्षक	
	जिट, या गेते	
15	हूण या हुण	
	बल्ला	
	झाल्ला	2
20	गोहिल	
	सरवाया	
	सिलार	
	डाबी	
	गोर	5
15	डोडा या डोर	
	घेरवाल	
	बिर्गुजुर	
	सेंगर	अकेला

	सैकरवाल	दो
30	बाइसे	
36	दहिमा	अकेला
	एक्स्ट्रा	
	हूल	
	दहिरया	

इस सूची में जिट या जाट, टाक या तक्षक जिनके पूर्वजों और जाटों के पूर्वजों में समानता मानी जाती है—और हूणों का आना तत्काल इस नतीजे पर पहुँचा देता है कि भले ही सभी राजपूत राजवंश क्षत्रिय होने या मूल का दावा करें पर इन सबका शुरुआती क्षत्रिय वर्ण से कोई मतलब नहीं है। टॉड के अनुसार इस बात की अधिक सम्भावना है कि जाट या जिट उन सिशियन हमलावरों के वंशज हैं जो देश के उत्तर पश्चिमी भाग में बस गए थे। वर्तमान में उनको राजपूतों में शामिल नहीं माना जाता क्योंकि भरतपुर से बाहर रहनेवाले सभी जाट बिना किसी शाही दावे के सामान्य किसानोंवाली स्थिति में आ गए हैं। लेकिन कुछ शासक जातियों द्वारा क्षत्रिय होने के दर्जे का दावा करना स्पष्टतः सन्दिग्ध लगता है इसलिए दूसरों के दावों पर भी सवाल उठाए जा सकते हैं। जैसाकि राजपूत नाम से ही ध्वनित होता है, इसका मतलब राजा या शासक का पुत्र है। और इसकी सबसे अच्छी सम्भावित व्याख्या यही हो सकती है कि राजनीतिक सत्ता की लड़ाई और उथल-पुथल में जो नए कुल और कबीले ऊपर आए, जिन्होंने सत्ता हासिल की उन्होंने खुद को क्षत्रिय बताते हुए कुछ इलाकों में राजपूत कहना शुरू किया और इस दावे को पंडितों-पुरोहितों ने भी मान्यता दे दी थी। सम्भव है कि अनेक मामलों में ये ब्राह्मण उसी कबीले या कुल के पुरोहित रहे हों और फिर उन्हें अपने इन पूर्व जजमानों को उच्च वर्ण का दर्जा देने में कोई परेशानी नहीं हुई होगी। बल्कि ऐसा करने में स्वयं उनका दर्जा भी बढ़ गया होगा।

बाद के दौर में लिखते हुए और अधिक विश्वस्त ऐतिहासिक तथ्यों का सहारा लेते हुए विंसेंट स्मिथ ने कुछ प्रमुख राजपूत कुलों की उत्पत्ति के बारे में कुछ ऐसा लिखा है :

> "यह बात स्पष्टतः स्थापित होती लगती है कि हूण कबीलों या झुंडों ने राजपूताना और पंजाब को अपने काम का प्रमुख क्षेत्र बनाया। हूणों के बाद समूह में सबसे महत्त्वपूर्ण थे गुर्जर जो आज बोलचाल में गूजर कहलाते हैं और उत्तर पश्चिमी भारत की एक प्रमुख मध्यवर्ग जाति है। मूलतः पशुपालन करनेवाले, अधिकांश गूजर अन्य

सभी भारतीय जातियों की तरह अब मुख्यतः खेतिहर हैं। जाट या जटों में खेती करनेवालों का अनुपात अधिक है और आम तौर पर उन्हें गूजरों के समकक्ष ही माना जाता है, भले ही इन दोनों के सम्बन्धों को परिभाषित करना असंभव है। न तो जाटों को और न ही गूजरों को राजपूतों या क्षत्रियों की श्रेणी में गिना जाता है लेकिन पंजाब के अधिकांश जाट राजपूतों के वंशज होने का दावा करते हैं।

पूर्व मध्य काल में गुर्जर राजाओं के अधीन बड़े-बड़े राज थे। यह बात अभी हाल में मालूम हुई है। पुरातत्त्ववेता काफी समय से भड़ौच (बड़ौच) के पास एक छोटे गुर्जर रजवाड़े और राजपूताना के बड़े राज्य की बात जानते थे पर कन्नौज के राजा भोज और वहाँ के नौवीं, दसवीं और ग्यारहवीं सदी के राजा भी गुर्जर थे यह बात हाल में ही मालूम हुई है। यह बात अब स्थापित हो चुकी है कि भोज (सन् 840-90), उनके पूर्ववर्ती और बाद के शासक गुर्जर जाति के कुल प्रतिहार (परिहार) से सम्बन्ध रखते थे। अतः सुप्रसिद्ध कुल परिहार राजपूत, गुर्जरों या गूजरों के वंश की ही एक शाखा है।''[19]

हाल में प्रकाशित अपने अध्ययन में जयनारायण असोपा ने कुछ राजपूत वंशों को निम्न मूल का होने के आरोप से बचाने की बहुत कोशिश की है। उन्होंने यह दिखाने का प्रयास किया कि कुछ जातियों की वंशावली सूर्य या चन्द्र वंश के लोगों से जुड़ती है। लेकिन यह सब कुछ कई-कई सौ वर्षों के फासले को भरने में अपर्याप्त रहा है। इनसे बाद में इन वंशों का उन ज्ञात पूर्वजों से रिश्ता जुड़ता नहीं लगता। दरअसल शुरुआत में ही वे जो कुछ बातें कहते हैं वही उनके सारे प्रयासों को बेमानी बताती हैं। जैसे वे लिखते हैं :

''सभी शासक राजा और उनके सगे-सम्बन्धी राजपूत कहलाते थे। इस प्रकार असल में यह जरूरी नहीं था कि राजपूत और क्षत्रिय एक ही हैं। कई मामलों में राजपूत विदेशी मूल के भी थे जैसे यूनानी, शक और हूण तथा कई बार स्थानीय मूल के भी, जैसे क्षत्रिय, ब्राह्मण और अन्य लोग। हम यह भी जानते हैं कि राजपूतों में अन्तर-विवाह होते थे जैसे यूनानी सेल्युकस ने अपनी बेटी की शादी चन्द्रगुप्त मौर्य से कर दी थी। शक रुद्रदमन ने अपनी बेटी की शादी सातवाहन राजकुमार से की थी और स्वयंवरों में जाकर खुद भी

अनेक राजकुमारियों से विवाह किया। मन्दौर के हरिश्चन्द्र प्रतिहार, जो द्विज थे, ने क्षत्रिय भद्रा से शादी की थी। अल्तेकर के अनुसार राष्ट्रकूट राजवंश कन्नडिगा लोगों का था लेकिन उत्तर भारत के राजपूतों से उनके वैवाहिक सम्बन्ध थे। मेवाड़ के राजा अल्लाता ने हूण हरिया देवी से विवाह किया था। इस विषय पर बारीकी से अध्ययन किया जाए तो और भी काफी कुछ उदाहरण जुटाए जा सकते हैं। इससे साबित होता है कि शासक वर्ग का आपस में विलय हो रहा था और इसके साथ ही दूसरे पेशे अपनानेवाले लोग भी अपना एक वर्ग और एक जाति बना रहे थे और इसीलिए हमें विभिन्न समुदायों में राजपूतों के चौहान, परमार और अन्य उपनाम मिलते हैं।''[21]

लोग सत्ता और जाति की श्रेणी में किस तरह ऊपर चढ़ते थे यह चीज अकबर को हिन्दुस्तान की सीमा से बाहर करने के लिए बनी हिन्दू और मुस्लिम राजाओं की संयुक्त फौज की अगुवाई करनेवाले हेमू के उदाहरण से सबसे बढ़िया ढंग से स्पष्ट होती है। उसके उत्थान के बारे में अबुल फजल बताते हैं :

> ''जहाँ तक परिवार की बात है वह धूसर कबीले का था जो भारत में फेरी लगाकर सामान बेचनेवालों में सबसे छोटे लोग होते हैं।
>
> ''वह गलियों में शोरा बेचता फिरता था—इस क्रम में वह सलीम खाँ के अधीन सरकारी फेरीवाला बनने के पहले तक हजारों तरह के अपमान सह चुका था।''[22]

वे आगे लिखते हैं :

> ''कुछ समय उसने अपने नाम में राय पदवी लगाई और फिर उसने अपने आपको राजा कहना शुरू कर दिया और राजा बिक्रमजीत की उपाधि धारण की। इस प्रकार उसने मूर्खतापूर्ण ढंग से ही अपने बड़े-बड़े नाम रख लिए। या उसने आदमी की सार्वभौमिकता बचाए रखने की दूरदर्शिता दिखाई और बड़ी-बड़ी लड़ाइयाँ लड़ीं। अपने साहस और पराक्रम से वह विजेता बना और उसने बड़े-बड़े काम किए। अपनी दिलेरी और क्षमताओं के लिए उसकी प्रसिद्धि बन गई।''[23]

हम उसकी छोटे कुलवाली पृष्ठभूमि की बात मुख्यतः अबुल फजल के कारण ही जानते हैं जो अपने स्वामी अकबर के विरोधियों के प्रति बहुत सख्त नफरत का भाव रखता था। अगर दुर्भाग्यवश हेमू को पानीपत की जीती हुई लड़ाई के

अन्त में एक तीर आँख में नहीं लगता और वह इससे विजेता बनकर आता तो निश्चित रूप से उसे सबसे ऊँचे दर्जे का क्षत्रिय मान लिया गया होता और ब्राह्मण पुरोहित उसे भी सूर्य या चन्द्रवंश से जुड़ा बता देते।

राजा स्वयं भी जाति-अनुक्रम तय करने या स्थापित करने का अधिकार रखते थे, यह बात 12वीं सदी में गौड़ (आधुनिक पं. बंगाल में) के शासक रहे बल्लाल सेन द्वारा कुलीनवाद स्थापित करने से साबित होती है। हालाँकि उसने ऐसे अधिकार का प्रयोग किया लेकिन सेन शासकों के वंश को लेकर कुछ सन्देह है। बंगाल के शिलालेखों के आधार पर ही आर. मुखर्जी और एस.के. मैती लिखते हैं :

> ''बंगाल के प्रसिद्ध सेन वंश के शासकों के पूर्वज मूलतः कर्नाटक क्षेत्र से आए थे। उनके कुल के दस्तावेजों में उन्हें चन्द्र-वंश का ब्राह्म-क्षत्रिय कहा गया है। लेकिन पुरानी वंशावलियों में उन्हें वैद्य बताया गया है और कुछ विद्वान उन्हें कायस्थ बताते हैं...''[24]

'ब्राह्म-क्षत्रिय' नामकरण अपने आपमें एक आविष्कार है क्योंकि वर्ण-व्यवस्था में ऐसी कोई श्रेणी नहीं है और सम्भवतः यह नामकरण किसी छोटे कुल की उत्पत्ति पर परदा डालने के लिए किया गया होगा। मूल चाहे जो हो, एक बार शासक बन जाने के बाद लोगों को जाति का वर्गीकरण तय करने का अधिकार मिल जाता था जिसमें स्वयं ब्राह्मणों की स्थिति तय करने का अधिकार भी शामिल है। यही लेखक आगे लिखते हैं :

> ''उसका (बल्लाल सेन का—लेखक) शासन जाति व्यवस्था का पुनर्गठन करने और ब्राह्मणों, वैद्यों और कायस्थों में 'कुलीनवाद' शुरू करने के लिए प्रसिद्ध है। वह ब्राह्मणवादी हिन्दुत्व पर आचरण करता था और धर्म के तान्त्रिक रूप को प्रोत्साहन देता था।''[25]

जिस दौर में लोग बड़े पैमाने पर देश के एक हिस्से से दूसरे हिस्से में जा रहे थे उसमें शायद ही कोई हर समूह के कुल-गोत्र की जानकारी रख सकता था। उनके कुल-गोत्र या जाति की पहचान पुरोहितों द्वारा तय होती थी या वही ढूँढ़कर ये सूचनाएँ देते थे। पुरोहित भी शासकों के हठ या दुराग्रह के आगे बहुत कुछ करने-कहने की स्थिति में नहीं होते थे और वे उनकी इच्छा के अनुसार भारी-भरकम कुल और वर्ण से उनका सम्बन्ध घोषित कर देते थे। इसमें लोभ-लालच का भी अपना हाथ होता था जिसके लिए पुरोहित आज भी कुख्यात हैं लेकिन यह काम मुख्यतः राजा के आतंक से किया जाता था क्योंकि उसका क्रोध महँगा पड़ सकता था। अगर पुरोहितों का एक समूह राजा के मन लायक

घोषणाएँ नहीं करता था तो दूसरे समूह को, वह भी अक्सर दूर-दराज के इलाके से बुला लिया जाता था। और फिर पुरोहित पद जाने के खतरे को शायद ही कोई ब्राह्मण अनदेखा कर सकता था।

ईस्वी सन् की शुरुआत के बाद से असंख्य गैर-क्षत्रिय या गैर-द्विज राजाओं के उदित होने और अपने राज्य का विस्तार करने के उदाहरण भरे पड़े हैं। इनमें कुछ तो बहुत बड़े शासक बने और उन्होंने क्षत्रिय या ब्राह्मण कुल का होने के दावे किए। लेकिन इस दौर की सामान्य प्रवृत्ति के अनुसार इनमें से अधिकांश दावे झूठे थे। यह शक इस बात से भी पुष्ट होता है कि अधिकांश वंशावलियाँ आदिम काल से शुरू होती थीं और फिर बीच में किसी विख्यात शासक या सम्राट के पूर्वजों से जुड़ती हुई नए शासक तक आती थीं और यह सब पुरोहितों की कल्पना की उड़ान भर लगती हैं।

इस चीज का बहुत अच्छा उदाहरण छठी सदी में दक्षिण भारत में शक्तिशाली साम्राज्य स्थापित करनेवाले पल्लव राजा हैं। कांचीपुरम शिलालेख में उनकी वंशावली कुछ इस प्रकार दी गई है :

ब्रह्मा[26]
अंगीरस
बृहस्पति
साम्य
भारद्वाज
द्रोण
अश्वत्थामा

इसके बाद शिलालेख कहता है, "इसी वंश में आगे चलकर महाराज उग्रदंड का जन्म हुआ जिन्होंने रणरासिका के नगर को ध्वस्त किया...

अमरावती के नम्बर 31 बुद्ध गुफा मन्दिर में स्थित शिलालेख[27] में पल्लवों की उत्पत्ति का कुछ और ब्यौरा है। इस शिलालेख के अनुसार अश्वत्थामा (महाभारत का) ने मन्दिनी से विवाह किया जो एक अप्सरा थी और जिससे उत्पन्न पुत्र को पल्लवों से ढककर रखा गया था, इसी के चलते इस कुल का नाम पल्लव पड़ा। इस बच्चे का नाम महेन्द्रवर्धन था।

पल्लवों के समकालीन चालुक्यों की वंशावली और भी विस्तृत है और इसकी शुरुआत भगवान विष्णु की नाभि से निकले कमल से बताई गई थी। वहाँ यह वंशावली पुरुरवा और भरत से होते हुए महाभारत के नायक अर्जुन तक आती है और फिर अचानक ऐतिहासिक दौर में आ जाती है। इसमें कहा गया है :

> "(पंक्ति 14) अर्जुन से अभिमन्यु, उनसे परीक्षित, उनसे जनमेजय, उनसे क्षम्मक, उनसे नरवाहन, उनसे शत्रुका, उनसे उदयन की उत्पत्ति हुई। इस वंश के उनसठ शासकों के बाद शासन का क्रम टूटा था। पर इस वंश के विजयादित्य फिर से अयोध्या के सिंहासन पर बैठे। वे दिग्विजय के लिए दखन (दक्षिण पथ) गए और त्रिलोचन पल्लव के राज पर आक्रमण किया। लेकिन दुर्भाग्य से वे परलोक सिधार गए। इस युद्ध के दौरान उनकी महारानी गर्भवती थीं, वे परिवार के पुरोहित और मुदिवेणु नामक वृद्ध मन्त्री जो अग्रहार था, को साथ लेकर वहाँ पहुँच गईं। वहाँ रहनेवाले महान संन्यासी विष्णुभट्ट सोमायाजिन ने पुत्री की तरह उनकी देख-रेख की और वहीं उन्होंने विष्णुवर्द्धन नामक पुत्र को जन्म दिया।...उन्होंने कदम्ब, गंगा और अन्य राजाओं को पराजित किया और दक्कन पर शासन किया...[28]

इस वंशावली या विवरण से हम सिर्फ यही अन्दाजा लगा सकते हैं कि विजयादित्य जोखिम ले सकनेवाले थे और उनकी महारानी सामान्य औरत। जब विष्णुवर्धन राजा बन गए थे, उनका दर्जा भी महारानी का होना ही था क्योंकि महाराज की माँ सामान्य औरत कैसे हो सकती थी। पर इस वंशावली से हमें चालुक्यों के सामाजिक दर्जे का पता नहीं चलता। वैसे बाद में उनके पल्लवों के साथ वैवाहिक सम्बन्ध हुए जो खुद को ब्राह्मण मूल का बताते थे।

अगर राजनीतिक सत्ता के साथ क्षत्रिय या ब्राह्मण का दर्जा पा लेना सम्भव था तो सत्ता गँवाने के साथ दर्जा गवाँ देना भी, खासकर तब जबकि दरिद्रता आ जाए। कभी ब्राह्मण का दर्जा पा लेनेवाले पल्लवों के बारे में कहा जाता है कि बाद में वे निचली जाति के माने गए और अब कुरुबा जाति में शामिल माने जाते हैं। एल.के. अनन्त कृष्ण अय्यर लिखते हैं :

> "जैसाकि कहा गया है कुरुबा प्राचीन पल्लवों के आधुनिक प्रतिनिधि हैं। वे कभी दक्षिण भारत में बहुत ही शक्तिशाली हुआ करते थे। पर सत्ता से हटाए जाने के बाद वे मालबार, नीलगिरि, कोयंबटूर और मैसूर जिले के मैदानी और जंगली इलाकों में बिखर गए। अभी वे सामाजिक स्तर पर कई श्रेणियों में पाए जाते हैं। मैदानी इलाकों में रहनेवाले लोगों ने शूद्रों के रस्म-रिवाज और तौर-तरीके अपना लिये हैं जिनके बीच वे रहते हैं, जबकि पहाड़ी स्थानों में रहनेवाले अब भी अपने को ऊँचा मानते हैं और वैसा संस्कार बनाए रखने की कोशिश करते हैं।"[29]

पल्लवों की उत्पत्ति के बारे में इतिहासकार रमाशंकर त्रिपाठी कहते हैं :

> "पल्लवों की उत्पत्ति प्राचीन भारतीय इंतिहास का सबसे जटिल सवाल है। दक्षिण भारत की तीन पारम्परिक शक्तियों–चेरों, पांड्यों और चोलों में उनका कोई दर्जा नहीं है। यही देखकर कुछ विद्वान मानते हैं कि वे विदेशी आक्रमणकारी थे..."[30]

लेकिन वे आगे कहते हैं :

> "दूसरी मान्यता यह है कि पल्लव कुरुम्बों, कल्लारों, मरासिनों और अन्य आदिम कबीलों की जमीन से जुड़े लोग थे।"[31]

दरअसल आर.एस. त्रिपाठी यहीं नहीं रुकते और इस निष्कर्ष पर पहुँचते हैं कि चेर, पांड्य और चोल सभी समान आदिवासी मूल के थे। वे लिखते हैं :

> "नामों की उत्पत्ति को लेकर दिए गए सुझावों का चाहे जितना वजन हो इस बात में कोई शक नहीं कि पांड्यों और चेरों की तरह चोल भी दक्षिण के ही लोग थे, भले ही बाद के साहित्य और शिलालेखों में उनको सूर्य का वंशज बना दिया गया है।"[32]

पल्लवों के मूल और नाम की गुत्थी शायद तब बहुत आसानी से सुलझ जाएगी जब हम उनकी उत्पत्ति को लेकर गढ़ी गई कथाओं से अपना ध्यान हटाएँ और दूसरी चीजों पर ध्यान दें। इन कथाओं को गढ़ने के पीछे यह बुनियादी मानसिकता काम करती रही है कि प्राचीन काल में राजाओं की उत्पत्ति उच्च कुल में ही हुई होगी। पर यह सम्भव है कि पल्लवों की उत्पत्ति आबादी के कमजोर और दबे समूहों के बीच से हुई होगी। सम्भवतः पल्लव देश के उन मूल निवासियों में से आए थे जो ब्राह्मणवाद के विस्तार के दायरे से तब बाहर थे। गुस्ताव ओप्पर्ट जिन कबीलों को द्रविड़ लोगों के तौर पर गिनते हैं, सम्भवतः पल्लव भी उनमें से एक थे। उनकी बनाई सूची इस प्रकार है :

> "मैं जिन लोगों को द्रविड़ मानता हूँ उनके नाम या तो मल या उससे मिलती-जुलती ध्वनिवाले शब्द से निकले हैं और जो मल्लों या पालोंवाली नस्ल के ही हैं...और ऐसे समूहों के प्रतिनिधि के तौर पर मैं मार (म्हार, महार, महरा या मल), मारी, मारवार, परियाह, पर्जस, परवार, परवान, परतास, परदास, पर्हिया, बार (भर, बप्पई), ब्रहुई, मल्ल (मल्ली), माले (मेर्रा, मार), माल, अड़यार, मालाकार, मल्लाली, मालवा (मल्वा), मलारी (मलेर या पहाड़ी), मल्लार या पल्लार, पल्लैयार, पोलैयार, पुलायार, होलियार, पंडा, पुंड्रा, पल्ली, पाल, पाली, पल्लव (पहवा, पहलव, पहनवा, प्लावा), पांड्य, बल्लार, भल्ला, भील

(बिल्ला), भिल्लाल, वेल्लार, वेलाम, वल्लम, वल्लमबाम, वल्लूवार वगैरह शामिल हैं।''[33]

उपरोक्त सूची से लगता है कि पल्लव उन कबीलाई लोगों में से थे जो बाद में आबादी के वंचित समूहों का हिस्सा बने। यह सम्भव है कि पल्लव शासक भी इन्हीं लोगों में से निकले हों। उनकी छोटे मूल को छुपाने के लिए ही मिथकीय कहानी गढ़ी गई होगी और ऐसा करना भारत में तब बहुत आम था। चूँकि पल्लवों को सत्ता मिलने के साथ पूरे कबीले का सामाजिक दर्जा नहीं बढ़ाया जा सकता था इसलिए अधिकांश उसी नीची श्रेणी में रहे। और जब पल्लवों की राजनीतिक सत्ता जाती रही तो उन्हें अपने पुराने समाज के साथ ही बेटी-रोटी का सम्बन्ध रखने और उन्हीं के तौर-तरीके अपनाने को मजबूर किया गया होगा। तब तक शासक कुल का अपने पुराने समुदाय से रिश्ता पूरी तरह टूटा भी नहीं होगा। उनके नाम और काम में सामाजिक दर्जे के नीचे खिसकने की यह अधिक उपयुक्त व्याख्या लगती है।

लेकिन इस व्याख्या में एक पाठ भी छुपा हुआ है। लोगों की वर्तमान जाति के आधार पर हम उनकी पुरानी सामाजिक हैसियत या सम्बन्धों और उनके कुल के दर्जों के ऊपर-नीचे होने की स्थिति का अन्दाजा नहीं लगा सकते—इस बारे में कोई फैसला नहीं कर सकते।

सेन वंश के बाद शासन में आए शक्तिशाली पाल वंश की उत्पत्ति का भी कोई निश्चित पता नहीं है। मुखर्जी और मैती, जिनका उद्धरण हमने पहले भी दिया है, पाल वंश के संस्थापक के बारे में कुछ इस प्रकार कहते हैं :

> ''भयावह अराजक स्थिति को समाप्त करने के लिए बंगाल के लोगों ने एक अनौपचारिक किस्म की बैठक की। वहाँ उन्होंने गोपाला नामक अपने मुखिया को अपना राजा चुना। इस प्रकार बंगाल के प्रसिद्ध पाल वंश की स्थापना सन् 750 में हुई।
>
> ''हमें गोपाला के पारिवारिक इतिहास का कोई ब्यौरा नहीं मालूम है। पाल पुरालेखों से पता चलता है कि उसके दादा दायित विष्णु और पिता बाप्यता योद्धा थे...''[34]

बौद्ध होने के चलते पाल राजाओं ने अपनी वंशावलियाँ बनवाने और उन्हें यशस्वी राजवंशों से जुड़वाने के लिए ब्राह्मणों, पुरोहितों की सेवाएँ लेने की शायद जरूरत महसूस नहीं की। लेकिन इस बात की सम्भावना है कि पाल कैवर्त थे। (संयोग से ओप्पर्ट की आदिवासी द्रविड़ लोगोंवाली सूची में पाल भी शामिल हैं जिसे हम पहले दे चुके हैं।) बंगाल के सेन शासक बल्लाल सेन के बारे में लिखते

हुए विंसेंट स्मिथ ने यह पाद-टिप्पणी लिखी है :

> "महामहोपाध्याय हरप्रसाद शास्त्री के अनुसार बल्लाल सेन ने कैवर्तों की मदद से उत्तरी बंगाल को जीता और उसने इनकी जाति को सुधारने और उसका दर्जा सुधारने की भरपूर कोशिश की...महिष्य या चासी कैवर्त इसे नामंजूर करते हैं और दावा करते हैं कि शुरू से ही वे पवित्र जाति के हैं। वे अपने को केवटों (जालिया-कैवर्त) से एकदम अलग बताते हैं और कहते हैं कि पाल राजा उनकी ही जाति के थे।"[35]

उस काल के अन्य प्रमाणों से यह साफ है कि देश के पूर्वी भाग में सत्ता सदा शूद्रों के पास रही। अगर उनके बारे में बहुत कुछ ज्ञात नहीं है तो इसका कारण पुराणों के लेखकों द्वारा छोटी जातियों के उत्थान को बहुत अच्छा न मानना होगा। पर जब उन्होंने पाया कि इस उत्थान को मान्यता न देना स्वयं ब्राह्मणों और उनके चहेतों के लिए बर्बादी को न्यौता देने जैसा होगा तब उन्होंने इनके बारे में लिखना शुरू किया। ऐतिहासिक प्रमाणों से पता चलता है कि एक अन्य पाल राजा महिपाल के शासन काल में वारेन्द्र क्षेत्र के लोगों ने एक कैवर्त दिव्यक के नेतृत्व में विद्रोह कर दिया था। दिव्यक का पुत्र भीम वारेन्द्र को पाल शासन से आजाद कराने में सक्षम था। बाद में भीम एक अन्य पाल राजा रामपाल के खिलाफ युद्ध करता हुआ मारा गया।[36]

पाल वंश के पहले बंगाल में शशांक नामक शक्तिशाली शासक हुआ था जिसने कन्नौज के शक्तिशाली शासक हर्षवर्द्धन की सत्ता को चुनौती दी थी। शशांक के बारे में मुखर्जी और मैती लिखते हैं :

> "शेकिया-फांग-ची आगे बताते हैं कि महाराज कुमारराजा (कामरूप के भास्कर वर्मन) ने विधर्मी राजा शशांक को, उसकी सेना को और उसके अनुयायियों को तहस-नहस कर दिया। आर्य मंजुश्री मूलकल्प में भी महाराज (हर्ष) और सोम (शशांक) के बीच हुई लड़ाइयों का वर्णन है। सोम पराजित हुआ और उसके देश से बाहर जाने पर रोक लग गई।"[37]

पूरे देश के ज्ञात ऐतिहासिक काल में हर जगह शूद्रों के राज्य और साम्राज्य मौजूद रहे हैं। इनमें से कुछ को क्षत्रिय या ब्राह्मण का दर्जा मिल गया जबकि अन्य अपने पुराने सामाजिक दर्जे पर ही बने रहे।

अभीरों ने, जिन्हें पुराणों में शूद्रों के लूटमार करनेवाले कबीले के रूप में चित्रित किया गया है, तीसरी सदी में अपना साम्राज्य खड़ा कर लिया। महाभारत

के अनुसार जब श्रीकृष्ण के परिवार की महिलाओं को लेकर महाभारत के नायक अर्जुन द्वारिका से जा रहे थे तो अभीरों ने जबर्दस्ती इन औरतों को छीन लिया था। उनके शासक ईश्वरसेन के राज्यारोहण के वर्ष सन् 248 से कालचूरि युग की शुरुआत मानी जाती है। 'इंस्क्रिप्शन ऑफ कालचूरि-चेरी एरा' नामक किताब की भूमिका में वी.वी. मिराशी लिखते हैं :

> "उनके शासनकाल के विस्तार के मद्देनजर यह लगता है कि ईश्वरसेन ने एक विशाल इलाके पर शासन किया जिसमें गुजरात, कोंकण और महाराष्ट्र शामिल था...अभीरों का शासन 167 वर्ष चला लगता है और सन् 415 में उनके विरोधी त्राई कुन्तकों ने उनकी सत्ता उखाड़ फेंकी।"[38]

वे आगे लिखते हैं :

> अभीर वंश के छोटे राजाओं ने 13वीं सदी तक खानदेश पर शासन किया। हैदराबाद राज्य के अम्बे स्थित शिलालेख में बताया गया है कि यादव शासक सिंहना के सेनापति खोलेलेश्वर ने भंभागिरि के शासक लक्ष्मीदेव, जो अभीर वंश के थे, का नाश किया।"[39]

अभीरों की सामाजिक स्थिति के बारे में वे लिखते हैं :

> "अभीर एक बहुत पुरानी जाति थी और महाभारत, हरिवंश और पुराणों के अनुसार इनका क्षेत्र भारत का पश्चिमी इलाका था जो उत्तर में पंजाब से लेकर दक्षिण में महाराष्ट्र तक फैला था। अनेक स्थानों पर उनकी तुलना शूद्रों से की गई है। वे ऐसी भाषा बोलते थे जिसे दंडी के काव्यादर्श में अपभ्रंश कहा गया है। महाभारत और वायुपुराण उन्हें म्लेच्छ कहते हैं। पातंजलि के अनुसार इस शब्द का अर्थ है आर्य भाषा को सही ढंग से उच्चारित न कर पानेवाले लोग। इसलिए शूद्रों की तरह अभीर भी सम्भवतः देश के मूल निवासियों में थे जो धीरे-धीरे ही हिन्दू समाज के दायरे में शामिल हुए।"[40]

अभीर देश के काफी बड़े हिस्से में फैलते गए और बाद में उनको अहीर कहा जाने लगा। लेकिन एक स्थान से दूसरे स्थान जाने के क्रम में उनके समाज के दूसरे समूहों और कबीलों के लोगों से सम्बन्ध भी बने। जिन-जिन इलाकों में ये लोग गए वहाँ की स्थानीय आबादी की धाराएँ भी इसमें समाहित हुईं। इस विलय के बारे में आर.वी. रसेल लिखते हैं :

> "हालाँकि अहीर जाति का नाम अभीर जाति से निकला है और सम्भवतः कुछ अंश तक यह अभीर जाति की वंशज है, लेकिन इस

बात में सन्देह नहीं कि यह जो अब हैं और यह सदियों से एक पूर्णतः पेशेवर जाति रही है जिसमें ज्यादातर लोग स्थानीय कबीलों से आए हैं। इस प्रकार बंगाल के कर्नल डाल्टन लिखते हैं कि मथुरावाले ग्वालों का डीलडौल ऊँचा, चेहरे की बनावट तीखी और सुन्दर रही है और वे भूरे रंग के होते हैं। या इन्हीं की मागध उपजाति के लोग मोटे, नाक-नक्श के बदसूरत होते हैं। उनका रंग काला होता है और उनके हाथ-पैर मोटे-मोटे होते हैं। उनका रंग-रूप काफी कुछ सिंहभूम के लोगों से मिलता-जुलता है और उन दोनों में फर्क करना मुश्किल है। यह बात सन्देह से परे है कि खून का मिश्रण खूब हुआ है। इसी प्रकार मध्य प्रांत में अहीरों में ज्यादातर गोंड और दूसरे कबीलों के लोग आए हैं। चाँदा के गोवारी अहीरों और गोंडों के मेल से निकले माने जाते हैं और उनकी एक उपजाति गोंड-गोवारी को तो अक्सर गोंडों के साथ गिन लिया जाता है। इसी प्रकार मंडला क्षेत्र के कौनारा अहीरों की उत्पत्ति अहीरों और गोंडों या कावरों के मेल से हुई है और सम्भवतः इनमें से बहुत से विशुद्ध गोंड ही हैं। वे गोंड कुलनाम भी रखते हैं और सूअर का मांस खाते हैं। उनकी एक उपजाति गोंड कौनारा के लोगों में गोंडों का पानी चलता है और उनसे निचली श्रेणी के कौनारा लोगों से वे पानी और खाना दोनों ही लेते हैं।"[41]

बाद में अहीरों ने भी दावा किया कि वे क्षत्रियों के यादव कुल के हैं। उन्होंने यह पहचान महाभारत के यादव नायक श्रीकृष्ण और मथुरा के श्रीकृष्ण की पहचान जोड़कर की, जिनका जन्म अगर गोपों में नहीं हुआ था तो पालन-पोषण तो निश्चित रूप से वृन्दावन के गोपों के बीच ही हुआ था। चूँकि गोपों और यादवों का पेशा एक ही है—गौपालन, इसलिए दोनों को एक मान लिया गया। इस प्रकार अहीर खुद को कृष्ण का वंशज और यादव कहने लगे। लेकिन अभीर और अहीर अगर एक-दूसरे से जुड़े लोग हैं जैसाकि लगता भी है तो उनके इस दावे पर सन्देह पैदा हो सकता है। क्योंकि पुराकथा के अनुसार कृष्ण के परिवार की औरतों का अभीरों ने अपहरण कर लिया था। लेकिन जाति सम्बन्धी दावे अक्सर तर्क या तथ्यों पर ही आधारित नहीं होते। अगर वे थोड़ा बाद के दिनों में, जब क्षत्रिय होने का दावा करना प्रचलन में आ गया था, एक मजबूत साम्राज्य खड़ा करने में सफल हो गए होते तो सम्भवतः क्षत्रिय मूल का उनका दावा भी मान लिया गया होता और उसको कोई चुनौती न देता।

खैर, यह किस्सा जो भी हो ग्यारहवीं सदी के शुरू तक, जब अलबेरूनी भारत आया था, यह मान्यता काफी आम थी कि कृष्ण, जिनका दूसरा नाम वासुदेव भी था, छोटे कुल में जन्मे थे। अलबेरूनी लिखता है :

> "हिन्दुओं में इस बात पर काफी मतभेद है कि इन जातियों में से किसे मुक्ति या स्वर्ग की प्राप्ति सम्भव है; कुछ लोगों का मानना है कि चूँकि सिर्फ ब्राह्मण और क्षत्रिय ही वेद पढ़-जान सकते हैं इसलिए वही मुक्ति पा सकते हैं दूसरे नहीं, जबकि हिन्दू दार्शनिकों के अनुसार सभी जातियों के लोग मुक्ति पा सकते हैं...यह विचार सभी लोगों के बीच व्याप्त है और इस तथ्य पर आधारित है कि वासुदेव तो एक शूद्र परिवार में ही जन्मे थे।"[42]

यह बात ध्यान देने योग्य है कि स्वयं कृष्ण को गैर-क्षत्रिय मूल का माना जाता था।

अभीरों का उत्थान देश-भर में होनेवाली उन असंख्य गतिविधियों में से एक था जिसमें आदिवासी और मूल निवासियों को वर्ण व्यवस्था के निचले पायदान पर जगह दी जा रही थी। और यहाँ आने के बाद वे सैन्य बल और राजनीतिक सत्ता पाकर उभरते थे। इनमें से अनेक को वर्ण-व्यवस्था में ऊँचा स्थान भी मिल गया, पर अनेक सत्ता गँवाने के साथ फिर से बहुत निचले दर्जे में पहुँच गए। कुछ मामलों में ऐसे समूहों का एक हिस्सा तो उच्च दर्जे में चला गया जबकि बाकी नीचे ही रह गए। यह प्रक्रिया सदियों तक चलती रही और उन्नीसवीं सदी तक देश के विभिन्न हिस्सों में जारी थी। इतिहास की किताबों में सिर्फ उन्हीं हलचलों का जिक्र है जब इस प्रक्रिया से किसी बड़े राजवंश का उदय होता है। पुराण आम तौर पर ऐसी उथल-पुथल की अनदेखी करते हैं और 'छोटे लोगों' की ऐसी महत्त्वाकांक्षाओं पर पानी ही डालने का काम करते हैं। इससे यह मान्यता ही पुष्ट होती गई कि आज जो लोग नीचे हैं वे पूरे इतिहास भर नीचे ही रहे हैं और जो ऊपर हैं वे सदा से ऊपर ही रहते आए हैं। लेकिन यह बात वास्तविकता से, वास्तविक घटनाक्रम से मेल नहीं खाती।

जहाँ तक देश के पूर्वी भाग का सवाल है, जैसाकि हमने देखा है क्षत्रिय योद्धाओं का बहुत छोटे समय तक ही राज रहा और बाकी सारे समय दूसरों की राजनीतिक सत्ता ही रही। महापद्मनन्द के समय से ही ऐसा दिखता है। मौर्य, गुप्त, पाल और सेन जैसे सभी बड़े राजवंश गैर-क्षत्रिय ही थे। इनके अलावा जिन छोटे रजवाड़ों और रियासतों ने अपनी ताकत जमा करके महत्त्वाकांक्षा से या बड़े शासकों की अत्याचारी नीति के खिलाफ विद्रोह किया वे सभी उन्हीं जातियों की

थीं जिन्हें वर्ण-व्यवस्था में काफी नीचा माना जाता है। देश के अन्य हिस्सों में भी बहुत शक्तिवान और उपलब्धियोंवाले ऐसे राजा हुए हैं जिनकी जाति छोटी मानी जाती है, इतिहास और पुराणों में उनके बारे में ज्यादा कुछ नहीं कहा गया है पर पुरातात्विक प्रमाणों और उनसे जुड़ी परम्पराओं से यह एहसास होता है कि देश के विभिन्न हिस्सों में सत्ता रखनेवाले ऐसे काफी सारे शासक आदिवासी कबीलों से आए थे। यह सही है कि मौखिक कहानियोंवाली परम्परा पूरा या सच्चा इतिहास नहीं बताती लेकिन पुराणों की तरह उनकी भी अपनी प्रामाणिकता है। आखिर पुराणों को भी तो सुनी-सुनाई बातों के आधार पर ब्राह्मणों ने लिखा था और इनमें स्वयं उनका पक्षपात बहुत साफ दिखता भी है। सम्भवतः न्यस्त स्वार्थ से भले पंडित-पुरोहितों पर विश्वास न करके अपनी कहानी मौखिक रखने की परम्परा पुराणों से ज्यादा विश्वसनीय है। इन मौखिक कथाओं और परम्पराओं को आम आदमी का पुराण माना जा सकता है और फिर उनका उपयोग ऐतिहासिक प्रमाणों के साथ किया जा सकता है। अगर ये प्रमाण बताते हैं कि 'छोटी' जाति के राजाओं के साथ बड़ी ताकत और समृद्धि थी तो उनके बारे में प्रचलित कथाओं के विवरणों को इन प्रमाणों से जोड़कर उनका असली इतिहास जाना-समझा जा सकता है।

निश्चित रूप से ऐसे शासक कुल में चेरो भी थे। इस बात के पक्के प्रमाण हैं कि उन्होंने बिहार के कुछ हिस्सों और पूर्वी उत्तर प्रदेश पर शासन किया था। सम्भव है कि एक दौर में बिहार के काफी बड़े हिस्से उनके प्रभाव में आ गए थे लेकिन इस बात को पक्के तौर पर साबित करना मुश्किल है। उनके बनवाए अनेक स्मारक और मन्दिर अभी भी हैं। ऐसा ही एक मन्दिर देव-मरकंडा का है जिसके बारे में ए. कनिंघम लिखते हैं :

> ''यह मन्दिर फूलचन्द या पुष्पचन्द्र जो चेरानी या चेरो राजा थे, को समर्पित है और कहा जाता है कि वे विक्रमादित्य के थोड़े ही पहले हुए थे। लेकिन इस इलाके की करीब-करीब सभी पुरानी इमारतों को चेरों द्वारा बनवाया गया कहा जाता है जिन्हें आम सहमति से करुषादेश का शुरुआती राजा बनाया गया था। दक्षिण के पहाड़ी इलाकों में अभी भी काफी संख्या में चेरो रहते हैं और अकबर के समय में भी एक चेरो सरदार का जिले (शाहाबाद) के प्रमुख शहर चैनपुर पर कब्जा था। लेकिन चेरो राजा की शक्ति निश्चित रूप से पाल वंश के उदय के पूर्व समाप्त हो गई थी क्योंकि पाल वंश के शिलालेखों से पता चलता है कि उन्होंने आदित्य सेन को पराजित

करके सत्ता पाई थी...लेकिन देव-मरकंडा का मन्दिर उन्होंने ही बनवाया इस बात पर शक करने का कोई आधार मैं नहीं ढूँढ़ पाता हूँ क्योंकि निश्चित रूप से यह मन्दिर देव-बर्नारक के मन्दिर के पहले का है। जीवित गुप्त ने जाना आठवीं सदी के मध्य के आसपास ही शासन किया होगा और इस आधार पर मेरा अनुमान है कि देव मरकंडा का मन्दिर छठी या सातवीं सदी में बना होगा जब चेरो राजा सम्भवतः करुषादेश के शासक थे।"[43]

आठवीं सदी में देव बर्नारक स्थित मन्दिर, जहाँ सूर्य ही मुख्य आराध्य है, का निर्माण भी चेरों ने कराया और उसके बारे में कनिंघम लिखते हैं :

"इन स्मारकों का बुकानन ने संक्षेप में जिक्र किया है और कहा है कि यह निष्कर्ष बहुत आसानी से निकाला जा सकता है कि इनमें से ज्यादातर चेरों के हैं। यही धारणा लोगों की है जो एक सुर में राजा वरुण को चेरो बताते हैं।"[44]

सूर्य उपासना के बारे में वे लिखते हैं :

"हर साल दो तिथियों, चैत्र सुदी षष्ठी और कार्तिक सुदी षष्ठी को सूर्य की पूजा होती है, जब बड़ी संख्या में भक्त सूर्य देवता के इस प्राचीन स्थान पर जुटते हैं।"[45]

यह उल्लेखनीय है कि बिहार और पूर्वी उत्तर प्रदेश में इन्हीं तिथियों पर सूर्य की पूजा (छठपूजा) होती है जिसमें सभी जातियों के लोगों की व्यापक भागीदारी होती है। और तो और कुछ जगहों पर मुसलमान भी इसमें भागीदारी करते हैं। षष्ठी से बने छठी पूजा में हर गाँव, हर शहर में सूर्य की पूजा होती है और इसके लिए नदी या तालाब के पास का स्थान चुना जाता है। यह महत्त्वपूर्ण है कि यह पर्व प्रधानतः बिहार और उत्तर प्रदेश के उन्हीं पूर्वी हिस्सों में मनाया जाता है जो कभी चेरों के अधीन आते थे। इसकी दूसरी कोई व्याख्या नहीं की जा सकती। वैसे तो अब ब्राह्मण भी यह पर्व मनाते हैं पर इसमें उनकी भागीदारी पंचांग देखकर तिथि बताने से ज्यादा नहीं होती। इससे अन्दाजा लगता है कि यह पूजा मूलतः गैर-ब्राह्मणों की थी। इस प्रकार यह लगता है कि बिहार और पूर्वी उत्तर प्रदेश के लोग अपने सामाजिक-धार्मिक जीवन की सबसे महत्त्वपूर्ण पूजा के लिए चेरों के आभारी हैं जिनकी गिनती आज अत्यन्त पिछड़ी जाति के रूप में की जाती है।

लेकिन जिन थोड़े से चेरों ने कुछ सत्ता बनाए रखी या जिन्होंने अपना कोई छोटा भी राज बना लिया उन्होंने अपना सामाजिक दर्जा ठीक उसी शैली में बढ़वा लिया जिसकी चर्चा राजपूतों की उत्पत्तिवाले प्रकरण में विस्तार से की जा चुकी

है। ऐसा बिहार के डाल्टनगंज इलाके में हुआ। चेरो परम्परा के अनुसार चेरो सहबल के पुत्र भागवत राय ने, जो जहाँगीर का समकालीन था, दक्षिण पश्चिम बिहार के पलामू में सन् 1613 में चेरो शासन कायम किया। इस रजवाड़े के चलते ही शासक खानदान के चेरों का सामाजिक दर्जा बदल गया। सच्चिदानन्द के अनुसार :

> ''चेरो डाल्टनगंज, लातेहार और पाटन थानों में (पलामू के) हैं। इनके दो हिस्से हैं बाराहजारी और तेराहजारी या बीरबन्धी। पहली कोटि को ऊँचा माना जाता है और इसी में पलामू के शासक परिवार के वंशज भी आते हैं। उनके और तेराहजारी के अमीर परिवारों का स्थानीय राजपूत परिवारों से शादी-ब्याह का रिश्ता चलता है और वे अब अपने को चौहान राजपूत कहते हैं।''[46]

कभी उत्तर पूर्वी उत्तर प्रदेश और उत्तर पश्चिमी बिहार के बड़े इलाके पर शासन करनेवाले थारु लोगों की कहानी भी कुछ ऐसी ही है। कभी शासक रहे ये लोग धीरे-धीरे एकदम कमजोर स्थिति में आ गए और अब इन्हें शूद्रों से भी छोटा माना जाता है। पूर्वी भारत के लोगों की परम्पराओं और स्मारकों का पहला विश्वसनीय रिकॉर्ड (1807 से 1814 के बीच) तैयार करनेवाले फ्रांसिस बुकानन ने गोरखपुर के थारुओं के बारे में लिखा है :

> ''लगता है कि गोरखों को थारुओं ने इस जिले से बहुत जल्दी ही खदेड़ दिया। कहा जाता है कि थारु पहाड़ों से नीचे गए थे और बहुत जल्द ही उन्होंने कम से कम घाघरा तक के मैदानी इलाके पर तो अपना कब्जा बना ही लिया था। इन लोगों के अनेक स्मारक इस इलाके में हैं। और उनसे साफ लगता है कि ये बहुत ही दमदार और उद्यमी लोग थे। ईंटों से बनी जो बड़ी-बड़ी इमारतें उन्होंने छोड़ी हैं, बहुत महत्त्वपूर्ण हैं। उनकी किसी भी इमारत या बस्ती के बाहर चारदीवारी नहीं है जो सुरक्षा को लेकर उनकी निश्चिंतता को दर्शाता है। थारु खुद को असली सूर्यवंशी मानते थे और अपने राज्य से गोरखों को बाहर खदेड़ने और इस काम के लिए पहाड़ों से उतरकर नीचे आने के उनके उद्यम से उनके इस दावे को बल मिलता है...''[47]

वे आगे लिखते हैं :

> ''उनके निर्माणों और कामों की प्रकृति से साफ लगता है कि थारुओं का इस इलाके पर काफी समय तक राज था। बाद में उनके राज्य के एक हिस्से पर राजपूतों ने कब्जा कर लिया। राजपूतों को इस काल में हथियार धारण करनेवाले ब्राह्मणों ने, जो मुख्यतः डोमकटार

> कबीले से थे, मदद की जिन्होंने सबसे पहले थारुओं के राज्य के कुछ हिस्से को अपने प्रभाव में लिया। राज्य के ज्यादा बड़े हिस्से पर भरों का प्रभुत्व कायम हुआ।''[48]

बुकानन ने हथियार धारण करनेवाले ब्राह्मण (मिलिटरी ब्राह्मण) के रूप में जिन लोगों को चिह्नित किया है उन्हें आम तौर पर भूमिहार या भूमिहार ब्राह्मण कहा जाता है। हम आगे उनके और भरों के बारे में ज्यादा विस्तार से बात करेंगे।

ए.सी.एल. कार्लाइल तो यह अटकल भी लगाते हैं कि थारु लोग शाक्यों के वंशज हो सकते हैं जिनमें बुद्ध का जन्म हुआ था। वे लिखते हैं :

> ''इसके अलावा खासा और मागर लोगों के करीबी पड़ोसी थारुओं का दावा है कि उन्होंने भुइला का निर्माण कराया था जिसकी पहचान मैंने कपिलवस्तु के मूल स्थल के रूप में की है। लोगों के बीच यह मान्यता है कि इन्हीं थारुओं ने बस्ती और गोंडा जिले के अनेक प्राचीन स्मारकों और स्थलों का निर्माण किया था। थारु खुद भी कहते हैं कि भुइला उनकी प्राचीन राजधानी है। दरअसल थारु इस इलाके के पुराने लोग हैं और लोग मानते हैं कि इस इलाके के लगभग सभी प्राचीन स्थल उनके ही विकसित किए हुए हैं। जैसाकि मैंने कहा है, थारु खासा या खासिया और मागरों के निकट पड़ोसी हैं लेकिन अगर थारु भुइला के निर्माता थे और भुइला ही असली कपिलवस्तु की जगह है तो इसका साफ मतलब होता है कि थारु शाक्यों के वंशज ही हैं।''[49]

उन्होंने थारुओं की अपनी परम्परा के बारे में निम्नलिखित पंक्तियों में जो कुछ लिखा है वह उन लोगों की बहुत सी परम्पराओं से मिलता-जुलता है जो दावा करते हैं कि वे राजपूतों के वंशज हैं। वे लिखते हैं :

> ''थारु परम्पराओं के अनुसार वे चितौड़ से आए थे और इसके पक्ष में वे तैमूल या पट्टा का हवाला देते हैं। वे कहते हैं कि उन्हें उनके घरों से भगा दिया गया था और वे यहाँ बस गए...इस सन्दर्भ से अन्दाजा लगता है कि चितौड़ पर तीसरा आक्रमण सन् 1560 के करीब हुआ था। उनका दावा है कि वे मूलतः राजपूत हैं और बताते हैं कि उनके पूर्वजों के शराब पीने और मुर्गा खाने के चलते उनकी जाति चली गई। मैंने उनसे कभी भी गोरखा या पहाड़ी मूल का होने की बात या इशारा भी नहीं सुना है जबकि उनके नाक-नक्श से इसका आभास होता है।''[50]

अब वे राजपूत या शाक्य थे या नहीं, पर एक बात पक्की है कि वे एक दौर में ताकतवर थे और उनका सामाजिक दर्जा ऊँचा था। जाति व्यवस्था में उनका दर्जा गिरना पूरी तरह उनके राजनीतिक शक्ति गँवाने से ही जुड़ा हुआ है। इससे उनके पहले दौर की सम्मानजनक जीवनशैली में भी बदलाव आया। कार्लाइल के अनुसार ब्राह्मणों ने उनको अपवित्र घोषित किया था क्योंकि वे बौद्ध थे।

इस क्षेत्र के दूसरे लोगों डोमकटारों (डोमों) के बारे में फ्रांसिस बुकानन लिखते हैं :

> "उनकी (डोमड़ों की) संख्या बहुत कम (76 परिवार) है, अनेक लोगों का दावा है कि वे कभी देश भर के मालिक थे और हथियार धारण करनेवाले ब्राह्मणों का डोमकटार समुदाय सचमुच उनसे अलग नहीं है लेकिन उन लोगों ने जब महानन्द की फौज में दाखिला ले लिया तब उनकी अपवित्रता को त्याग दिया गया।"[51]

आम तौर पर ए.सी.एल. कार्लाइल भी इसी नजरिए का समर्थन करते हैं, भले ही महानन्द का हवाला मात्र अटकल की तरह ही दिया गया हो। डोमनगढ़ के पुरातात्विक स्थल के बारे में वे लिखते हैं :

> "इन सभी में सबसे ज्यादा ध्यान देने लायक चीज है डोमनगढ़ का विशाल और ऊँचा टीला जो गोरखपुर से डेढ़ मील उत्तर पश्चिम में स्थित है और जहाँ प्राचीन किले के भग्नावशेष दबे पड़े हैं।
>
> "कहा जाता है कि डोमनगढ़ की स्थापना डोमकटार नामक शासक कुल या कबीले के लोगों ने की थी और उनके नाम पर ही इसका भी नाम पड़ा। वे लोग क्षत्रिय या राजपूत माने जाते थे। डोमकटार नाम से एक बार तो यह धारणा बनती है कि वे डोमों को काटनेवाले या इसी तरह के कुछ थे। लेकिन डोमनगढ़ के प्राचीन किले के नाम से ध्वनित है कि यह डोमों का गढ़ था और आम लोग कहते हैं कि इसका निर्माण डोमों ने कराया था। कुछ लोगों का कहना है कि डोमकटार डोमों के राजा थे लेकिन मुझे सन्देह है कि यह असली सच्चाई है। मुझे लगता है कि यह भी उन असंख्य उदाहरणों में से एक है जिनमें छोटे कुल या छोटी जाति के लोगों के शासन में जाने के बाद से राजपूत जाति का दर्जा पाने की प्रवृत्ति देखने में आती है। यह चीज हम डोम और डोमकटारों, भर और राजभरों तथा गूजर और बड़-गूजरों में देखते हैं। यह आखिरी नाम

आम तौर पर बड़-गूजर ही कहा जाता है लेकिन राजपूताना के मचारी में मैंने उनके जो अभिलेख देखे थे उनमें साफ-साफ बड़ा-गूजर लिखा था जिसका मतलब महान या श्रेष्ठ गूजर है। इसके अलावा ये बड़ा-गूजर या बड़-गूजर तो राजपूत कहलाते और माने जाते हैं लेकिन गूजर नहीं। अगर ये तथ्य छोटी जाति के ताकतवर शासक परिवारों के क्षत्रिय श्रेणी में दाखिल होने की कुछ पुरानी घटनाओं की पुष्टि नहीं करते तो और क्या प्रमाण चाहिए।"[52]

वे आगे लिखते हैं :

"लगता है प्राचीन डोम या डोमकटार सरदारों या डोमनगढ़ के राजा ने एक समय जिसे अब गोरखपुर जिला कहा जाता है उसके अधिकांश हिस्से पर नियंत्रण कर लिया था। इस जिले में ऐसे अनेक स्थान हैं जिनके नाम डोम से निकले हैं, जैसे—डोमनगढ़, डोंमरी (एक बहुत आम नाम), डोमार डार, डोम-कैचा, डोमरा हाता, डोमरिया (एक बहुत आम नाम), डोमाठ आदि। इतना ही नहीं हम सिर्फ गोरखपुर जिले में ही वास्तविक जंगली डोमों को पाते हैं जो अभी भी घुमन्तू और एकदम स्वच्छन्द जीवन जीते हैं।"[53]

अब डोमकटारों का एक समूह तो राजपूत हो गया जबकि दूसरा डोमकटार भूमिहार बना। यहाँ भी हम चेरों की तरह ही बँटवारा देखते हैं। एक ही समाज के जिस हिस्से की सत्ता छिन गई वह पराजित होकर जंगलों में चला गया, बदहाल जीवन जीता है, चोरी और अपराध करके गुजर करता है जबकि दूसरा हिस्सा सत्ता पाकर ऊपरी श्रेणी में चला जाता है और राजपूतों और भूमिहारों में गिना जाने लगता है। जब डोमों की सत्ता अपने चरम पर होगी तब निश्चित रूप से उन्होंने उच्च सामाजिक दर्जा भी हासिल कर लिया होगा और कार्लाइल द्वारा दर्ज की गई पारम्परिक कहानी के अनुसार उनकी सत्ता उनके ब्राह्मण मन्त्री और राजपूत अधिकारियों की दगाबाजी से गई। इसका मतलब हुआ कि इतना पहले भी उच्च वर्ण के लोगों को डोम राजा के अधीन काम करने में अपनी प्रतिष्ठा घटती नहीं लगती थी, न ही दगाबाजी या विश्वासघात करना कोई बहुत भर्त्सना योग्य काम।

जहाँ तक भूमिहार ब्राह्मणों की बात है, आम तौर पर उनका दावा है कि वे ऐसे ब्राह्मण हैं जिन्होंने पुरोहिती छोड़कर कृषिकर्म को अपना लिया था। लेकिन जैसा हर जाति द्वारा उच्च जाति का दर्जा पाने के लिए किए जानेवाले दावों के पक्ष में मिथकीय कहानियाँ पेश करने के मामले में होता है, इस दावे को भी

संशय के साथ ही देखना-परखना चाहिए। भूमिहारों के बारे में फ्रांसिस बुकानन लिखते हैं :

> "मुझे लगता है कि इस बात में कोई शक है कि पूरे मिथिला पर पाल राजाओं का नियन्त्रण था और किरातों को उनके पहाड़ी क्षेत्रों में ही सीमित रख दिया गया था। खेतिहर आबादी में मगध के ब्राह्मणों (भूमिहारों) का बहुत बड़ा हिस्सा था और भले ही पाल राजाओं द्वारा कराए गए कार्यों के प्रमाण न हों पर अनेक कामों का श्रेय ब्राह्मण सरदारों को दिया जाता है जो सम्भवतः पाल राजाओं के दरबारियों के वंशज थे और जिनमें से कुछ ने बाद तक अपनी स्वतन्त्रता बरकरार रखी थी, और आदिसुर के राजवंश की सत्ता समाप्त होने के बाद इन लोगों ने उसकी अधिकांश सत्ता को हासिल कर लिया था।"[54]

अगर जो कुछ कहा जा रहा है उसमें कुछ भी सच्चाई है तो उस सबका निष्कर्ष यही निकलता है कि पाल राजा बौद्ध थे और उनका परिवार समाज के विभिन्न समूहों से बना था। एक अन्य जगह बुकानन ने भूमिहारों का मूल ब्रचमानी कबीले से बताया है। लेकिन पुराने जानकार लेखक ब्रचमानी और ब्राह्मण का प्रयोग एक ही अर्थ में करते हैं और बुकानन के इस विचार के पक्ष में और तर्क जुटा पाना मुश्किल है। फिर स्वयं वे ही दूसरी जगह कहते हैं कि हथियार धारण करनेवाले ब्राह्मण महानन्द की फौज के योद्धा हो सकते हैं जिन्होंने क्षत्रियों का नाश किया था। इन योद्धाओं को स्थानीय कबीलों से चुना गया था और बाद में सम्राट ने उनको ऊँची जाति का घोषित किया। यह व्याख्या ज्यादा विश्वसनीय लगती है। एक चीज निश्चित लगती है कि इस जाति की उत्पत्ति विभिन्न स्रोतों से हुई।

उदाहरण के लिए भूमिहारों के एक समूह को जेठरिया कहा जाता है और आम तौर पर माना जाता है कि इसके आदिपुरुष रति राउत थे जो एक ग्वाला (अहीर) थे और किसी समय उत्तर बिहार के रति परगना के प्रमुख थे। बिहार के कई राजा, जिनमें बेतिया के राजा भी शामिल थे, भूमिहारों के इसी उपसमूह के थे पर ऐसा लगता है कि बुकानन भूमिहारों और भुइयाँ जाति के बीच भी कुछ सम्बन्ध का अनुमान करते हैं जो मगध के दक्षिणी हिस्से में काफी बड़ी संख्या में थे। मगध क्षेत्र में भूमिहारों की आबादी बहुत है और लगभग दो मिलते-जुलते नामवाले समूहों का आसपास के इलाकों में रहना भी किसी-न-किसी तरह के सम्बन्ध की तरफ इशारा करता है क्योंकि ऐसा महज संयोग नहीं हो सकता।

भूमिहार ब्राह्मणों का सम्बन्ध अनेक दूसरे कबीलाई समूहों से भी है इस तथ्य से भी भूमिहार और भुइयाँ के बीच सम्बन्ध की सम्भावना को बल मिलता है।

भूमिहारों के एक समूह के बारे में एम.ए. शेरिंग कहते हैं :

> ''ये ब्राह्मण पूरी तरह नहीं तो मुख्यतः कनौजिया कबीले की सरवारिया शाखा के हैं।
>
> ''ब्राह्मण के रूप में उनकी शुद्धता को लेकर कुछ सन्देह व्यक्त किए गए हैं। यह कहा जाता रहा है कि वे क्षत्रिय या राजपूत ब्राह्मण हैं या अंशतः राजपूत और अंशतः दूसरी जाति के हैं; या वे संकर ब्राह्मणों की जमात हैं।''[55]

एक अन्य जगह पर वे लिखते हैं कि ''किनवार भूमिहार लोग किनवार राजपूतों से जुड़े हैं और सकरवार भूमिहार सकरवार राजपूतों से और यह बात सकरवार कबीले के अपने किस्सों में बताई गई है।''[56]

सकरवारों के बारे में विलियम क्रुक लिखते हैं :

> ''ऐसा लगता है कि श्रीनेतों के पहले उत्तरी गोरखपुर पर उनका कब्जा था। किनवार भूमिहारों को छोड़ दें तो गाजीपुर में सबसे ज्यादा जमीन रखनेवाले हिन्दू वही लोग हैं। उनका दावा है कि वे लोग मूलतः फतेहपुर-सीकरी के मिश्र ब्राह्मण थे। यहाँ वे राजपूत और भूमिहारों में बँट गए और उनमें से कुछ मुसलमान भी हो गए। आजमगढ़ में राजपूत लोग भूमिहार शाखा को अपने में नहीं गिनते लेकिन भूमिहारों का दावा है कि वे उन्हीं के वंशज हैं, जिसे सामान्यतः मान लिया गया है।
>
> ''यह कहा जाता है कि सकरवार लोग भारद्वाज, ढकरा, गहलौत, कछवाहा, पवार और परिहार कुल से बहू ले आते हैं या उन्हें अपनी बेटियाँ देते हैं।''[57]

दोनवारों के बारे में शेरिंग लिखते हैं :

> ''सर एच. इलियट मानते हैं कि यह कुल ब्राह्मणों और राजपूतों का मिश्रित कुल है और परिस्थितियों के अनुसार ही कुछ खुद को राजपूत कहते हैं तो कुछ भूमिहार। इनमें से राजपूत, ब्राह्मणों से निश्चित रूप से भिन्न जाति है पर भूमिहार, ब्राह्मण भी हो सकते हैं या राजपूत भी। वे यह भी कहते हैं कि दोनवार कभी काफी शक्तिशाली थे और पश्चिमी तिरहुत के कोसी क्षेत्र में उन्होंने अपनी रिसायत भी बना ली थी। इस इलाके में आज तक मौजूद स्मारक

दोनवार राजा कर्णदेव की शक्ति और समृद्धि की कहानी कहते हैं।[58]

इसकी एक अधिक तार्किक व्याख्या कुछ इस तरह की जा सकती है। किनवार, सकरवार और दोनवार पहले अलग-अलग कबीले थे जिनका सामाजिक दर्जा काफी नीचा था। सत्ता पाने के बाद उन्होंने अपना सामाजिक दर्जा ऊँचा किया। इनमें से कुछ राजपूत या क्षत्रिय वर्ण में गए और कुछ ब्राह्मण वर्ण में। बिहार में, जहाँ पहले से ही गैर पुरोहितीवाले ब्राह्मणों, भूमिहारों की उपस्थिति थी, कबीलों से ऊपर उठकर आनेवालों के लिए उनके साथ अपनी पहचान जोड़ना आसान था। इसलिए कम-से-कम भूमिहारों के मामले में यह सम्भव है कि एक तरफ उनकी कुछ जमातों का मूल डोमों और भुइयाँ लोगों में देखा जाए तो कुछ का सीधे ब्राह्मणों में। भूमिहारों और मैथिल ब्राह्मणों के बीच ऐसे दोगमिया लोगों के माध्यम से वैवाहिक सम्बन्ध हाल तक चलते रहे हैं जो अपनी बेटियों की शादी मैथिल ब्राह्मणों में करते थे तो बेटों की शादी भूमिहारों में।

जहाँ तक भरों की बात है और जिनकी हल्की चर्चा पहले की गई है, उनका कभी उत्तर प्रदेश के काफी बड़े हिस्से पर कब्जा था। उनके बारे में गुस्ताव ओप्पर्ट लिखते हैं :

> ''हमारे पास भरों के पुराने इतिहास की सूचनाएँ प्रायः नहीं हैं। पुराकथाओं के हिसाब से तो उनका नाम सबसे पुराने आर्य नायकों अर्थात् राम और उनके पुत्रों के साथ ही जुड़ता है। लेकिन उसके बाद से अचानक उनका जिक्र आना बंद हो जाता है और दोबारा उनका नाम भारत पर मुसलमानों के हमले के समय ही आता है और निश्चित रूप से तब इनके पास काफी बड़ा इलाका था और यही जमीन के वास्तविक मालिक थे।''[59]

कुछ पुरातात्विक खोजों से भी इस बात का संकेत मिलता है कि यह दावा सही हो सकता है। बस्ती के कुछ भग्नवाशेषों के बारे में ए.सी.एल. कार्लाइल लिखते हैं :

> ''यह कहा जाता है कि नजरखास और पोखना तथा आम तौर पर चंदो ताल के करीब की सारी जमीन भरों के कब्जे में थी जिन्होंने सम्भवतः आसपास के कुछ प्राचीन स्थलों और स्मारकों का विकास किया होगा।''[60]

फिर एक अन्य जगह पर वे लिखते हैं :

> ''पास के गाँव महुआ दबार के कल्हन राजपूतों का कहना है कि जब वे पहली बार इस इलाके में आए तो अत्रोहा भरों के कब्जे

में था। दरअसल मैंने जो एक दूसरी पारम्परिक कथा सुनी है उसके अनुसार ऐसा लगता है कि कल्हन राजपूतों के पूर्वज भर राजा के दरबार में नौकरी करते थे। इस कथा में यह भी कहा जाता है कि एक शादी के भोज में जब भरों ने खूब शराब पी थी तब कल्हनों और उनके समर्थकों ने सारे भरों को मार डाला और उनकी सम्पत्ति पर कब्जा कर लिया।''[61]

और यह एक अन्य तथ्य है कि मुस्लिम शासन कायम होने तक भरों का राज चलता रहा था। हम डब्ल्यू.सी. बेनेट का एक लम्बा उद्धरण यहाँ दे रहे हैं जो शक्तिशाली सरदार चांडाल भोर के बारे में है और जिसे वे भर मानते हैं :

''मैं अल उत्बी के 'चांडाल भोर' का शाब्दिक अर्थ बताना चाहता हूँ–'जाति बहिष्कृत भवर' (भवर-भर, वी. लार्सन, इंड ऐंट 1448 नोट) और यह अनुमान लगाना चाहता हूँ कि महमूद की जीत के समय भी एक भर सरदार ने कन्नौज के दक्षिण में अपने अभियानों का प्रदर्शन किया था। हमें बताया गया है कि चांडाल भवर स्थानीय हिन्दुओं से निरन्तर युद्ध करता रहता था।

लासन आगे कहते हैं कि उन्हें चन्देल वंश के संस्थापक के रूप में परमाल ब्राह्मण और मलिका की पहचान करने में कोई हिचक नहीं है। समकालिकता और नामों की एकरूपता पहचान को उचित ठहराने का आधार बन सकती हैं।

यह बात उपरोक्त प्रमाण से भी निष्कर्ष स्वरूप निकाली जा सकती है–मोहम्मद गोरी की जीत के समय कन्नौज के पास ही एक आदिवासी सरदार का किले पर कब्जा था और उस सदी के अन्त के आसपास उसी कबीले से एक सरदार ने कालिंजर पर कब्जा कर लिया और शक्तिशाली राज्य की स्थापना की जो मालवा में मिर्जापुर और खर्रा तक फैला हुआ था। भर राजा ने वही किया जो उसकी जाति के आदिवासी और अन्य निवासी सदा से करते आए हैं। उसने खुद को हिन्दू जाति व्यवस्था में कायस्थ घोषित कराया। उसके वंश ने डेढ़ सौ साल तक शासन किया और सन् 1247 में उनकी सत्ता समाप्त हुई। उसके वंशजों को वर्ण-व्यवस्था में क्षत्रिय का दर्जा मिला और उन्हें चन्देलों के रूप में जाना जाता है। मूल निवासी कबीलों के ऊपर उठने के ऐसे ही उदाहरण समकालीन कश्मीर के इतिहास में भी हैं।[62]

काफी बाद में लिखते हुए विंसेंट स्मिथ भी मूल निवासी कबीलों की वर्ण-व्यवस्था में ऊपर उठने की आम प्रवृत्ति का जिक्र करते हैं। वे राजपूत वंशों के बारे में लिखते हैं :

> "और दक्षिण के कुछ प्रमुख वंश अलग-अलग स्रोतों से उभरकर आए थे और स्पष्टतः वे तथाकथित आदिवासी कबीलों जैसे गोंड, भर और कोल वगैरह के वंशज हैं...चन्देलों और गोंडों जिनका स्वयं भरों के साथ बहुत गहरा सम्बन्ध है, के बीच खास तौर से मजबूत रिश्ता दिखता है और यह निष्कर्ष सही है कि चंदेल राजपूत मूलतः हिन्दू व्यवस्था में आए भर और गोंड या दोनों हैं और जब उन्होंने सत्ता हासिल कर ली और क्षत्रियों वाला काम करने लगे तो उन्होंने क्षत्रिय या राजपूतों के रूप में मान्यता पा ली। इसी प्रकार गहरवार ही भरों से सम्बन्धित हैं और बुन्देला और उत्तरी राठौड़ गहरवारों से ही निकले हैं।"[63]

उच्च जाति के अनेक कुल भरों से ही उभरे हैं, यह मानने के ठोस आधार हैं। विलियम क्रुक, जिनको हमने पहले एक भिन्न सन्दर्भ में उद्धृत किया था, रायबरेली के सोमवंशी राजपूतों के बारे में बेनेट का यह उद्धरण प्रस्तुत करते हैं।

> "यहाँ दो टिप्पणियाँ की जा सकती हैं। पहली यह कि अपने पूर्वजों के मानस की पूजा सभी सोमवंशी और उनके आसपड़ोस की अनेक छोटी जातियों के लोग करते हैं। ये सभी बड़े पुरुख (पुरुष) और कारे देव (साँप) की पूजा करते हैं जिनका साथी सियाम (सियार) है। यह पूजा घर में होती है। दूसरी चीज है कि अधिकांश प्राचीन परम्पराओं से पता चलता है कि सोमवंशी गंगा के उत्तरी इलाके में और इतिहास के बाद वाले दौर में दक्षिणी तट पर रहे हैं। मध्यवर्ती परम्पराओं से पता चलता है और इसकी पुष्टि एक खास किस्म के किलों के अवशेष भी करते हैं कि क्षत्रियों का कब्जा होने के पहले और बाद में भी इस क्षेत्र पर भरों का राज था। नई वंशावली की शुरुआत कुछ ऐतिहासिक उठापटक के साथ हुई जैसाकि आम तौर पर होता आया है..."[64]

और बुकानन ने शाहाबाद से सम्बन्धित अपनी टिप्पणी में यह लिखा है :

> "परमराकस के निष्कासन के बाद जिन कबीलों ने राज्य (शाहाबाद) पर कब्जा कर लिया उनमें भर भी थे। आगे उनके कब्जे में इसका

काफी बड़ा हिस्सा और आया। आज भी उनके पास काफी इलाका है। इधर वे लोग अपनी कबीलाई पहचान को लेकर काफी परेशान रहते हैं और परिहार राजपूत के अलावा कुछ भी कहने पर बुरा मान जाते हैं जबकि सन् 1801 (संवत 1858) के एक अभिलेख में कुल के मुखिया ने सीधे-सीधे भर होने की बात स्वीकार की है।

भर कबीले के दो अपेक्षाकृत नए किलों रघुबीर गढ़ और श्यामल गढ़ बाहर से देखने पर काफी कुछ यूरोपीय महलों की तरह लगते हैं। रघुबीर गढ़ कम ऊँचाईवाले पथरीले इलाके पर बना है जो पतेश्वर गाँव से पश्चिम में है...''[65]

लेकिन एक तरह तो वे चन्देल राजपूत जैसी सम्मानजनक श्रेणी में पहुँचे तो दूसरी ओर उनके काफी सारे लोग निम्न सामाजिक स्तर पर ही बने रहे। उनकी निम्न सामाजिक स्थिति के बारे में आर.वी. रसेल यह विवरण देते हैं :

''इस बात में कोई सन्देह नहीं कि भरों को भरिया कहना वैसा ही अपमानजनक है जैसा कि तेली को तेलिया या जोगी को जोगिया, और फिर भरिया तो उस महान भर कबीले का हिस्सा हैं जिनका कभी संयुक्त प्रान्त के पूरे पूर्वी इलाके पर प्रभुत्व था। लेकिन अब वे सामाजिक हैसियत में सबसे नीचे हैं और उनसे सत्ता छीननेवाले लोग उनको काफी बदतर स्थिति में धकेल चुके हैं। भरिया महोबा या बांधवगढ़ को भी अपना घर मानते हैं और वे स्थान भी भरों के राज्य में आते थे। परम्परा के अनुसार दहाल, जो जबलपुर का पुराना नाम है, के पहले राजा कर्णदेव भर थे और सम्भव है कि जबलपुर इलाके में भरों का आना उसी दौर अर्थात सन् 1040 के 1080 तक, में शुरू हुआ होगा...''[66]

चूँकि हमने बिहार और पूर्वी उत्तर प्रदेश के कुछ ऐसे आदिवासी समूहों की चर्चा कर ली है जो सामाजिक श्रेणी में ऊपर आ गए थे इसलिए अब हम एक और ऐसे समूह की चर्चा करेंगे जो भले ही चेरों या भरों की तरह ताकतवर न हो पर जिसके अधीन भी काफी बड़ा इलाका था और जिसके कुछ लोग भी खुद को क्षत्रिय घोषित कराने में सफल रहे थे। ये लोग खरवार कहे जाते हैं। फ्रांसिस बुकानन का उनके बारे में कुछ इस तरह का कहना था :

''जिले के पहाड़ी लोगों में से कुछ प्रमुख लोग तो सात्विक जीवन जीने लगे हैं पर ज्यादातर लोग भैंसा, सूअर और मुर्गे का मांस खाते हैं और मुझे पूरा भरोसा है कि हर तीन साल पर महाबलि दी जाती

है जो भैंसा, सूअर और मुर्गे में से एक की होती है। ये लोग खुद को सूर्यवंशी कहते हैं। लेकिन ऐसा लगता है कि युगों से उनकी पहाड़ियों से लगे पश्चिमी और दक्षिणी इलाके में अधिकांश हिस्से इसी कबीले के लोगों की सम्पत्ति रहे हैं। बेलोंजिया या बेलोंजा के राजा भूपनाथ भर ने मुझे बताया कि रायगढ़, कुंडा और तोरी के राजा दरअसल खरवार हैं, भले ही वे खुद को सूर्यवंशी राजपूत कहते हैं। वैसे उसने राजपूतों की उपाधि धारण कर ली है और किसी के द्वारा खुद को खरवारी कहे जाने पर नाराज होता है या उसकी रियासत में न रहनेवाला या उस पर आश्रित न रहनेवाला हर आदमी उसके दावों पर हँसता ही है। फिर उसकी जाति के प्रमाण के तौर पर इस तथ्य का उल्लेख किया जाता है कि उसके बेटों की शादी सिंगरौला के सरदार की बेटी से हुई है और उनको अपने आपको खरवार कहने में शर्म नहीं आती। उसने अपने नाम के आगे 'लाल' लगाना भी नहीं छोड़ा है। मुझे यह बात जिले के खरवारों में से खुद को राजा की उपाधि से जोड़नेवाले तोरल मल्ल ने बताई है। इस शादी के बाद सिंगरौला के सरदार ने अपने नाम के आगे राजा जोड़ लिया है और सम्भवतः उसके बेटे खुद को राजपूत कहेंगे। पहाड़ी इलाके के सारे खरवार अपनी बेटियों की शादी अपने कबीले के अन्दर ही करते हैं जबकि राजपूतों में ऐसा नहीं होता। और उपरोक्त शादी के विवरण से लगेगा कि रायगढ़ के सरदार भी ऐसा ही करते हैं। पर पठार के खरवारों ने इन सभी सरदारों और मैदानी इलाके में पालकी ढोनेवालों (खरवारों का एक और समूह—लेखक) से सभी तरह का सम्पर्क छोड़ दिया है।"

मिर्जापुर के खरवारों के बारे में विलियम क्रुक लिखते हैं :

"मिर्जापुर के विभिन्न इलाकों में इस समूह के लोगों का आन्तरिक संगठन अलग-अलग किस्म का है। ऐसा लगता है कि उन्होंने कबीलाई और कुल की पहचानवाली पुरानी विस्तृत व्यवस्था को त्याग दिया है जो अभी तक बंगाल में बरकरार है। सोन नदी के उत्तर में इनकी चार उपजातियाँ और एक उपजाति है। चार उपजातियाँ हैं :

"(1) सूर्यवंशी, जो राजपूत समूह की तरह खुद को सूर्य का वंशज मानते हैं। यह भी उल्लेखनीय है कि बंगाल के बिरहोर यह

मानते हैं कि वे और खरवार एक ही कुल के हैं और सूर्यवंशी हैं। यह समूह अब राजपूत घोषित होने की प्रक्रिया में है। यह प्रक्रिया बंगाल में भी चल रही है जहाँ रायगढ़ और जसपुर के राजा आर्य परिवारों से बेटी-रोटी का रिश्ता बनाकर अपनी तूरानी पृष्ठभूमि को पीछे छोड़ने में करीब-करीब सफल हो चुके हैं।

"(4) बेनवंशी; इस नाम की उत्पत्ति के बारे में दो विवरण प्रचलित हैं। एक विवरण यह है कि इस उपजाति की उत्पत्ति वेन उर्फ बांस से हुई थी और इसको कुछ लोग ग़लत नहीं मानते। दूसरा समूह मानता है कि यह नाम राजा वेन से आया है जो ऋषियों द्वारा स्थापित धर्म का अक्खड़ विरोधी था। इस उप-समूह ने तेजी से प्रगति करते हुए राजपूतों का दर्जा हासिल कर लिया है। मिर्जापुर के सिंगरौली के राजा इनके सरदार हैं और वे अपने को बेनवंशी राजपूत कहते हैं। कहा जाता है कि एक या दो पीढ़ी पहले तक जब दुधि खरवारों के यहाँ मौत होती थी तो इस परिवार के लोग भी अपना सिर मुँडवा लेते थे। अब उनके यहाँ हिन्दू पुजारी रहते हैं। वे स्वयं जनेऊ पहनते हैं और उन्होंने चन्देलों जैसे सुप्रसिद्ध वंशों में शादियों का रिश्ता बनाने में सफलता पाई है।"[67]

अगर हम इस विवरण को बुकानन के अस्सी वर्ष से ज्यादा पहले के सिंगरौला (लगता है कि सिंगरौली और सिंगरौला एक ही हैं) के विवरण से मिलाएँ तो उनकी काफी सारी भविष्यवाणियाँ सही हो गई लगती हैं। वे यहाँ के राजाओं को सीधे-सीधे खरवार बताते हैं जबकि बाद के विवरण में उनको सम्मानित राजपूत और चन्देल राजपूतों का सम्बन्धी बताया गया है। अब यह अलग मसला है कि खुद चन्देलों का भी राजपूत का दर्जा पाने का अपना यही रास्ता है। पर इतिहास की धूल कई चीजों को खुद ही छुपा लेती है।

इस प्रकार हम पाते हैं कि उसी कबीले के कुछ लोग शाहाबाद के मैदानी इलाकों में तो पालकी ढोनेवाली निम्न जाति में हैं, पहाड़ी इलाकों में आदिवासी हैं पर एक तीसरी जगह अपना राज कायम करके वे सूर्यवंशी और बेनवंशी राजपूत बनकर क्षत्रिय होने के दावेदार हैं।

बिहार का एक और समूह या कबीला, जिसने ऊँचा दर्जा पाने का प्रयास किया पर जल्दी ही राजनीतिक सत्ता हाथ से चले जाने के चलते सफल नहीं हो पाया, वह है खेतौरी। परशुराम की पौराणिक कथा से खुद को जोड़ने के चलते इसने अपना दर्जा कुछ बढ़वा लिया था। बुकानन लिखते हैं :

"खेतौरी खुद को लड़ाकू मानते हैं और काफी समय तक जिले का काफी बड़ा हिस्सा उनके अधीन था। उनके इस दावे को आम तौर पर मान लिया गया है कि अनेक जगहों पर उनको राजपूतों के बाद स्थान दिया जाता है। जिले के पश्चिमी हिस्सों में तो खेतौरी लोगों को मटियामेट कर दिया गया पर मध्य हिस्से में वे अभी भी हैं। उनके अभी 3000 से ज्यादा परिवार हैं और बांका मंडल के चार लोगों ने राजा की उपाधि भी ले रखी है। यह उपाधि उन्होंने मनिहारी, हेम्प्रव, बैकोप और परसन्द से ली है। खेतौरियों का मानना है कि जब परशुराम ने क्षत्रियों का संहार किया तो उनमें से दो लोग भागकर कलाकारों के देवता विश्वकर्मा की शरण में गए। परशुराम वहाँ भी उनको मारने पहुँच गए तो विश्वकर्मा जी ने कहा कि ये क्षत्रिय नहीं खेतौरी (किसान) हैं। इस पर परशुराम ने पूछा कि इनके पास खेत जोतने के क्या प्रमाण हैं ? इन लोगों ने अपनी जान बचाने के लिए वह प्रमाण भी देने का वादा किया। उनके वंशज तभी से खेतौरी कहे जाते हैं और कुछ कम मानवाले हो गए।

"खेतौरियों के बारे में एक और कथा यह है कि वे मूलतः मछुआरों की चांडाल नामक निम्न जाति के थे। उनका महत्व तब बढ़ गया जब उनमें से एक राम का कृपापात्र हुआ। वे चाहे जंगल-निवासी हों या मछुआरे, पर मेरे मन में जरा भी शक नहीं है कि वे उन कबीलाई समूहों में से एक थे जिन्हें राजा रिपुंजय ने अपनी फौज में भर्ती किया था। और जब वे ब्राह्मणों के अनुयायी बन गए तो ब्राह्मणों ने उनके लिए पौराणिक कहानी गढ़ ली। अब उन्होंने पूरी तरह राजपूतों के रंग-ढंग, संस्कार अपना लिए हैं और उनमें से जितने लोगों के लिए संभव हो पाता है, वे खेतों में अपने हाथों से काम नहीं करते। पर अभी भी यह है कि जो लोग हल जोतते हैं उनको समाज से अलग नहीं माना जाता...।[68]

खेतौरी लोगों से जुड़े सन् 1646-47 के अभिलेख और स्थानीय परम्पराओं की जानकारी के आधार पर कयामुद्दीन अहमद लिखते हैं :

"जिला गजेटियर, मुंगेर (ओ. माली, गजेटियर ऑफ मुंगेर, 1909) में परम्पराओं का हवाला देते हुए कहा गया है कि खड़गपुर और उसके आसपास के इलाकों पर खेतौरी नामक स्थानीय मूल निवासी कबीले के लोगों का राज था और उनके 52 सरदारों ने शासन किया

था। दंडू राय, बासदेव राय और महेन्द्र राय नामक तीन राजपूत भाइयों ने मुंगेर से दस मील पूरब में स्थित छोटे रजवाड़े खरही के खेतौरी सरदार, राजा शशांक के यहाँ नौकरी की। धीरे-धीरे उन्होंने शशांक के यहाँ और राजपूतों की भर्ती कराके अपनी संख्या बढ़ा ली और फिर एक दिन उसका तख्ता पलटकर उसकी हत्या कर दी। फिर दंडू राय की सरदारी में उन्होंने दूसरे 51 खेतौरी सरदारों को अपने अधीन किया और पूरे इलाके को अपने नियन्त्रण में ले लिया। दंडू राय अकबर के समकालीन संग्राम सिंह के पिता थे।"

अकबर के समय इस इलाके पर एक तेली राजा का कब्जा था। सन् 1574 के सैन्य अभियान के बारे में अबुल फजल लिखते हैं, "...मुल्क के काश्तकारों ने कहा कि तेली राजा के राज्य से होकर एक पवित्र रास्ता गुजरता है।"[69] अकबरनामा के अनुवादक ने इस राज्य का इलाका वही बताया है जिसका जिक्र बुकानन करते हैं। इससे निश्चित संकेत मिलता है कि वहाँ का शासक निम्न जाति का था।

क्षत्रिय होने का दावा करनेवाली जातियों में परशुरामवाली कहानी बहुत आम है। लेकिन अक्सर वे इस कोशिश में काफी परेशान होती थीं और अपने मूल निम्न श्रेणी और क्षत्रिय के दर्जे के बीच ही कहीं अटक जाती थीं। खत्रियों के बारे में भी ऐसी ही कहानी है। इस कहानी के अनुसार एक गर्भवती क्षत्रिय महिला परशुराम की कुल्हाड़ी से बचकर भागी और एक ब्राह्मण की रसोई में जाकर छुप गई। परशुराम वहाँ भी पहुँच गए। उन्होंने जब गृहस्वामी से पूछा तो उसने कह दिया कि यह महिला क्षत्रिय नहीं खतौरी (रसोइया) है। इसीलिए उसके वंशज खत्री कहलाए।

लेकिन कुछ ऐसे कबीले, जो बिना ऊँचा सामाजिक दर्जा पाए ही सत्ता से हटा दिए गए वे बहुत निम्न जाति में चले गए। बिहार के दुसाध, जिन्हें अभी अनुसूचित जाति में गिना जाता है, एक दौर में काफी शक्तिशाली रहे लगते हैं जिनका अपना एक राज्य भी था। उनके एक नायक, सलेस को तो देवताओं की तरह पूजा जाता है। इस देवता की पूजा पूरे उत्तर बिहार और नेपाल तराई के दुसाध करते हैं। उनके नाम के साथ मोरांग, जो अभी नेपाल का एक जिला है और जिसमें विराटनगर भी शामिल है, का नाम विशेष रूप से जुड़ा है और वहाँ उनकी और उनके साथियों की मूर्तियोंवाला एक छोटा-सा मन्दिर भी है जो बहुत पुराना नहीं है। उनकी इतनी बड़ी मूर्तियाँ और कहीं नहीं पाई जातीं। निस्संदेह यह स्थान अब दुसाधों से ही जाना जाता है।

प्रचलित कथाओं के अनुसार सलेस का जन्म तिरहुत के पकड़िया राज्य की नेत्रहीन रानी के गर्भ से हुआ था। उनकी शादी मोरांग के राजा हुड़हू की बेटी समरुधानी से हुई। पर मोरांग में ही जन्मी कुसुमा मालिन, जो पूर्व जन्म में इन्द्र दरबार की अप्सरा (नर्तकी) थी, सलेस से प्रेम करती थी। इसलिए सलेस ने पकड़िया का राज-काज समरुधानी के हवाले किया और मोरांग चले गए जहाँ से कभी वापस नहीं आए। इस कहानी में वीरगाथावाले तत्त्व हैं जिसमें देवता और मनुष्य साथ-साथ अपनी भूमिकाओं का निर्वाह करते हैं और जिसकी ऐतिहासिकता संदिग्ध हो सकती है। लेकिन यह कथा जितने बड़े इलाके के लोगों के बीच प्रसिद्ध है और एक समूह के जितने लोगों का इससे गहरा भावनात्मक जुड़ाव है उससे लगता है कि इस इलाके में कभी दुसाधों की महत्त्वपूर्ण स्थिति रही ही होगी।

एक और प्रचलित कथा है जो इस विचार को मजबूती देती है। यह कथा चूहड़ और रेशमा की है। चूहड़ दुसाध राजकुमार थे जिनकी दोस्ती अजब सिंह नामक राजपूत राजकुमार के साथ थी। रेशमा अजब सिंह की बहन थी। वह चूहड़ से प्रेम करती थी। लेकिन वह दोस्त की बहन थी इसलिए चूहड़ ने उसे अपनी बहन मानकर उससे शादी करने से इनकार कर दिया। इस सवाल पर चूहड़ और अजब सिंह की लड़ाई हुई जिसमें चूहड़ मारा गया। यह कथा आज भी लोक नाट्य का एक लोकप्रिय विषय है।

दुसाध मानते हैं कि एक समय वे इस जमीन के मालिक थे और प्रमाण के तौर पर वे कहते हैं कि सभी दूसरी जातियों के स्पष्ट रूप में नियत पेशे हैं पर दुसाधों का कोई पेशा नहीं है। आजकल वे मुख्यतः खेतिहर मजदूर हैं या ताड़ी निकालने का काम करते हैं।

कनिंघम और गैरिक भी सलेस की प्रचलित कहानी का हवाला देते हैं लेकिन दोनों के विवरण अलग-अलग हैं। वे कहानी का जो रूप लेते हैं उसके अनुसार सलेस के दो और दुसाध साथी थे हरवा और बरवा, और ये तीनों लोरिक से, जो अहीर जाति का एक दूसरा पौराणिक नायक है, लड़ते हुए परास्त हुए। कहानी का यह अन्तर समय के लम्बे अन्तराल के कारण भी आ सकता है। या यह भी सम्भव है कि पहला रूप तो बिहार के पूर्वोत्तर क्षेत्र में प्रचलित हो और दूसरा उत्तर पश्चिम में। पूर्वोत्तर में ही इस कहानी के कई रूप प्रचलित हैं। कुछ स्मारक भी हैं जो बताते हैं कि दुसाध कभी शासक रहे होंगे, भले ही उनका राज्य बहुत बड़ा नहीं रहा हो। ऐसे ही स्मारक का हवाला देते हुए कनिंघम और गैरिक लिखते हैं :

> "सरोनगढ़ या सरवनगढ़ मोतिहारी से 5 मील उत्तर पूर्व में बूढ़ी गंडक के उत्तरी तट पर बना पुराना किला है। इसे नोनाचौरगढ़ या नोनाचौर का किला भी कहते हैं जो एक दुसाध नोनाचौर के नाम पर है। माना जाता है कि इस दुसाध राजा ने यहाँ शासन किया था। यह टीला बहुत ऊँचा है और पुरानी ईंटों और जंगल से भरा है। ईंट की दीवार के कुछ हिस्से अभी तक खड़े हैं।
>
> "दुसाध नोनाचौर, सुबाहीगढ़ की कथा का भी नायक है और अगर यह वही व्यक्ति है जो सरोनगढ़ वाला और राजकुमारी सुबाही का प्रेमी है तो निश्चित रूप से वह सुन्दर सरदार रहा होगा, भले ही छोटी जाति का था..."[70]

वैसे तो दुसाध जाति व्यवस्था में कभी ऊपर नहीं आए पर जब वे शासक कबीला थे तब निश्चित रूप से समृद्ध और सामाजिक सम्मान पानेवाले लोग थे। वे राजपूतों की तरह उच्चतर जाति का दर्जा क्यों नहीं पा सके इसकी एक सम्भावित व्याख्या यह हो सकती है कि मजबूती के दौर में भी वे हिन्दू पुरोहितों की पौराणिक व्याख्या के अनुसार फिट बैठने के लिए अपने देवी-देवताओं को त्यागने को तैयार नहीं हुए। वे अभी भी खुद को बाली और राहु जैसे 'राक्षसों' का वंशज कहते हैं। वे अभी भी राहु की पूजा करते हैं। समुद्र मन्थन की पौराणिक कथा का उनका अपना रूप उनमें प्रचलित है जिसके अनुसार अमृत देवों और राक्षसों के संयुक्त प्रयास से निकला था और अमृत मन्थन में राहु ने बहुत महत्त्वपूर्ण भूमिका निभाई थी जबकि अमृत के बँटवारे में उसके साथ छल किया गया। सम्भवतः उनके आत्मसम्मान के भाव ने उनको ब्राह्मणोंवाली प्रचलित पौराणिक कथा को मानने से रोका। इसने उन्हें बहुत ही अजीबोगरीब स्थिति में ला दिया है। ब्राह्मणवादी हिन्दुत्व मानने के चलते वे ब्राह्मणवादी देवी-देवताओं को पूजते हैं पर वे सार्वजनिक रूप से राहु की पूजा करने से भी नहीं चूकते जिससे हिन्दू नफरत करते हैं। वैसे आम हिन्दू भी डर के मारे हर धार्मिक आयोजन से पूर्व राहु की पूजा करते हैं। ग्रहण के समय जब और सभी हिन्दू पूजा-पाठ और डोमों को दान देकर चन्द्रमा और सूर्य को राहु-केतु के नाम से मुक्ति की कामना करते हैं तब राहु के वंशज दुसाध ऐसा कुछ नहीं करते। इसी प्रकार आधा-अधूरा हिन्दूपन असम के बोडो लोगों में भी दिखता है। उन्होंने हिन्दू धर्म को स्वीकार कर लिया है पर वे बकासुर (पौराणिक कथाओं के अनुसार श्रीकृष्ण का दुश्मन) के प्रशंसक हैं और उसे अपना पूर्वज मानते हैं। दुसाधों और ब्राह्मणवादी हिन्दुत्व में मेल या दूरी दोतरफा है। अन्य स्थानीय कबीलों या सामाजिक समूहों के

देवी-देवताओं को ब्राह्मणवादी हिन्दुत्व के देवी-देवताओं की पाँत में जगह दी गई है पर दुसाधों के साथ ऐसा नहीं हुआ है। सम्भवतः इसी आंशिक समावेशीकरण के चलते दुसाध सामाजिक रूप से सबसे निचले पायदान पर रह गए जबकि कभी धर्मनिरपेक्ष हैसियत के हिसाब से वे काफी ऊपर उठ गए थे।

चूँकि हमने थारुओं की स्थिति पर चर्चा कर ली है इसलिए अब हम उनके पड़ोसी और प्रतिद्वन्द्वी खासा और मागरों पर गौर करेंगे जो गोरखों के बीच अपनी स्थिति को ऊँचा उठा चुके हैं और यही नेपाल के शासक बने। खासा लोगों के बारे में कार्लाइल लिखते हैं :

> ''अब हिमालय के खासा या खासिया दो अन्य पहाड़ी कबीलों मागरों और थारुओं के निकट पड़ोसी हैं...और अब यह बात आम तौर पर मानी जाती है कि नेपाल के गोरखे या तो मागरों से निकले हैं या खासा या खासिया से। और निस्सन्देह रूप से हम इसे एक स्थापित सत्य के तौर पर रख सकते हैं। लेकिन गोरखे खुद को मेवाड़ के सिसोदिया गुहिता या गहिलोत कुल का बताते हैं।''[71]

जॉन पेम्बले के अनुसार गोरखा न तो एक कबीला है, न जाति बल्कि यह कई कबीलों और जातियों की एक छोटी राष्ट्रीयता है। उनके बीच सिर्फ गुरखालि भाषा की समानता है। वे एक गोरखा राज्य के अधीन रहे हैं यह चीज भी उन्हें जोड़ती है। इसके गठन में जिस एक समूह ने अग्रणी भूमिका निभाई है वह है छेत्री और यह नाम क्षत्रिय से बना लगता है। जॉन पेम्बले लिखते हैं :

> ''जातीय रूप से तो छेत्री पूर्वोत्तर भारत के खासा या खासी लोगों से सम्बन्धित हैं। अपने इतिहास के शुरुआती दौर में खासा पलायन करके पंजाब के पहाड़ी इलाकों और मध्य हिमालय क्षेत्र में पहुँचे। ऐसा लगता है कि पूर्वोत्तर भारत में बसनेवाले मूल भारोपीय वाशिन्दों में वे भी थे और कथाओं के अनुसार वे पांडु के पाँच पुत्रों से सम्बन्धित हैं। निस्सन्देह ऐसे दावे में सच्चाई का पुट है। आधुनिक खासा लोगों के लिए भी बहुपति प्रथा एक महत्त्वपूर्ण सामाजिक व्यवस्था है और यह निश्चित रूप से उन्होंने उत्तर भारत के मूल निवासियों के सम्पर्क में आने के शुरुआती दिनों में ही अपना ली थी। एकदम अलग तरह की इस प्रथा की जानकारी महाभारत के कवि को थी क्योंकि उसने भी पांडु के सभी पाँच बेटों की शादी एक ही पत्नी से होने की कहानी लिखी है। यह भी एक तथ्य है कि जब मनुस्मृति का स्वरूप तय हो रहा था (ई.पू. 200 से सन्

200 तक) तब तक खासा लोगों का सामाजिक दर्जा नीचे आ गया था। उनको वृशला अर्थात् जाति बहिष्कृत लोगों में गिना गया है। ऐसे क्षत्रियों के रूप में जो ब्राह्मणों का सम्पर्क न रहने के चलते अपनी श्रेष्ठता खो चुके थे।''[72]

मागरों के बारे में वे लिखते हैं :

''गोरखा इलाके में, नेपाल के उत्तर पश्चिम में मंगोलियाई मूल के मागर रहते हैं। ब्राह्मणों और राजपूतों के इस इलाके में आने पर इनकी प्रतिक्रिया भी खासा लोगों की तरह ही हुई। इनमें से काफी सारे लोगों ने हिन्दू धर्म अपना लिया और इनकी अनेक महिलाओं ने प्रवासियों की सन्तानों को जन्म दिया। धर्म में नवदीक्षितों और वर्णसंकर सन्तानों, दोनों को नई जाति में स्वीकार कर लिया गया। इस इलाके में मागर नामों (बुड़ाथोकी, घरती, थापा) के साथ-साथ खासा, राजपूत और ब्राह्मणों को भी इसमें शामिल कर लिया गया।''[73]

अब हम एक और आदिवासी जाति के बारे में बात करेंगे जो सामाजिक वर्गीकरण में सबसे नीचे दर्जे से उठकर सबसे ऊपर पहुँची। यह समूह है भुइयाँ लोगों का। मध्य प्रदेश, ओड़िसा से बिहार और बंगाल तक इनकी काफी आबादी है। लेकिन अलग-अलग जगहों पर उन्होंने अपना अलग-अलग नाम रखा है और उनकी सामाजिक हैसियत भी भिन्न-भिन्न है। मध्य प्रान्तों के आदिवासी कबीलों और जातियों का विवरण देते हुए आर.वी. रसेल ने इन कबीलों के बारे में विस्तार से बताया है और इससे इसके उत्थान-पतन की पूरी कहानी पर कुछ रोशनी पड़ती है। संस्कृत में भुइयाँ शब्द का मतलब होता है जमीन के लोग और इससे संकेत मिलता है कि वे तब मूल निवासी या इस इलाके के पुराने मालिक थे, जब संस्कृत बोलनेवाली जमातें इस इलाके में बसने पहुँचीं। फिर तो भुइयाँ लोग इसी नाम से जाने-पहचाने गए और उनके मूल नाम का कोई अता-पता भी नहीं है। लेकिन माना जाता है कि वे कोल समूह के आदिवासियों से आए हैं जिन्हें अनेक लोग भारत में रहनेवाले सबसे पुराने कबीलों में से मानते हैं। रसेल के अनुसार भुइयाँ लोगों का मुख्य ठिकाना छोटानागपुर पठार का दक्षिणी इलाका था जिसमें गंगपुर, बोनाई, क्योंझर और बामड़ा राज्य शामिल थे। सारे उपलब्ध प्रमाणों के अनुसार इन रजवाड़ों के प्रमुख भुइयाँ थे हालाँकि वे खुद को राजपूत बताते थे। इसके बारे में रसेल कर्नल डाल्टन को उद्धृत करते हैं :

''इन रियासतों के प्रमुख खुद को राजपूत कहते हैं और अगर उनका ऐसा दावा है तो निश्चित रूप से वे छिटपुट राजपूत परिवारों से ही

आते होंगे। इन राज्यों का अधिकांश हिस्सा तो भुइयाँ लोगों का है। वे विशेषाधिकार प्राप्त लोग हैं। उनके पास जमीन के साथ ही शासन के महत्त्वपूर्ण पद हैं और वे लड़ाकू जमात की तरह संगठित हैं। जब तक इन भुइयाँ वस्सालों की तरफ से तिलक के रूप में थोड़ी-सी चीजें मिलती रहती हैं तब तक राजा उनके खिलाफ कुछ नहीं कर सकता। राजाओं की स्थिति उनके राजपूत होने के दावे को सन्देहास्पद बना देती है और उनके पद पाने के किस्से भी भरोसेमन्द नहीं लगते। इस बात में सन्देह नहीं कि ये सभी मूलतः भुइयाँ ही थे और उनका डीलडौल और नाक-नक्श भी राजपूतों की तरह का नहीं लगता।''[74]

लेकिन ओड़िसा में अपने उच्चतर धर्मनिरपेक्ष स्थान के चलते भुइयाँ लोगों के लिए जाति व्यवस्था में आने पर बिहार की तुलना में बेहतर स्थान पाना सम्भव हो गया। आर.वी. रसेल लिखते हैं :

> ''खँडैत या तलवारधारी एक ओडिया जाति है जो सैन्य सेवा से पैदा हुई है और इसके अधिकांश सदस्य गैर आर्य भुइयाँ कबीले से आए हैं।''[75]

ओड़िसा में भुइयाँ लोगों की गिनती खँडैतों के रूप में होती है और वे उच्च सामाजिक हैसियत में हैं और श्रेष्ठ खँडैतों को तो सामाजिक दर्जे में राजपूतों के ठीक बाद माना जाता है।

बिहार में, खासकर जब वे उत्तर की तरफ बढ़ते गए तब उनके पास जमीन की मिल्कियत नहीं थी। और ऐसे में जब उनको ब्राह्मणवादी हिन्दुत्व में दाखिल होना पड़ा तब उनको किसी भी किस्म का मानवीय सम्मान हासिल नहीं हुआ और उन्हें जाति व्यवस्था में सबसे नीचे दर्जे की जगह मिली और उन्हें मुसहर कहा गया। उनमें अभी भी जो कबीलाई गुण बचे हैं उनमें लड़ने-भिड़नेवाली मानसिकता और आपसी एकता का भाव प्रमुख है। लेकिन समाज में प्रभावी समूहों से जुड़ाव न होने के चलते वे दिन-ब-दिन और नीचे ही गिरते गए। निरक्षरता और दरिद्रता के चलते अपने खाने-पीने की जरूरतें पूरी करने के लिए उनके सामने लोमड़ी और सियार वगैरह को मारकर खाने की स्थिति आ गई। उनकी औरतें फसल कटने के बाद खेत-खलिहानों में गिरे दानों को जमा करती फिरती हैं। वे गाँवों के किनारे बसी छोटी बस्तियों में रहते हैं। आदत और दरिद्रता के चलते वे गाँवों में सबसे कम कपड़ों में गुजर करनेवाले लोग भी बन गए हैं। वे अपनी पुरानी परम्पराओं को भी भूल गए हैं और कुछ अजीबोगरीब जनकथाओं

भर की याद रखे हुए हैं।

छोटानागपुर से ठीक उत्तर में रहनेवाले भुइयाँ लोगों की स्थिति भी कोई बहुत अच्छी नहीं है। उनमें भी ज्यादातर भूमिहीन मजदूर ही हैं जो भारी दरिद्रता में जीवन बसर करते हैं। लेकिन इन लोगों के अन्दर से कबीलाई भाव पूरी तरह समाप्त नहीं हुआ है। कुछ जगहों पर उनके देवी-देवताओं की गिनती हिन्दुओं और जैनों ने अपने देवी-देवताओं में कर ली है लेकिन वे इस पर नाराजगी रखते हैं और अपने देवी-देवताओं की याद रखे हुए हैं। बिहार में पारसनाथ के निकट पहाड़ियों के ठीक नीचे एक स्थान है मधुबन। वहीं से पारसनाथ शिखर की चढ़ाई शुरू होती है। वहाँ भुइयाँ भगवान का एक जैन मन्दिर है। स्थानीय भुइयाँ लोगों का दावा है कि ये मूलतः उनके देवता थे लेकिन समृद्ध जैनों ने उनको अपने कब्जे में ले लिया। पहले वे लोग इस देवता को बलि चढ़ाते थे। लेकिन जैन देवता बनने के बाद वे शाकाहारी बन गए हैं और उनके लिए बलि नहीं चढ़ाई जा सकती। इसलिए भुइयाँ लोगों ने उनकी पूजा ही छोड़ दी है।

इस बात के कुछ संकेत हैं कि दक्षिण-पूर्वी बिहार में किसी दौर में भुइयाँ लोगों में से कुछ का प्रवेश भूमिहार ब्राह्मणों में हुआ था और ऐसा लगता है कि यह नाम भी उन्हीं से आया है। लेकिन अब सामाजिक-आर्थिक हैसियत में इतना ज्यादा अन्तर आ गया है कि भूमिहार इस सम्बन्ध की बात पर हंगामा खड़ा कर देंगे और इसे स्वीकार नहीं करेंगे। रिज़्ले और क्रूक, दोनों ही इस सम्बन्ध की बात को नहीं मानते और एकदम अलग राय रखते हैं। उनके अनुसार भूमिहार का मतलब सिर्फ जमींदार है। लेकिन किसी भी विचार या सम्भावना से खुद को जोड़े बिना रसेल बी.सी. मजुमदार के इस तर्क को उद्धृत करते हैं जिसमें भुइयाँ और भूमिहारों के बीच कुछ सम्बन्धों की बात कही गई है।

> ''श्री मजूमदार (श्री बी.सी. मजूमदार, वकील, सम्बलपुर) बताते हैं कि बँगला में भुइयाँ को कभी भी जमींदार के अर्थ में प्रयोग नहीं किया जाता। वे मानते हैं कि भूमिहार और पूर्वी बंगाल तथा असम में बारह बड़े भू-सामन्तोंवाला समूह अर्थात् बड़ा भूमिहार भुइयाँ कबीले के ही हैं, वे सर ई. गैट्स के 'हिस्ट्री ऑफ असम' का हवाला देते हुए बताते हैं कि तेरहवीं सदी में अहोमों की असम विजय के पूर्व उस देश में चुटिया और भुइयाँ ही प्रभावशाली थे। वे यह भी मानते हैं कि चुटिया नाम से ही छोटानागपुर बना है।''[76]

अगर बिहार के पूर्वी इलाके में भुइयाँ शक्तिशाली थे तो यह सम्भव है कि अन्य कबीलों द्वारा दूसरी अनेक जगहों पर किए गए व्यवहार की तरह वे भी

पुरोहिती न करनेवाले ब्राह्मणों की श्रेणी तक ऊपर आए और इस प्रकार इस नई जाति को नाम भी दिया। इस हिसाब से देखें तो भूमिहार और बड़ा-भूमिहार नाम खास तौर से खुद ही सन्देह को न्यौता देते हैं। बिहार की कई अन्य जातियों में भी अपना दर्जा ऊपर कराने की परम्परा रही है और उसे देखते हुए यह बात कुछ भरोसेमन्द भी लगने लगती है। उत्तर-पश्चिम बिहार के बारे में लिखते हुए फ्रांसिस बुकानन भी इस तरफ संकेत करते हैं :

> ''कुछ ऐसे भूमिहार राजपूत हैं जो सम्भवतः भूमिहार ब्राह्मणों वाले मूल के ही हैं। इनमें से कुछ तो गुमनाम जीवन बसर करते हैं जबकि कुछ एक-दूसरे की उपाधियाँ ले लेते हैं। अनेक लोग इस कबीले के लिए इन दोनों ही उपनामों को खारिज करते हैं और इसके सदस्यों को सिर्फ भूमिहार कहते हैं और ऐसा चलन भागलपुर जिले में आम है।''[77]

इस प्रकार हम भुइयाँ लोगों के मामले में देखते हैं कि इस कबीले की उपधाराएँ जाति व्यवस्था में सबसे नीचे गिने जानेवाले मुसहरों से लेकर खंडैतों के माध्यम से राजपूतों और सम्भवतः भूमिहारों तक गई हैं। चूँकि पूरा कबीला एक समान सामाजिक दर्जा नहीं पा सका इसलिए उससे जुड़ाववाली कड़ियों को तोड़ लिया गया। सामाजिक श्रेणी में ऊपर आनेवाले अपने पुराने 'छोटेपन' को जाहिर नहीं होने देना चाहते, इसलिए कबीले से सम्बन्धोंवाले हर संकेत को दबा देना चाहते हैं। इसी के चलते इस जुड़ाव से इनकार की बात भी बहुत जोर-शोर से कही जाती है। नए क्षत्रिय या ब्राह्मण दूसरी सभी जातियों के प्रति वैसा ही व्यवहार करते हैं जैसा 'असली और पुराने' क्षत्रियों या ब्राह्मणों से करने की अपेक्षा की जाती है। नई स्थिति में अपनी योग्यता साबित करने के लिए उन्हें ऐसा करना ही होता है।

अक्सर कबीले के एक समूह का सामाजिक दर्जा इसलिए भी बढ़ जाता है क्योंकि उसके पास काफी जमीन-जायदाद है। मध्य प्रदेश में ऐसे अनेक कबीले हैं जिन्हें पंडित स्पष्ट रूप से अनार्य बताते हैं पर जो जमीन रखने के चलते उच्च जाति का दर्जा पाने की आकांक्षा रखते हैं। इनमें से कुछ के बारे में आर.वी. रसेल लिखते हैं :

> ''अन्य स्थानीय कबीलों में, जिनमें से अनेक के पास मध्य प्रान्त में खेती और जंगल की काफी जमीन है, जमीन रखनेवालों की एक अलग उपजाति उभर आई है। गोंडों में से राजगोंड, बैगाओं में से बिंझाल और बिलासपुर की कावर से उभरी तावर उपजाति ऐसी ही

है और ये सभी जमींदार हैं। तावड़ तो अब नाम में समानता भर के चलते खुद को तोमर राजपूत कहने लगे हैं। अब इन समूहों को अच्छी खेतिहर जातियों के समान माना जाता है और कई ब्राह्मण उनका पानी भी पीने लगे हैं।''[78]

इन आदिवासियों में सबसे महत्त्वपूर्ण गोंड हैं जो कभी काफी ताकतवर थे और पन्द्रहवीं से लेकर उन्नीसवीं सदी तक मध्य प्रान्त के ज्यादातर हिस्सों के स्वामी थे। बैतूल के खेरला, छिंदवाड़ा के देवगढ़, जबलपुर के गढ़-मांडला और चाँदा में उनके रजवाड़ों की राजधानियाँ थीं। गढ़-मांडला की रानी दुर्गावती जबलपुर का विशाल जलाशय बनवाने के लिए प्रसिद्ध है। अंग्रेजों द्वारा भारत की सत्ता छोड़ने के बाद तक अनेक गोंड रजवाड़े कायम थे। लेकिन अधिकांश गोंडों ने अपनी आदिवासी संस्कृति को बचाए रखा। फिर भी एक ऐसा दौर था जब राजपूतों और गोंडों के बीच वैवाहिक सम्बन्ध बने। ऐसे एक सम्बन्ध का तो ऐतिहासिक विवरण भी उपलब्ध है। कैम्ब्रिज हिस्ट्री ऑफ इंडिया में लिखा है :

> ''उन्होंने (गोंड राजा संग्राम शाह—ले.) चौरागढ़ का किला बनवाया। खूबसूरत इमारतों से अपनी राजधानी को समृद्ध किया और महोबा के चन्देल राजा की सुन्दर बेटी दुर्गावती से अपने बेटे दलपत की शादी कराई...''[79]

अबुल फजल इस विवाह की पृष्ठभूमि के बारे में कुछ बातें विस्तार से बताते हैं। दुर्गावती के बारे में जिसकी क्षमताओं और हिम्मत के वे बड़े प्रशंसक थे, वे लिखते हैं :

> ''वह महोबा और राठा के राजा सालवाहन, जो चन्देल जाति के थे, की बेटी थी। राजा ने अमन दास के पुत्र दलपत से उसकी शादी करके उसे विदा कर दिया। वह बहुत अच्छे परिवार का नहीं था लेकिन अमीर था और राजा सालवाहन भी बुरे वक्त से गुजर रहे थे, इसलिए वह यह विवाह करने को विवश हो गए। चूँकि अमन दास ने रायसिन की जीत में गुजरात के सुल्तान बहादुर की काफी मदद की थी इसलिए उन्होंने उसे संग्राम शाह की पदवी दे दी...''[80]

हमने चन्देलों के बारे में जो कुछ जाना है उसकी रोशनी में यह सम्बन्ध ऊँचे से नीचे गिरानेवाला नहीं लगेगा पर स्वयं चन्देलों को, जो अपने बारे में अलग ढंग से सोचते हैं, यह थोड़ा नीचे उतरनेवाली चीज लग सकती है।

यह सम्बन्ध खास दिलचस्पी की चीज है क्योंकि हिन्दुओं की रक्त शुद्धतावाली बात गोंडों के साथ भी लागू होती है और वे अपने घेरे को जल्दी

नहीं तोड़ते। राजगोंडों में भी, जो उच्च जाति के हिन्दुओं में अपना नाम गिनवाने का प्रयास कर रहे हैं, काफी सारे ऐसे हैं जो अपनी जीवन पद्धति और पूजा पद्धति में बदलाव करने को तैयार नहीं हैं। आदिलाबाद के राजगोंडों के बारे में क्रिस्टोफ वॉन फ्यूरर-हैमेनडॉर्फ लिखते हैं :

> "यहाँ राजगोंड हिन्दू समाज का अंग बनने और ऊँचा दर्जा पाने की आकांक्षा रखने की जगह खुद को गोंड संस्कृति और भाषा के साथ ही पारम्परिक गोंड धर्म के सच्चे अनुयायी और रक्षक मानते हैं। उनके धार्मिक रीति-रिवाजों में कुल देवता के आगे गाय की बलि देने की परम्परा भी है..."[81]

वैसे तो प्राचीन काल में ब्राह्मणों[82] द्वारा गोमांस खाने का चलन था लेकिन मध्यकाल में यह एक घृणित कृत्य माना जाने लगा, जब यह वैवाहिक सम्बन्ध बना था। इससे यह भी स्पष्ट होता है कि रजवाड़ों में सामाजिक रीति-रिवाजों और खाने-पीने के तौर-तरीकों में बड़ा फर्क होने के बावजूद वैवाहिक सम्बन्ध होते थे। इस बात की सम्भावना से इनकार नहीं किया जा सकता कि जिस दौर में अनेक जगहों पर गोंड रियासतों का गठन हो रहा था तब अनेक ऐसी शादियाँ हुई होंगी और काफी सारे गोंड राजपूतों की श्रेणी में गिने जाने लगे होंगे। लेकिन जिन इलाकों में गोंड आदिवासी परम्पराओं के साथ ही रहते होंगे और वहाँ परम्पराएँ भी मजबूत होंगी सो उनके लिए हिन्दू धर्म को पूरी तरह मानना सम्भव नहीं होगा। इसलिए राजगोंडों का बड़ा हिस्सा राजपूत नहीं बन पाया। चूँकि उनके क्षेत्र और जीवन में हिन्दुत्व का असर बढ़ता जा रहा था इसलिए वे जाति व्यवस्था में उच्चतर स्थान का दावा करने लगे। जमीन के मालिक होने के चलते उनको मध्य जातियों में स्थान मिल भी गया।

अन्य राजवंशों द्वारा खुद को क्षत्रिय घोषित कराने के तरीके से ही एक अन्य निम्न कबीले ने अपने आपको राजपूत बनवाने की मुहिम चलाई थी, वह है कोच। लेकिन यह कोशिश उस आखिरी दौर में की गई जब इतने लोगों के ऊपर उठने के लिए माहौल एकदम अनुकूल नहीं रह गया था। माना जाता है कि कोच तिब्बती-बर्मी समूह का कबीला है। करीब एक शताब्दी पूर्व जी.एच. डमांट ने कोचों के बारे में ये बातें लिखी थीं :

> "कोच और पाली या पालिया एक खास तरह के लोग हैं जो दिनाजपुर, रंगपुर, पर्मिया, कोचबिहार और मालदा वगैरह जिलों में रहते हैं...
>
> "अपने चौड़े चेहरे, चिपटी नाक, गालों की उभरी हड्डियों के

साथ ही चौकस शरीर और अलग तरह की वेशभूषा के चलते वे अन्य बंगालियों से एकदम अलग दिखते हैं। वे खुद को हिन्दू कहते हैं और मुख्यतः हिन्दू धर्म को मानते भी हैं पर साथ ही वे मुसलमानों और दूसरों के कुछ त्योहार भी मनाते हैं। और यह पुराने अन्धविश्वासों और पूर्वाग्रहों के अवशेष जैसे हैं।"[83]

एक अन्य लेख में वे[84] ऐसे शब्दों की सूची देते हैं जो उनके अनुसार संस्कृत, बँगला या हिन्दी से नहीं आए हैं और उनका मानना है कि ये किसी पुरानी बोली के शब्द हैं जिसे अब वे लोग भी भूल चुके हैं। कोच लोग मानते हैं कि आज भी उनकी भाषा सामान्य बँगला से स्पष्टतः अलग है। लेकिन हिन्दू बनने के क्रम में इस कबीले ने अपनी उत्पत्ति के बारे में बिल्कुल नई तरह की कहानी गढ़ ली।

कोच परम्परा के अनुसार उनके आदिपुरुष का जन्म हाजो की अविवाहित बेटी हीरा और शिव के संयोग से हुआ था। चूँकि हीरा ने बिना विवाह इस सन्तान (बेटे) को जन्म दिया था इसलिए लोकलाज से उसने उसे कुश घास के घेरे (कोच) से ढक दिया। इसी से उसका नाम कोच पड़ा, आगे चलकर कोच लोग बहुत शक्तिशाली बने और जिस इलाके पर उन्होंने शासन किया उसे कोचबिहार कहा गया। कभी उत्तर बंगाल के ज्यादातर हिस्सों और कामरूप समेत असम के अनेक हिस्सों पर भी उनका कब्जा था। लेकिन वहाँ से अहोम लोगों ने जो बर्मा के शान कबीले के थे, उन्हें खदेड़ दिया। बाद में उनका वही सीमित इलाका रह गया जिसे कोचबिहार कहते हैं। जब हिन्दू प्रभाव बढ़ा तब यह महसूस किया गया कि एक शासक जाति के वंशजों के लिए 'कोच' उपाधि उचित नहीं है। इसलिए उन्होंने खुद को राजवंशी कहना शुरू किया जिस नाम से वे आज तक जाने जाते हैं। किन्तु उन्होंने कोच रीति-रिवाजों और परम्पराओं से अपना नाता नहीं तोड़ा। उनके बारे में फ्रांसिस बुकानन लिखते हैं :

> "इसी बहाने कोचों ने या कम से कम इस समूह के प्रायः सभी लोगों ने हिन्दू धर्म अपनाया। अपने अपवित्र तौर-तरीके बदले, राजवंशी अर्थात् राजा के वंश वाले नाम रखे। कामरूप और चिन के कोच और हजोंज जैसे असभ्य कबीलों ने भी उनका अनुसरण किया और हिन्दू धर्म अपनाने के साथ ही राजवंशी नाम भी अपना लिया।"[85]

जैसा कि क्षत्रिय का दर्जा पानेवाले अन्य कबीलाई समूहों के साथ हुआ था, इन लोगों ने भी परशुराम की उस पौराणिक कथा से खुद को जोड़ा जिसमें कहा गया है कि उन्होंने 21 बार भारत से क्षत्रियों का सफाया किया था। यह कहा जाता

है कि अपने इसी अभियान के क्रम में वे कोचबिहार आए तो राजा और राजवंशी लोग हाथ में डंडा लिये उनसे मुकाबला करने पहुँचे। लेकिन वे साधारण योद्धा न थे और उनके पास फरसा भी था। सिर्फ डंडों से लड़ने आए राजवंशी उनके सामने टिक नहीं पाए और कुछ लोग तीस्ता नदी को तैरकर भागे तो कुछ दौड़कर। राजा ने परशुराम को कहा कि वे क्षत्रिय नहीं कोच हैं—इसलिए उनके वंशज कोच कहलाए। जो लोग पलायन कर गए उनका नाम पल्लै या पाली पड़ा।[86]

यह भी ध्यान देने की चीज है कि राजपूत और राजवंशी शब्द का मतलब करीब-करीब एक ही है। राजपूत मतलब राजा के पुत्र और राजवंशी मतलब राजा के वंशज अर्थात् राजा के परिवार के लोग। चूँकि पूर्वोत्तर में रोज होनेवाली कबीलाई लड़ाई में नित नए समूह ताकतवर होकर उभर रहे थे और काफी नए कबीलों के लोग बाहर से भी आ रहे थे इसलिए ब्राह्मणों को उन्हें अपने धर्म में, अपनी सामाजिक व्यवस्था में खपाना जरूरी लगा। उनका जीवन-बसर तो समृद्ध और ताकतवर लोगों के दान और चढ़ावे से ही चलता था। इसीलिए वे ताकतवर होकर उभरनवाले नए समूहों की उपेक्षा नहीं कर सकते थे। इसलिए जो अनेक शासक कुल खुद को राजवंशी कहते थे, सभी को क्षत्रिय का दर्जा दे दिया गया। इसके बाद तुर्क और अफगानों के हमलों से इस बात की जरूरत भी महसूस की गई होगी कि ब्राह्मणवादी व्यवस्था को बचाने के लिए नई योद्धा जाति बनानी जरूरी है। और हम पूर्वोत्तर में अनेक राजपूत राजवंशों का उदय मध्यकाल के शुरुआती दिनों में ही देखते हैं। दक्षिण में राजा खुद को क्षत्रिय बताते थे लेकिन सभी राजवंशों को एक ही साझे नाम से समेटनेवाली जाति वहाँ नहीं दिखती। जैसाकि हम पहले ही देख चुके हैं राजपरिवारों में आपस में वैवाहिक सम्बन्ध स्थापित करने में कोई भी चीज बाधक नहीं बनती थी। इसलिए सम्भव है कि तुर्क और अफगानों के हमलों और धर्मान्तरण ने पूर्वोत्तर के सभी शासक कबीलों को एक ही राजपूत जाति में जाने और क्षत्रिय होने की दावेदारी करने का अवसर दिया हो या ऐसा करने की मजबूरी पैदा की हो। और इसी जरूरत ने सिर्फ राजपरिवारों को ही नहीं पूरे कुनबे को, जो असल में लड़ाई लड़ते थे, नया ऊँचा आसन पाने का रास्ता भी आसान कर दिया। क्षत्रिय का दर्जा मिलने से शासकों को शासन की वैधता तो मिली ही, उनकी तरफ से लड़नेवाले उनके कुनबे के लोगों का एक खास मिशन भी मिल गया—समाज का रक्षक होने का फर्ज निभाने का।

वर्ण-व्यवस्था के मिथ को इस खास परिस्थिति से ताकत मिली हो सकती है क्योंकि बौद्ध धर्म के हाथों उसकी काफी धुनाई हो चुकी थी। कई बार सुसुप्त या दबी विचारधारा भी असामान्य स्थितियों का लाभ लेकर फिर से जीवित हो

उठती है। एक शोधपत्र में इस सम्भावना को व्यक्त करनेवाले फिलिप कार्ल शुल्जमैन कहते हैं कि "वंशानुक्रम वाली विचारधाराएँ अक्सर चलती हैं, भले ही सामाजिक चलन उनके अनुरूप न हो या वे इस चलन के अनुरूप न बैठती हों। जब स्थितियाँ या माहौल बदलने से अवसर बनता है तो ऐसी विचारधाराओं को नया जीवन मिल जाता है।"[87]

इस बात को विस्तार से बताते हुए वे लिखते हैं :

> "प्रभावपूर्ण विचारधाराओं के साथ अक्सर औपचारिक और विशालकाय संगठन का जुड़ना अनिवार्य हो जाता है जिसमें बहुत ही स्पष्ट ढंग से बँटे समूह और अमूर्त किस्म के सिद्धान्त या सम्बन्ध होते ही हैं। इस तरह के सांगठनिक ढाँचे कर्त्ता के सीधे अनुभव के दायरे से बाहर होते हैं तथा वह इसका इस्तेमाल नहीं कर पाता। प्रत्यक्ष सम्बन्धों और कार्यकारी रिश्तों या प्रत्यक्ष उपभोग से विकसित दिलचस्पी के चलते ये बड़ी औपचारिक प्रणालियाँ विकसित नहीं हो सकतीं। दरअसल विश्वास और दिलचस्पी वाली बात तो आम तौर पर कबीलाई समाज की छोटी प्राथमिक इकाइयों और उनके समूहों में ही होती है और यह बड़े औपचारिक ढाँचे के प्रतिकूल पड़ती है। इसलिए बदलती स्थितियों के अनुरूप ऐसी प्रणाली बनाने की कामचलाऊ कोशिशें बहुत मुश्किल से हो सकती हैं। प्रभावपूर्ण और न्यायपूर्ण प्रतीक व्यवस्था और वह भी निरन्तर चलनेवाले सांगठनिक ढाँचे के रूप में संरक्षित रहेगी जो उपयुक्त माहौल में फिर से जीवन्त बन सकती है।"[88]

ऊपर जिन स्थितियों का वर्णन किया गया है वे वैसे तो अलग तरह की हैं पर इनसे एक वैचारिक ढाँचे का अन्दाजा तो लगता ही है कि रोज-ब-रोज के अनुभवों को झुठलानेवाला यह ढाँचा भी किस तरह नई चुनौतियों के बरक्स उपयोगी बन जाता है। वर्ण-व्यवस्था ने आबादी के कुछ हिस्सों का मतलब साधा हो सकता है जिन्होंने इसका उपयोग फिर से कर लिया।

ऐसा मतलब राजपूतों द्वारा साधा गया लगता है। कोच लोगों ने राजपूतों की तरह ही खुद को भी क्षत्रिय कहलवाना चाहा। लेकिन यह उद्देश्य आंशिक तौर पर ही पूरा हो पाया। सम्भवतः पूर्वी इलाके में एक लड़ाकू जाति को खड़ा करने के लिए उतना ज्यादा दबाव या जरूरत नहीं थी। इसके अलावा यह भी उल्लेखनीय है कि योद्धा जाति का इस इलाके में कभी कोई बहुत गौरवमय इतिहास नहीं रहा है। लेकिन इन सबसे बढ़कर यह बात थी कि कोच लोगों ने जल्दी से अपनी जीवन

शैली नहीं बदली और न ही अपने आदिवासी तौर-तरीकों को छोड़ा, खासकर उत्तर-पश्चिमी हिस्से के लोगों ने। लेकिन इसके सफल न होने का शायद सबसे बड़ा कारण यह था कि यह कोशिश बहुत देर से तब की गई जब ब्रिटिश हुकूमत ने अपनी लगाम छोटी रियासतों पर कसी और फिर उन राजाओं के लिए प्रजा के बीच अपनी अलग और ऊपरी श्रेणी लायक सम्मानजनक स्थान बना पाना मुश्किल हो गया। फिर तब तक लोग पर्याप्त सचेत हो गए थे और सूचनाओं का खुलापन भी इतना हो गया था कि इन शासकों के लिए अपने या कुल के पुराने जीवन के विवरणों को परदे के पीछे दबा देना मुश्किल था। इसके अलावा यह परिघटना तब उतनी आम न थी जितनी कि 'अग्निकुला' पुराकथा।

इसके बावजूद काफी सारे रजवाड़ों ने राजपूत परिवारों से वैवाहिक सम्बन्ध बनाकर अपना सामाजिक दर्जा राजपूतों के रूप में बनाया। कोचबिहार के राजपरिवार के निकट रहे नरेन्द्र दास के अनुसार यहाँ के कोच राजा जीतेन्द्र नारायण ने गायकवाड़ परिवार की लड़की से शादी की थी। उनकी तीन बेटियाँ तीन राजपूत रजवाड़ों में ब्याही गई थीं। सबसे बड़ी इला देवी की शादी त्रिपुरा राजपरिवार में, दूसरी गायित्री देवी की शादी जयपुर राजघराने में और तीसरी मेनका देवी की शादी देवास के राजा से हुई थी। इस तरह राजा की ही नहीं, उनकी तीनों बेटियों की शादी खुद को क्षत्रिय कहनेवाले परिवारों में हुई थी। लेकिन बदली स्थितियों के चलते राजपरिवार के लोगों को भी राजा की तरह नई और ऊँची जाति का दर्जा नहीं मिल सका। इसलिए राजवंशियों की स्थिति पहले जैसी ही रही। और जब राज्य का भारतीय संघ में विलय हो गया तो पुलिस, सशस्त्र बलों या अन्य नौकरियों की भर्ती में कोचों को मिलनेवाली विशेष रियायतें भी जाती रहीं। आज राजवंशी गरीब और दबे हुए लोग हैं जिनकी गिनती मुख्यतः अनुसूचित जाति के रूप में होती है।

यह एक बहुत ही दिलचस्प मामला है कि कोचों के सिर्फ एक परिवार को ही राजपूत जाति का दर्जा मिला जबकि बाकी सभी निम्न जाति में गिने जाते रहे। कम-से-कम इस प्रकरण में किसी पौराणिक या दन्तकथा के चलते रिश्तों में बाधा नहीं आई। यह सारा कुछ हमारी आँखों के सामने हुआ है। हम स्पष्ट रूप से देख सकते हैं कि जातिगत सम्बन्धों में खून की प्रासंगिकता या भूमिका क्या है।

कोचबिहार जैसी ही स्थिति मणिपुर और त्रिपुरा में थी। त्रिपुरा के राजा ने, जो त्रिपुरी कबीलों का सरदार था, 1870 में हिन्दू धर्म अपनाया। राजा ने इस अवसर पर काशी के पंडितों को बुलवाया था और उन्होंने उसे चन्द्रवंशी क्षत्रिय घोषित किया। इससे पहले राजा की उपाधि 'मणि' थी पर अब उसने अपने

नाम के साथ 'बर्मन' लगाना शुरू किया जो इस इलाके के क्षत्रियों की पदवी थी। लेकिन त्रिपुरी लोगों में से मुट्ठी भर को ही यह नया सामाजिक दर्जा मिल पाया।

मणिपुर के राजा को पहले वैष्णव हिन्दू बनाया गया और फिर उनके यहाँ जाति व्यवस्था लागू हुई। आम तौर पर उन सभी लोगों को अछूत बना दिया गया जिन्होंने नए मत की दीक्षा नहीं ली। लेकिन वे सभी एक ही सांस्कृतिक और जातीय समूह के थे। लेकिन एकदम आदिवासी-बहुल मणिपुर में जाति व्यवस्था आदिवासियों की तरफ से पूरी वैधता हासिल नहीं कर सकी। यह मैदानी इलाकों में रहनेवाले आदिवासियों तक ही सीमित रह गई। भले ही महाभारत में यह कहा गया हो कि अर्जुन ने मणिपुर की नाग राजकुमारी से विवाह किया था लेकिन अन्य जगहों के उच्च जाति के लोगों ने भी मणिपुरी लोगों के उच्च जातिवाले दावे को पूरी तरह स्वीकार नहीं किया। पर अब तो उल्टी धारा बह रही है। अब मणिपुर में आदिवासी धर्म और पहचान को वापस लाने का आन्दोलन उभरता लग रहा है।

जिस इलाके में जाति व्यवस्था आदिवासियों के बीच घुसने और जगह बनाने की कोशिश ही शुरू कर रही थी उसके उदाहरणों से सम्भवतः इस चीज पर रोशनी पड़ेगी कि अन्य इलाकों में इसने किस तरह अपने पाँव पसारे।

अब पश्चिम की तरफ बढ़ते हुए, उस क्षेत्र में राजपूतों की भूमि से दक्षिण में स्थित है, हम पाते हैं कि एक और समूह, मराठे, क्षत्रिय होने का दावा करते हैं। इस मामले में पूरा कबीला या कोई एक कुनबा क्षत्रिय होने का दावा नहीं करता, न हासिल करता है। यहाँ भी गुरखों की तरह हथियारों और युद्ध के काम में लगनेवाली अनेक निम्न जातियों और कबीलों की संयुक्त जमात एक जाति का रूप लेती है और क्षत्रिय होने का दावा पेश करती है। इनमें सबसे महत्त्वपूर्ण हैं कुनबी (कुर्मी) और कोली, लेकिन और भी अनेक जातियाँ हैं। भाषा के मामले में इतनी विविधता कुनबियों के मामले में ही है।

गोरखपुर के बारे में अपनी टिप्पणी में बुकानन कुनबियों (कुर्मियों) के बारे में लिखते हैं :

> "अहीरों के बाद कुर्मी सबसे ऊँचा स्थान रखते हैं और पडरौना में उन्होंने सारी सम्पत्ति हासिल कर ली, भले ही वे राजा की पदवी हासिल नहीं कर पाए। पर मरहूम आसफुद्दौला ने यह पदवी भी दे दी लेकिन इससे राजपूत बहुत नाराज हुए तो इसे समाप्त कर दिया गया। वे परिवार जो पडरौना के प्रमुख और कुछ परगनाओं

के चौधरियों के अति निकट सम्बन्धी हैं वे अशरफ कहलाते हैं और हल जोतने को तुच्छ समझते हैं। इसके साथ ही सैतवार और पाटनवार कुल के अनेक लोग कुर्मी शब्द से शर्म महसूस करते हैं और अपने नामों के साथ इसके जुड़ाव को अस्वीकार करते हैं जबकि यह बात जगजाहिर है कि वे कुर्मी ही हैं पर उनमें अनेक ऐसे भी हैं जिन्हें इन नामों से कोई शर्म नहीं आती। सरयू के दाहिनी तरफ इस कबीले के लोगों को कुर्मी या कुनबी कहते हैं और कैमूर का विवरण देते हुए मैंने इन्हें कुन्नबी कहा था क्योंकि यह भारत में सबसे ज्यादा संख्या वाले और सबसे ज्यादा बिखरे कबीलों में से एक है। मालवा में उज्जैन के शासक सिन्धिया के हाथ में जाने से इसकी शक्ति में भारी वृद्धि हुई है। यह आदमी कुर्मी था लेकिन मुझे बताया गया कि उसकी राजधानी में कुर्मियों को राजपूत माना जाता है। अगर वे लोग इधर होते तो पडरौना राजपरिवार भी थोड़ा शक्तिशाली हो गया होता।''[89]

आर.वी. रसेल मानते हैं कि कुनबी खुद ही विभिन्न कबीलाई समूहों के मिलने से बनी मिश्रित जाति है। वे लिखते हैं :

> ''कुर्मी नाम सम्भवतः काम करने या खेती करने से आया है। कुनबी का मतलब कुनबा वाला अर्थात् गृहस्थ हो सकता है। जो भी हो ऐसा लगता है कि अलग-अलग मूल वाले समूह इस साझा नाम के तले आकर आपस में मिल गए हैं। इस प्रकार कुनबी की एक उपजाति बंजारिया (भारिकों) से आई है तो दूसरी धांगड़ों अर्थात् गड़ेरियों से और तीसरी आदिवासी मानस कबीले से। बंबई में यह माना जाता है कि अधिकांश कुनबी और आर्य या मूल निवासी कबीलों से आए हैं और सम्भवतः इसी के चलते मराठा ब्राह्मण उनके हाथ का पानी इस्तेमाल नहीं करते...''[90]

रिज़्ले ने बिहार के कुर्मियों के बारे में ऐसी ही राय दी है जबकि उत्तर के लोगों के नाक-नक्श तथाकथित आर्यों की तरह के माने जाते हैं और दक्षिण में उन्हें द्रविड़ या कोलार जैसा कह दिया जाता है। लेकिन आज ये दोनों एक ही कुर्मी जाति से हैं। कुनबी और मराठों के सम्बन्ध के बारे में आर.ई. एंथोवेन लिखते हैं :

> ''जमीन रखनेवालों और लड़ाकू वर्ग के बीच मूल का संभवतः कोई बड़ा अन्तर नहीं है अर्थात् शुद्ध मराठों और जमीनवाले कुनबी मराठों

तथा अनेक स्थानीय पेशेवाली जातियों, जैसे मराठा वानी, सोनारों, सुतारों, परबों वगैरह में सामान्य तौर पर इनमें आपस में शादी-ब्याह नहीं होते पर दूर-दराज के इलाकों में मराठे, कुनबी परिवार की लड़कियों से शादी कर लेते हैं। और कुनबी भी कोलियों से ही निकले हैं। जो कोली खेती से जुड़कर किसान (कुनबी) बन गया उसे कुनबी कहा गया। सत्रहवीं सदी में मराठा शक्ति के उदय से ऐसी योद्धा जाति (भू-स्वामी) उभरी जिसने क्षत्रिय होने का दावा किया और विधवा विवाह की प्रथा को हतोत्साहित किया। मुख्यतः इसी आधार पर वे खुद को कुनबियों से श्रेष्ठ कहते हैं। लेकिन अगर मूल पर जाएँ तो मराठों और कुनबी मराठों तथा दक्षिण की कुछ अन्य पेशेवर जातियों का मूल एक ही है।''[91]

और मराठों को क्षत्रिय की श्रेणी मिलने के बारे में वे लिखते हैं :

''शिवाजी भोंसले (1627-1680) के उदय के साथ ही मराठों की प्रमुखता बनी जिन्होंने बीजापुर राजवंश के खिलाफ सफल बगावत करके मराठा साम्राज्य की नींव डाली। 1668 में कोंकण और दक्कन के शासक के तौर पर रायगढ़ में उनका राज्याभिषेक हुआ। तभी उनको क्षत्रिय के तौर पर यज्ञोपवीत किया गया और उदयपुर से ऐसे दस्तावेज मँगवाए गए जिनसे भोंसलों का सम्बन्ध सिसोदिया राजपूतों से बताया गया। उसके बाद इन दस्तावेजों को लेकर विवाद हुआ। लेकिन मराठे खुद को द्विज कहते हैं और राजपूतों वाले अनेक रीति-रिवाजों को मानते हैं। यह स्पष्ट है कि पुणे, नागपुर, इन्दौर, ग्वालियर और बड़ौदा जैसे केन्द्रों के मराठा शक्ति की छतरी के नीचे आ जाने से इस लड़ाकू और जमींदार जाति के लोगों का सामाजिक रुतबा काफी बढ़ गया।''[92]

वे कहते हैं कि मूलतः एक ही मराठा जाति होने की सम्भावना लगती है लेकिन आगे चलकर यह तीन समूहों में बँट गई। इनमें पहला तो दक्कन और कोंकण के लड़ाके और जमींदार मराठे हैं जो खुद को क्षत्रिय बताते हैं। दूसरी धारा कुनबी या कुलावदी की है और तीसरी श्रेणी में भंडारी, चित्रकादी, गोवांदी, कुम्हार, लोहार, माली जैसी अनेक पेशेवर जातियाँ हैं।[93]

गुस्ताव ओप्पर्ट के अनुसार मैसूर (कर्नाटक) की सम्मानित और शक्तिशाली खेतिहर जाति, ओक्कालिगा और कुनबी मूलतः एक ही हैं। उनका कहना है कि ये दोनों ही भारत के सबसे मूल आदिवासी कबीलों में से एक से निकले हैं जिसके

कब्जे में दक्षिण में कर्नाटक से लेकर महाराष्ट्र, और उत्तर में बिहार तथा उत्तर प्रदेश तक बड़े इलाके थे।[94]

इस प्रकार हम कुर्मियों के मामले में भी पाते हैं कि मिश्रित मूलवाला एक विशाल कबीला मुल्क के काफी बड़े इलाके में बिखर जाता है और देश के अलग-अलग हिस्सों में अलग-अलग नाम और सामाजिक दर्जा पाता है और इस चीज में उसकी अपनी सत्ता या ताकत ही मुख्य कारक बनती है। कुछ जगहों पर यह क्षत्रिय का दर्जा पा लेता है तो कुछ जगह मध्य जातियों में रहता है। बाकी जगहों पर यह अछूतों से ऊपर लेकिन सामाजिक दर्जे में काफी नीचे रहता है।

इससे पहले की चर्चा में हमने देखा था कि अलग-थलग पड़े किसी कबीले या किसी निचली जाति का दर्जा ऊपर कराने में निर्णायक कारक धर्मनिरपेक्ष सत्ता या ताकत है। इससे अधिक-से-अधिक लोगों के क्षत्रिय बनते जाने की हवा ही चल पड़ी। भले ही सत्ता सबसे निर्णायक कारक रही हो पर एकमात्र कारक कभी नहीं थी। पर जाति की स्थिति के बारे में विश्लेषण में यह सबसे महत्त्वपूर्ण चीज थी और नई स्थिति को राजनीतिक सत्ता से भी मंजूरी मिलनी जरूरी थी। अक्सर समृद्धि आने और जमीन-जायदाद हो जाने पर निचली जाति के लोगों को भी अपेक्षाकृत ऊँचा सामाजिक दर्जा मिल जाता था। अहीरों और कुर्मियों के मामले में यह चीज पहले ही रेखांकित की जा चुकी है।

रिज़्ले के तर्क पर ही अपनी बातों को आधारित करते हुए आर.वी. रसेल कहते हैं कि ओड़िसा में, जहाँ जाति व्यवस्था अपेक्षाकृत अधिक ढीली थी (सम्भवतः समाज में आदिवासी तत्त्वों की मजबूत स्थिति और निरन्तर आदिवासियों के जाति व्यवस्था के दायरे में आते जाने के चलते) सिर्फ जमीन का मालिक होने से भी कुछ समय में आपकी जाति की स्थिति ऊँची हो सकती थी। जमीन का मालिक होना इसलिए भी बहुत महत्त्वपूर्ण हो गया कि, जैसाकि हम आगे देखेंगे, जब आदिवासी समूह स्थिर होकर या एक जगह जमकर जीवनयापन करने लगे और खेती के नामों से जुड़े विभिन्न पेशेवर जातियों में जाने लगे तब जमीन और खेती ही आर्थिक-सामाजिक जीवन की धुरी बन गई थी। जैसा कि वे बताते हैं गैर-आर्य मूल के चासा लोग भी जमीन रखने और खेती करने के चलते कुर्मियों के बराबर हैसियतवाली जाति में गिने जाने लगे। फिर जिन अमीर चासों ने अपने हाथ से हल चलाना छोड़ दिया और सम्मानजनक महन्ती उपाधि धारण कर ली उन्हें बाद में निम्नश्रेणी का कायस्थ मान लिया गया।[95]

तमिलनाडु की सबसे बड़ी खेतिहर जाति वेल्लालों, जिन्हें तमिल शूद्रों में सबसे

ऊँचा दर्जा दिया गया है, के बारे में वे 1901 की मद्रास जनगणना रिपोर्ट का जिक्र करके बताते हैं कि किस तरह अन्य पिछड़ी दबी जातियों ने खुद को वेल्लाल के दर्जे तक ऊपर उठाया।

> "अनेक दूसरी जातियों के लोगों ने खुद को वेल्लाल और उनकी श्रेणी का बताया। इनमें शामिल हैं पुलुवान जिन्होंने खुद को वेत्तुरा वेल्लाल बताया, करैयर जिन्होंने खुद को ईलम वेल्लाल बताया, बेलीजा जिन्होंने खुद को कुरु कमताई वेल्लाल बताया, मेम्बादावर जिन्होंने खुद को गुहा (राम का मल्लाह) वल्लाल बताया और वन्नाम, जिन्होंने खुद को इरकुली वेल्लाल बताया। नाचनेवाली महिलाओं के बच्चे, जो अक्सर खुद को मुदालि कहते हैं, वे भी अपने को वेल्लाल बताने लगे हैं। और तो और परैयनों ने भी पिल्लै उपाधि लगानी शुरू कर दी है और इसके चलते उनको भी आखिरकार इसी जाति में गिन लिया गया है।"[96]

यह जुड़ाव, मजबूती और फिर सामाजिक वर्गीकरण में ऊपर आने की प्रवृत्ति हर कहीं दिखाई दे रही है। अछूत और शूद्र जातियाँ कुम्बी और वेल्लाल जैसी सम्मानप्राप्त शूद्र जातियों में दाखिल हो रही हैं तो राजनीतिक उथल-पुथल के दौर में यही जातियाँ क्षत्रिय का दर्जा पा लेती हैं और अपने साथ बिरादरी के सारे लोगों को ऊपर ले आती हैं।

जो लोग मध्य जातियों तक उठकर पहुँचे उनमें असम के कलिता भी शामिल हैं जो सम्भवतः मूल से तिब्बती-बर्मी समूह के हैं। काफी नीची हैसियत से धीरे-धीरे उठते हुए वे कायस्थों की श्रेणी में गिने जाने लगे हैं। उनके बारे में बुकानन लिखते हैं :

> "कलियाहोर के पश्चिम में दो सबसे ज्यादा जनसंख्यावाले कबीले हैं कलिता और कोच, जो करीब-करीब बराबर संख्या में हैं। ठीक असम में भी कलिता बहुत बड़ी संख्या में हैं। जो लोग पढ़े-लिखे हैं वे कायस्थ कहे जाते हैं और अधिकांश दूसरों को धार्मिक मामलों में रास्ता बताते हैं जिनमें बहुत से कोच भी शामिल हैं। दूसरे व्यापार और विभिन्न पेशों के सभी तौर-तरीकों को मानते हैं। कोचों और उनके बीच शादी-ब्याह का सम्बन्ध भी चलता है। उस इलाके के ब्राह्मण उनको शुद्ध शूद्र मानते हैं।"[97]

बुकानन जब असम गए थे तब जातीय बँटवारे और बनावट ने बहुत ठोस या जड़ रूप नहीं लिया था। यहाँ भी आदिवासी तत्त्वों की बहुलता थी। सम्भव

है तब यहाँ की स्थिति देश में बाकी हिस्सों के उस दौरवाली स्थिति जैसी होगी। जब वहाँ भी जाति व्यवस्था अपनी जड़ें जमाने लगी होगी तब विभिन्न जातियों या कबीले के लोगों के बीच वैवाहिक सम्बन्ध बनना या किसी जाति में दाखिल हो जाना आसान होगा। सम्भव है कि यही अस्पष्टता मिटाने या ठोस जातीय बनावट तैयार करने के लिए बंगाल के बल्लाल सेन ने उत्तरी बंगाल में कुलीनवाद चलाया था। तब ब्राह्मण इस मामले में कुछ खास न कर पा रहे होंगे कि नित नए लोगों को जातिगत ढाँचे में समेटते जाने के लिए उन्हें खुद अपने अन्दर बदलाव करने पड़े होंगे। ब्राह्मणों के एक धड़े के बारे में बुकानन का यह निष्कर्ष उनकी तब की मानसिक स्थिति या नैतिकता के बारे में कुछ संकेत दे सकता है :

"ब्राह्मणों की महिलाओं को काफी स्वच्छन्दता रहती है और अगर उनका पति मर जाए, कोढ़ी हो जाए, व्यभिचारी हो जाए या संन्यास ले ले तो उनको किसी और की रखैल या उपपत्नी बन जाने का अधिकार भी होता है।"[98] इससे कोई यह मान सकता है कि यह व्यवस्था औरतों के प्रति काफी न्यायपूर्ण है। पर जाति-व्यवस्था के रखवाले इस चीज को ऐसा नहीं मानते थे। पूरब के ब्राह्मणों द्वारा कान्यकुब्ज या दूसरी पश्चिमी जगहों से आने की बात अपनी जगह, पर ऐसी स्वतन्त्रता का होना यह बताता है कि अधिकांश जगहों पर ब्राह्मण भी स्थानीय कबीलों से ही आए हैं—खासकर इन कबीलों के पुरोहित परिवारों से। ब्राह्मणों और बाहर की जातियों के संसर्ग से उत्पन्न सन्तानों की गिनती भी ब्राह्मणों के रूप में हुई होगी। और इन नए ब्राह्मणों के लिए एक बार में या अचानक बाहरी लोगों की पूरी जीवन शैली और रस्मो-रिवाज को अपना लेना सम्भव नहीं होगा। बुकानन कहते हैं कि उस इलाके के कुछ हिन्दू गारो जनजाति में धर्मान्तरित हुए थे, इनमें लकीदौर के राजा भी शामिल थे।[99] गारो समाज स्त्री प्रधान है और सम्भव है कि इलाके के अन्य लोगों में भी इसका कुछ अंश आ गया होगा। और इसी समाज से आए ब्राह्मणों में उसके कुछ मूल्य आएँ यह काफी सम्भव है।

प्राचीन भारत की लिखित और मौखिक परम्पराओं के लेखक या वाहक ब्राह्मणों ने अपने पुरोहित बनने या जातिगत श्रेष्ठता हासिल करने के पूरे ब्यौरे को परदे की ओट में ही रहने दिया, और फिर सामाजिक-राजनीतिक गतिविधियों के केन्द्र में रहने के चलते राजाओं और सरदारों की पृष्ठभूमि या अन्य गतिविधियों पर सबकी नजरें लगी रहीं। ब्राह्मण सदा से परदे के पीछे ही रहकर जाति व्यवस्था की डोर खींचते रहे। लेकिन उनके तौर-तरीके, उनके नैतिक मानदंड और उनके

नाक-नक्श से यह जाहिर नहीं होता कि वे इस समाज से एकदम अलग लोग हैं जिसकी पुरोहिती वे करते हैं। अगर कोई आदिवासी राजा अपने को हिन्दू और क्षत्रिय घोषित कराने के लिए बाहर के ब्राह्मणों को बुलवाता है तब भले ही वे एकदम अलग समूह का अंश लगते हों लेकिन जहाँ कबीलाई लोगों ने ताकत के बल पर सत्ता हथियाई और ऊँचा सामाजिक दर्जा हासिल किया वहाँ उनके अपने पुरोहितों का भी दर्जा ऊँचा हो ही जाता था। और फिर जो ब्राह्मण पहले नखरे दिखाते थे वही अब दया और कृपा के पात्र बन जाते थे और नए पुरोहितों को भी अपने दायरे में ले लेते थे।

बुकानन ने जाति व्यवस्था में जिस एक अजीबोगरीब स्थिति का विवरण दिया है उससे भी इसी नजरिए की पुष्टि होती है। वे लिखते हैं :

> "यह ध्यान देने की बात है कि कैवर्तों के (असम में) ब्राह्मणों को जिन्हें बंगाल में व्यासक्त कहा जाता है, यहाँ के वोनों में कोई नहीं पूछता। कैवर्तों को तो बल्लाल सेन ने द्विज का दर्जा दे दिया था पर उनका आदेश कामरूप तक प्रभावी नहीं होता। पर जैसाकि बंगाल में होता है, कैवर्तों का पानी सभी हिन्दुओं के यहाँ भी चलता है। उन्हें भी शुद्ध माना जाता है। इससे एक अजीब हालत बन गई है। यहाँ उनके पुरोहितों की तुलना में स्वयं उनका दर्जा ही ऊँचा माना जाता है। यहाँ के ब्राह्मण भी कैवर्त का पानी पी लेते हैं पर उनके ब्राह्मणों (पुरोहितों) का पानी हज्जाम भी नहीं छूता।"[100]

भागलपुर के अपने विवरण में भी बुकानन कुछ पौराणिक कथाओं का हवाला देते हैं जो यह स्वीकार करते हैं कि पूर्वी भारत के ब्राह्मण छोटी जाति या कबीलों से आए हैं। वे लिखते हैं :

> "यह विद्वान अधिकारी (विलफोर्ड) पौराणिकों के हवाले से बताता है कि रिपुंजय ने ब्राह्मणों को खदेड़ दिया और सबसे निचले कबीलों, कैव र्तों, मल्लाहों और मछुआरों, पातुओं, पुलिन्दों और माद्रकों को पुजारी बना दिया; लेकिन ये नए ब्राह्मण म्लेच्छों और नीच लोगों से बेहतर न थे। मछली पर ही जीवन बसर करनेवाले मल्लाह और मछुआरे पुजारी बनकर भी कहाँ मछली छोड़नेवाले थे। वही नहीं उनके वंशज आज के बंगाली ब्राह्मण भी अभी तक मछली खाते हैं। विष्णु पुराण में भी इन्हीं स्थितियों का जिक्र किया गया है।"[101]

वैसे तो वैदिक हिन्दुत्व में मांस या मछली खाने का निषेध न था पर बौद्ध धर्म के आने और प्रभावी होने के बाद मांस-मछली के साथ अपवित्रता का भाव

जुड़ गया और यह हैरान करनेवाली चीज है कि मैथिल और बंगाली ब्राह्मणों पर यह रोक नहीं रही। इस बारे में सिर्फ दो सम्भावनाएँ ही व्यक्त की जा सकती हैं—या तो ये ब्राह्मण प्रधानतः स्थानीय कबीलों और लोगों में से ही आए थे (बाहर से बहुत कम लोग होंगे) और उन्होंने अपने खाने-पीने की पुरानी आदतें नहीं छोड़ीं या फिर ब्राह्मणों ने उस इलाके में मौजूद आदतों को अपनाया और खाने-पीने की अपनी आदतें बदल लीं। धार्मिक मामलों में ब्राह्मणों में जितनी कट्टरता रही है उसे देखते हुए दूसरी सम्भावना तो बहुत कम लगती है। और जहाँ तक मछली की बात है वह सामान्य दिनों में तो खाई ही जाती है, खास आयोजनों में उसे खाना जरूरी भी माना जाता है।

और फिर यह चीज स्वाभाविक भी लगती है कि नए राजा अपने साथ पुराने पुरोहित को भी नई व्यवस्था में ले आए। अगर नए क्षत्रिय आए तो उनके साथ नए ब्राह्मण भी आए।

पदोन्नतियों के तौर-तरीके और नैतिकता

मध्यकाल तक जाति की बाधाएँ लोगों के रास्ते में नहीं आती थीं यह बात एक विश्वस्त सूत्र से पुष्ट होती है। यह स्रोत है कल्हण की किताब राजतरंगिनी जो एक भारतीय द्वारा लिखी गई इतिहास की सम्भवतः पहली और एकमात्र किताब है। यह बारहवीं सदी के मध्य में लिखी गई थी और इसमें कश्मीर का, मुख्यतः शासक परिवार का, इतिहास लिखा गया है। इसके लेखक के अपने पूर्वाग्रह हैं लेकिन पुराणों की तरह इसमें तथ्यों और घटनाओं की अनदेखी नहीं की गई है। इस किताब में ब्राह्मणों की घूसखोरी और लालच के किस्से भरे पड़े हैं जो अपने भौतिक लाभ के लिए कुछ भी अजीबोगरीब कर सकते थे और किसी भी चीज को अनैतिक घोषित कर सकते थे। पर ये बातें सम्भवतः ब्राह्मणों के प्रति हमारी कुछ ज्यादा ही कठोरता को दिखाती हैं। शायद हम अपने समय की जाति व्यवस्था की नैतिकता को उस दौर पर लाद रहे हैं और फिर हम उनका बड़े पैमाने पर उल्लंघन होता देख रहे हैं। सम्भव है कि उस दौर में ये चीजें सामान्य हों।

धर्मशास्त्रों के अलावा अन्य स्रोतों के माध्यम से हमने जो कुछ देखा है उसके हिसाब से जातियों के प्रति एक अधिक उदार या सहिष्णु नजरिया आम लगता है। यह चीज ब्राह्मणों के हिसाब से भी ठीक बैठती है क्योंकि काफी बड़ी आबादी का जाति से गिरने का मतलब उनके लिए जजमानों की संख्या में कमी आना भी था। इसलिए जब जाति व्यवस्था के नियमों का उल्लंघन हो रहा हो तो उनके

लिए भी उसकी तरफ से आँखें बन्द कर लेना स्वाभाविक था। इसमें उनका भौतिक फायदा भी था। नैतिकता के मामले में ब्राह्मणों का यह उदार नजरिया आज भी देखा जा सकता है। हर नियम तोड़ने के अपराध से मुक्ति के लिए दान-पुण्य की जो व्यवस्था है वह ब्राह्मणों की जेब भरने का भी काम करती है। ब्राह्मणों के होते हुए जाति से निष्कासन जैसा फैसला तो कभी-कभार ही होता है वरना जहाँ तक सम्भव होता है ब्राह्मण दोष निवारण का कोई-न-कोई रास्ता निकाल ही लेते हैं। जहाँ सिर्फ जाति पंचायत के पास ही मसला जाता है वहीं जाति से निष्कासन का फैसला होता है। ब्राह्मणों में स्थितियों के अनुरूप खुद को ढालने की क्षमता न होती तो हम कश्मीर के इतिहासवाले ब्यौरों जैसी स्थिति नहीं देखते। इसलिए हमें यह स्वीकार करना पड़ेगा कि मध्यकाल में भारत में समाज ऐसे ही चलता था। तात्कालिक प्रचलित मूल्यों और व्यवहारों को दर्शाने के लिए कल्हण की किताब से कुछ उदाहरण नीचे दिए जा रहे हैं :

महाराज चन्द्रपीड़ कश्मीर के बहुत ही धार्मिक राजा थे। उनकी माँ पहले रौहितका के नोना नामक बनिया की पत्नी रही थीं। महाराज दुर्लभ प्रतापादित्य द्वितीय, जो नोना के मित्र थे, को इस महिला से प्रेम हो गया। महाराज को प्रसन्न करने के लिए उनके मित्र नोना ने अपनी पत्नी को तलाक दे दिया। फिर महाराज ने इस तलाकशुदा महिला से विवाह किया और इनके संयोग से धार्मिक राजा चन्द्रपीड़ का जन्म हुआ।[102]

फिर हमें महाराज किप्पाल-जयपीड़, जिन्हें बृहस्पति के रूप में भी जाना जाता है, के बारे में ये तथ्य पता चलते हैं। उनके पिता महाराज ललितपीड़ को जया देवी से प्रेम हो गया। जया देवी दरबार नर्तकी थी और अक्कुवा गाँव के शराब बनानेवाले उप्पा की बेटी थी। महाराज ने उन्हें अपनी उपपत्नी (रखैल) के तौर पर रखा था और उनके गर्भ से ही किप्पाल-जयपीड़ का जन्म हुआ था। किप्पाल-जयपीड़ के पिता की मृत्यु तभी हो गई थी जब वे बहुत कम उम्र के थे। सो उनके मामा लोग, जो पेशे से शराब निकालने का काम करते थे, ही शासन के उच्च पदों पर आए और शासन चलाया। उन्होंने अपने नाम पर मन्दिर और शहर बनवाए और यश तथा पुण्य कमाया।[103]

एक अन्य विवरण महाराज चक्रवर्मन के बारे में है जिन्होंने दो डोम लड़कियों को दरबार नर्तकी के तौर पर रखा और बाद में उन्हें प्रधान महारानियाँ बना लिया। सारे दरबारी इन दोनों की खुशामद करते थे क्योंकि उनके माध्यम से आसानी से वे अपने पद और पैसे में बढ़ोतरी पा सकते थे। ऊँची जाति, ऊँचे कुल और ऊँचे पदों पर बैठे अधिकारी भी डोम रानियों का जूठन तक खा लेते थे जिससे राजा

प्रसन्न हों। और इन सबमें किसी को कुछ भी खास आपत्तिजनक नहीं लगा क्योंकि राजा का शासन बहुत शान्तिपूर्ण ढंग से चला। हाँ, धार्मिक ब्राह्मण कल्हण को एक प्राचीन राजा का यह सब करना जरूर बहुत प्रिय नहीं लगा और उसकी नाराजगी उसके ब्यौरे से भी झलकती है।

आगे बढ़ने पर हमें प्रसिद्ध रानी दीद्दा के बारे में भी पता चलता है। वह एक विधवा थी और एक के बाद एक प्रेमी बदलती गई और इस क्रम में उसने कभी प्रेमियों की जाति और धर्म की परवाह नहीं की। उसका सबसे प्रिय प्रेमी था सिद्धू जो कहार कुय्या का बेटा था। उसे कोष प्रमुख का पद दे दिया गया। रानी को अपनी सत्ता और प्रेमियों की इतनी चाहत थी कि उसने अपने बेटों तक को मरवा दिया जिससे वे गद्दी के दावेदार न बन जाएँ। उसका शासन उलझनों से भरा था और वह हर उलझन से बाहर आ गई और अक्सर इन कामों में उसे अपने राज्य के सबसे सम्मानित लोगों का समर्थन और मदद मिली।

अगर जाति के बारे में ब्राह्मणों और आम लोगों, दोनों का ही ऐसा नजरिया था तो यह बात समझने में परेशानी नहीं होती कि किस तरह एक के बाद एक कबीले, जिनमें कुछ को म्लेच्छ भी समझा जाता था, के लोगों का सामाजिक दर्जा बढ़ा और अगर उनमें पर्याप्त शक्ति हुई तो उनको अन्तिम क्षत्रिय भी मान लिया गया।

मध्यकाल की जातिगत नैतिकताओं के मामले में इस उदार नजरिए में कुछ भी नया नहीं था। यह उदारता हमारे इतिहास के सबसे पहले दौर से थी। भले ही ब्राह्मण लेखकों ने वास्तविक स्थिति के बारे में हमें बहुत कुछ जानने नहीं दिया है। धर्मशास्त्रों से हमें जातिगत गुणों और अन्तरों के बारे में जितनी जानकारियाँ मिलती हैं उसके ठीक उल्टा चित्र हमें जातक कथाओं जैसे बौद्ध साहित्य से मिलता हैं। सी.ए.एफ. राइज डेविड्स लिखते हैं :

> ''दूसरी तरफ जातकों और अन्य उपदेशात्मक किताबों से काफी सारे उद्धरण यह दिखाने के लिए दिए जा सकते हैं कि चार 'वर्णों' वाली बात 'लॉर्ड्स एंड कामन्स' या वर्ण-व्यवस्था या उच्च मध्य वर्ग, निम्न वर्ग जैसे हमारे समय के बँटवारे से अलग नहीं थी। अगर माँ-बाप दोनों ही पक्ष से ब्राह्मण होने पर ही ब्राह्मण पैदा होने का दावा सही है तो अपेक्षाकृत नीच संभोग से जन्मे अनेक सारे ब्राह्मणों की गिनती कहाँ होगी। कुश जातक में कथा है कि एक ब्राह्मण ने एक राजा की पटरानी जो निःसन्तान थी, से विवाह किया और ऐसा करने पर भी उसकी जाति नहीं गई। जातक कथाओं में ऐसे काफी उदाहरण

हैं जब राजा ब्राह्मण और मन्त्रियों का दोस्त बताया गया है। उनके बच्चे साथ-साथ एक ही पाठशाला में जाते हैं, साथ खाते-पीते हैं, आपस में शादी-ब्याह करते हैं पर उनकी जाति बनी रहती है और उनके इन आचरणों का न तो कोई बुरा मानता है ना ही उनके खिलाफ ऐसा करने पर कोई कार्रवाई होती है। ऐसे कुछ उदाहरण हैं : ''एक राजकुमार, जो कुलवान है, अपना राजभार अपनी बहन के हवाले करता है, व्यापार करने लगता है और कारवाँ लेकर व्यापार के लिए निकल पड़ता है। (जातक IV 84)। एक राजकुमार की पत्नी गुस्सा होकर अपने मायके चली जाती है। उसे मनाने के लिए यह राजकुमार उसके पिता के यहाँ पहुँचकर नौकरी करता है और कुम्हार, माली तथा रसोइए का काम करते हुए उस तक पहुँच जाता है और यह सब करने से उसकी कोई सामाजिक अमर्यादा नहीं होती (जातक V 290)। एक समृद्ध और पवित्र ब्राह्मण और उदारता में दान दे सकने के लिए अधिक धन कमाने की इच्छा से वणिक हो जाता है (जातक V 224-71) और ब्राह्मण भी तीरन्दाज, तीरन्दाज का नौकर, बुनकर, ताड़ी निकालनेवाले और भार ढोनेवाले जैसे निम्न जातिवाले काम भी इतनी आसानी से कर लेते थे (जातक III 2119, V 1279, जातक I 356 एफ, जातक II 200 170 एफ)[104]

बुद्धघोष की नीति कथाओं (410-432 ई. में लिखित) से भी पता चलता है कि उन शुरुआती दिनों में सामाजिक पहचान बहुत कठोर जातीय आधार पर नहीं थी। महाराज उदेन और वासवदत्ता की कहानी की नायिका कन्दपोग्गोता की बेटी थी जो पहले गुलाम रहे थे। एक अन्य कथा के अनुसार ब्राह्मण कुल में जन्मी मगनदिया की शादी महाराज उदेन से हुई थी।[105]

जातकों की कुछ अन्य कथाओं से साफ लगेगा कि ब्राह्मणों और गृहपतियों (वैश्यों) जैसे द्विजों का खान-पान अन्य लोगों से बहुत अलग नहीं था। इसी से विभिन्न जाति के लोगों के बीच आपसी खान-पान के सम्बन्धों के बहुत सामान्य होने की स्थिति का भी पता चलता है। सोमदत्त जातक की कथा कुछ इस प्रकार है :

''एक समय जब ब्रह्मदत्त बनारस के राजा थे, तो बोधिसत्व ने काशी राज्य के एक ब्राह्मण परिवार में जन्म लिया था। जब उनकी आयु हुई तो उन्हें पढ़ने के लिए तक्षशिला भेजा गया। जब वे पढ़कर बनारस आए तो पाया कि उनका परिवार दरिद्र हो चुका था। फिर

उन्होंने यह कहते हुए परिवारवालों से विदा ली कि 'मैं अपने कमजोर हो गए परिवार को फिर से जमाऊँगा,' और बनारस चले गए।

"बनारस जाकर वे राजा के अनुचर बन गए और धीरे-धीरे उनके प्रिय पात्र भी होते गए।

"अब उनके पिता हल जोतकर किसी तरह गुजर करते थे। उनके पास सिर्फ एक जोड़ी बैल थे और इनमें से भी एक मर गया। फिर वे अपने पुत्र बोधिसत्व के पास पहुँचे और कहा, 'बेटा मेरा एक बैल मर गया है, अब एक से हल नहीं चलता। राजा से कहो कि तुम्हें एक बैल दे दे।"[106]

एक अन्य कथा है :

"उस वक्त सारा अनाज बरसात के समय बाहर ले जाया गया था और अकाल पड़ गया था लेकिन तभी मक्के के पौधे निकले थे और सारे गाँववाले मिलकर अपने मुखिया के पास पहुँचे और मदद माँगते हुए बोले, 'अब से दो महीने बाद जब हम फसल काटेंगे तब आपको अनाज देकर कीमत चुका देंगे।' आगे फिर मुखिया ने उन्हें अपना पुराना बैल दे दिया जिसे वे लोग खाकर जिन्दा रहे।"[107]

ब्राह्मण के रूप में बोधिसत्व के जन्म की यह एक और कहानी है :

"अपने परिवारवालों से यह कहते हुए वे जंगल में चले गए कि गृहस्थ जीवन के प्रति उनके मन में कोई आकर्षण नहीं है। वहाँ उन्होंने एक संन्यासी के यज्ञ की अग्नि को प्रज्वलित रखने में उसकी मदद की। पास के गाँव से उन्हें एक दिन दान में एक बछड़ा मिला। जब वे इसे लेकर आश्रम आए तो उनके मन में विचार आया कि इसे अग्नि देव को भेंट चढ़ा दें। पर तब उनके पास नमक नहीं था और उन्हें लगा कि देवता बिना नमक के उनके इस मांस के चढ़ावे को नहीं खा सकते तो उन्होंने वापस गाँव जाकर नमक लाने का फैसला किया।

"जब वे गाँव की तरफ चले गए तो शिकारियों का एक दल आया और बछड़े को देखकर उन्होंने उसे मार दिया और रात के भोजन में उसे खा गए।"[108]

उपरोक्त उदाहरण से साफ हो जाता है कि जातियों की स्थिति, उनके खान-पान और तौर-तरीकों में आज की स्थिति की अपेक्षा काफी अन्तर था और ब्राह्मणवादी साहित्य जो आदर्शवादी तस्वीर पेश करता है, असलियत उससे एकदम

अलग थी। ज्यादा सम्भावना इसी बात की है कि शास्त्रों में जो भारी-भरकम नैतिक उपदेश दिए गए हैं वे थोड़े से परेशान और कुंठित पुजारियों की कल्पना भर की चीजें थीं जिन्हें इहलोक की स्थितियाँ तो मुश्किल लगती थीं और इसीलिए उन्होंने शास्त्रों के माध्यम से ब्राह्मणवादी आदेशों से चलनेवाली काल्पनिक व्यवस्था बनाने की सोची। उनके व्यवहार में भोज खानेवाली चीज ही सदा से एक जैसी स्थिति में चलती आती दिखती है। विनय की इन पंक्तियों से भी इस चीज की पुष्टि होती है :

> ''लोग नाराज हुए, भुनभुनाए और यह कहते हुए फट पड़े कि, अजीब से अधोवस्त्र और ऊपरी वस्त्र पहने शाक्यपुत्ति या सामन भी किस तरह दान माँगने निकल सकते हैं ? वे भोजन कक्ष में इतना शोरगुल कैसे मचा सकते हैं ? वे तो भोज में शोर करनेवाले ब्राह्मणों की तरह व्यवहार कर रहे हैं।''[109]

यह राजसी जाति के लोगों का व्यवहार नहीं हो सकता था। यह तो अभावग्रस्त और भुक्खड़ लोगों का ही व्यवहार हो सकता है जो भोज के समय मिले अवसर का ज्यादा-से-ज्यादा लाभ उठा लेना चाहते हैं और आज के दरिद्र ब्राह्मणों की भी यही स्थिति है। यह सम्भव है कि पुराणों के बाद से ब्राह्मणों को वास्तव में सिर्फ कलियुग का ही पता था और दरिद्रता और जरूरत के चलते राजाओं की चापलूसी करना उनके लिए जरूरी हो गया था। बाकी जो बातें उन्होंने कहीं वे उनकी कल्पना की उड़ानें ही थीं। महाराष्ट्र के कुछ इलाकों में अभी हाल में समृद्धि हासिल करने के बाद उन्होंने राजनीतिक सत्ता भी पाई और फिर उनके व्यवहार में भी अमीरों और रजवाड़ों जैसा आक्रामक भाव आया। बाकी अधिकांश जगहों पर वे समृद्ध गृहस्थों के आगे नत रहनेवाली सहयोगी जाति के रूप में ही दिखते हैं।

स्थानिक देवी-देवताओं का उभार

किसी अलग-थलग या दबे पड़े कबीले या पिछड़ी जाति के ऊपर उठने में वैसे तो राजनीतिक सत्ता ने महत्त्वपूर्ण भूमिका निभाई और उन्हें ब्राह्मण या क्षत्रिय का दर्जा दिलवा भी दिया लेकिन इसके साथ-साथ लोगों के स्तर पर भी आपस में जुड़ने और मिलने की प्रक्रिया चल रही थी और अक्सर राजनीतिक सत्ता ने इस प्रक्रिया या समाज द्वारा मान्य हो चुकी व्यवस्था पर मोहर लगाने भर का काम किया। स्थानिक देवी-देवताओं से ऋग्वैदिक लोगों के देवी-देवताओं के

मेल-जोल के रूप में हम इस चीज का एक बहुत ही महत्त्वपूर्ण संकेत देखते हैं। हिन्दुओं के दो प्रमुख आराध्य, शिव और शक्ति तो निश्चित रूप से स्थानीय देवी-देवताओं में से आए हैं जिन पर बाद में ऋग्वैदिक देवी-देवताओं के गुण भी जोड़ दिए गए और जिनकी गिनती उनके साथ ही की जाने लगी। अनेक लोग मानते हैं कि सिन्धु घाटी की सभ्यता के लोग भी शिव की पूजा करते थे। मोहनजोदड़ो की एक मोहर पर योगी के रूप में बैठे एक व्यक्ति की तस्वीर मिली है जिसे पशुपति अर्थात् शिव माना जाता है। ऋग्वेद के अलावा इस बात के अनेक प्रमाण हैं कि स्थानीय मूलवासी शिश्नदेव अर्थात् लिंग की पूजा करते थे। शिव की पूजा लिंग के रूप में करने का चलन निश्चित रूप से ऐसी ही स्थानीय परम्पराओं से विकसित हुआ होगा। इस बात के साहित्यिक प्रमाण हैं कि वैदिक देव रुद्र ऋग्वेद के बादवाले काल में भूतपति (शिव का एक और रूप) के रूप में पूजे गए। ए.बी. कीथ लिखते हैं :

> "ऐतरेय हमें बताता है कि जब प्रजापति ने अपनी पुत्री के साथ ही संसर्ग किया तब देवता बहुत नाराज हुए और उन्होंने डरावने रूप में भूतपति भी प्रकट किया; समस्त जीवों के स्वामी जो रुद्रों की गतिविधियों के एक रूप का ही प्रतिनिधित्व करते थे। उन्होंने प्रजापति को भेदकर मार डाला और सभी पशुओं का स्वामित्व ले लिया। यहाँ हमें यह मान लेने की जरूरत नहीं है कि ब्राह्मण किसी नए देवता की उत्पत्ति करा रहे थे। असल में वे लोगों के एक बड़े और प्रिय देवता को अपनी परिधि में अपना रहे थे। लेकिन इस दौर के रुद्र को ऋग्वेद के रुद्र का निवास भर नहीं माना जा सकता। इसी बात की ज्यादा सम्भावना लगती है कि रुद्र और वनस्पति जगत के उस स्थानीय देवता के रूप को मिला दिया गया जो घुमन्तू या चरवाहा जीवन शैली से जुड़ा था।"[110]

ऐसे मेल-मिलाप का स्पष्ट संकेत शतपथ ब्राह्मण में भी मिलता है जहाँ रुद्र को ऐसे देवताओं में जोड़ भर लिया गया है जिन्हें मूलतः बलि दी जाती थी। उन्हें उसी देवता का नया रूप भी बताया गया है। शतपथ ब्राह्मण कहता है :

> "7. फिर अध्वार्यु विधिवत रूप से देवताओं को क्रम से चढ़ावा चढ़ाता है और उनसे एक और स्थान पर चढ़ावा चढ़ाने के लिए अतिरिक्त स्थान भी माँगता चलता है। (ऐसा पशुओं के देवता की इस माँग पर किया जाता है कि उसे पूजा में न छोड़ा जाए) और फिर बलि में से एक-एक अंश काटकर अलग भी करता जाता है।

यही कारण है कि उन्हें (रुद्र को) वास्तव्य भी कहा जाता है—चढ़ावे का शेष (वास्तु) उन्हें दिया जाता है और इसी के चलते चाहे जिन्न देवता को चढ़ावा चढ़े उसका एक हिस्सा स्विस्थानित (अग्नि, प्रसाद को तैयार करनेवाले) का निश्चित रूप से चढ़ाया जाता है क्योंकि स्वयं देवता भी उन्हें अपने चढ़ावे में से हिस्सा देते।

"8. यह चढ़ावा निश्चित रूप से अग्नि को चढ़ता है क्योंकि वे भी देवता हैं; उनके ही नाम हैं सर्व, जैसा कि पूरब के लोग कहते हैं, भव बाहिका, पशुनामपति (पशुओं के देवता, पशुपति), रुद्र और अग्नि।"[111]

पाद-टिप्पणी में सम्पादक यह मत जोड़ते हैं कि यहाँ विशिष्ट और स्थानीय वैदिक देव रुद्र को अग्नि से जोड़ा गया है और इसी से शिव की अवधारणा की उत्पत्ति का रास्ता भी निकलता है जो वैदिक युग के बाद सर्वेश्वरवादी दृष्टि का प्रतिफल है।

यह देखना बहुत मुश्किल नहीं है कि पहले दौर के भूतपति और बाद के दौर के पशुपति में बहुत अन्तर नहीं है और दोनों ही शिव के रूप हैं। और फिर यह मानने के भी पर्याप्त तार्किक आधार हैं कि यह स्थानीय पशुपालक लोगों या पशु रखनेवाले खेतिहर लोगों की माँग का नतीजा था। इसका यह मतलब भी निकल सकता है कि तब तक स्थानीय कबीलों और समूहों के लोग समाज में अपनी चलती चलाने के लिए दबाव बनाने में समाज में सफल हो जाएँगे और बाद में वैदिक देवी-देवताओं का स्थानीय देवी-देवताओं में मिल जाना स्थानीय लोगों के बढ़ते प्रभाव के स्वीकार का भी प्रमाण है। उन्होंने स्थानीय या बाहर से आए कबीले के लोगों को भी अपने दायरे में लिया था, तब यह उसी प्रक्रिया का नतीजा था। स्थानीय लोगों के जीवन में शायद इनसे भी ज्यादा महत्त्वपूर्ण स्थान था मातृ-देवी का और यह पूरे देश में अलग-अलग रूपों में पूजित थीं। ऋग्वेद में ऐसी कोई देवी नहीं हैं जिनकी छवि को मातृदेवी से मिलाया जा सके। इसलिए मातृदेवी के सभी रूपों को शक्ति के रूप में सामान्यीकृत करने का प्रयास हुआ और इन्हें भी शिव का ही दूसरा रूप माना गया। दरअसल इस देवी का 'माहात्म्य' इतना था कि यह महायान बौद्धों में तारा के रूप में दिखती हैं और सम्भव है कि हिन्दुत्व में आई शक्ति का पूर्ववर्ती रूप वही है। महायान बौद्ध मत के पहले हिन्दू धर्म में एक निजी आराध्य देव-देवी या छवि पूजा की अवधारणा नहीं थी; और स्थानीय लोगों से ज्यादा जुड़ाव के चलते बौद्ध धर्म में विभिन्न विश्वासों का समन्वय करनेवाली प्रक्रिया में उत्प्रेरक का काम किया

हो सकता है। इस सम्बन्ध के बारे में टॉयनबी लिखते है :

> "एक तरफ अगर हम बौद्ध मत के काम वाले हिन्दुत्व के दार्शनिक पक्ष पर विचार करें और देखें कि किस तरह हिन्दुओं के बीच, जो खुद को सबसे बड़ा विशेषज्ञ मानते हैं, हिन्दुत्व के इस पहलू ने बाकी सभी चीजों को पीछे धकेल दिया है, तब शायद हम यह देख सकते हैं कि हिन्दुत्व में यह आर्यत्ववाले दौर के मूल्यों की वापसी न होकर बौद्ध दर्शन की नकल है। लेकिन हमें भगवान और भक्त के बीच व्यक्तिगत सम्बन्ध के बारे में कोई टिप्पणी नहीं करनी चाहिए। भक्त और भगवान के बीच सीधे सम्बन्ध वाली यह अवधारणा बौद्ध मत के उभरने के पहलेवाले हिन्दुत्व के चरित्र से अलग और बोधिसत्व के महायान आराधना पद्धति और मिस्र में आइसिस पूजा से मिलती-जुलती है। हिन्दुओं में भी विष्णु और शिव की पूजा का रूप वैसा ही हो गया है।"[112]

ब्राह्मणवादी हिन्दुत्व के धार्मिक दृष्टिकोण में वैदिक रूप से हुए इस बदलाव की व्याख्या पहचान में बदलाव या धर्म में नए आनेवाले कबीलाई समूहों का प्रमुख बनने के रूप में ही की जा सकती है। वे या तो नए समूहों के बीच पूरी तरह खप गए या अपने सांस्कृतिक मूल्यों को गँवा बैठे और स्थानीय लोगों की लोकप्रिय संस्कृति के प्रभाव में आ गए। ये स्थानीय लोग (मुख्यतः गंगा और यमुना के मैदानी इलाकों के) जो मुख्यतः खेतिहर थे, प्रभावी रहे या उन्होंने बाहर से आए घुमन्तू लोगों के रीति-रिवाज और संस्कृति को पूरी तरह अपने में समा लिया और फिर जो परम्परा सामने आई उसमें खेती का स्थान सर्वोपरि था। ऋग्वैदिक 'आर्य' निश्चित रूप से घुमन्तू और पशुपालन के मुख्य कारोबार वाले थे और यह परम्परा सिर्फ देसी खेतिहर लोगों में ही उभर सकती थी।

लेकिन यह बदलाव एक बार में नहीं हुआ। यह सदियों तक चलनेवाली बहुत लम्बी प्रक्रिया थी और अभी तक हमारे यहाँ चल रही है क्योंकि भारत में आदिवासियों के जमात और उनके प्रभाव क्षेत्र कभी भी पूरी तरह समाप्त नहीं हुए हैं। नित नए आदिवासी तत्त्व हिन्दू शासन या संचालन प्रणाली में आते गए और उनके देवी-देवता भी हिन्दू देवी-देवताओं की पाँत में शामिल होकर उनमें से ही किसी का अवतार या रूप बनते रहे। हिन्दू समाज में आए नए समूह की शक्ति और हैसियत के हिसाब से ही देवी-देवताओं के बीच भी उनके देवी-देवताओं को स्थान मिलता रहा। कुछ मामलों में इन्हें सार्वदेशिक-सार्वकालिक देवी-देवता मान लिया गया तो कुछ में इन्हें स्थानीय देवी-देवता का स्थान ही

मिला और वे इस इलाके या स्थान पर ही पूजे गए। कुछ अन्य मामलों में एकदम अलग किस्म की चीज देखने में आई। कुछ ऐतिहासिक कारणों से कई बार नए आए आदिवासी समूह को काफी ऊँचा स्थान दे दिया गया। यह उत्थान इतना अचानक था कि उन्हें अपने साथ ही हिन्दू व्यवस्था में अपने देवी-देवताओं को भी उतना ही ऊँचा स्थान दिलवाने का होश नहीं रहा। या उनके देवी-देवताओं की पहचान हिन्दू देवी-देवताओं के साथ मिलने का क्रम ही नहीं बना। ऐसी स्थिति में देवताओं की भी दो श्रेणियाँ रह गईं। सार्वजनिक देवी-देवता तो सार्वजनिक तौर पर पूजा की चीज रहे जिससे ब्राह्मण पुरोहिती करते थे जबकि कबीलाई देवी-देवता कुल-देवता के रूप में रहे जिनकी पूजा घर के अन्दर ही और सिर्फ परिवार के लोग ही करते थे।

स्थानीय और सार्वजनिक देवी-देवताओं के समन्वय का एक उदाहरण जगन्नाथ पूजकों का समूह है। इस मेल-मिलाप और बदलाव की प्रक्रिया का अध्ययन जर्मन और भारतीय विद्वानों की एक टोली ने बहुत सावधानी से किया था। जगन्नाथ पूजा के नवकलेवर की रस्म, जिसमें जगन्नाथ की काष्ठ प्रतिमा को समय-समय पर नया रूप दिया जाता है, और ओड़िसा के खोंड और दूमल जैसे आदिवासी समूहों के कुलदेवता और देवी से जुड़ी ऐसी ही रस्मों का अध्ययन करके एंचार्लोट ईशमैन बताती हैं कि इन दोनों में काफी समानता है।[113] एक अन्य जगह वे बताती हैं कि आदिवासियों द्वारा पूजित एक लकड़ी का खम्भा किस तरह बाद में हिन्दू देवी स्तम्भेश्वरी या खम्भेश्वरी के रूप में परिवर्तित हो जाता है और देवी दुर्गा का ही एक रूप मान लिया जाता है। आदिवासी से हिन्दू बने समूहों के आयोजनों में हिन्दू और पारम्परिक पुजारी, दोनों ही मौजूद रहते हैं और कर्मकांड संचालित करते हैं। इस हिन्दूकरण के बारे में वे लिखती हैं :

> ''स्तम्भेश्वरी ऐसे सम्बन्धों को स्वीकार करने का एक बहुत बढ़िया उदाहरण तो है ही, यह हिन्दूकरण और क्षेत्रीय परम्पराओं के बीच दोहरे सम्बन्धों को भी बताती है। यह देवी ओड़िसा में करीब सन् 500 से पूजी जाती है और सल्की तथा भौज राजवंशों की इष्टदेवी थी...और पश्चिमी ओड़िसा में अभी भी इनकी बड़े पैमाने पर पूजा होती है। इनका नाम स्तम्भेश्वरी (और ओड़िसा में खम्भेश्वरी) ही इस बात का प्रमाण है कि मात्र एक स्तम्भ के रूप में पूजी जानेवाली देवी का नाम रखने में हिन्दू धर्मतन्त्र कितनी परेशानी महसूस करता था...

"हिन्दूकरण की प्रक्रिया में निर्णायक कदम है ग्राम देवी-देवता के स्थान से सम्बन्धित पूजा-पाठ और कर्मकांडों में बदलाव। उन्हें सबसे पहले तो मूर्ति माना जाता है जो हिन्दू मानस में बैठी चीज है और फिर उनकी निरन्तर पूजा की जाती है। गन्ध, पुष्प, धूप, दीप और स्नान ये पाँच उपचार अगर रोज न भी हों तो नियमित रूप से होने शुरू हो जाते हैं।"[114]

कबीलाई या छोटे कुल के देवी-देवताओं को हिन्दू देवी-देवता के रूप में मानने का काम नए शासनों के उभरने के साथ ही होता है और अपने देवी-देवता या कुल के इष्टदेव को सम्मान दिलवाकर यह नया शासक अपने कबीले या कुल के लोगों के बीच अपनी प्रतिष्ठा बढ़वाना चाहता है। ओड़िसा में राजवंशों के उभार पर खास अध्ययन करनेवाले हरमैन कुल्के लिखते हैं :

"उन्नीसवीं सदी की शुरुआत तक इन अधिकांश स्थानीय गढ़जट राजाओं की अपने आदिवासी प्रभाव क्षेत्र में वैधता मुख्यतः आदिवासी ठाकुरानी के पंथ के अन्दर उनकी स्थिति पर ही आधारित हुआ करती थी और आम तौर पर यही देवता उन राज्यों के राष्ट्रदेवता बन जाते थे (जैसे भट्टरिका बरम्बा राज्य की और मणिनागेश्वरी रणपुर राज्य की राष्ट्रदेवी थी) यह ठाकुरानी गढ़जट राजाओं या सरदारों और उस कबीले के लोगों के बीच प्रत्यक्ष सम्बन्ध बनाती थी। इन शक्तिशाली देवियों के संरक्षण से राजाओं को अपने कबीले के लोगों का समर्थन मिल जाता था और यह उनके राज्य की सुरक्षा और शक्ति की सबसे बड़ी गारंटी थी क्योंकि राजाओं की लड़ाई में उनके कुल या कबीले के लोगों का भरोसा ही सबसे मजबूत आधार हुआ करता था।"[115]

यहाँ यह बात स्पष्ट तौर पर नहीं बताई गई है कि गढ़जट राजा भले ही क्षत्रिय होने का दिखावा करें पर वे खुद भी आदिवासी ही थे और क्षत्रिय घोषित होने की आकांक्षा रखते थे। अगर ऐसा नहीं होता तो यह बात सामान्य बुद्धि में कैसे समाती कि जिस क्षेत्र की आबादी का हिन्दूकरण नाम मात्र का हो या न हो वहाँ ये क्षत्रिय राजा कैसे सत्ता पा गए। कुल्के की किताब के इसी पन्ने पर इस बात के हल्के संकेत हैं कि ये राजा आदिवासी थे। वे लिखते हैं :

"ब्रिटेन का राज कायम होने (सन् 1803 में) के बाद जब पड़ोसियों में तात्कालिक खतरा कम हो गया तो गढ़जट राजाओं के कामकाज और सोच से आदिवासी देवी-देवताओं का केन्द्रीय महत्त्व धीरे-धीरे

> कम होता गया। जब अपने कबीले या कुनबे के लोगों के स्वैच्छिक समर्थन पर ही आश्रित रहने की जरूरत नहीं रही तब इन राजाओं के लिए अपने कबीले के लोगों से अपनी पहचान जोड़ना एक 'बोझ' लगने लगा और वे इसे ब्रिटिश दरबार से खुद को राजा मनवाने और देश भर के हिन्दू राजे-रजवाड़ों में अपनी गिनती भी करवाने के रास्ते में बाधा मानने लगे।"[116]

ये राजा सचमुच आदिवासी थे जो क्षत्रियों की श्रेणी में दाखिल कर लिए गए। लेकिन ब्रिटिश हुकूमत कायम होने से राजा के रूप में उन्हें अपनी सत्ता बढ़ाने का अवसर समाप्त हो गया। और सामाजिक रूप से ऊपर आने की प्रक्रिया बीच रास्ते में ही रुक गई। राजाओं को तो क्षत्रिय मान लिया गया पर उनके कबीले या कुनबे आदिवासी ही बने रहे। ऐसे में जब राजाओं को यह खतरा लगा कि कहीं उन्हें फिर से आदिवासी न मान लिया जाए इसलिए उन्होंने अपनी क्षत्रिय की श्रेणी को बचाने के लिए खुद को आदिवासियों से अलग करना शुरू किया। बाद में जब इन कबीलों या कुनबों को भी हिन्दू धर्म के दायरे में ले लिया गया तब उनके लिए क्षत्रिय का दर्जा पाना सम्भव नहीं रहा और वे जातीय वर्गीकरण में निचली श्रेणियों में ही रहे। यह स्थिति कूचबिहार की तरह की ही थी जहाँ राजा तो क्षत्रिय हो गया पर उसके सजातीय, राजवंशी निम्न जाति में ही गिने जाते रहे।

हरमैन कुल्के अपनी किताब में बर्टन स्टेन के इस दिलचस्प सूत्र का उल्लेख करते हैं जिसे वे 'न्यूक्लियर एरियाज ऑफ कॉर्पोरेट इंस्टीट्यूशंस' (नियमित संस्थानों के केन्द्रीय इलाके) कहते हैं। वैसे तो स्टेन दक्षिण के अध्ययन पर ही अपनी बात केन्द्रित करते हैं पर गैर-खेतिहर क्षेत्रों से आनेवाले आदिवासी तत्त्वों के जाति व्यवस्था में दाखिल होने की प्रक्रिया तो देश के काफी सारे इलाकों में चलती रही है। वे स्टेन के सूत्र के बारे में लिखते हैं :

> "केन्द्रीय इलाके अपने चार गुणों के चलते पहचाने जाते थे। वे (i) मूलतः स्वतन्त्र थे और अपना शासन आप चलाते थे; (ii) सांस्कृतिक रूप से भी स्वायत्त क्षेत्र; (iii) सामाजिक और (iv) आर्थिक हिसाब से भी वे हिन्दू सभ्यता के केन्द्र थे। इन केन्द्रीय इलाकों के दायरे भी काफी व्यवस्थित थे और दक्षिण भारत में खेती पर जीवन-बसर करनेवाले गाँवों का क्षेत्र कोरोमंडल तट की तीन नदियों के तराई क्षेत्र से मिला हुआ था और इनका धीरे-धीरे होनेवाला विस्तार कबीलाई व्यवस्था वाले चरवाहा और

> शिकारी समाजों को जंगलों और पहाड़ी इलाकों में ठेलता गया और इनकी जगह जाति व्यवस्था वाले ग्राम-आधारित समाज बसते गए।"[117]

अगर विकास का यही ढर्रा रहा तो जातियों के आधार पर बँटे कामोंवाले हिन्दू गाँववाले ढाँचे को जाँचा-परखा माना गया और हर कहीं उसे ही आजमाया गया मान लेना चाहिए। हर जगह जाति व्यवस्था में विभिन्न स्तर पर पुराने समाज की शक्ति के आधार पर लोगों को नई जातियों में बाँट दिया गया। ऐसे में फिर इस तरह के विस्तार और नए इलाकों में हिन्दुत्व को जगाने के लिए बाहर से ब्राह्मण या दूसरों के आने की जरूरत ही नहीं रह जाती। तथाकथित आर्य समूह तो संख्या के हिसाब से इतना छोटा पड़ जाता कि इतने विशाल इलाके तक पहुँचने के लिए उनके लोग पूरे नहीं पड़ते। इतने कम से अधिक-से-अधिक यही कर सकते थे कि नए सम्पर्क बनाएँ, नई बस्तियों की जगह तलाशें, उन्हें बनाएँ जिससे कि बाद में दूसरे लोग आकर बस सकें। ऐसी स्थिति में उत्तर-पश्चिम के ब्राह्मणों और अन्य जातियों तथा दक्षिण के ब्राह्मणों और अन्य जातियों के बीच कोई वास्तविक सम्बन्ध नहीं होता। यह सिर्फ संस्कृति का बिखराव भर करता, बड़े पैमाने पर लोगों को एक जगह से दूसरी जगह ले जाने का माध्यम नहीं बनता। और अगर शारीरिक बनावट या नाक-नक्श का लोगों की नस्ल या जाति से कोई सम्बन्ध है तो नॉर्डिक लोगों के नाक-नक्श पर दक्षिण के ब्राह्मणों का दावा उत्तर के ब्राह्मणों से भी कम है।

इस तर्क से ऋषि अगस्त्य की बहुचर्चित परम्परा को ऐतिहासिक सच्चाई का दर्जा मिल जाता। कहा जाता है कि दक्षिण में आर्यत्व का प्रचार करने के लिए उन्होंने विन्ध्य पर्वतमाला लाँघी थी। सम्भव है कि उन्होंने उत्तर के सामाजिक संगठन के आदर्शों के अनुरूप दक्षिण में कुछ छोटी बस्तियाँ बसाकर वहाँ के लिए मॉडल पेश किया होगा। अगर उत्तर के ब्राह्मणों का दक्षिण में यही भर योगदान था तो दक्षिण भारत के लोगों में वास्तविक सामाजिक विभाजन या वर्गीकरण नहीं हुआ होता। तब तो अकेले वही एक बँटवारा रहता जो हिन्दूकरण की प्रक्रिया के पहले था।

अगर केन्द्रीय इलाके सचमुच इस प्रकार उभरी बड़ी राजनीतिक सत्ता से स्वतन्त्र हों तो कुछ और तरह के बदलाव और विकास की कल्पना की जा सकती है। इस तरह के अनेक इलाकों के मिलने से अगर एक बड़ी राजनीतिक इकाई उभरती तो एक आदिवासी राज्य भी सामने आया होता क्योंकि इस क्षेत्र के अधिकांश लोग आदिवासी ही थे। अगर वे शक्तिशाली होते तो तत्कालीन

बड़ी राजनीतिक सत्ता को चुनौती देते और उनकी जगह ले लेते जैसाकि अक्सर हुआ है। फिर अचानक अनेक स्थानीय राजवंशों का उदय वैसे ही हुआ रहता जैसाकि कुछ राजवंशों के उदय की चर्चा हमने की है। ऐसी स्थिति में राजा या सरदार खुद के क्षत्रिय या ब्राह्मण होने का दावा करते और उनके इष्ट देवी-देवताओं को भी कुछ प्रतिष्ठा मिलती और उन्हें हिन्दू देवी-देवताओं की पाँत में जगह मिलती। सारी दुनिया में राजा का धर्म ही प्रजा का धर्म होता है। इसी तरह यहाँ भी उत्तर कबीलाई सरदार सत्ता हथियाते तो अपने आराध्य देव या देवी को अपने क्षेत्र का इष्टदेव बनाते। लेकिन मध्यकालीन भारत में चूँकि हिन्दुत्व सर्वमान्य हो चुका था और शिव, विष्णु तथा शक्ति को सबसे शक्तिशाली देवी-देवता मान लिया गया था इसलिए कबीलाई या आदिवासी देवी-देवताओं को हिन्दू देवी-देवताओं के अवतार के रूप में स्थापित कराने के ही प्रयास हुए। जहाँ पूरे कबीले को क्षत्रिय वर्ण में दाखिला नहीं मिलता वहाँ उसके पुजारी को भी ब्राह्मण का दर्जा नहीं दिया जा सकता था और फिर उसके जिम्मे हिन्दू परम्परा से जोड़ लिए गए अपने आराध्य देवी-देवता की पारम्परिक किस्म की पूजा और कर्मकांड कराने का काम ही रह जाता।

ओड़िसा में यह स्थिति वास्तविक भी लगती है जहाँ आदिवासी पुजारियों-गुनियों के जिम्मे पूजा-पाठ या अपने देवी-देवताओं से जुड़े कर्मकांड के बहुत सीमित काम रह गए। जैसाकि कुल्के के पिछले उद्धरण ने स्पष्ट किया था कि ब्रिटेन की हुकूमत सबके ऊपर कायम होते ही आदिवासी राजाओं की अपने पुराने देवी-देवताओं के प्रति चिन्ता या स्मरण में कमी आती गई। फिर यह भी हुआ कि कबीलों के लोगों का ऊपरी जाति में दाखिल होना भी रुक गया। इसलिए कहा जा सकता है कि ब्रिटिश काल में वर्ण-व्यवस्था ने स्थिरता हासिल कर ली।

कुलदेवता का स्थान

ईसा पूर्व पहली सहस्राब्दी से ही सभ्यता का केन्द्र रहे उत्तरी और मध्य बिहार में आदिवासियों का जाति व्यवस्था में शामिल होना भी काफी पहले हो गया। सम्भवतः वैदिक हिन्दुत्व ने कभी वहाँ बहुत मजबूत जड़ें नहीं पकड़ीं। शतपथ ब्राह्मण के अनुसार अग्नि ने कभी भी गंडक को पार नहीं किया और इसलिए नदी के पूरब के इलाके में शुरू के दौर में ब्राह्मण नहीं रहते थे। इस ग्रन्थ में कहा गया है :

"14. विदेह मठवा, उस समय सरस्वती (नदी) पर थे। वह (अग्नि) इस पृथ्वी को जलाते हुए पूरब की तरफ पहुँचे; और वह जैसे-जैसे आगे बढ़ते गए, गौतम रघुगण और विदेह मठवा पीछे-पीछे चलते गए। उन्होंने सभी नदियों को जला (सुखा) दिया। अब वे जिसे नहीं पार कर सके उसे 'सदानीरा' (यह नदी गंडकी या कुरथी हो सकती है—संपा.) कहते हैं और यह उत्तर के पहाड़ों (हिमालय) से निकलती थी और उसे अग्नि वैश्वानर द्वारा न जलाया देखकर वे इसके पार नहीं गए।

"15. लेकिन आजकल इस नदी के पूरब में भी काफी ब्राह्मण रहते हैं। उस समय यह (सदानीरा के पूरब की जमीन) खेती लायक बिलकुल न थी। और चूँकि अग्नि वैश्वानर ने इसका स्वाद नहीं लिया था इसलिए यह बहुत दलदली थी।

"16. लेकिन आजकल यहाँ खूब अच्छी खेती होती है क्योंकि ब्राह्मणों ने यज्ञ करके अग्नि को इसका स्वाद चखा दिया है।"[118]

उपरोक्त विवरण से यह निष्कर्ष निकाला जा सकता है कि अग्नि को भेंट अर्थात् होम चढ़ाने का कर्मकांड, जो वैदिक हिन्दुत्व का सबसे जरूरी अंग था, बिहार में बौद्ध मत के उभरने के थोड़ा ही पहले पहुँचा था। पर बौद्ध धर्म के उभार के साथ ही यह प्रभाव भी धुल गया। महायान सम्प्रदाय के उभार के बाद फिर से उभरे हिन्दुत्व में ही भक्त और भगवान के सीधे रिश्ते का दर्शन आया और फिर हर किसी के आराध्य देवतावाली धारणा यहाँ फल-फूल सकी। स्थानीय मूल निवासियों या आदिवासियों के लिए इस तरह के हिन्दुत्व को स्वीकार करना आसान था। लेकिन यह काम उन्होंने अपने इष्टदेव को छोड़े बिना किया। सम्भवतः इस नए हिन्दुत्व और कबीलाई पूजा-पाठ की पद्धति में कभी टकराव हुआ ही नहीं। इसलिए जब इन मूलवासियों को वर्ण-व्यवस्था में ऊँचा स्थान दिया गया तो पूजा-पाठ की दोहरी प्रणाली चलती रही और अघोषित रूप से इसी के माध्यम से उनके कबीलाई इतिहास (बीते दिनों) की कहानी भी संरक्षित रही। सार्वजनिक रूप से तो शिव, विष्णु और शक्ति जैसे सार्वजनिक देवी-देवताओं की पूजा हुई और इस पूजा-पाठ का संचालन ब्राह्मणों ने किया। लेकिन अपने घर की ड्योढ़ी के अन्दर, सबसे सुरक्षित और अच्छी जगह पर लोग अपने प्राचीन देवी-देवताओं की पूजा भी करते रहे। इस पूजा में ब्राह्मण पंडितों की कोई भूमिका न थी। अक्सर महिलाएँ और कभी-कभार घर के पुरुष ही यह सब पूजा-पाठ कर लेते थे। कई बार ऐसे देवी-देवता के उस तरह के भी भक्त होते थे जैसा

आदिवासी देवी-देवता का कोई खास भक्त होता है जो उसकी पूजा करता है।

ओड़िसा के अनुभव के विपरीत, पूजा की इस दोहरी व्यवस्था ने इन स्थानीय देवी-देवताओं की गिनती आर्य हिन्दू देवी-देवताओं में कराने या उनके अवतार के रूप में गिनवाने की जरूरत ही नहीं रहने दी। सिर्फ दुसाध जैसी कुछ जातियों के लोगों—जिन्हें अछूत का दर्जा दे दिया गया, ने अपने देवी-देवताओं की सार्वजनिक पूजा जारी रखी जिसमें उनके भक्त लोग ही सारा कर्मकांड और पूजा कराते थे।

यह बात खास ध्यान देने की है कि गृहदेवी या देवता की पूजा की पद्धति आदिवासी देवी-देवताओं की पूजा जैसी ही है। इन देवी-देवताओं की पूजा कुछ खास अवसरों पर ही की जाती है और सामान्यतः यह अवसर साल में एक बार ही आता है। उस समय होनेवाली पूजा या पूरे कर्मकांड की जानकारी महिलाओं को रहती है और सारा चढ़ावा स्थानीय संसाधनों से ही आता है। जैसे एक कुलदेवता, सोखा का मुख्य चढ़ावा 'झाँप' है जिसे 'टोप' भी कहते हैं। वे भूमिहारों और कान्यकुब्ज ब्राह्मण, दोनों के आराध्य हैं। यह झाँप बाँस की कमान पर कागज चिपकाकर बनाया जाता है और चौकोन मुकुट की तरह का दिखता है जो धागे के सहारे छत से लटका रहता है। यह झाँप खास अवसरों पर या साल में होनेवाली पूजा के समय बदला जाता है। यह भी ध्यान देने लायक चीज है कि सोखा और सलेस, दोनों को झाँप चढ़ाया जाता है, सलेस दुसाधों के देवता हैं। इस काम में कोई पुजारी नहीं होता, ना ही पुजारी को आने दिया जाता है। इनमें से कुछ देवी-देवताओं की पूजा करने की अनुमति सिर्फ 'भक्ता' को है। लेकिन कुलदेवता के पूजा का स्थान सबसे ऊँचा है और इसे ही सर्वाधिक महत्त्व दिया जाता है।

गोरैया, बन्नी और आदि भगवती भी ऐसे ही कुलदेवता या कुलदेवी हैं। गोरैया और बन्नी अनेक जातियों के कुलदेवता हैं। गोरैया की पूजा मुसहर, अहीर और भूमिहार करते हैं। परम्परा के अनुसार गोरैया को साल में एक बार सूअर चढ़ाया जाता था। लेकिन अब भूमिहार, जो खुद के ब्राह्मण होने का दावा करते हैं और कई जगहों पर अहीर (यादव) भी इस रस्म को समाप्त कर रहे हैं। लेकिन एक बुजुर्ग यादव ने इस लेखक को बताया कि जब वह युवा था, असली सूअर की जगह आटे से बना सूअर चढ़ाया जाता था। लेकिन अब इसे भी छोड़ दिया गया है। अब सिर्फ मुसहर ही गोरैया को सूअर की भेंट चढ़ाते हैं।

ब्राह्मणवादी हिन्दुत्व की तरह इन देवी-देवताओं की कोई मूर्ति या परिभाषित रंग-रूप नहीं है (अपवाद सिर्फ सलेस हैं जो असल में एक मृत नायक हैं और

सार्वजनिक पूजा के पात्र बन गए हैं)। इनकी पूजा के स्थान पर मिट्टी का एक छोटा स्तूप बना दिया जाता है या दीवार में काठ की छोटी खूँटी गाड़ दी जाती है जिस पर 'आँचर' या 'भगवा' कहे जानेवाला कपड़े का टुकड़ा टँगा रहता है।

मैथिल ब्राह्मणों में आम तौर पर आदि भगवती ही कुलदेवी हैं। इस देवी की पूजा भी वैसे ही होती है जैसे सभी कुलदेवी या देवताओं की। सम्भवतः आदि भगवती उस प्राचीन देवी का नया नामकरण है जिसे आदिवासी ब्राह्मणवादी हिन्दुत्व में दाखिल होने के पहले पूजा करते थे। अब यह चलन भी बढ़ रहा है कि बन्नी और सोखा को भगवती और शिव के रूप में बताया जाए। पर भगवती और दुर्गा भी असल में ऋग्वेद-पूर्व के भारतवासियों की मातृदेवी के विभिन्न रूपों का समन्वित रूप ही है। तब यह पूजा सभी जगहों पर अलग-अलग रूप में होती थी।

आदि भगवती किसी पुरानी मातृदेवी का ही नाम है इस बात का अनुमान इस तथ्य से भी होता है कि ऐसे मैथिल ब्राह्मण परिवार भी काफी सारे हैं जिनके कुलदेवता का नाम अभी भी स्पष्टतः आदिवासी मूल का लगता है। जैसे कुछ मैथिल ब्राह्मणों के कुलदेवता हैं 'कारिख'। पर यदु भगत के अनुसार जो दुसाधों के एक भक्ता थे, कारिख ज्योतिष दुसाध के बेटे थे। उनकी माँ का नाम अपरा था। दरअसल 'कारिख' बिहार में अनेक पिछड़ी जातियों, जिनमें तेली भी शामिल हैं, के लोगों के कुलदेवता हैं। मैथिल ब्राह्मण वैसे तो स्वयं ब्राह्मण हैं पर कुलदेवता की पूजा में उनके यहाँ भी ब्राह्मण पंडित की कोई भूमिका नहीं होती। उनके घरों में भी खुद देवता का प्रतिनिधित्व दीवार में गड़ी काठ की खूँटी ही करती है जिससे आँचर झूलता रहता है। ब्राह्मणवादी देवी-देवताओं की तरह इनकी पूजा रोज नहीं होती, बल्कि विशेष अवसरों पर या साल में एक खास दिन जैसाकि सभी कुलदेवताओं की पूजा में होता है।

कुछ मैथिल ब्राह्मणों के कुलदेवता हैं धर्मराज, लेकिन यह नाम भी बाद में ब्राह्मणवादी हिन्दुत्व से लिया गया लगता है क्योंकि इनकी पूजा की पद्धति भी विशुद्ध कबीलाई ही है। खास आयोजनों पर या नवरात्र पूजा (दशहरा के पहले नौ दिन) के दौरान एक भक्ता देवता को जगाता है और फिर देवता उसके ऊपर आते हैं। तब उस पर चढ़ावा चढ़ाया जाता है जो उसके माध्यम से देवता तक जाता हुआ माना जाता है। यह पूरी तरह कबीलाई पूजा-पद्धति है और इसमें ब्राह्मणवादी पूजा-पद्धति का अंश मात्र भी नहीं है।

आदि भगवती समेत ये सभी कुलदेवी और कुलदेवता कबीलाई हैं, इसका इशारा एक अन्य तथ्य बड़ी मजबूती से करता है। 'देवास' के दौरान इन सभी

को बुलाया जाता है। दुर्गा की पूजा के नौ दिनों (नवरात्र) में भक्ता इन सभी देवी-देवताओं और आत्माओं को जगाता है। नौ दिनों तक गाँव-भर के लोग किसी एक स्थान पर जुटते हैं और भक्ता पर अलग-अलग देवी-देवता या आत्माएँ आती हैं। लोग उनके आगे अपनी समस्याएँ रखते हैं और भक्ता के मुँह से बोलते हुए वे देवी-देवता उनकी समस्याओं का समाधान पेश करते हैं। आम तौर पर ये 'भक्ता' निचली जातियों के ही होते हैं—अनिवार्यतः पिछड़े ही हों यह जरूरी नहीं है। इस अवसर पर सभी जातियों के लोग जमा होते हैं। जो देवी-देवता मांस-मदिरा का भोग लगाते हैं वे बकरे की बलि माँगते हैं और यह भेंट चढ़ाई जाती है। वैसे तो अब 'देवास' का चलन धीरे-धीरे समाप्त-सा है पर इससे यह पता तो चलता ही है कि कुलदेवता या ग्रामदेवता—देवी की पूजा का कितना ज्यादा महत्त्व अभी तक रहा है।

अनेक जगहों पर 'भक्ता' को कुलदेवता की पूजा के लिए घर के अन्दर भी बुलाया जाता है और वह यहाँ भी आकर देवता को जगाता है और फिर गृहस्वामी भक्ता के माध्यम से देवता की तरफ से आई माँग का चढ़ावा चढ़ाता है।

इस बात की काफी सम्भावना भी है कि ये गृहदेवी और गृहदेवता पहले अलग-अलग नामों से भारत के काफी बड़े इलाके के लोगों द्वारा पूजित थे और बाद में ब्राह्मणवादी हिन्दुत्व के प्रभुत्व ने उनको घरों के अन्दर पूजने पर मजबूर कर दिया होगा। ये देवी-देवता किसी स्थानीय कबीलाई या जातियों के नायकों से ही बने हैं, इस बात की सम्भावना बहुत कम मामलों में ही लगती है। जैसे गोरैया का उदाहरण ही लें जिसे पी.सी. राय चौधरी बहुत छोटे दायरे का एक बागी मर्द नायक मानते हैं। वे लिखते हैं :

> "गोरैया को एक नायक माना जाता है जो असल में डाकू सरदार था और कुछ अनुयायियों के साथ दिल्ली से आया था। वह बिहार में रोबिनहुड जैसा था। अनेक मुठभेड़ों के बाद गोरैया पटना जिले के शेरपुर के पास मेहनावन में मारा गया। उस जगह पर उसकी समाधि भी बनी हुई है। गोरैया की पूजा पटना से शुरू हुई किन्तु पूरे प्रान्त में फैल गई।"[119]

अगर यह कहानी सच है तो हम एक ऐसी परिघटना को यहाँ देख रहे हैं जहाँ दो देवता समान नाम या समान कामों के चलते आपस में घुल-मिलकर एक बन गए हैं। जो उपरोक्त विवरण है उस तरह की पृष्ठभूमिवाले देवता की पूजा सभी जातियों में इतने व्यापक स्तर पर नहीं हो सकती। पर इस नजरिए का खंडन

इस बात से भी होता है कि गोरैया की पूजा सिर्फ बिहार भर में ही नहीं होती। आर.वी. रसेल उसकी पूजा मध्य प्रदेश में भी होने का हवाला देते हैं :

> "गोरैया देव ऐसे देवता हैं जो पशुशालाओं में रहते हैं और वर्ष में एक बार उनकी पूजा होती है। एक व्यक्ति हाथ में अंडा लेकर उस पर जल चढ़ाते हुए पूरी पशुशाला में घूम जाता है और एक गोल फेरा बना देता है। फिर अंडे को देवता की समाधि के नीचे गाड़ दिया जाता है।"[120]

निस्सन्देह पूजा की पद्धति में कुछ अन्तर यहाँ है लेकिन देवता अभी भी मांसाहारी प्रकृति के ही माने गए हैं—भले ही उन्हें सूअर की जगह अंडे का चढ़ावा दिया जाने लगा हो। पर पूजा के इलाकों में जितनी दूरी है उस हिसाब से यह अन्तर बहुत ज्यादा नहीं लगता।

कुलदेवता को जितना और जैसा महत्त्व दिया जाता है उससे यह लगता है कि वही आराधना-पूजा की मूल वस्तु थे। और इससे इस विचार की भी पुष्टि होती लगती है कि इनकी पूजा करनेवाले अ-हिन्दू कबीलाई लोग थे जिनका बाद में हिन्दूकरण हुआ। एक खास इलाके के लोगों द्वारा अलग-अलग जाति में होकर भी एक ही कुलदेवता को पूजने से यह लगता है कि काफी पहले ये सभी लोग या तो एक ही कबीले के या कुनबे के थे या फिर एक ही इलाके में रहनेवाले उन अलग-अलग कबीलों के वंशज हैं जिनके बहुत से देवी-देवता साझा रहे थे। अक्सर एक खास कबीले के लोग एक खास देवता की पूजा अनेक कबीलों की तरफ से करते हैं। यह चलन अनेक कबीलाई लोगों में आज भी है। जैसे, आदिलाबाद के गोंडों के बीच रहनेवाले गैर-गोंड कबीले कोलम के बारे में क्रिस्टोफ वॉन फ्यूरर-हैमेनडॉर्फ लिखते हैं :

> "कोलम लोग सगुन विद्या और स्थानीय देवी-देवताओं की तरफ से झाड़-फूँक करने के लिए विख्यात रहे हैं। यह ख्याति मैकल पहाड़ियों में रहनेवाले गोंडों के बीच बैगाओं की ख्याति की तरह ही है। और इसी प्रसिद्धि के चलते गोंडों ने कुछ स्थानीय देवी-देवताओं, खासकर वन देवियों की पूजा-पाठ का जिम्मा पास के कोलम गाँव के पुजारियों के हवाले कर दिया और उनको वही काम भी दे दिया है जो पारम्परिक तौर पर उनके अपने पुजारियों और गुनियों के होते थे। जिन जगहों पर कोलम अभी भी अपने पुरखों की जमीन पर रहते हैं और ग्रामदेवता की पूजा करने के लिए बुलाए जाते हैं वहीं कोई-कोई कोलम पुजारी देवारी बनकर गोंडों के कर्मकांड कराता है

जबकि दोनों समुदाय अपने वार्षिक भोज और अन्य आयोजन अलग-अलग ही करते हैं।"[121]

उत्तर बिहार में ही पशुओं के संरक्षण के लिए की जानेवाली 'भुइयाँ पूजा' में अहीर भक्ता मुख्य पूजा करता है लेकिन मल्लाह (मछुआरे), मुसहर और दुसाध जाति के तीन भक्ता भी अपनी-अपनी जाति के कुलदेवता की अलग-अलग पूजा करते हैं। भुइयाँ पूजा चाहे जो करता है उसे तीन अन्य जातियों के कुलदेवता की पूजा कराने की व्यवस्था करनी होती है। भुइयाँ शब्द का मतलब ही है जमीन या पृथ्वी और यह भी इसी बात का संकेत करता है कि यह पूजा आदिम और स्थानीय देवता की ही है। इन कुलदेवताओं के अलग-अलग नाम हैं और मुख्य देवता का नाम है बख्तोर, जो अहीरों के एक मृत नायक हैं और जिन पर उनके पशु जान छिड़कते थे।

उपरोक्त चर्चा से हमारी इस मान्यता को काफी बल मिलता है कि कुछ कबीलों ने काफी समय पहले राजनीतिक सत्ता पाकर और ब्राह्मणवादी हिन्दुत्व को अपनाकर वर्ण-व्यवस्था में ऊँचा स्थान हासिल कर लिया था। कबीलों ने तो अलग-अलग जाति का दर्जा पाया लेकिन उनके कुलदेवता पुराने ही रहे। उच्च जाति के हिन्दुओं में कुलदेवता-कुलदेवी का जितना ज्यादा सम्मान है उसकी दूसरी व्याख्या नहीं हो सकती जबकि विष्णु और शिव जैसे मुख्य हिन्दू देवताओं की पूजा ब्राह्मणों के माध्यम से होती है। अगर हम इस चीज पर परम्परा और जाति के ऊपर उठने के ऐतिहासिक प्रमाणों के साथ गौर करें तो हम यह विश्वास करने को मजबूर हो जाते हैं कि बिहार की उच्च जातियों के लोग मुख्यतः स्थानीय कबीलों से ही आए हैं। निश्चित रूप से पश्चिम की तरफ से आए लोगों से उनके खून का मिलान हुआ है। बाहर से आनेवाले ये लोग भी खुद के उच्च वर्ण का होने का दावा करते थे। अपने आपको और दूसरों को भी अपनी श्रेष्ठता का बोध कराने के लिए अपने पूर्वजों के पश्चिम से आने की कहानी गढ़ी गई।

रक्त की शुद्धता का कोई मतलब नहीं था जैसाकि हमने पहले देखा है। और अगर इस शब्द का कोई सापेक्षिक अर्थ है तब भी कम-से-कम बड़ी जातियों के लोग तो इसका दावा नहीं ही कर सकते। यह चीज सिर्फ उन्हीं कबीलों में एक हद तक बची हो सकती है जो पहाड़ों और जंगलों में अलग-थलग ढंग से जीवन बसर करते हैं। सम्भव है कि जाति व्यवस्था के सबसे निचले पायदान पर रहनेवालों में भी यह चीज कुछ बची हो जो सबसे बाद में इस व्यवस्था में दाखिल हुए थे।

धर्मशास्त्रों को ब्रिटिश संरक्षण

यह अजीब विडम्बना है कि जाति व्यवस्था की पूरी जड़ता और उसमें किसी भी तरह की गतिशीलता न होने की अवधारणा तभी मजबूत हुई जब पूरे मुल्क पर ब्रिटिश हुकूमत कायम हो गई। ऐसा होने से स्थानीय राजाओं और सरदारों में अधिक बड़ी सत्ता पाने की लालसा समाप्त हो गई जो उच्चतर सामाजिक दर्जा हासिल करने का मुख्य साधन थी। सामाजिक मामलों में दखल देकर लोगों को नाराज न करने की मंशा से अंग्रेजों ने न्यूनतम प्रतिरोध की नीति ही अपनाई। शुरू में उन्होंने आपराधिक कानूनों के मामले में पूरी आबादी के लिए एक ही कानून बनाया जो उनसे पहले के मुस्लिम शासकों की नीतियों पर ही आधारित था। लेकिन नागरिक कानूनों के मामले में उन्होंने हिन्दुओं और मुसलमानों के लिए अलग-अलग कानून रखे। अलग-अलग क्षेत्रों में अलग-अलग जातियों के बीच इतने विविध तरह के चलन थे कि अंग्रेजों के लिए विस्तृत अध्ययन पर आधारित और सबको समेटते हुए एक साझा कानून बना पाना सम्भव नहीं था। खैर, उन्होंने इसका आसान समाधान ढूँढ़ा और सीधे-सीधे ब्राह्मण धर्मग्रन्थों के आधार पर एक कानून बनाकर लागू कर दिया। इस ब्रिटिश नीति के बारे में डी.ई. स्मिथ लिखते हैं :

> ''1772 में वारेन हेस्टिंग्स द्वारा स्थापित दीवानी अदालत को नागरिक कानून लागू करने थे। आपराधिक मामलों के कानून से उलट यहाँ हेस्टिंग्स ने व्यवस्था दी कि 'शादी, पैतृक जायदाद लेने के हक वगैरह के मामले में मुसलमानों के लिए कुरान का कानून लागू होगा तो 'गेंटुज' (हिन्दुओं) के लिए शास्त्रों के नियम।' आपराधिक, मामलों में तो सबके लिए मुस्लिम फौजदारी कानून ही लागू हुआ। हेस्टिंग्स की योजना सफल रही और जल्दी ही अदालतों में अंग्रेज अधिकारियों की मदद के लिए ब्राह्मण पंडित और काजी नियुक्त होने लगे जो धर्मग्रन्थों और कुरान की व्याख्या करके उनके काम में मदद करते थे।''[122]

दरअसल यह पहला उदाहरण होगा जब ब्राह्मणों द्वारा बनाए कानून को देश में इतने बड़े पैमाने पर लागू किया गया होगा। इसी व्यवस्था में चलते हुए आखिर में उत्तर भारत के लिए मनुस्मृति और दक्षिण भारत के लिए मिताक्षरा को आधिकारिक हिन्दू कोड मान लिया गया। इससे यह धारणा बनी कि सामाजिक और आर्थिक मामलों में सदियों से मनुस्मृति ही प्रभावी कानून रहा है। लेकिन

इतिहास से जो तथ्य हम जानते हैं जब मनुस्मृति को उसका यह रूप दिया जा रहा था तब यह ग्रन्थ उसके रचनाकारों के दिमाग की उपज भर था। यह माना जाता है कि मनुस्मृति की रचना ईसा पूर्व द्वितीय शताब्दी से लेकर द्वितीय शताब्दी तक के बीच हुई है। यह दौर भारी उथल-पुथल का था और उत्तर तथा मध्य भारत के काफी बड़े हिस्से पर आक्रमण हुए थे। उत्तर पश्चिम से आए विदेशी हमलावरों ने इस क्षेत्र के काफी बड़े हिस्से पर कब्जा कर लिया था। थोड़े समय के शुंग वंश के शासन के अलावा किसी भी स्थानीय राजवंश ने स्थायी राज नहीं चलाया। इसलिए यह सम्भव नहीं लगता कि ऐसे दौर में इस कानून या संहिता को कहीं लागू किया जा सका होगा। यह ग्रन्थ सिर्फ जहाँ-तहाँ पढ़ा गया, दबा-छुपाकर रखा गया होगा। सम्भव है कुछ ब्राह्मणवादी छोटे राजाओं ने इसे अपने इलाके में कुछ हद तक लागू करने के प्रयास किए होंगे। यही स्थिति अंग्रेजों के आने तक चली होगी। इसलिए यही लगता है कि पूरे भारत पर यह लागू करके अंग्रेजी हुकूमत ने ही इसे सबसे बड़ी वैधता प्रदान की। अंग्रेजों के इस कदम से अगड़ों और पिछड़ों के बीच निश्चित रूप से कड़वाहट भी आई होगी या बढ़ी होगी। अंग्रेजों को हिन्दुओं के बीच की यह दरार बनाए रखने या बढ़ाने में अपना न्यस्त स्वार्थ दिखा हो सकता है क्योंकि एकजुट होकर हिन्दू समाज स्वशासन की बात उठा सकता था। एम.एन. श्रीनिवास तो यह भी सोचते हैं कि वर्ण-व्यवस्था अंग्रेजी दौर में अधिक लोकप्रिय हुई क्योंकि अंग्रेजों ने अपने काम-काज में इसे प्रचारित-प्रसारित किया और अदालती काम में पंडितों की नियुक्ति ऐसा ही एक काम था जिसकी चर्चा पहले की जा चुकी है। वे लिखते हैं :

> "...यह मेरा अनुमान है कि वर्ण-व्यवस्था अंग्रेजों के दौर में अनेक तरह की शक्तियों के काम करने से ज्यादा लोकप्रिय हुई। 1864 तक अदालतों में ब्राह्मण पंडितों की नियुक्ति, हर शहर में ऐसे पश्चिमी शिक्षित वकीलों की उपस्थिति जो अभी हिन्दुओं पर ब्राह्मणवादी कानून लागू करते थे, धार्मिक संस्कृत साहित्य के एक बहुत बड़े भाग का अंग्रेजी में अनुवाद, हर जगह जाति सभाओं की मौजूदगी जो अपनी जाति के लोगों के जीवन को सुधारने के लिए संस्कृतिकरण की प्रक्रिया चलाते थे और उग्र ब्राह्मण विरोधी आन्दोलन ने वर्ण व्यवस्था को मजबूती दी। ऐसे आन्दोलन ब्राह्मणों को सत्ता और प्रभाव के पदों से हटाने की कोशिश थे।"[123]

श्रीनिवास जिन कारकों की चर्चा कर रहे हैं सम्भवतः उन्होंने वर्ण-व्यवस्था

को ज्यादा लोकप्रिय नहीं बनाया। हमने अपनी पहले की चर्चा में देखा है कि अधिकांश मामलों में वर्ण-व्यवस्था के नए शासक परिवार सामाजिक सम्बन्धों के प्रतिमान के रूप में काम करते हैं। लेकिन ब्रिटिश शासन कायम होने पर समाज और शासन में जो कारक प्रभावी भूमिका में आ गए उन्होंने इस नए सम्बन्ध को ज्यादा महत्त्व दिला दिया तथा अब तक बने सम्बन्धों को वहीं का वहीं जड़ रूप दे दिया। जब जाति व्यवस्था से जुड़ी कोई भी चीज कानूनी विवाद का मसला बन जाएगी तब कानून के आगे परम्पराओं और चलन का महत्त्व कहाँ रह जाएगा। उनकी तो उपेक्षा होगी ही और धर्मशास्त्रों को ही असली प्रमाण माना जाएगा। जब यह कानून ऐसा रूप ले चुका तो इसमें बदलाव करने में एकमात्र सक्षम अंग्रेजी हुकूमत को भी हिन्दुओं के सामाजिक मसलों में छेड़छाड़ करना घातक लगा क्योंकि इससे हिन्दुओं का प्रभावी तबका शासन से नाराज हो सकता था। जब कुछ सुधार के प्रयास हुए भी तो तब तक काफी देर हो चुकी थी क्योंकि इस बीच मनु के कानून शाश्वत व्यवस्था जैसा आभा-मंडल धारण कर चुके थे।

निचली जाति के लोगों द्वारा ऊँची जाति में अपनी गिनती कराने का आन्दोलन, जिसे श्रीनिवास संस्कृतिकरण का नाम देते हैं, मुख्यतः अंग्रेजी शासन कायम होने के बाद की परिघटना है। लेकिन ये आन्दोलन इस चलते प्रभावी नहीं हुए या भारी बदलाव करने में सक्षम नहीं हुए क्योंकि अपनी जाति को उच्च वर्ण में गिनवा सकनेवाला हथियार अर्थात् राजनीतिक सत्ता उनके हाथ में नहीं थी या उसके आने की भी गुंजाइश तब नहीं थी। कई जगह यह हुआ हो सकता है कि जब एक निचली जाति के लोगों ने अपने खान-पान की आदतें बदलीं और उच्च वर्ण के लोगों जैसी जीवनशैली अपनाई तो ऊँची जाति के लोगों ने उनके हाथ का पानी पीना शुरू कर दिया हो। पर इससे न जाति बदल सकती थी, न वर्ण और न ही ऊँची जाति से वैवाहिक सम्बन्ध बनने का रास्ता खुलता था। शायद इसी स्थिति को देखकर डुमांट कहते हैं कि ब्राह्मणों और अछूतों की स्थिति तो एकदम तय है और सिर्फ मध्य जातियों की स्थिति में ही हल्की-फुल्की गतिशीलता दिखाई देती है। लेकिन जैसाकि हमने देखा है, पहले काफी बड़े और तेज बदलाव हुए हैं जबकि बदलाव की कोई तय प्रक्रिया या तरीका न था और यह राजनीतिक ताकत से ही संचालित होती थी।

दरअसल संस्कृतिकरण से पिछड़ों की सामाजिक स्थिति में बदलाव नहीं होता, उनके आत्मसम्मान में या अपने मूल्यांकन में जरूर बदलाव हो जाता है। पिछड़ी जाति और हरिजनों में से निकले कबीरपन्थियों की तरह की अनेक जमातें संस्कृतिकरण के जरिए ही द्विजों से ज्यादा साफ-सुथरा जीवन जीती हैं लेकिन

इस साफ-सुथरी जीवन शैली ने उन्हें उच्च जातियों के बीच बराबरी का दर्जा दिलाने या उनका दर्जा बढ़ाने का काम नहीं किया है। इसलिए संस्कृतिकरण की प्रक्रिया के बावजूद जाति व्यवस्था जड़ और समाज को बाँटनेवाली बनी हुई है और इसमें एक-दूसरे के प्रति अपमान और नफरत का भाव भरा है और इसने इतिहास की उस स्मृति को भी भुलवा दिया कि वे सभी एक ही सामाजिक समूह से निकले हो सकते हैं या यह भी सम्भव है कि उन सबके पुरखे एक ही हों।

सन्दर्भ और पाद-टिप्पणियाँ

1. शतपथ ब्राह्मण, बुक-I, पृ. 296 (II कांड, 1 अध, 4 ब्रा.)
2. फिलिप मैसन द्वारा *'रेस रिलेशंस'* में उद्धृत। ऑक्सफोर्ड यूनिवर्सिटी प्रेस, लन्दन, पृ. 22।
3. पूर्वोक्त, पृ. 22 पर उद्धृत।
4. पूर्वोक्त, पृ. 13।
5. डब्ल्यू.जे.एम. मैकेंजी, *बायोलॉजिकल आइडियाज इन पॉलिटिक्स,* मैनचेस्टर यूनिवर्सिटी प्रेस, मैनचेस्टर, 1979, पृ. 38।
6. डी.पी. खक्खड़, *कास्ट एंड ट्राइब्स इन कच्छ,* इंडियन एंटीक्यूरी, भाग V, 1876, इंडोलॉजिकल बुक हाउस, दिल्ली, 1971, पृ. 171।
7. आर.सी. मजूमदार सम्पा., *'क्लासिकल एकाउंट्स ऑफ इंडिया'* में ए. एरियान का लेख, फिर्मा के.एल. मुखोपाध्याय कलकत्ता, 1960, पृष्ठ 75-76।
8. डियोडोरस सिकुलस का लेख, पूर्वोक्त किताब में, पृष्ठ 181।
9. राधा कुमुद मुखर्जी, *'राइज ऑफ मगधन इम्पीरियलिज्म,'* आर.सी. मजूमदार द्वारा सम्पादित किताब 'हिस्ट्री एंड कल्चर ऑफ द इंडियन पीपुल' में छपा लेख, भारतीय विद्या भवन, बम्बई, 1968, पृ. 32-33।
10. *कॉर्पस इंस्क्रिप्शन इंडिकेरम, खंड-V* इंस्क्रिप्शंस ऑफ वाकाटक, सम्पा. वासुदेव विष्णु मिराशी, गवर्नमेंट इपिग्राफिस्ट्स फॉर इंडिया, ऊँटी, 1963।
11. कॉर्पस इंस्क्रिप्शन इंडिकेरम खंड III, इंस्क्रिप्शंस ऑफ द गुप्ता किंग्स एंड देयर सक्सेसर्स, जॉन फिथफुल फ्लीट, इंडोलाजिकल बुक हाउस, वाराणसी, 1970।
12. इपिग्राफिका इंडिका, द कॉर्पस इंस्क्रिप्शन इंडिका ऑफ द आर्कियोलॉजिकल सर्वे खंड II, सम्पा. जैस बर्गेस, मोतीलाल बनारसीदास, दिल्ली, 1970, पृष्ठ 5-6।
13. सी.सी बर्ग का लेख, *जावानीज हिस्टोरियोग्राफी—ए सिनाप्सिस ऑफ इट्स इवोल्यूशन इन हिस्टोरियंस ऑफ साउथ ईस्ट एशिया* में। सम्पा. डी.जी.ई. हाल, ऑक्सफोर्ड यूनिवर्सिटी प्रेस, न्यूयार्क, 1963, पृ. 86।
14. इंस्क्रिपशंस ऑफ द कालचुरी—चेरी एरा, पार्ट I कॉर्पस इंडिक्रिप्शंस इंडिकेरम खंड IV, सम्पा. वासुदेव विष्णु मिराशी, गवर्नमेंट इपिग्राफिस्ट फॉर इंडिया, ऊँटी, 1955, नं. 5 फ्लेट III ए।
15. *इपिग्राफिका इंडिका,* द कॉर्पस इंस्क्रिप्टिमम इंडिकेरम ऑफ द आर्कियोलॉजिकल सर्वे, सम्पा. जैसं बर्गेस, खंड II, मोतीलाल बनारसीदास, दिल्ली, 1970, पृ. 579।

16. पूर्वोक्त, पृ. 557।
17. *आर्कियोलॉजिकल सर्वे ऑफ इंडिया,* साउथ इंडियन इंस्क्रिप्शन, अनुवाद और सम्पादन ई. हुल्तजोक, खंड I, इंडोलॉजिकल बुक हाउस, दिल्ली-1972, पृ. 83।
18. जेम्स टॉड, *एनल्स एंड एंटीक्यूटीज ऑफ राजस्थान,* खंड I, रूटलेज एंड कीगन पॉल लिमि. लन्दन, 1960, पृ. 68-69।
19. विंसेंट ए. स्मिथ, *द अर्ली हिस्ट्री ऑफ इंडिया,* ऑक्सफोर्ड, 1962 (पहला संस्करण 1924), पृ. 427।
20. जय नारायण असोपा, *ओरिजिंस ऑफ राजपूत्स,* भारतीय पब्लिशिंग हाउस, दिल्ली, वाराणसी, कलकत्ता, 1976।
21. पूर्वोक्त, पृ. 6-7।
22. अबुल फजल, *अकबरनामा,* फारसी से अनुवाद : एच. बेवरीज, रेपर बुक्स, दिल्ली 1972 (सबसे पहले एशियाटिक सोसाइटी ऑफ बेंगाल द्वारा प्रकाशित), पृ. 612।
23. पूर्वोक्त, पृ. 618।
24. रामरंजन मुखर्जी और शचीन्द्र कुमार मैती, कॉर्पस ऑफ बेंगाल इंस्क्रिप्शंस बियरिंग आन हिस्ट्री एंड सिविलाइजेशन ऑफ बेंगाल, फिर्मा के.एल. मुखोपाध्याय, कलकत्ता, 1967, पृ. 32-33।
25. पूर्वोक्त, पृ. 35
26. साउथ इंडियन इंस्क्रिप्शंस तमिल एंड संस्कृत, आर्कियोलॉजिकल सर्वे आफ इंडिया, अनु. और सम्पादक ई. हुल्तजोक, खंड I, इंडोलॉजिकल बुक हाउस, दिल्ली, 1979, पृ. 9। अभिलेख संख्या 24 से 30।
27. पूर्वोक्त।
28. पूर्वोक्त, पृ. 57, अभिलेख संख्या 39।
29. दीवान बहादुर, एल.के. अनन्त कृष्ण अय्यर, *मैसूर ट्राइब्स एंड कास्ट्स,* मैसूर विश्वविद्यालय मैसूर, 1955, पृ. 63।
30. रमाशंकर त्रिपाठी, *हिस्ट्री ऑफ एंशिएंट इंडिया,* मोतीलाल बनारसीदास, दिल्ली, वाराणसी, पटना, 1960, पृ. 441-442।
31. पूर्वोक्त, पृ. 442।
32. पूर्वोक्त, पृ. 456-457।
33. गुस्ताव ओप्पर्ट, *द ओरिजनल इहैबिटैंट्स ऑफ भारतवर्ष ऑर इंडिया,* ओरिएंटल पब्लिशर्स, दिल्ली 1972, (सबसे पहले 1893 में प्रकाशित), पृ. 14।
34. रामरंजन मुखर्जी और शचीन्द्र कुमार मैती, फिर्मा के.एल. मुखोपाध्याय, कलकत्ता, 1967, पृ. II।
35. विंसेंट ए. स्मिथ, *द अर्ली हिस्ट्री ऑफ इंडिया,* ऑक्सफोर्ड 1962, पृ. 419 पर पाद-टिप्पणी।
36. मुखर्जी और मैती, पृ. 19-20।
37. मुखर्जी और मैती, पृ. 9-10।
38. इंस्क्रिपशंस ऑफ द कालचुरी—चेरी एरा, पार्ट I, कॉर्पस इंस्क्रिप्टोनिज्म इंडिकेरम, खंड IV, सम्पादक वासुदेव विष्णु मिराशी, गवर्नमेंट इपिग्राफिस्ट फॉर इंडिया, ऊँटी, 1955, पृ. XXXIV
39. पूर्वोक्त, पृ. XXXIV.
40. पूर्वोक्त, पृ. XXXI.
41. आर.वी. रसेल और हीरालाल, *ट्राइब एंड कास्ट ऑफ सेंट्रल प्रोविंसेज ऑफ इंडिया,* खंड II. भाग II. कॉस्मोस पब्लिकेशंस, दिल्ली 1975, पृ. 23-24।

42. *अलबेरूनीज इंडिया,* सम्पा. एडवर्ड सी. सचान, एस. चाँद एंड कम्पनी दिल्ली, 1964, पृ. 104।
43. मेजर जनरल ए. कनिंघम और एच.बी.डब्ल्यू. जैरिक, *रिपोर्ट्स ऑफ टूर्स इन नॉर्थ एंड साउथ बिहार इन 1880-81,* आर्कियोलॉजिकल सर्वे ऑफ इंडिया, खंड XVI, इंडोलॉजिकल बुक हाउस, पृ. 60।
44. पूर्वोक्त, पृ. 71-72।
45. पूर्वोक्त, पृ. 72।
46. सच्चिदानन्द, रेसेस, ट्राइब्ज एंड लैंग्वेजेस ऑफ बिहार, *'कंप्रिहेंसिव हिस्ट्री ऑफ बिहार'* खंड I, भाग I, सम्पा. डॉ. विन्देश्वरी प्रसाद सिन्हा, काशी प्रसाद जायसवाल इंस्टीट्यूट, पटना, 1974, पृ.-78।
47. फ्रांसिस बुकानन इन ईस्टर्न इंडिया, मोंटगोमेरी मार्टिन, नम्बर-12, कॉस्मोस पब्लिकेशंस, दिल्ली, 1970, (पहली बार 1838 में प्रकाशित), पृ. 341-343।
48. पूर्वोक्त, पृ. 343।
49. टुअर्स इन सेंट्रल दोआब एंड गोरखपुर इन 1874-75, 1875-76 बाई ए.सी.एल. कार्लाइल आर्कियोलॉजिकल सर्वे आफ इंडिया, खंड XII, इंडोलॉजिकल बुक हाउस, वाराणसी, 1970, पृ. 132-133।
50. पूर्वोक्त, पृ. 141।
51. फ्रांसिस बुकानन, मोंटगोमेरी मार्टिन के ईस्टर्न इंडिया नम्बर-12 में, पृ. 471।
52. ए.सी.एल. कार्लाइल, रिपोर्ट्स ऑफ टुअर्स इन गोरखपुर, सारन एंड गाजीपुर इन 1877-78, 79-80, आर्कियोलॉजिकल सर्वे ऑफ इंडिया, खंड XXII, इंडोलॉजिकल बुक हाउस, वाराणसी, 1966, पृ. 65-66।
53. पूर्वोक्त, पृ. 67-68।
54. फ्रांसिस बुकानन, ईस्टर्न इंडिया नम्बर-14 पूर्णिया, मोंटगोमेरी मार्टिन, कॉस्मोस पब्लिकेशंस, दिल्ली 1966, पृ. 41।
55. एम.ए. शेरिंग, हिन्दू ट्राइब्स एंड कास्ट्स : एज रिप्रेजेंटेड इन बनारस खंड I, कॉस्मोस पब्लिकेशंस, दिल्ली 1974 (पहली बार 1872 में प्रकाशित), पृ. 39।
56. पूर्वोक्त, पृ. 42।
57. विलियम क्रुक, द ट्राइब्स एंड कास्ट्स ऑफ द नॉर्थ वेस्टर्न इंडिया खंड VI, कॉस्मोस पब्लिकेशंस, दिल्ली, 1975 (कलकत्ता-1876), पृ. 264।
58. एम.ए. शेरिंग, पृ. 238।
59. गुस्ताव ओप्पर्ट, द ओरिजनल इनहैबिटैंट्स ऑफ भारतवर्ष ऑर इंडिया, ओरिएंटल पब्लिकेशंस, दिल्ली, (सबसे पहले 1893 में प्रकाशित) पृ. 39।
60. ए.सी.एल. कार्लाइल, टुअर्स इन द सेंट्रल दोआब एंड गोरखपुर, 1874-75-76, पृ. 89।
61. पूर्वोक्त, पृ. 152।
62. डब्ल्यू.सी. बेनेट, बी.सी.एम. गोंडा, ऑन द भर किंग्स ऑफ ईस्टर्न अवध, इंडियन एंटिक्यूरी, खंड I 1872, सम्पादक जैस बर्गेस, इंडोलॉजिकल बुक रिप्रिंट कॉर्पोरेशन, दिल्ली 1971, पृ. 260।
63. विंसेंट ए. स्मिथ, द अर्ली हिस्ट्री ऑफ इंडिया, ऑक्सफोर्ड, 1962, पृ. 429।
64. विलियम क्रुक, द ट्राइब्स एंड कास्ट्स ऑफ द नॉर्थ वेस्टर्न इंडिया, खंड IV, पृ. 324।
65. फ्रांसिस बुकानन, ईस्टर्न इंडिया नम्बर 11, शाहाबाद, मोंटगोमेरी मार्टिन, पृ. 468-69।
66. आर.वी. रसेल और हीरालाल, ट्राइब्स एंड कास्ट्स ऑफ दि सेंट्रल प्रोविंसेज ऑफ इंडिया,

भाग II, खंड II, कॉस्मो पब्लिकेशंस, दिल्ली 1975, पृ. 243।

67. विलियम क्रुक, द ट्राइब्स एंड कास्ट्स ऑफ द नॉर्थ वेस्टर्न इंडिया, खंड III, कॉस्मो पब्लिकेशंस, दिल्ली 1975 (कलकत्ता 1896)।
68. फ्रांसिस बुकानन, ईस्टर्न इंडिया, भागलपुर, मोंटगोमेरी मार्टिन, पृ. 121-122।
69. अबुल फजल का *अकबरनामा*, खंड III, अनुवाद एच. बेवरीज, रेयर बुक्स, दिल्ली 1972, पृ. 151।
70. ए. कनिंघम और एच.वी.डब्ल्यू. जैरिक, रिपोर्ट्स ऑन टुअर्स इन नॉर्थ एंड साउथ बिहार इन 1880-81, आर्कियोलॉजिकल सर्वे ऑफ इंडिया, खंड XVI, इंडोलॉजिकल बुक हाउस, पृ. 26।
71. ए.सी.एल. कार्लाइल, टुअर्स इन दि सेंट्रल दोआब एंड गोरखपुर इन 1874-75, आर्कियोलॉजिकल सर्वे ऑफ इंडिया, खंड II, इंडोलॉजिकल बुक हाउस, वाराणसी, 1970, पृ. 131।
72. जॉन पेम्बले, द इनवैजन ऑफ नेपाल, क्लेरेंडन प्रेस, ऑक्सफोर्ड, 1971, पृ. 7।
73. पूर्वोक्त, पृ. 8।
74. आर.वी. रसेल द्वारा उद्धृत, ट्राइब्स एंड कास्ट्स ऑफ सेंट्रल प्रोविंसेज, पार्ट II, खंड II, कास्मो पब्लिकेशंस दिल्ली, 1975, पृ. 306-307।
75. पूर्वोक्त, खंड I, पृ. 37।
76. पूर्वोक्त, पार्ट II, खंड II, पृ. 303-306।
77. मोंटगोमेरी मार्टिन, ईस्टर्न इंडिया, नम्बर-12, भागलपुर और गोरखपुर, कॉस्मो पब्लिकेशंस, दिल्ली, पृ. 463।
78. आर.वी. रसेल, कास्ट्स एंड ट्राइब्स ऑफ सेंट्रल प्रोविंसेज ऑफ इंडिया, खंड I, पृ. 38।
79. सर वॉल्सले हेंग, द नेटिव स्टेट्स ऑफ नॉर्दन इंडिया फ्रॉम ए.डी. 1000 टू 1526। कैम्ब्रिज हिस्ट्री ऑफ इंडिया, खंड III, एस. चाँद, दिल्ली 1965, पृ. 535-536।
80. अबुल फजल का अकबरनामा, खंड II, अनुवाद एच. बेवरिज, रेयर बुक्स, दिल्ली, 1977, पृ. 325।
81. क्रिस्टोफ वॉन फ्यूरेर-हैमेनडोर्फ, द गोंड्स ऑफ आन्ध्र प्रदेश, विकास पब्लिशिंग हाउस प्रा.लि. दिल्ली, 1979, पृ. 4।
82. बछड़े के नरम मांस के प्रति टपकती लार को रोकना ब्राह्मणों के लिए भी मुश्किल था, यह बात गाय की बलि पर रोक के सन्दर्भ में याज्ञवल्क्य की प्रतिक्रिया से भी जाहिर होती है। यह प्रतिक्रिया शतपथ ब्राह्मण में है जिसका अनुवाद जुलियस इगेलिंग ने किया है। प्रकाशक मोतीलाल बनारसी दास, दिल्ली, 1963, पृ. II, III, खंड, एडीटी 2, बीआर 21।
83. जी.एच. डमांट, सम एकाउंट ऑफ पालीज ऑफ दिनाजपुर, इंडियन एंटीक्वेरी, खंड I, 1872, जैस वर्गेस द्वारा सम्पादित, इंडोलॉजिकल बुक्स, रिप्रिंट कॉर्पोरेशन, दिल्ली 1971, पृ. 336-337।
84. इंडियन एंटीक्वेरी, खंड II, 1873, पृ. 101-102।
85. मोंटगोमेरी मार्टिन, ईस्टर्न इंडियन नम्बर 15, रंगपुर और असम, कॉस्मो पब्लिकेशन, पृ. 415।
86. जी.एच. डमांट, इंडियन एंटीक्वेरी, खंड I, 1872, पृ. 336-337।
87. फिलिप कार्ल सुल्जमैन, आइडियोलॉजी एंड चेंज इन मिडिल ईस्टर्न ट्राइबल सोसाइटीज, मैन खंड 13, नवम्बर 4, दिसम्बर, 1978, पृ. 618।
88. पूर्वोक्त, पृ.-623-624।
89. फ्रांसिस बुकानन मोंटगोमेरी मार्टिन के ईस्टर्न इंडिया नम्बर-12 में, भागलपुर और गोरखपुर, पृ. 468।
90. आर.वी. रसेल, द ट्राइब्स एंड कास्ट्स ऑफ द सेंट्रल प्रोविंसेस ऑफ इंडिया, खंड I, कॉस्मो

पब्लिकेशंस, दिल्ली 1975, पृ. 34।

91. आर.ई. एंथोवेन, द ट्राइब्स एंड कास्ट्स ऑफ बॉम्बे, खंड I, कॉस्मो पब्लिकेशंस, दिल्ली 1975 (सबसे पहले 1920 में प्रकाशित), पृ. XVII-XVIII।
92. पूर्वोक्त, खंड, पृ. 7-8।
93. पूर्वोक्त, पृ. 8।
94. गुस्ताव ओप्पर्ट, द ऑरिजनल इनहैबिटेंट्स ऑफ भारतवर्ष और इंडिया, पृ. 261।
95. आर.वी. रसेल, द ट्राइब्स एंड कास्ट्स ऑफ सेंट्रल प्रोविंसेस ऑफ इंडिया, खंड I, पृ. 34।
96. आर.वी. रसेल द्वारा उद्धृत, पूर्वोक्त, पृ. 35।
97. फ्रांसिस बुकानन, ईस्टर्न इंडिया नम्बर 15, रंगपुर और असम, मोंटगोमेरी मार्टिन, कॉस्मो पब्लिकेशंस दिल्ली, पृ. 676।
98. फ्रांसिस बुकानन, पूर्वोक्त, पृ. 518-19।
99. पूर्वोक्त, पृ. 619-620।
100. पूर्वोक्त, पृ. 520।
101. पूर्वोक्त, नम्बर-12, भागलपुर और गोरखपुर, पृ. 118-119।
102. कल्हण, राजतरंगिनी, रंजीत सीताराम पंडित का अनुवाद, साहित्य अकादमी, नई दिल्ली 1968, पृ. 117।
103. पूर्वोक्त, पृ. 179-181।
104. श्रीमती सी.ए.एफ. राइज डेविड्स का इकॉनामिक कंडीशंस एकॉर्डिंग टू अर्ली बुद्धिस्ट लिटरेचर शीर्षक वाला लेख, कैम्ब्रिज हिस्ट्री ऑफ इंडिया, खंड I, संपा. ई.जे. पेप्रोन, एस. चाँद एंड कम्पनी, 1968, पृ. 186-187।
105. बुद्धघोष की नीति कथाएँ, बर्मी से अंग्रेजी अनुवाद—कैप्टन टी. रोजर। पाली से अनुवाद—एफ. मैक्स मूलर, आलोक पब्लिशकेशंस, नई दिल्ली। (पहली बार 1870 में प्रकाशित) पृ. 47।
106. जातक, खंड II, पाली से अनुवाद : रॉबर्ट चैम्बर्स, सम्पा. ई.बी. कोवेल, कॉस्मो पब्लिकेशंस, दिल्ली 1973, (पहली बार 1895 में प्रकाशित) पृ. 115।
107. पूर्वोक्त।
108. जातक खंड I, पूर्वोक्त, पृ. 308।
109. विनय टैक्स्ट, भाग I, टी. डब्ल्यू. राइस डेविड्स और हरमैन ओल्डेमबर्ग द्वारा अनूदित, मोतीलाल बनारसीदास, दिल्ली 1965, (पहली बार 1881 में प्रकाशित)। पृ. 152।
110. ए.बी. कीथ का लेख 'द पीरियड ऑफ द लेट संहिताज' जो कैम्ब्रिज हिस्ट्री ऑफ इंडिया, खंड I, में है। सम्पा. ई.जे. रैप्सन, एस. चाँद एंड कम्पनी, दिल्ली, 1968, पृ. 129।
111. शतपथ ब्राह्मण, पुस्तक I, अनुवाद जुइस इग्गेलिंग, प्रधान सम्पादक—मैक्स मूलर, मोतीलाल बनारसीदास, दिल्ली, 1963, पृ. 201।
112. आर्नोल्ड टॉयनबी, ए स्टडी ऑफ हिस्ट्री, खंड 5, ऑक्सफोर्ड, लन्दन, 1962, पृ. 138।
113. एनचार्लोट ईशमैन का प्रोटोटाइप्स ऑफ द नवकलेवर रिचुअल एंड देअर रिलेशन टू द जगन्नाथ कल्ट शीर्षक वाला लेख जो ए. ईशमैन, हरमैन कुल्के और जी.सी. त्रिपाठी द्वारा सम्पादित पुस्तक 'कल्ट ऑफ जगन्नाथ एंड द रीजनल ट्रेडिशन इन ओरिसा' में है। मनोहर पब्लिकेशंस, नई दिल्ली 1978, पृ. 264।
114. ए. ईशमैन, पूर्वोक्त किताब का लेख 'हिन्दुआइजेशन ऑफ ट्राइबल डाइटीज इन ओरिसा', पृ. 86।

115. हरमैन कुल्के का लेख 'क्षत्रियाइजेशन एंड सोशल चेंज इन पोस्ट मेडिवल ओरिसा,' का लेख 'जर्मन स्कालर्स ऑन इंडिया' खंड II, में है। सम्पादन : जर्मनी के दूतावास का सांस्कृतिक विभाग, नचिकेता पब्लिकेशंस लि. बम्बई, 1976, पृ. 152।

116. पूर्वोक्त, पृ. 152।

117. हरमैन कुल्के, 'रायल टेम्पल पालिसी एंड स्ट्रक्चर ऑफ मेडिवल हिन्दू किंगडम' शीर्षक लेख जो 'कल्ट ऑफ जगन्नाथ एंड दीनानाथ ट्रेडिशंस ऑफ ओरिसा' में है। पृ. 126।

118. शतपथ ब्राह्मण, बुक I, अनुवाद : जुलियस एग्गेलिंग, संपादन : मैक्स मूलर, मोतीलाल बनारसीदास, दिल्ली, 1963, पृ. 104-106।

119. पी.सी. राय चौधरी, *इनसाइड बिहार,* बुकलैंड प्रा.लि. कलकत्ता, इलाहाबाद, पटना, 1962, पृ. 213।

120. आर.वी. रसेल और हीरालाल, ट्राइब्स एंड कास्ट्स ऑफ द सेंट्रल प्रोविंसेस ऑफ इंडिया, 1975, पृ. 31।

121. क्रिस्टोफ वॉन फ्यूरर-हैमेनडार्फ, द गोंड ऑफ आन्ध्र प्रदेश, विकास पाब्लिशिंग हाउस, प्रा.लि., दिल्ली, 1979, पृ. 20।

122. डोनाल्ड यूजेन स्मिथ, *इंडिया एज ए सेकुलर स्टेट,* प्रिंसटन यूनिवर्सिटी प्रेस, लन्दन और बम्बई, 1963, पृ. 273।

123. एम.एन. श्रीनिवास, *सोशल चेंज इन मॉडर्न इंडिया, ओरिएंट लोंगमैन, नई दिल्ली, 1972, पृ. 6।*

अध्याय : 4

जाति : एक संश्लिष्ट व्यवस्था

कुछ लोगों को इस बात पर हैरानी हो सकती है कि जब विभिन्न समूहों के अन्दर हैसियत या दर्जे का इतना बदलाव होता रहा है तब वर्ण और वर्णक्रम का एक बना-बनाया ढाँचा किस तरह से सदियों से मौजूद है। लेकिन इसकी व्याख्या करना कोई मुश्किल काम नहीं है। मनुष्य नई चीजें तलाशता रहता है। यह बात सही है पर वह स्थिरता भी चाहता है, सुरक्षा का खयाल भी उसके मन में रहता है और जब वह किसी व्यवस्था को उपयोगी पाता है तब वह बनी-बनाई लकीर का फकीर भी बन जाता है। यह चीज उसे ऐसे नए आविष्कारों या खोजों की बनिस्वत ज्यादा सुरक्षित या सुविधाजनक लगती है जिसमें कोई खास नया लाभ होनेवाला नहीं है। यह बात सिर्फ वर्ण-व्यवस्था पर ही लागू नहीं होती, सभी व्यवस्थाओं पर लागू होती है। अन्तर सिर्फ उन मूल्यों का होता है जिनके इर्द-गिर्द विभिन्न समाज खुद को संगठित करते हैं। एक बार जब मूल्य स्थापित हो जाते हैं तो उस समाज के लोग खुद को इनके अनुसार ढालने का प्रयत्न करते हैं। जैसे पूँजीवादी व्यवस्था में व्यक्ति का धन या पूँजी ही उसके दर्जे को तय कराती है। इस व्यवस्था के तहत रहनेवाले अधिकांश लोग इसे मानते हैं और तभी इस पर शक भी करते हैं जब गम्भीर संकट इस विश्वास को ध्वस्त कर देता है। लेकिन इस बड़े ढाँचे के अन्दर भी व्यक्तियों और परिवारों के धन तथा भौतिक साधनों की स्थिति में उतार-चढ़ाव होता रहता है। लेकिन इस तरह के बदलाव उस व्यवस्था को ही नहीं बदल देते। और जो लोग इस व्यवस्था में एक हैसियत पाना चाहते हैं वे भले ही इस समाज के मूल्यों को स्वीकार करें या न करें, उन्हें सम्पत्ति या पूँजी जुटाकर ही इसे हासिल करना होता है। इसलिए इस बात में कुछ भी हैरानी की चीज नहीं है कि भारत में लोग सदा से वर्ण-व्यवस्था को मानते आए हैं क्योंकि समाज की यह वह व्यवस्था रही है जिसके तहत कोई

व्यक्ति अपनी स्थिति में बदलाव कर सकता था या कोई ऊँचा दर्जा हासिल कर सकता था।

यह व्यवस्था दूसरी व्यवस्थाओं की अपेक्षा इस कारण बहुत लम्बे समय तक चल पाई क्योंकि इसमें बदलावों को अपने अन्दर सँभाल लेने या खुद को उनके अनुरूप ढाल लेने की सबसे ज्यादा क्षमता रही है और इसके चलते व्यवस्था को बदलने की जरूरत ही नहीं पड़ी। जिस व्यवस्था में इतनी जड़ता का पहलू है वह अपने अन्दर बदलाव करती रही हो या बदलावों को बर्दाश्त करने में सक्षम हो यह चीज ऊपर से देखने में विरोधाभासी लगती है। लेकिन ऐसा ही हुआ है। और यही प्रक्रिया रही है। कबीलाई समाज से इसमें आनेवाला व्यक्ति या समूह पहले इस व्यवस्था में सबसे नीचे के पायदान पर ही जगह पाएगा लेकिन समय बीतते जाने के साथ सत्ता में अपनी हैसियत बढ़ाने के साथ ही वह इस सामाजिक सीढ़ी पर भी ऊपर चढ़ता जा सकता था। पिछले अध्याय में हमने इसके काफी सारे उदाहरण देखे हैं। इसलिए इस व्यवस्था को ही समाप्त कर देने की कोई बहुत जरूरत समाज को महसूस नहीं हुई।

भारत में पूँजीवाद के आ जाने के बाद भी इस व्यवस्था के टिके रह जाने के कुछ अन्य कारण भी होंगे। यूरोप में सामन्तवाद आर्थिक और राजनीतिक, दोनों तरह का था। ऐसे में पूँजीवाद को अपने विकास में जरूरी सारे उत्पादक तत्त्वों को आजाद करने के लिए सामन्तवाद का खात्मा करना जरूरी था। दूसरी ओर वर्ण-व्यवस्था, जिसकी शुरुआत में उच्च वर्ण के साथ आर्थिक विशेषाधिकार भी जुड़े ही हुए थे पर बाद में इसने अपने अन्दर यह लचीलापन ला दिया कि शूद्र वर्ण का भी कोई व्यक्ति धन और समृद्धि हासिल कर सकता है। वर्ण और समृद्धि के मामले को अलग-अलग रखने की यह व्यवस्था कई बार यह धारणा पैदा कर सकने तक गई, जैसाकि हम डुमांट वाले मामले में देखते हैं। वर्ण-व्यवस्था में सामाजिक दर्जा और सत्ता तथा परिणामस्वरूप विशेषाधिकार भी एकदम अलग-अलग हो गए। इस बदलाव में यह व्यवस्था राजनीतिक सत्ता के अदलने-बदलने तथा लोगों की आर्थिक स्थिति में उतार-चढ़ाव में भी बने रहने की स्थिति आ गई। लेकिन समाज के सबसे निचले पायदान पर रहनेवालों की स्थिति में बदलाव नहीं हुआ क्योंकि उनके मामले में जाति और आर्थिक स्थिति, दोनों का दर्जा निचला ही बना रहा। देश के अधिकांश हिस्सों में अनुसूचित जातियों की यही स्थिति है और बनी रही है।

अंग्रेजी शासन के कायम होने से न सिर्फ लोगों का जातीय दर्जा जस-का-तस रुक गया बल्कि नए शासन ने वर्ण-व्यवस्था पर किसी किस्म के हमले को

निरुत्साहित भी किया। अंग्रेजों ने शिक्षा, शासन और आर्थिक नीतियोंवाली जो व्यवस्था कायम की उसमें ऊपरी तौर पर लगता रहा कि इसके बाद वर्ण-व्यवस्था का कोई मतलब ही नहीं रह जाएगा। सैद्धान्तिक रूप से यह सम्भव भी था कि कोई किसी भी वर्ण का हो, सबसे ऊँची शिक्षा हासिल कर सकता था। इसी प्रकार उसके लिए प्रशासन या उद्योग के क्षेत्र में भी उसके जन्म की जाति का विचार किए बिना जा पाना सम्भव था। इससे यह भ्रम फैल गया कि जाति व्यवस्था मरती जा रही है या अब लोगों के जीवन पर इसका कोई प्रभाव नहीं रह गया है। लेकिन सच्चाई यही रही कि शिक्षा और प्रशासन मुख्यतः उन्हीं लोगों के हाथ आए जिनको इससे पहले के समाज में विशेषाधिकार प्राप्त था और अपवादस्वरूप किसी आधुनिक कारखाने में ब्राह्मण द्वारा शूद्र जैसा काम करने या शूद्र द्वारा ब्राह्मण की भूमिका अपनाने को छोड़ दें तो मोटे तौर पर जाति व्यवस्था और वर्ण प्रणाली अक्षुण्ण रहे और इनमें कोई गतिशीलता नहीं आई।

इसका मुख्य कारण था—सामाजिक जीवन पर नए उद्योग का असर पूरी तरह ऋणात्मक रहना। उन्होंने आधुनिक उद्योग तन्त्र का विकास तो नहीं किया, उल्टे भारत के पारम्परिक उद्योगों को चौंका भर दिया, जिससे बड़ी संख्या में लोग बेरोजगार हुए। गाँवों में इस बदलाव की सबसे ज्यादा मार कारीगरों और शिल्पियों पर पड़ी जो मुख्यतः शूद्र जातियों से आते थे। अपने पारम्परिक क्षेत्रों से हाथ धोने के बाद ये भूमिहीन मजदूर बन गए और इस प्रकार ग्रामीण समाज में उनका दर्जा और नीचे चला गया।

इसलिए नए उद्योगों के आने से जहाँ शहरों में जाति व्यवस्था का रूप हल्के तौर पर मद्धिम पड़ा वहीं गाँवों में छोटी जाति के भूमिहीन मजदूरों की ऊँची जातिवाले जमींदारों पर ज्यादा निर्भरता ने जातीय दमन को बढ़ा दिया। इस प्रकार जाति व्यवस्था को एक नया जीवन मिल गया। दरअसल इस दौर में बढ़े उत्पीड़न ने जातियों के बीच एक नए किस्म की कड़ुवाहट पैदा की जो पहले नहीं थी। इसके लिए दो कारण जिम्मेवार हैं। कारीगर और काश्तकारों के दरिद्र होने तथा सबसे निचली जातियों में भूमिहीनों की संख्या बढ़ने से अनेक जगहों पर जाति और वर्ण का गड्डमड्ड पैदा हो गया। जाति व्यवस्था की असमानता ने वर्ण व्यवस्था की असमानता से हाथ मिलाकर चौगुना मारक असर किया। दूसरी चीज हुई बाहरी दुनिया से सम्पर्क के चलते मानवीय एकता और मानव अधिकारों सम्बन्धी विचारों का फैलाव जिसने लोगों की आकांक्षाओं को बढ़ाया पर स्थितियों ने कुंठा ही पैदा की। इससे समाज में नाराजगी बढ़ी। इसलिए जाति व्यवस्था तो रही ही, जातीय नफरत का भाव और बढ़ गया। इस चीज को समझा भी

जा सकता है। लेकिन यह बात समझ नहीं आती कि वर्ण का मिथक कैसे मजबूत हुआ। इसलिए जिन टकराव की स्थितियों में यह बढ़ा उनकी तरफ भी नजर डालनी चाहिए।

ऐसे भी कुछ लोग हैं जो मानते हैं कि वर्ण-व्यवस्था विदेशों से आई है। वे मिस्र और ईरान में ऐसी व्यवस्था होने की तरफ इशारा भी करते हैं। इस मत के समर्थन में हर्बर्ट रिज़्ले लिखते हैं :

> "इन दो प्रणालियों के बीच इतनी जबर्दस्त समानता है कि यह नहीं कहा जा सकता कि भारत में यह चीज बस यूँ ही आ गई या किसी दुर्घटनावश पैदा हो गई। भारतीय सिद्धान्त निश्चित रूप से ईरानी व्यवस्था के अनुरूप ही विकसित हुआ है। दोनों में बहुत अन्तर दिखता है तो उसका कारण यह है कि भारत और फारस के समाज के बुनियादी स्वरूप में फर्क था—भारत में भारोपीय परिवार के लोगों के अलावा काफी बड़ी जनसंख्या मूल निवासियों की थी जो भारोपीय लोगों से शारीरिक रंग-रूप में तो अलग थे ही, उनके पूजा-पाठ और धार्मिक रीति-रिवाज भी अलग थे। इन सारे लोगों को अपने दायरे में किसी-न-किसी तरह लेना था। और यह काम उन सभी को सीधे-सीधे शूद्र वर्ग में डालकर किया गया जो द्विजों से काफी नीचे तो थे ही, ईरान में कारीगर समूहों को मिले दर्जे से भी काफी नीचे था। इस प्रकार चार वर्णों अर्थात् रंगों का भारतीय मिथ कायम हुआ जो फारस और मिस्र में कारीगरों के समूहवाली पहचान और आधुनिक भारत में बहुत ही कठोर रूप से परिभाषित जाति व्यवस्था के बीच की चीज लगती है।"[1]

वे वहीं पर यह भी जोड़ते हैं कि ईरानी व्यवस्था में सिर्फ सर्वोच्च समूह वाले अर्थवान ही सजातीय विवाह करते थे और मिस्र में सूअर पालने वाले समूह को छोड़कर पेशेवर समूहों की विभिन्न श्रेणियों के बीच अन्तर्जातीय विवाहों पर कोई रोक न थी।

लेकिन यहाँ आकर भी हम पाते हैं कि यह सबसे महत्त्वपूर्ण सवाल अनुत्तरित ही रह जाता है कि यह व्यवस्था किसी भी जगह आखिर किस तरह पैदा हुई। कोई भी समाज कोई बहुत सोची-समझी योजना के अनुसार एक दिन अचानक बनकर तैयार नहीं हो जाता। कोई भी सामाजिक ढाँचा काफी समय लेकर और कुछ खास परिस्थितियों में अपना आकार ग्रहण करता है। एक निश्चित स्तर पर, जब यह सुपरिभाषित रूप ले लेता है, आकर ही वह अपने पुरावशेष से

अपनी सत्ता या प्रभुत्व बनाता है और जब इसका मूल मिथकों और पुराकथाओं के ढेर में कहीं दब-छुप जाता है तब यह तर्कसम्मत प्रणाली का रूप लेने लगता है। अगर कोई प्रणाली मिस्र और फारस में कुछ खास स्थितियों में पैदा होती है तो यह उन्हीं स्थितियों में भारत में भी उठ खड़ी हो सकती है। लेकिन हमारी वर्ण-व्यवस्था की सबसे महत्त्वपूर्ण और खास बात है इसके चौथे वर्ण अर्थात् शूद्रों की स्थिति जिसे रिज़्ले विशेष परिस्थितियों में आई गड़बड़ी भर मानते हैं। चौथे वर्ण के साथ भेदभावपूर्ण और अलग तरह के व्यवहारवाली बात के न रहने पर वर्ण-व्यवस्था असल में वर्ण-व्यवस्था रह ही नहीं जाती और फिर सामाजिक परिघटना के रूप में इसे जानने-परखने की दिलचस्पी खासा हो जाती है। फिर यह श्रम विभाजन की किसी भी अन्य सामाजिक व्यवस्था की तरह ही रह जाता है।

इस अजीबोगरीब व्यवहार या सम्बन्ध की जो सबसे सम्भावित व्याख्या है वह यही कि यह एकदम अलग सांस्कृतिक पृष्ठभूमि से आए लोगों के टकराव और नए लोगों के दावों से पैदा समस्या को समायोजित करने का प्रतिफल है। ऐसी व्यवस्था में अनिवार्यतः सम्बद्ध समूहों की सापेक्षिक शक्ति और विशिष्ट क्षमताओं का अपना हिसाब-किताब भी शामिल रहा है।

फारस में मागी नाम से जाने जानेवाले पुजारी मेडिया के बाहर से आए और सजातीय शादी-ब्याह करनेवाली एक अलग जाति के लोग थे। एक प्रचलित मान्यता के अनुसार मेडिया पर फारसी सम्राट साइरस का कब्जा होने के बाद मागी लोगों को फारस में बतौर पुजारी लाया गया। जेंड-अवेस्ता के अपने अनुवाद की भूमिका में जेम्स डार्म्सटेटर लिखते हैं :

> "अब हम यह समझने में सक्षम हैं कि फारसी लोगों का धार्मिक ग्रन्थ गैर-फारसी लिपि में लिखा गया था। यह इसके रचनाकारों, मागी लोगों की भाषा में लिखा गया था जो फारस के नहीं थे। पुजारियों और आम लोगों के बीच सिर्फ जुबान का अन्तर ही न था बल्कि वे अलग-अलग नस्ल के भी थे और पुजारी वर्ग गैर-फारसी इलाके से आया था...।
>
> "हेरोडोटस से लेकर एम्मियनस तक जैसे सभी शास्त्रीय लेखक मेडिया को मामियों का निवास-स्थान और जन्मस्थान मानने पर सहमत हैं।"[2]

और वे मार्सेलिनस (चौथी सदी) के लेखन से यह उद्धरण देते हैं :

> "मेडिया मागी लोगों के लिए उर्वर भूमि है...(महाशय हिस्टास्पेस

> को जादू-टोना पढ़ाने के चलते) उनको काफी सारी सम्पत्ति मिली, और इस प्रकार हिस्टास्पेस से लेकर अब तक उनका परिवार भरा-पूरा और विशाल बन चुका है और वंशानुगत रूप से वे ईश्वर की पूजा-आराधना में लगे रहे हैं...''[3]

आगे उनकी टिप्पणी है :

> "उनकी उत्पत्ति सम्बन्धी दन्तकथाओं के विवरण को दरकिनार करते हुए हम इस विवरण पर गौर करें तो साफ लगता है कि मार्सेलिनस के समय तक भी मेडिया में मागी नामक कबीले या कुल के लोग थे जिनके पास ईरानी लोगों को पूजा-पाठ कराने का विशेषाधिकार था।''[4]

पिछले अध्याय में हमने देखा है कि अगर एक ही क्षेत्र में कई कबीलों या कुल के लोग रहते थे तो किसी एक कुल या कबीले के लोग पूजा-पाठ या धार्मिक अनुष्ठान कराने का पेशा करते थे और अन्य लोगों के आयोजनों को सम्पन्न कराते थे। हमारे लिए फारस की यह बात खास दिलचस्पी रखती है कि सामाजिक वर्गीकरण में सबसे विशिष्ट जाति बाहरी लोगों की ही थी। पहले हम यह भी देख चुके हैं कि जब सिकन्दर ने भारत पर हमला किया था, इसके पश्चिमी हिस्से में क्षत्रिय और शूद्र नाम के कुछ कबीले थे। इन सब जानकारियों से इतना स्पष्ट लगता है कि भारत में किसी बने-बनाए बाहरी ढाँचे को लागू करके जाति व्यवस्था अस्तित्व में नहीं आई।

वर्ण-व्यवस्था यहीं से उधार ली गई हो या बाहर से आई हो इस सम्भावना को ऋग्वेद भी खारिज करता है जो आर्यों का सबसे प्राचीन धर्मग्रन्थ है और उसमें इसके बारे में कुछ भी नहीं कहा गया है। बाद में हिन्दुओं की तुलना में ऋग्वैदिक युग के आर्यों का फारस के लोगों और उनके माध्यम से मिस्री लोगों से ज्यादा निकट सम्बन्ध रहा होगा। अगर कोई यह मान ले कि ईरान अर्थात् फारस में जाति व्यवस्था ऋग्वेद के काल के बाद आई होगी और फिर भारत में भी उसके बाद ही आई हो तो इसे पहले लागू करने का इलाका तो बलूचिस्तान और अफगानिस्तान से लगे क्षेत्रोंवाला ही होना चाहिए जो ईरान से ज्यादा पास पड़ते। लेकिन हम पाते हैं कि जाति व्यवस्था तो गंगा-जमुना के मैदानी इलाके में फली-फूली।

दरअसल जो कोई भी यह कहे कि कोई सामाजिक व्यवस्था किसी राजा, किसी पुरोहित या थोड़े से लोगों ने सचेत ढंग से बनाई उसकी बात को थोड़े शक की निगाह से देखना चाहिए। इसी श्रेणी में यह सिद्धान्त भी आता है कि

वर्ण-व्यवस्था सामाजिक श्रम के विभाजन में बँटी विभिन्न जिम्मेवारियों को बेहतर ढंग से संचालित करने के लिए बनी थी। डुमांट श्रम विभाजनवाली बात को जरूरत से ज्यादा महत्त्व देते हुए वर्ण-व्यवस्था की उत्पत्ति को आनुष्ठानिक रूप दे देते हैं। इसी से उनकी राय में वर्ण-व्यवस्था काम की श्रेणीबद्धता का स्पष्ट बँटवारा है। पर समाज में ऐसा आर्थिक ढाँचा या फॉर्मूला शायद ही कभी चलता है। अगर वर्ण-व्यवस्था में श्रम का बँटवारा तार्किक होता तो फिर आबादी का कौन-सा हिस्सा स्वेच्छा से सारे मुश्किल और श्रमसाध्य कार्यों को करना स्वीकार करता। इसलिए इस व्यवस्था की उत्पत्ति के स्रोत पंडितों और पुरोहितों की भक्ति भावना और दूरदर्शी नजरिए में न देखकर उन परिस्थितियों में देखने होंगे। भारतीय व्यवस्था में श्रम के बँटवारे की बात को अधिक तार्किक ढंग से बताया और समझाया जा सकता है। उसके लिए जाति व्यवस्था को श्रेय देने की जरूरत नहीं है।

श्रम का विभाजन और जजमानी व्यवस्था

यह सामान्य जानकारी की चीज है कि विभिन्न कबीले भी एक-दूसरे से एकदम अलग-थलग या कट-छुपकर नहीं रहते। एक-दूसरे से संवाद करने की उत्कंठा इतनी प्रबल हो सकती है कि उससे लम्बी दूरी को भरने के लिए भी जटिल सम्बन्धों की कड़ी बना ली जाए। जैसे दक्षिणी सागर में न्यू गुयाना के पूरब में स्थित टापुओं पर रहनेवाले ट्रोबियांड आइलैंडर 'कुला' के माध्यम से आपस में संवाद करते हैं। दूर-दूर बिखरे इन टापुओं पर रहनेवाले ये लोग छोटी नौकाओं के सहारे सम्बन्ध रखते हैं। इन नौकाओं में उपहार भेजकर यह सम्बन्ध और संवाद चलता है पर यह उपहार प्रणाली भी एक किस्म के लेन-देनवाली है—जिस टापू पर जो कुछ होता या मिलता है उसे वे दूसरों के यहाँ भेजते हैं। बदले में दूसरे टापुओं की चीजें उन तक आती हैं। दुनिया में हर कहीं कबीले आपस में इस किस्म का सम्बन्ध, लेन-देन चलाते हैं। इस लेन-देन में लोग अक्सर अपने समाजों, उत्पादों का आदान-प्रदान करते हैं। शिकारी, पशु चरानेवाली या खेती करनेवाली, सभी जमातें इस किस्म का सम्बन्ध बनाती और चलाती हैं और धीरे-धीरे उनकी जीवनशैली से जो चीज ज्यादा अच्छी तरह मेल खाती है उसके उत्पादन की विशेषज्ञता और कौशल विकसित कर लेती हैं। इस प्रकार आसपास के इलाकों में रहनेवाले कबीलों के लोग एक जीवन्त सम्बन्ध विकसित कर लेते हैं। गुंथर डी. सोंतहाइमर खेतिहर माली और कुनबी तथा चरवाहा जीवन जीनेवाले

धांगड़ों के जीवन्त सम्बन्धों का उदाहरण देते हैं। वे लिखते हैं :

> "इस प्रकार धांगड़ लोग मालियों और कुनबियों की भेड़ों को पालते हैं जबकि वे खुद धांगड़ों की जमीन पर खेती किया करते हैं। वादी-अ और वादी-ब (गाँवों के काल्पनिक नाम) के कुछ धांगड़ों के पास अपनी जमीनें हैं जिन पर कुशल खेतिहर माली जाति के लोग खेती करते हैं। उन्हें खेती करने के एवज में आधा उत्पाद मिलता है।"[5]

जजमानी व्यवस्था में हर पेशे के लोग खेती की पैदावार में एक हिस्से के बदले अपनी खास किस्म की पारम्परिक सेवा या उत्पाद किसानों को देते हैं। माना जाता है कि यह व्यवस्था कर्मकांड से जन्मी है पर व्यवहारतः इसी तरह के आदान-प्रदान से बनी हो सकती है।

जंगल में रहनेवाले आदिवासियों और खेतिहर लोगों के बीच ऐसे आदान-प्रदान का जिक्र एन.के. बोस करते हैं। वे लिखते हैं :

> "छोटानागपुर के बिरहोरों की तरह ओड़िसा के मकरखिया कुल्हा कबीले के लोग जंगली लताओं से रस्सी और फन्देवाले बैग बनाते हैं और साप्ताहिक हाटों में बेचते हैं। मयूरभंज में खड़िया लोग जंगल में गोंद, मोम, शहद वगैरह जमा करते हैं और गाँव व हाट में व्यापारियों को थोड़ी कीमत में बेच देते हैं। ढेंकनाल शहर के पास के गाँवों में जुआंग आदिवासी अन्य समुदाय के लोगों को जंगल से लाकर जलावन की लकड़ी बेचते हैं और पाल लाहरा के पास वे बाँस से बनाई चीजें बेचकर कुछ पैसे बना लेते हैं। इनमें से प्रत्येक मामले में हम देखते हैं कि एक समुदाय के लोगों ने एक खास किस्म का काम अपना लिया है। स्थानीय स्थितियों की भिन्नता के हिसाब से इन्हीं गैर-आर्य समुदायों के लोगों को ओड़िसा में अलग-अलग हिस्सों में अलग-अलग तरह के काम मजबूरी में शुरू करने पड़े होंगे। जब एक समुदाय के लोग एक खास पेशे पर एकाधिकार-सा बना लेते हैं तो दूसरे समुदाय के लोग उन क्षेत्रों में जाने से बचते हैं...।"[6]

उपरोक्त सम्बन्ध पूरी तरह लेन-देन वाले नहीं हैं क्योंकि अध्ययनवाले दौर तक मौद्रिक व्यवस्था उस पर प्रभुत्व कायम कर चुकी थी लेकिन इससे लगता है कि इस तरह का बँटवारा और विशिष्टता लेन-देन वाली प्रणाली के तहत ही शुरू हुई जो धीरे-धीरे मुद्रा के लेन-देन तक चली गई।

विभिन्न तरह के कौशल और काम में विशेषज्ञता, जिसमें लेन-देन या अदला-बदली शामिल होती है, वाली धारा को हम भारत में प्रागैतिहासिक काल से ही देख सकते हैं। पुरातत्ववेत्ता इस बात की पुष्टि करते हैं कि प्रागैतिहासिक काल में भी गंगा घाटी और ओड़िसा के पर्वतीय इलाके के शिकारी लोग धातु का सामान और हथियार बनाने में कुशल थे। कुछ पुरातात्विक खोजों का हवाला देते हुए मोर्टिमर व्हीलर लिखते हैं :

> ''जैसा कि प्रमाणों से जाहिर होता है, हम 1000 ई. पूर्व के आसपास ही गंगा घाटी और ओड़िसा के पर्वतीय हिस्सों में धातु कर्म का कौशल उन लोगों के द्वारा विकसित ही पाते हैं जो मुख्यतः शिकारी थे और जो सम्भवतः जंगल को साफ करके बनाए अस्थायी गाँवों में रहते थे। (वैसे यह उल्लेखनीय है कि जिन व्यक्तियों का यहाँ जिक्र है वे उन लोगों के समकालीन होंगे जो नींव डालकर घर बनाते थे और जिनके अवशेष मिले हैं)। विशेषज्ञों को रख पाने या विशेषज्ञता विकसित कराने का अवसर दे पाने में अक्षम इन समूहों के लोग अपने कौशल का साझा करते थे, यह बात दोनों जगहों पर दिखनेवाली अनेक समानताओं से जाहिर होती है।''[7]

इन लोगों में वस्तुओं और कौशल का आदान-प्रदान होता था। इस बात की पुष्टि एक अन्य पुरातत्ववेत्ता करते हैं। मैसूर के इलाके में ऐसे लेन-देन के बारे में आलचिंस लिखते हैं :

> ''...भारतीय सन्दर्भ में इस बात की अधिक सम्भावना है कि शिकारियों ने अपने शिकार का एक हिस्सा देकर उत्तर पाषाण युग के वाशिन्दों से पत्थर के हथियार लिए हैं। जो भी हो ऐसा आदान-प्रदान उत्तर पाषाण युग के अन्तिम दौर में हुआ होगा जब बसनेवाले लोग नए इलाकों में गए। टोकरी, महुआ और शहद जैसी चीजें, जिन्हें आज भी आदिवासी लोग आसपास के गाँवों के लोगों को देकर उनसे खाने-पीने की चीजें या कपड़े लेते हैं, इस शुरुआती दौर में आपसी लेन-देन का आधार बनी होंगी।''[8]

आदिवासी या कबीलाई लोग जिन चीजों का आदान-प्रदान करते थे उनकी सूची काफी बड़ी हो सकती है। पर धीरे-धीरे इनमें से कुछ काम और चीजें एक-एक जाति की विशेषज्ञता और विशेषाधिकार के दायरे में आती गईं। सम्भव है कि शुरू के सारे काम और सेवाएँ आदिवासियों की विशेषज्ञता का ही हिस्सा हों।

उत्तर प्रदेश के लोढ़ा लोगों का नाम लोढ़ नामक पेड़ की खाल से जुड़ा है जिसे छील और सुखाकर वे बेचते थे। इससे रंग निकलता था। अगरिया उपजाति के लोग गोंडों से निकले हैं और ये लोहा गलाने और निकालने में विशेषज्ञ बन गए। ऐसे ही पेशे से जुड़ी एक जाति है गाड़िया लोहार जो दिल्ली और मेरठ के आसपास बड़ी संख्या में है। इस जाति के लोग एक गाड़ी के साथ ही चलते हैं और पूरे परिवार का सामान उसी गाड़ी पर होता है। जहाँ उनको अपने काम की, अपने उत्पाद की बिक्री की सम्भावना दिखती है, वहाँ वे सड़क के किनारे डेरा डाल देते हैं। लोहे का काम करने में वे बहुत कुशल हैं। वे घुमन्तू लोग हैं और कहा जाता है कि वे मूलतः दक्षिण के हैं। गाँव के लोहारों का भी मूल ऐसा हो सकता है लेकिन वे ग्रामीण समुदाय के साथ बस गए और जजमानी व्यवस्था का अंग बन गए।

कर्मकांडवाले हिसाब से मल्लाहों या केवटों के काम का कोई विवरण नहीं दिया जा सकता। उनका काम नाव खेना और मछली पकड़ना है। लेकिन आदिवासी निषाद से, जिसने राम की नाव खेकर उनको नदी पार कराई, उनका सीधा सम्बन्ध है, यह पौराणिक कथाओं से अनुप्रमाणित है।

इसी प्रकार डोमों का काम है जिनके उत्तर भारत के प्रत्येक गाँव में एक या दो घर होंगे। वे बाँस से बनी टोकरी, सूप, चलनी वगैरह बनाकर बेचते हैं। पूर्वोत्तर में इनकी बड़ी बस्तियाँ भी हैं और वहाँ उन्हें डोम या नादियाल कहा जाता है। बाँस के काम में इनका कोई जोड़ नहीं है और वे बाँस से बनी विभिन्न चीजों को बेचकर ही गुजर करते हैं। बिहार में डोमों की अर्द्धघुमन्तू जमातें भी हैं जो एक स्थान से उठकर दूसरी जगह जाती हैं। गाँव में डोमों के एकाध घर वाली स्थिति को अगर कोई ऊपरी तौर पर जाने-देखे तो उसे लगेगा कि गाँव की क्या अद्‍भुत व्यवस्था है और डोम उसका अभिन्न अंग हैं। यह व्याख्या भी की जा सकती है, जो ज्यादा विश्वसनीय लगती है कि खेती और खेतिहरों का जोर बढ़ने के साथ ही शिकारी और चरवाहा समुदाय के लोग उस पर निर्भर होते गए और बाद में उसी व्यवस्था में अपनी जगह बनाते गए जो सामाजिक श्रेणी के नीचे आए। इन खेतिहर लोगों की बस्तियों के आसपास रहनेवाले आदिवासी लोग बाद में इनकी कुछ जरूरतों के हिसाब से अपने कौशल और जंगली चीजों का सामान इनको उपलब्ध कराके अपना जीवन बसर करने लगे। इनमें से कुछ यही पारम्परिक काम करते हुए गाँवों में बस गए। यह काम उन्हें मजबूरी में भी करना पड़ा हो सकता है क्योंकि खेती और खेतिहरों का प्रभाव बढ़ने से उनके शिकार और चराई के क्षेत्र सिकुड़ते गए होंगे। चूँकि उन्होंने गाँववालों की जरूरतों को पूरा

किया इसलिए उनको गाँव के अन्दर तो जल्दी से जगह दे दी गई पर वे बाहरी और 'छोटी' संस्कृतिवाले माने गए इसलिए उनको सामाजिक वर्गीकरण में निचला स्थान दिया गया। उन्हें मूलवासियों के बराबर दर्जा नहीं मिला। बाद में जो भी समुदाय स्थिर जीवन जीने आए उनकी यही स्थिति दुनिया-भर में रही, उस अमेरिका में भी जो खुद को समान अवसर प्रदान करनेवाला देश कहता है। अलग-अलग पेशों के लोग गाँव के अलग-अलग टोलों में बसे और बाद में आए और निचली जाति में गिने गए लोग गाँव के किनारे बसे, भारतीय गाँवों का यह आम नक्शा शिकारी और चरवाहा समुदाय के लोगों के बाद में बसने और खेतिहर व्यवस्था का अंग बनने के चलते बना है। पर डोमों की सामाजिक या कुछ अन्य ऐसी जातियों की खराब सामाजिक स्थिति को जाननेवाला आदमी जाति व्यवस्था में पैदा होने की कर्मकांडी व्याख्या से सहमत नहीं होगा, जिनका काम और जिनकी सेवाएँ समाज के लिए बहुत उपयोगी हैं।

समय बीतते जाने के साथ यह चीज एक साँचे का रूप ले चुकी होगी। फिर जंगल का जीवन छोड़कर जो कोई गाँवों में बसने आया या जब जंगल को साफ करके गाँव बसे तो सभी जगह इसी साँचे के अनुरूप व्यवस्था बनती गई और देर से आनेवाला नुकसान में रहा या सामाजिक वर्गीकरण के निचले पायदान पर डाल दिया गया। नया पेशा लेकर आया समूह एक नई जाति का दर्जा पा जाता था क्योंकि इसी प्रकार पूरा ग्रामीण समाज बना था। इसी तरह जजमानी व्यवस्था भी बनी और उभरी होगी जिसमें वस्तुओं और सेवाओं का आदान-प्रदान ज्यादा व्यवस्थित और स्थायी ढंग से होना शुरू हुआ होगा और चलता आया है।

लेकिन उत्पादक समूहों के खिलाफ भेदभाव और अनेक बार उनसे बहुत ही अपमानजनक व्यवहार यह बताता है कि इस पूरी व्यवस्था में शारीरिक श्रम को बहुत ही छोटा या नीच काम माना जाता था। और यह चीज वर्ण-व्यवस्था से आई थी जिसमें द्विजों के जिम्मे तो दूसरे काम थे पर शारीरिक श्रम का सारा बोझ शूद्रों पर डाल दिया गया था।

वर्ण के मिथक की उत्पत्ति

वर्ण-व्यवस्था के मिथक की उत्पत्ति के लिए हम न तो बाहरी प्रभाव को जिम्मेवार मान सकते हैं, न कर्मकांडी व्याख्या को। इस व्यवस्था के चलते जितना स्पष्ट और तीखा सामाजिक बँटवारा है उसी से यह एहसास होता है कि प्रभुत्व और अधीनता के सम्बन्धों ने ही इस कड़वाहट और टकराहट को पैदा किया है। भारत

के मूल निवासियों और उत्तर पश्चिम से आए हमलावरों के बीच लम्बी लड़ाई चली, इस बात की गवाही ऋग्वेद की ऋचाएँ भी देती हैं जो चारों वेदों में सबसे पुराना माना जाता है। अधिकांश जानकार मानते हैं कि इन्हीं चार वेदों के रचयिता इंडो-ईरानी लोगों ने तीसरी सहस्राब्दी ई.पू. के आखिरी दिनों में भारत पर हमला किया था। इन ऋचाओं में भी साफ है कि ये हमलावर पशुपालक और चरवाहे थे तथा स्थानीय लोग एक जगह बसकर खेती करनेवाले तथा अधिक सभ्य थे। वे इन्द्र के उपासक थे जो नगरों और बस्तियों को समाप्त करनेवाले माने जाते थे। भले ही सभ्य लोगों को काफी कीमत चुकाने के बाद सुरक्षा और सैन्य संसाधनों का महत्त्व समझ में आया, तो भी सैन्यकाम मूलतः एक बर्बर और असभ्यता की चीज ही है। इस प्रकार भारत के शान्तिप्रिय लोग, जिन्होंने विभिन्न कामों में विशेषज्ञता हासिल कर ली थी और जिन्होंने व्यवस्थित नागरिक जीवन जीना शुरू कर दिया था इन बर्बर दस्तों का शिकार बन गए जिन्हें आम तौर पर आर्य माना जाता है। ऋग्वेद में नगरों के भग्नावशेष की जो चर्चा है उससे यह अन्दाजा लगता है कि भारतवासियों की सभ्यता तब तक प्राकृतिक कारणों से या कुछ सामाजिक विवादों के चलते पतन की राह पर थी। सम्भव है कि इस गिरावट के चलते वे बर्बर हमलावरों के आगे और भी कमजोर पड़ गए होंगे। हमलावरों और मूल निवासियों के बीच रंग-रूप का भी अन्तर हो सकता है क्योंकि ऋग्वेद में मूल निवासियों को कृष्ण (श्याम रंग का) कहा गया है। इन लोगों को 'दासा' भी कहा गया है। इस शब्द का मतलब जिस तरह आगे चलकर गुलाम हो गया, उससे यह लगता है कि इन लोगों को बाद में गुलाम या दास बनाया भी गया। लेकिन भारत की उत्पादन प्रणाली में कभी भी दास प्रथा ने प्रभावी भूमिका नहीं निभाई, इसलिए यह सम्भव है कि यह दौर बहुत लम्बा नहीं चला होगा। पर घरेलू काम के लिए रखे जानेवाले आदमी को दास पुकारने से यह शायद इतना प्रचलित और एक खास स्थिति को बतानेवाला भी बना रहा।

वैदिक ऋचाओं जैसी लिखित परम्पराओं से मिली जानकारियों और पुरातात्विक अवशेषों के अध्ययन के आधार पर आलचिंस इस शुरुआती टकराव के बारे में लिखते हैं :

> ''वेदों में ही यह बात स्पष्ट होती है कि आर्य जिस क्षेत्र को सप्तसैन्धव कहते हैं वहाँ के वे अकेले वाशिन्दे नहीं थे...और शुरू के दिनों में उनका प्रवास बहुत शान्तिपूर्ण भी नहीं था। हम दासा या दस्यु नामक लोगों का विवरण भी पाते हैं जिनका रंग काला

था, जिनकी नाकें चौड़ी थीं जो शिश्न देवता के उपासक थे। उनके पास काफी जानवर थे और वे पुरा के निवासी थे जिसकी दीवारें अभेद्य थीं। हमें पाणि नामक एक अन्य समुदाय के लोगों का भी पता चलता है जिनके पास काफी पशु और धन था। हमें नर्मिणी नामक नगर का भी पता चलता है जो आग में जलकर स्वाहा हो गया था। हमें रावी के तट पर हरियुपिया (जिसे अनेक भारतविद् बड़े विश्वास के साथ हड़प्पा कहते हैं) नामक स्थान पर युद्ध होने का भी पता चलता है। ऋग्वेद में असंख्य विशाल टीलों की मौजूदगी की चर्चा है जिन्हें आर्य इस क्षेत्र के पूर्ववर्ती लोगों की बस्तियों के अवशेष के रूप में याद करते थे...ऋग्वेद द्वारा प्रस्तुत संक्षिप्त तस्वीर तो कुछ ऐसी ही है। यह हमें एक भौगोलिक उद्गम स्थल का पता देने के साथ ही दो पर्याप्त भरोसेमन्द 'पदों' की जानकारी भी देता है—1750 ई. पू. तक हड़प्पा सभ्यता के नगरों का उच्छेद हो जाना और 1050 ई.पू. के आसपास लोहे का चलन में आना।''[9]

ऋग्वैदिक लोगों के आगमन के साथ काफी लड़ाई चली और उसमें वे विजयी हुए, स्थानीय लोगों को अधीनता माननी पड़ी, ये बातें इस सबसे प्राचीन ग्रन्थ से निकलती हैं पर इसमें कहीं भी वर्ण-व्यवस्था की चर्चा नहीं है। इसमें ब्राह्मण शब्द तो आया है पर वह वर्ण या जाति का सूचक न होकर पुजारी के लिए प्रयुक्त हुआ लगता है। पुराणों में विश्वामित्र को क्षत्रिय कहा गया है पर वे भी ब्राह्मण वशिष्ठ की तरह पुरोहित या पुजारी हो सकते थे। दो अन्य वर्णों—वैश्य और शूद्र का उल्लेख नहीं हुआ है। एक चीज निश्चित लगती है कि स्थानीय लोगों की जमीन और पशु छीन लिये गए। पशुओं को छीन लेने का उल्लेख विशेष रूप से कई स्थानों पर किया गया है; और चूँकि इलाके पर उनका कब्जा हो गया था इसलिए वे जमीन के स्वामी भी हो ही गए होंगे।

यह भी निश्चित लगता है कि खेती से जुड़े अनेक काम, शिल्प और कौशल इन घुमन्तू और योद्धा पशुपालकों के लिए मुश्किल लगे होंगे। इसलिए उन्होंने यह होशियारी भरा फैसला किया होगा कि इन कामों को स्थानीय और पारम्परिक तौर पर यही काम करनेवालों के लिए ही छोड़ दिया जाए और सिर्फ यही हिसाब रखा जाए कि उनके श्रम का फल हमें भी मिले। ये नए और मुश्किल काम करने की जगह वे अपना वक्त पशुपालन, लड़ाई लड़ने का अभ्यास करने और यज्ञ करने में लगाते और उन देवताओं के लिए बलि चढ़ाने में लगाते थे जिन्होंने उनको इतनी लाभप्रद जीतें दिलवा दी थीं। चूँकि इन हमलावरों के पास बेहतर अस्त्र-शस्त्र

थे इसलिए श्रम और कामों के ऐसे बँटवारे को चुनौती देने का साहस शायद ही कोई कर सकता था। इस मामले में वे आज तक दिख रहे मानवीय व्यवहार से अलग नहीं लगते। जैसे यह मान लेना कि शक्ति हाथ में आने से उन्हें सबके लिए फैसले करने का अधिकार मिल गया है। और अपने अन्तिम रूप में ये चीजें वैचारिक जामा पहनकर श्रम के विभाजन, सामाजिक वर्गीकरण या काम के तर्कपूर्ण बँटवारे जैसे तर्कों के अनुरूप भी बैठने लगती हैं।

लोगों की इस विभिन्न किस्म की टकराहट और इससे बननेवाले सम्बन्धों के अन्दर ही हमें वर्ण-व्यवस्था का मूल खोजना है। पहले तीन काम–पशुपालन, युद्ध करना और देवताओं को बलि तथा अर्घ्य चढ़ाना तीनों ऊपरी वर्णों–वैश्यों, क्षत्रियों और ब्राह्मणों के तय कर्त्तव्यों से मेल खाते हैं। बाकी काम स्थानीय निवासियों के लिए छोड़ दिए गए। हमलावरों को सुखी-सम्पन्न रखने का सबसे उपयोगी और श्रमसाध्य काम करनेवाले सारे स्थानीय लोगों को शूद्रों की श्रेणी में डाल दिया गया हो सकता है। हमने देखा है कि प्राचीन काल में पंजाब में शूद्र नामक कबीला भी था। सम्भव है कि सबसे पहले अधीन बनाए गए लोगों में यह कबीला भी होगा और हमलावरों की सेवा या उनके लिए उत्पादन करने के लिए अधीनस्थ बसे सभी लोगों का नाम इसी कबीले के नाम पर पड़ गया होगा। एक अन्य सन्दर्भ में गुस्ताव ओप्पर्ट ने जो विचार व्यक्ति किए हैं वे यहाँ प्रासंगिक लगते हैं। वे लिखते हैं :

> "मैं पारिया लोगों को प्राचीन द्रविड़ आबादी का प्रतिनिधि मानता हूँ और इन लोगों को भी समाज के सबसे निचली श्रेणी के लोगों को अपना नाम देने के लिए वैसे ही विवश किया गया होगा जैसाकि प्राचीन शूद्रों को सभी शूद्र जातियों को अपना नाम देने के लिए।"[10]

यह सुप्रसिद्ध है कि 'स्लाव' लोगों ने उन सब युद्धबन्दियों को अपना नाम दिया जो यूनानी और रोमन सभ्यताओं को अपना श्रम देते थे, यद्यपि वे उस तरह बनाए गए दास नहीं थे।

भारत की तरह ही अफ्रीका में भी चरवाहा समुदाय के लोगों ने खेतिहर समुदाय के लोगों पर जीत हासिल की और वहाँ भी काफी कुछ भारतीय वर्ण-व्यवस्था की तरह ही भेदभावपूर्ण सामाजिक व्यवस्था बनी, भले ही वह पूरी तरह हमारी जाति व्यवस्था जैसी न हो। रवांडा के टुट्सी, हुतु और त्वा जातियों या कबीलों का रिश्ता जाति व्यवस्था जैसा ही है। चरवाहों और पशुपालकों का टुट्सी समूह खेतिहर हुतु पर भारी पड़ता है और शिकारी त्वा लोगों के साथ ठीक उसी तरह व्यवहार करता है जैसाकि हिन्दुओं द्वारा चांडालों के साथ किया

जाता है। आई.एम. लेविस ने रवांडा की स्थिति का वर्णन कुछ इस प्रकार किया है :

"इस देश में तीन स्तरीय जाति व्यवस्था पारम्परिक रूप से रही है जो कबीलाई या जातीय पहचान पर आधारित थी और हम देखेंगे कि यहाँ बहुत साफ दिखनेवाली शारीरिक बनावट के अन्तर से भी मेल खाती थी। सबसे ऊपर तो तगड़े डील-डौलवाले टुट्सी हैं जो विशिष्ट और अलग संस्कृतिवाले पशुपालकों का समूह हैं और जिनकी पारम्परिक कथाओं और रिकॉर्ड के अनुसार इन लोगों ने रवांडा को जीता था और स्थानीय हुतु खेतिहरों के ऊपर अपना शासन कायम किया था। वैसे इनकी संख्या कुल आबादी का 15 फीसदी ही है पर इन पशुपालक और तगड़े लोगों ने अपने युद्ध कौशल और युद्ध की बेहतर तकनीक के सहारे दब्बू हुतु खेतिहरों पर अपनी सत्ता कायम कर ली जो आबादी के शेष 85 फीसदी हिस्से में बहुमत में थे। सबसे छोटा और अन्तिम समूह था त्वा लोगों का, जो शरीर और संख्या दोनों हिसाब से एकदम बौने थे, उन्हें काला बौना कहा भी जाता था। यह समाज वैसे तो विविधतापूर्ण था पर जातीय आधार पर बँटा हुआ था। शासक टुट्सी सामन्त खुद को हुतु और त्वा समूह का मालिक और संरक्षक मानते थे। हुतु लोग उनके लिए अनाज तो उगाते ही थे, उनके पशुओं की देखरेख भी करते थे...जहाँ हुतु लोग अनाज पैदा करने, लाने और पशुओं की देखरेख में लगे थे वहीं शासक टुट्सी जमात मुख्यतः लड़ने-भिड़ने या युद्ध के अभ्यास में लगी रहती थी।"[11]

मार्गरेट पेइल इस जातीय सम्बन्ध की अन्य विशेषताओं या पहलुओं के बारे में लिखती हैं :

"दोनों ही रेयामगोंबे पन्थ के हैं पर अलग-अलग तरह के आयोजन करते हैं। काम और सेवा वाला रिश्ता रखने के बावजूद जातिगत अलगाव बना रहा और हुतु तथा टुट्सी कभी भी साथ खाने या सामाजिक मेलजोल की स्थिति में नहीं आए। जहाँ कहीं अन्तर-जातीय विवाह हुए भी तो उनसे पैदा सन्तान की जाति इस आधार पर तय होती थी कि वह कैसी है या उसके माँ-बाप के आचरण को कैसा माना जाता है। सुन्दर हुतु स्त्री को ऊपरी दर्जा मिल जाता था जबकि अपने पशु या राजा का विश्वास गँवाने वाले टुट्सी व्यक्ति को या

अपना कौमार्य गँवानेवाली टुट्सी लड़की को निचली श्रेणी में ही रखा जाता था।''[12]

भारतीय जाति व्यवस्था और रवांडा की व्यवस्था में कुछ स्पष्ट समानताएँ हैं पर यहाँ ऊँची और नीची जाति के बीच शादी की सम्भावना खुली रहने से भारत जैसी जड़ता नहीं है। लेकिन सम्भव है कि भारत में भी जब वर्ण-व्यवस्था बन रही होगी तब ऐसी ही स्थिति रही होगी। भारत में भी मिश्रित खून या नस्ल की उपस्थिति निश्चित रूप से इस सम्भावना की तरफ इशारा करती है। इसके अलावा, जैसाकि हमने पिछले अध्याय में देखा है, इस बात के काफी सारे ऐतिहासिक प्रमाण हैं कि यहाँ भी इस तरह की शादियाँ बहुत आम थीं। अब हम जो अन्तर देखते हैं वह काम के विकास के चलते भी हो सकता है।

शुरुआती दौर में उभरे तीन वर्णों के काम का बँटवारा भी जन्म पर आधारित नहीं लगता। लेकिन नए आए समूह के स्थानीय लोगों से मेल-मिलाप, जो उनके सप्तसैन्धव वाली भूमि से पूरब की तरफ बढ़ने के चलते बना था, के परिणामस्वरूप जो नई संश्लिष्ट संस्कृति बनी उसमें इस तरह का विभाजन ज्यादा स्पष्ट होता गया। जैसाकि हम शतपथ ब्राह्मण में पाते हैं, अब बलि और यज्ञ की व्यवस्था बहुत ही विस्तृत और व्यापक बन गई थी और जो लोग इस कार्य के लिए विशेष तौर पर दीक्षित नहीं थे वे इन्हें नहीं कर सकते थे। अतः, धीरे-धीरे पुजारियों का एक वर्ग उभरने लगा जो बलि और अन्य धार्मिक-सामाजिक आयोजनों से सम्बन्धित कर्मकांडों में खास विशिष्टता रखता था। धीरे-धीरे पुजारी का यह काम वंशानुगत होने लगा जैसाकि औद्योगिक समाज बनने के पहलेवाले दौर में सभी समाजों में हुआ था। ऐसे ही कारणों से युद्ध और हथियारों के काम में विशेषज्ञता रखनेवालों की भी अलग श्रेणी बनी और फिर यह काम भी वंशानुगत बन गया। नए लोग जब पूरब की तरफ बढ़े तब उनको ऐसी लड़ने-भिड़नेवाली जमात की जरूरत भी पड़ी क्योंकि नए और अपने प्रति द्वेष रखनेवाले लोगों के बीच कब कहाँ से हमला हो जाए इसका भरोसा न था। और फिर उन्हें जीती जमीन के विस्तार, नए इलाकों में जाने के लिए भी योद्धा समूह की जरूरत रहती होगी। और यह काम तभी सबसे अच्छी तरह हो सकता था जब आबादी के एक हिस्से को स्थायी रूप से लड़ने-भिड़ने या हथियारों के प्रशिक्षण में शुरू से ही लगा दिया जाए। इस प्रकार अगर पूजा-पाठ और कर्मकांड तथा लड़ने-भिड़ने की जरूरतों के लिए समाज के दो हिस्से निकल गए तो स्वाभाविक रूप से बाकी लोगों के जिम्मे उत्पादक काम आ गए होंगे। जब वैश्य 'गृहपति' होने की तरफ मुड़े, जो बाद में उनका नाम ही बन गया, तो वैदिक काल के बादवाले दौर में तीन

द्विजोंवाली वर्ण-व्यवस्था अपना रूप लेती दिखती है। यही इसकी उत्पत्ति हो सकती है। ए.बी. कीथ भी वर्ण के बारे में, जिसे वे जाति ही कहते हैं, ऐसी ही राय व्यक्त करते हैं। वे लिखते हैं :

> "जाति व्यवस्था के विकास को आर्यों के पंजाब से निकलकर पूरब की तरफ बढ़ने से आई परेशानियों वाले जीवन से जोड़ा जाता है। छोटे कबीलों के लोगों ने भूस्वामियों की ठोस शक्ति को पराजित करने के लिए खुद को एक केन्द्रीकृत राज्य में बदलना जरूरी माना। फिर इन छोटे कबीलों के सरदारों ने अपनी राजसी पदवी तो गँवा दी लेकिन सुरक्षित फौज का हिस्सा बन जाने को अधिक लाभ का और स्थायी काम माना और उनके जिम्मे मूलवासियों की सम्भावित बगावत पर नजर रखना और उनका प्रतिरोध करने भर का काम था। दूसरी तरफ युद्ध लड़नेवाले वर्ग का संरक्षण पाकर कारीगर और किसान लोगों ने हथियारों का प्रयोग छोड़ दिया और सारा ध्यान अपने कामों पर लगाया। राज्य का आकार बढ़ने और सभ्यता की जटिलताओं में वृद्धि के साथ ही शुरू के दौर के सरल कर्मकांड, जिनमें राजा अपने लोगों की तरफ से बलि या दान दे सकता था, भी बदले और ठोस हुए तथा समाज में कर्मकांडों को ठीक-ठीक सम्पन्न कराने और विश्वस्त ढंग से पूरा कराने के प्रति आग्रह भी बढ़ा और परम्परा के संरक्षण की बात भी मजबूत हुई। इसी के परिणामस्वरूप पुजारी वर्ग, योद्धा वर्ग और वैश्य वर्ग का तीसरा समूह उभरा जिनके काम एकदम स्पष्ट रूप से अलग थे और ये काम अब पूरी तरह वंशानुगत हो गए थे।"[13]

तीन वर्णों में बँटवारे का अन्दाजा तो हो जाता है लेकिन इस समय तक बँटवारे में इतना तीखापन नहीं लगता कि आपस में खान-पान या अन्तर-वर्ण विवाह पर रोक लग गई हो। जैसाकि हमने देखा है, प्राचीन काल का बौद्ध साहित्य और पौराणिक ग्रन्थ भी इस बात का संकेत नहीं करते कि तब कोई इतना कठोर या जड़ बँटवारा था। सुविधा और कौशल के हिसाब से अनेक पेशे वैसे तो वंशानुगत हो चुके थे पर शुरुआत में यह विभाजन पेशों का वर्गीकरण जैसा ही था और काफी समय तक यही स्थिति बनी रही। कठोर जाति व्यवस्था बाद की चीज है।

यह मानने में खास हर्ज नहीं है कि नए आकर बसनेवाले लोगों ने स्थानीय खेतिहर समूहों से पर्याप्त मेल-जोल बनाए बिना खेती को नहीं अपनाया होगा

क्योंकि वे लोग मुख्यतः पशुपालक और घुमन्तू थे। चूँकि खेती के काम में आनेवालों का सीधे-सीधे वैश्यों से पाला पड़ता होगा और उनके साथ उनकी पहचान भी जुड़ती गई होगी इसलिए वर्ण-व्यवस्था में उनका दर्जा कुछ नीचा हो गया होगा। स्थानीय मूल निवासियों से निकट रिश्ता बनाने की वैश्यों को यह कीमत चुकानी पड़ी होगी। समाज में उनके ऊँचे स्थान से एक अन्य चीज ने भी प्रभावित किया होगा। शारीरिक श्रमवाले सभी उत्पादक काम चूँकि अधीनस्थ आए लोगों, जिन्हें शूद्र कहा गया, को दिए गए थे इसलिए जिस किसी भी काम में मेहनत करनी पड़े उसे कमतर माना जाने लगा। इसके चलते द्विज वैश्य भी पुजारियों और योद्धाओं से नीचे माने जाने लगे। इस चीज में हमें तत्काल पश्चिमी यूरोप में अकुशल कारीगरों के तौर पर काम करनेवाले प्रवासी मजदूरों की स्थिति की याद हो आती है। उनके साथ समानता का संस्कार रखने का दावा करनेवाले लोग छुआछूतवाला व्यवहार तो नहीं करते पर सामाजिक सम्बन्धों के मामले में उनकी स्थिति शूद्रों या पारिया लोगों से भिन्न नहीं है। ऐसा लगता है कि मानव समाज विभिन्न समूहों या विभिन्न व्यक्तियों के बीच सम्बन्धों के मामले में कुछ खास तरह से ही व्यवहार करता है, अगर स्थितियाँ समान हों तब।

जाति व्यवस्था के पूरे इतिहास में ब्राह्मण और क्षत्रिय का सापेक्षिक दर्जा लगातार अस्पष्ट-सा ही रहा है। धर्मशास्त्र चाहे जो कहें, इन दोनों के बीच बेटी-रोटी के रिश्ते समेत आपसी सम्बन्धों में एक खास किस्म का जुड़ाव और टकराव चलता रहा है। धार्मिक और कर्मकांडवाले मसलों में तो ब्राह्मण बेहतर स्थिति में रहे हैं पर अन्य सभी मामलों में क्षत्रिय राजा की ही सबसे ज्यादा चलती रही है और कई बार तो धार्मिक मामलों में भी, खासकर विभिन्न धार्मिक पन्थों के दावे निपटाने में, राजा की ही सर्वोच्च स्थिति रही है।

वर्णों का नामकरण भी उनके बनने की खास स्थितियों से निकला हो सकता है। ब्राह्मण वर्ण बनने के पहले भी जो पुजारी धार्मिक अनुष्ठान करते थे उन्हें ब्राह्मण ही कहा जाता था। अनेक जगहों पर तो अभी भी जाति व्यवस्था के बाहर रहनेवाले लोगों के पुजारी भी ब्राह्मण कहे जाते हैं। क्षत्रिय वर्ण का नाम सम्भवतः अलग तरह से पड़ा होगा।

भारत पर हमला करनेवाले सारे इंडो-इरानियन लोग न तो एक ही कबीले के थे, न ही एक ही साथ एक ही समय भारत आए थे। यह हो सकता है कि जब वर्ण-व्यवस्था अस्तित्व में आ रही थी तब दोआब क्षेत्र पर जिन कबीलों का प्रभुत्व रहा होगा उनको आम तौर पर क्षत्रिय के रूप में जाना जाता था। जिस प्रकार सभी गुलाम बने या अधीनस्थ मूल निवासियों को एक कबीले के नाम

पर शूद्र पुकारा जाने लगा उसी तरह क्षत्रिय सभी शासक कबीलों या वर्गों का नाम पड़ गया होगा। यह शूद्रों की तरह का एक वर्गीकरण भर रहा होगा। और जैसे ही हम इस सम्भावना को स्वीकार करते हैं हमें तत्काल यह समझ में आने लगता है कि क्यों हमारे इतिहास में सैकड़ों वर्ष तक शासक कुल के लोग क्षत्रिय होने का दावा करते थे और उनके दावे को बड़ी आसानी से मान भी लिया जाता था।

वैश्य नाम 'विस' से बना है जिसका प्रयोग सभी आम लोगों के लिए होता था। जब ब्राह्मण और क्षत्रिय को अलग क्षेत्रों में रख लिया गया तो सिर्फ सामान्य लोग ही बचे और उनको लेकर वैश्य वर्ण बन गया।

यह सारा बँटवारा कुछ बाहरी लोगों के हमले, जीत और फिर एक नई संस्कृति और लोगों के धीरे-धीरे मिलने की खास स्थिति की पैदाइश है। जाति व्यवस्था की उत्पत्ति की बहुत भारी-भरकम कहानी (ब्रह्मा के अंगों से) सिर्फ ब्राह्मणों के दिमाग की खूबसूरत कल्पना भर है। ऐसा सिर्फ भारत में ही नहीं हुआ है। सभी समाजों में लोग अपनी संस्थाओं के पक्ष में आदर्शों का एक जाल बुनते हैं और फिर हिन्दू ही क्यों अपवाद बनते। लेकिन इस कथा को वास्तविकता मानने का भी कोई आधार नहीं है जो कि जाति व्यवस्था की उत्पत्ति को कर्मकांड से जोड़नेवाले लोग करते हैं। जैसे इस व्यवस्था की उत्पत्ति के बारे में नीचे जो कथा दी जा रही है उसे ठीक उसी रूप में कोई भी स्वीकार नहीं कर सकता जबकि यह वर्ण-व्यवस्था की उत्पत्ति सम्बन्धी धर्मग्रन्थों के अनेक सिद्धान्तों में से एक भर है :

> "जब जीवन चलाने के संसाधनों की व्यवस्था हो गई तो स्वयंभू ने लोगों की प्रवृत्तियों के अनुरूप उनका विभाजन कर दिया (161)। जो लोभी और तोड़-फोड़ करनेवाले थे उन्हें दूसरों का संरक्षक अर्थात् क्षत्रिय बना दिया गया (162)। सत्य बोलने का साहस करनेवालों और ज्ञान की बात को सँभालकर रखनेवालों को ब्राह्मण बनाया गया (163)। इनके अलावा जो लोग पहले दीनहीन थे, पशुवध का काम करते थे, खेतिहर थे और जमीन से सक्रिय रूप से जुड़े थे उन्हें वैश्य किसान कहा गया (165)। सोचान्ताह (चिन्ता करनेवाले–शोक करनेवाले) और द्रवेन्ताह (दौड़-दौड़कर काम करनेवाले) लोगों को, जो शारीरिक काम के आदी थे, जिनका व्यक्तित्व गौरवशाली न होकर अदना माना गया, उन्हें शूद्र बना दिया..."[14]

निश्चित रूप से यह बाद में गढ़ी गई कहानी है जो तब मौजूद संस्थाओं के गुण-दोष को ध्यान में रखकर बनी थी।

शूद्रों के खिलाफ ब्राह्मणवादी चिढ़

उपरोक्त सारे घटनाक्रम में कुछ भी बहुत असामान्य नहीं था। लेकिन वर्ण आधारित सामाजिक विभाजन की असली असामान्य चीज थी चौथे वर्ण अर्थात् शूद्रों को अन्य वर्णों से एकदम अलग-थलग रखने के प्रयास और एक हद तक अन्य तीनों वर्णों में भी कठोर बँटवारा हो जाना। यह अलगाव पाँचवीं श्रेणी अर्थात् अन्त्यजों से अलगाव से एकदम अलग प्रवृत्ति की थी।

अन्त्यजों से अपने को अलग रखने के प्रयास के तर्क को समझना मुश्किल नहीं है। जब विदेशी हमलावर, जो यहाँ आकर बस गए, विभिन्न चरणों में भारत आए तो भारत के मूल निवासी सांस्कृतिक या आर्थिक विभाग के हिसाब से एक स्तर पर नहीं थे। कुछ हिस्सों में लोग नगरों में रहते थे, बहुत सभ्य ढंग से रहते थे और ये शहर उन्नत खेती के आर्थिक आधार पर टिके थे। लेकिन आबादी का काफी बड़ा हिस्सा अभी भी शिकार करके या फल-फूल चुनकर जीवन बसर करता था और खेतिहर आबादी से उनका व्यावसायिक सम्बन्ध बहुत ही कम था जैसाकि आज तक कुछ हिस्सों में चलता आ रहा है। वे पहाड़ी इलाकों और जंगलों में रहा करते थे और उनकी जीवन शैली आदिम थी। ऐसे लोग सदा से बसकर खेती करनेवाले समाज के दायरे से बाहर ही थे। पशुपालक और योद्धा हमलावरों को अपने लिए शहरों की कोई उपयोगिता नहीं लगी क्योंकि उन्हें इस जीवन शैली का पता ही न था, सो उन्होंने शहरों को मटियामेट कर दिया। चूँकि वर्ण-व्यवस्था उस दौर में आई जब हमलावर लोग ही खेतिहर जीवन अपनाते हुए यहाँ बस गए थे इसलिए पुराने खेतिहर लोगों से उनका मेल हो गया। पहाड़ों और जंगलों में जीवन बितानेवाले आदिवासी लोग अलग-थलग ही जीवन जीते रहे और कभी भी वर्ण-व्यवस्था का अंग नहीं बने। और यही लोग जब जंगल के संसाधनों और भोज्य पदार्थों की कमी होने से गाँवों में बसने को मजबूर हुए तो उन्हें अन्त्यज जातियों की श्रेणी में डाल दिया गया। खेती करनेवालों से एकदम अलग जीवन शैली और आदतों के चलते उनको कमतर माना भी जाता था। उनको गाँव के एक किनारे अलग-थलग ढंग से बसाया भी जाता था। लेकिन अपने खास तरह के काम में विशेषज्ञता के चलते उनको पेशेवर जाति के रूप में मान्यता भी मिली जैसाकि हमने पहले देखा है। यह बात उल्लेखनीय है कि अधिकांश अन्त्यज जातियों के पेशेवाले काम ऐसे ही थे जिनके चलते उनको प्रायः गाँव से बाहर ही रहना पड़ता था। इनमें शिकार करना, मछली पकड़ना, नाव चलाना, जड़ी-बूटियाँ या शहद जमा करना, तमाशा दिखाना वगैरह शामिल था।

बौद्ध और जैन मतों के उभार और शाकाहार का जोर बढ़ने के साथ ही सम्भवतः उनको खासकर शिकारियों, मांस और चमड़े का कारोबार करनेवालों और मछली पकड़नेवालों को अछूत घोषित कर दिया गया हो। इसी मूल का होने के चलते अन्त्यजों से न सिर्फ तीन ऊपरी वर्णों के लोग घृणा करते थे बल्कि शूद्र भी ऐसा ही व्यवहार करते थे।

अलबेरूनी के विवरणों से पता चलता है कि ग्यारहवीं शताब्दी के शुरू तक भी अन्त्यज जातियों के लोग अधिकांश ऐसे ही काम करते थे जो गाँवों में बसी खेतिहर आबादी के दायरे से बाहर के थे। सिर्फ सफाई करनेवाले और कसाई का काम करनेवाले लोग ही अपवाद थे जिनके पेशे नगरों के उभर आने के बाद जरूरी हो गए थे। अलबेरूनी लिखते हैं :

> "शूद्रों के बाद अंत्यजों का नम्बर आता है जो अनेक तरह के ऐसे काम करते हैं जिनका जिम्मा किसी जाति पर नहीं है। इनको भी किसी जाति में नहीं गिना जाता और उनके पेशों से ही उनकी पहचान जुड़ी हुई है। इनके आठ समूह हैं जो, तीन समूहों को छोड़कर, बहुत आसानी से आपस में शादी-विवाह भी करते हैं। ऐसा न करनेवाले तीन समूह हैं धोबी, चमार और बुनकर जो इन लोगों से खास मतलब नहीं रखते। ये आठ पेशेगत समूह हैं चमार, धोबी, मदारी, टोकरी और ढाल बनानेवाले, मल्लाह, मछुआरे, बहेलिये और बुनकर। चार जातियों (वर्णों) के लोग इनके साथ और एक ही जगह पर नहीं रह सकते। इन पेशोंवाले लोग इन चार वर्णों के लोगोंवाले गाँवों और शहरों के किनारे परन्तु उनसे थोड़ी दूरी रखकर बसते हैं।
>
> "हाड़े, डोम (डोम्ब), चंडाल और बढ़ाताऊ कहे जानेवाले लोगों की गिनती किसी जाति में नहीं होती, न ही इनके साथ खास पेशे जुड़े हैं। उनके जिम्मे गाँव की सफाई और इसी तरह के गन्दे काम दिए गए हैं।"[15]

उपरोक्त सूची में बुनकर और धोबियों को बाहर रखनेवाली बात आसानी से समझ में नहीं आनेवाली है। यह सम्भव है कि उस वक्त उनके काम से कुछ ऐसी चीजें जुड़ी हों—काम में प्रयोग लाई जानेवाली ऐसी चीजें हों जिन्हें तब अशुद्ध माना जाता हो।

शूद्रों से भेदभाव और अलगाववाला जो व्यवहार होता था उसमें कुछ पहलू तो एक अलग स्थिति बनने के बाद उभरे लगते हैं।

यह स्थिति शूद्रों द्वारा सत्ता और समृद्धि हासिल करने और तीन ऊपरी वर्णों के बराबर दर्जा पाने का प्रयास करने से पैदा हुई हो सकती है। पारम्परिक रूप से खेती और अन्य शिल्पों का विशेषज्ञ होने के चलते वे समाज पर प्रभावी घुमन्तू और पशुपालक समूह से ज्यादा कुशल रहे होंगे। उनके कौशल और श्रम को दबाने का काम द्विज जातियों ने लगातार किया या इसके सहारे ही वे समृद्ध हुए होंगे और यह बात ऐतिहासिक काल की शुरुआत में ही कारीगरों को अनुदान और पदों के देने के प्रमाणों से भी पुष्ट होती है। इसके साथ ही बौद्ध धर्म के उभार ने, जो सभी मनुष्यों के समान होने का सन्देश देता था, भी ऊपरी दो वर्णों के श्रेष्ठताबोध को झकझोरा होगा। और इसी बात की सारी सम्भावना लगती है कि अपनी पोजीशन में और ज्यादा गिरावट को रोकने के लिए ही शूद्रों पर नई बन्दिशें थोपी गई होंगी, अब वे कितनी प्रभावी हुईं यह अलग बात है। लेकिन इस बात में सन्देह नहीं कि उत्तर पौराणिक लेखकों ने जब कभी भी कलियुग, जिसमें वे स्वयं रह रहे थे, के बारे में लिखा तो भारी निराशा का वातावरण बताया और अब विनाश आने की भविष्यवाणी की। उन्होंने ब्राह्मणों के पतन का रोना रोया जिन्होंने अमीर शूद्रों से दान पाने के चक्कर में खुद को क्षुद्र बना लिया है। ये ब्राह्मण शूद्रों का भोजन भी करते थे, इसकी भी आलोचना हुई है। अपने दोषी बन्धुओं के प्रति उनके आक्रोश में एक खास किस्म का नपुंसक क्रोध है। तब की स्थिति का यह विवरण काफी कुछ बता देता है :

> “राजा के मूर्ख शूद्र अधिकारी ब्राह्मणों से उनका आसन जबरन छुड़वाते हैं और उनके साथ मारपीट भी करते हैं। यह घोर कलियुग है तभी तो राजा ब्राह्मणों का अनादर करते हैं और शूद्र भी ब्राह्मणों के बीच बैठते हैं। वेदों का कम ज्ञान रखनेवाले, कम भाग्यशाली और कमजोर ब्राह्मण फूल, फल और अन्य सजावटी चीजों के साथ शूद्रों का अभिषेक करते हैं। ऐसा सम्मान पाकर शूद्र ब्राह्मणों की तरफ नजर भी नहीं करते। ब्राह्मण शूद्रों के महल में प्रवेश करने की हिम्मत नहीं कर सकते लेकिन उनको आशीर्वाद देने, उनका अभिनन्दन करने के लिए उनके दरवाजे पर खड़े रहते हैं। शूद्रों के दान पर गुजर करनेवाले ब्राह्मण उन्हें खुश रखने के लिए, उन्हें वेदों की शिक्षा देने के लिए उनके वाहन को चारों ओर से घेरे रहते हैं।”[16]

निश्चित रूप से यह स्थिति रही होगी और मोची के सम्मान में कही बातों का जो उद्धरण हमने पहले दिया है वह इससे जुड़ता है, इसकी पुष्टि करता है।

इन स्थितियों की प्रतिक्रिया में और अपनी श्रेष्ठता को बचाने के लिए ही ब्राह्मणों ने शूद्रों को उनके 'उचित स्थान' पर रखने का फैसला किया होगा—अगर सम्भव हो तो इसके लिए कायदे-कानून लागू किए जाएँ, वरना उनके खिलाफ मन की भड़ास तो निकाल ही ली जाए। यह काम संहिताओं में शूद्रों के खिलाफ तमाम सारी व्यवस्थाएँ बनाकर किया गया क्योंकि संहिताएँ बनाने का एकाधिकार तो ब्राह्मणों का ही था। इस बात की पूरी सम्भावना लगती है कि धर्मशास्त्रों की रचना इसी मानसिकता के तहत हुई होगी। अब ऐसे कानून बनते और लागू होते हैं या नहीं इस बात से ब्राह्मणों को सीधे तौर पर कुछ लेना-देना न था। यह काम समाज के विवेकवान लोगों या भविष्य के शासकों के ऊपर छोड़ दिया गया जो इन बातों के प्रति सचेत होते या नहीं, इसका कोई अन्दाजा न था। पर इतिहास से हमें जो जानकारी मिलती है उससे यही लगता है कि शायद ही कहीं इन कानूनों को लागू किया गया। ब्राह्मण लोगों के वश में सिर्फ इतना ही था कि वे स्वयं को अपवित्र होने से बचाने के लिए शूद्रों के सम्पर्क में आने से बचें और उन्होंने यह किया भी।

इससे सम्भवतः इस बात की भी व्याख्या होती है कि जातीय भेदभाव विन्ध्य से दक्षिण के इलाके में क्यों ज्यादा था जबकि वर्ण-व्यवस्था तो सम्भवतः विन्ध्य के उत्तर में ही उभरी थी। उत्तर में धर्मशास्त्रों के माध्यम से शूद्रों के खिलाफ कही गई बातें मुख्यतः ब्राह्मणों के मन की भड़ास हैं जो अपनी सामाजिक हैसियत गिरने के चलते नाराज थे। शूद्रों को अपनी कल्पना के हिसाब से एकदम नीच स्थान देने की बात करके वे अपनी नाराजगी को ही निकाल रहे थे। पर धर्मशास्त्रों की भूमि से दूर के लोग, अर्थात् विन्ध्य के दक्षिण के लोगों ने इन बातों को शब्दशः लेने का प्रयास किया क्योंकि वे इस नई व्यवस्था में नए-नए आए थे और उन्होंने धर्मशास्त्रों में कही गई भेदभाववाली व्यवस्था को लागू करने का ज्यादा प्रभावी प्रयास किया। हर धर्म और पन्थ के नवदीक्षितों में यह अति उत्साह विद्यमान रहता है। ये बातें सिर्फ अनुमान भर हैं पर अभी बहुत दिन नहीं हुए जब महाराष्ट्र के कुछ ब्राह्मण शासकों ने धर्मशास्त्रों के कुछ हिस्सों को अपने यहाँ के कानून का हिस्सा बनाया था। अठारहवीं सदी में लागू इन कानूनों की कुछ गड़बड़ियों के बारे में जी.एस. घुर्ये लिखते हैं :

> "सवाई माधव राव के जीवनकाल में पेशवा सरकार ने आदेश दिया था कि अति शूद्र अर्थात् शूद्रों से भी नीच होने के चलते ब्राह्मण पंडित महारों की शादी नहीं करवा सकते। महारों से कहा गया कि वे अपनी शादियाँ अपनी जाति के पंडितों—मेढ़े-महारों से ही कराएँ।

> पवित्र शूद्रों के हाथ से ही ब्राह्मण दान ले सकते हैं। ऐसी ही एक उच्च जाति मराठा प्रांत में थी—प्रभु। बाद में पेशवा राज में इस जाति के लोगों पर भी वैदिक रीति से अपने पवित्र संस्कार कराने पर रोक लगने लगी थी और उन्हें अपने अधिकारों को बचाए रखने की लड़ाई लड़नी पड़ी।"[17]

इसी किताब में एक अन्य स्थान पर वे लिखते हैं :

> "पेशवा शासन में अपराध की प्रकृति की जगह अपराधी की जाति ही सजा का मुख्य आधार बनती थी। सश्रम कारावास और फाँसी की सजा तो आम तौर पर सिर्फ छोटी जाति के अपराधियों को मिलती थी।"[18]

धर्मशास्त्रों पर आधारित इस किस्म की भेदभावपूर्ण न्याय व्यवस्था की उम्मीद सिर्फ ब्राह्मण शासकों से की जा सकती थी। लेकिन सम्भव है कि ब्राह्मण पुजारियों और सिर्फ उन्हीं के हाथों चढ़े भोग को स्वीकार करनेवाले भगवान की नजरों में खुद को श्रेष्ठ साबित करने के लिए दक्षिण के गैर-ब्राह्मण शासकों ने भी इसका अनुसरण किया होगा।

इस व्यवस्था की तुलना अमेरिका और दक्षिण अफ्रीका में चमड़ी के रंग के आधार पर काले लोगों के साथ भेदभावपूर्ण व्यवस्था से ही की जा सकती है। अमेरिका में इस व्यवस्था की जड़ें गुलाम प्रथा में हैं। गुलाम व्यापार में शुरू में तो काले नीग्रो लोगों पर बहुत ही जुल्म ढाए गए पर उनके शरीर से हाथ या सामान के छू जाने से अपवित्रतावाला हिसाब न था। नीग्रो न सिर्फ बागानों में काम करते थे बल्कि श्वेत मालिकों के घर के भी सारे काम करते थे। अक्सर वे घर के सदस्य की तरह का स्नेह भी पाने लगते थे। 1861 के गृहयुद्ध के बाद स्थिति बदली जब सभी गुलामों को मुक्त कर दिया गया और दास प्रथा पर कानूनी रोक लगा दी गई। इसके बाद पुनर्निर्माण का दौर शुरू हुआ जिसमें नीग्रो लोगों के पुनर्वास की कोशिश हुई जिससे वे अमेरिका के नागरिक के तौर पर समान अधिकार पा सकें। लेकिन यह प्रयास श्वेत लोगों के बड़े हिस्से की नाराजगी के चलते सफल नहीं हो पाया। यह विरोध खास तौर से दक्षिणी हिस्से के श्वेतों की तरफ से हुआ जो पुराने दिनों में दासों के स्वामी थे और जिन्हें इस बदलाव से अपनी स्थिति को खतरा लगा। लेकिन नीग्रो लोगों को समान अधिकार देने से श्वेत लोगों के एक हिस्से को इतनी नाराजगी हुई कि उन्होंने नीग्रो लोगों पर आतंकवादी हमले तक शुरू कर दिए और अमेरिका के दक्षिणी प्रान्तों में कू क्लक्स क्लान जैसे आतंकवादी गिरोह उभर आए।

इसके बाद भी जब श्वेत लोगों को अपना दर्जा गिरता लगा तभी नीग्रो लोगों के सम्पर्क में आने से किसी किस्म से प्रदूषित हो जाने या नीग्रो जाति के कमतर होने के सिद्धान्त गढ़े जाने लगे। इन्हीं सिद्धान्तों के आधार पर नीग्रो लोगों के रेस्तराँ और अन्य सार्वजनिक जगहों पर प्रवेश पर रोक लगी जहाँ वे दूसरे लोगों के सम्पर्क में आ सकते थे। स्कूलों में या बसों में नीग्रो श्वेत लोगों के साथ नहीं बैठ सकते थे। बीती सदी के तीसवाले दशक की शुरुआत में आई महामन्दी या ऐसी मुश्किलोंवाले दौर में नीग्रो लोगों के खिलाफ हमले तेज हो गए। निश्चित रूप से इस बदहाली का इन हमलों से रिश्ता था। बेकार हुए श्वेत युवक खुद को असुरक्षित महसूस करते थे पर नीग्रो लोगों पर आक्रमण करके वे अपनी श्रेष्ठता के भ्रम को बचाए रख सकते थे। अगर किसी के पास अपनी श्रेष्ठता बताने का और कोई तरीका नहीं रहता तो मन में दूसरे को आँख तो दिखा ही सकता है, वह भी तब ज्यादा आसानी से जब दूसरी तरफ से आँख दिखाने पर जवाब मिलने की स्थिति न हो।

जब बीते दशकों में अमेरिका की संघीय सरकारों ने सभी सरकारी स्कूलों में श्वेत-अश्वेत का भेद मिटाने के लिए कानून लागू कराने की कोशिशें कीं, तब श्वेत नस्लवादियों ने सिर्फ श्वेत बच्चों के लिए प्राइवेट स्कूल चलाने की कोशिश की, भले ही उनका शैक्षिक स्तर काफी कमजोर हो। यह चीज ब्राह्मणों की प्रतिक्रिया की तरह ही लगती है जिन्होंने अपनी कुंठा को आत्मसम्मान की रक्षा का उपकरण बनाने का प्रयास किया। धर्मशास्त्रों में बनाए उनके कानूनों को लागू करने का अधिकार उनको नहीं था, तब भी शूद्रों के खिलाफ अपनी नाराजगी को उन्होंने यह रूप दिया।

दक्षिण अफ्रीका में यह प्रक्रिया और भी साफ ढंग से दिखाई देती है। दक्षिण अफ्रीका में आकर बसनेवाले श्वेत लोग विजेता की हैसियत में आए और उन्होंने स्थानीय लोगों से मालिकों और अधीनस्थोंवाला सम्बन्ध रखा। जब तक इस सम्बन्ध को अश्वेत लोग मानते रहे तब तक सब कुछ सामान्य ढंग से चलता नजर आया। लेकिन सारी दुनिया में आजादी की लड़ाई चल रही थी और इनके जरिए अनेक जगहों पर अश्वेत या चमड़ी के दूसरे रंगोंवाले लोगों ने भी आजादी और अपना मुल्क हासिल किया। दक्षिण अफ्रीका में ही अधिक समानतावाले सामाजिक सम्बन्धों के लिए आन्दोलन चले। तभी यहाँ रंगभेद की नीति लागू की जाने लगी जिसके सहारे गोरों और स्थानीय अफ्रीकी लोगों के बीच मेल-जोल बढ़ने पर रोक लगाई जा सके। यह ध्यान देने की बात है कि दक्षिण अफ्रीका में सबसे घटिया किस्म की रंगभेद नीति दूसरे विश्वयुद्ध के बाद तब लागू हुई

जब संयुक्त राष्ट्र ने सभी लोगों के आत्मनिर्णय के अधिकार को मंजूरी दी और रंगीन चमड़ीवाले लोगों की मुक्ति के आन्दोलन बहुत बड़े पैमाने पर शुरू हो गए। डी.डी. रूनी और ई. हैल्लाडे रंगभेद नीति के विकास के बारे में लिखते हैं :

> "अपने प्रिय ग्रामीण चुनाव क्षेत्रों में मजबूत पकड़ रखनेवाली नेशनलिस्ट पार्टी 1948 में सत्ता में आई। नई सरकार ने विभिन्न नस्लों को अलग-अलग रखने के लिए खासकर सामाजिक स्तर पर, कानून लाकर यूरोपीय मूल के लोगों पर प्रभुत्व बनाए रखने के पक्के इरादे से काम शुरू किया और पूरी शैक्षिक व्यवस्था में भारी बदलाव करके इस सामाजिक अलगाव को स्थायी रूप देने का प्रयास किया। रंगभेद नीति की शुरुआत मिश्रित विवाह निषेध कानून 1949 लाने से हुई जिसमें यूरोपीय और दूसरी नस्लों के लोगों के बीच वैवाहिक सम्बन्ध होने पर रोक की व्यवस्था थी। तब जो ऐसी शादियाँ थीं उन्हें भी इस कानून ने अमान्य कर दिया। अगले साल अनैतिकता संशोधन कानून लाकर इसके दायरे को बढ़ाया गया और यूरोपीय मूल के लोगों द्वारा दूसरी नस्लों के लोगों से शारीरिक सम्बन्ध बनाने को अपराध घोषित कर दिया गया।"[19]

वे आगे लिखते हैं :

> "एक मन्त्री ने (1954 के बाद) अफ्रीकी बच्चों को समाज में उनकी स्थिति के अनुरूप शिक्षा देने की व्यवस्था कायम करने की मंशा जताई जिसमें अकादमिक की जगह व्यावहारिक शिक्षा पर जोर रखने की बात थी। दो साल बाद केपटाउन और वाटरस्रैंड विश्वविद्यालय ने दुनिया भर के छात्रों के विरोध और हंगामे के बावजूद अपने यहाँ गैर-यूरोपीय छात्रों के प्रवेश पर रोक लगा दी।"[20]

शूद्रों को वेदों के अध्ययन से रोकने की ब्राह्मणवादी व्यवस्था और दक्षिण अफ्रीकी श्वेत शासकों की इस व्यवस्था में जबर्दस्त समानताएँ हैं।

दक्षिण अफ्रीका में यह बदलाव लाने के पीछे काम करनेवाली मानसिकता को मोनिका हंटर ने बहुत साफ ढंग से बताया है :

> "जहाँ तक डॉ. मोलेमा की टिप्पणियों का सम्बन्ध है, शिक्षित बंटुओं को ही नस्लवादी भावनाओं की असली मार झेलनी पड़ती है क्योंकि उनमें से ही ज्यादातर लोगों का पाला यूरोपीय लोगों से पड़ता है। बिना नौकर या गुलाम हुए बंटु लोगों की इस नजदीकी पर श्वेतों का व्यवहार सबसे उग्र होता है। अगर कोई स्थानीय आदमी नौकर

हो, श्वेत परिवार के बच्चों की देखरेख करे, खाना बनाए, घर में घुसे, उनकी गाड़ी पर बैठे, उनके साथ यात्रा करे तो इसमें यूरोपीय लोगों को उतनी आपत्ति नहीं होती...लेकिन जैसे ही वह स्वतन्त्र होता है यूरोपीय उसे अपमानित करने का अवसर नहीं गँवाते हैं।''[21]

जिस तरह मनु के कानून में एक ही अपराध के लिए अलग-अलग वर्ण के लोगों के लिए अलग-अलग सजा का प्रावधान था उसी तरह दक्षिण अफ्रीका के कानून में भी अलग-अलग तरह की सजा बनी। अगर अश्वेत आदमी श्वेत महिला पर हमला करे तो उसे फाँसी की सजा दी जाती थी लेकिन श्वेत पुरुष अगर अश्वेत महिला पर हमला करे तो उसे थोड़े दिनों की कैद ही मिलती थी। पर मनु का कानून कभी और कहीं लागू भी हुआ इसे लेकर तो विवाद है पर दक्षिण अफ्रीका के कानून तो सारी दुनिया के सामने लागू हुए।

जब हम अमेरिका में नस्ल और चमड़ी के रंगों के आधार पर बने कानूनों और विशेष किस्म के निषेधों पर गौर करते हैं तो वहाँ की जाति व्यवस्था और भारत की जाति व्यवस्था में अन्तर नजर नहीं आता। गुन्नार मिरडल लिखते हैं :

> ''अमेरिका के 30 प्रान्तों के कानून नीग्रो और श्वेत लोगों की शादी की मनाही करते हैं और जहाँ ऐसा कानून नहीं है वहाँ भी श्वेत समुदाय की तरफ से ऐसे काम की इतनी निन्दा और विरोध होता है कि ऐसे सम्बन्ध बहुत कम ही बन पाते हैं। अपवादों को छोड़कर पूरे अमेरिका में लगी शादियों पर रोक इस बात की अभिव्यक्ति है कि यह समाज अभी भी जन्म के आधार पर व्यक्ति का दर्जा तय करता है। भले ही धन के लिहाज से कोई किसी वर्ग में चला जाए पर नीग्रो या श्वेत परिवार में जन्म लेनेवाला व्यक्ति इस स्थिति में किसी किस्म का बदलाव नहीं कर सकता। इस महत्त्वपूर्ण हिसाब से अभी भी अमेरिकी जाति व्यवस्था बहुत कठोर और जड़ है जबकि वर्ग व्यवस्था खुली और प्रगतिशील है...''[22]

वे आगे लिखते हैं :

> '' 'कंसेप्ट कास्ट' को लेकर उठा विवाद काफी हद तक दुर्भाग्यपूर्ण है और यह जातिगत सम्बन्धों और जातीय विभाजक लाइन के भेद को न समझने से पैदा हुआ है। अमेरिकी जाति व्यवस्था में जो भी बदलाव या रूपान्तरण दिखता है वह सिर्फ जातीय सम्बन्धों तक ही सीमित है, जातीय बँटवारे की लक्ष्मण रेखा को नहीं लाँघता। वह तो साफ और सुदृढ़ है। यह तभी टूटेगा जब किसी भी नस्ल

> या परिवार में जन्मा व्यक्ति ऊपर तक पहुँचने को आजाद होगा। अमेरिका में उन सभी लोगों को नीग्रो की परिभाषा में ही समेट लिया जाता है जिनके पूर्वजों में कभी कोई नीग्रो रहा होगा और यह परिभाषा ही यहाँ के जातीय विभाजन की रेखा के एकदम पुख्ता होने का सबूत है।''[23]

लेकिन गुन्नार मिरडल इस परिघटना की अलग ढंग से व्याख्या करते हैं। वे मानते हैं कि नस्लवाद का उभार अमेरिकी समानतावादी विचारधारा और नीग्रो लोगों की गुलामी की वास्तविकता के केन्द्र में उभरा है। इसी किताब में वे लिखते हैं :

> ''एक तरह से जातीय असमानता के विचार को इसी बौद्धिक श्रेष्ठता का एक अजीबोगरीब फल मानना चाहिए। नस्ल या जाति शब्द ही वास्तव में दो सौ वर्ष से ज्यादा पुराना नहीं है। जिस समाज ने सभी लोगों की आजादी और सबके लिए समान अवसर जैसे सर्वोच्च आदर्श सिद्धान्तों की जोरदार ढंग से घोषणा कर रखी हो उसमें इस भेदभाव की वैचारिक व्याख्या के लिए जैविक विचारों का तो उपयोग करना ही होगा, वहाँ काफी समय तक चली दास प्रथा के लिए नैतिक माफीनामेवाले भाव को भी याद करना होगा।
>
> ''अगर यहाँ के लोग अवसर की समानता और पूर्ण आजादीवाले आदर्शों के अनुरूप जीवन जीने को तैयार नहीं हैं तो जातीय पूर्वाग्रह ही उनके बचाव का रास्ता लगता है। इस पूर्वाग्रह की जरूरत इसी के चलते है। यह अमेरिकी लोगों का अपने राष्ट्रीय विचारों, अपने उच्च आदर्शों से अपने बचाव का एक उपकरण है। इस तरह यह जातीय भेदभाव समानता की तरफ बढ़ने का ही एक पड़ाव है—उसी का एक विकृत रूप है।[24]

दरअसल लुई डुमांट, जिनकी चर्चा हम पहले विस्तार से कर चुके हैं, भारतीय जातिगत मूल्यों और अमेरिकी नस्लवाद में भेद करके मिरडलवाले तर्कों पर ही बात बढ़ा चुके हैं। मिरडल के कहे अनुसार ही अपनी बात रखते हुए वे कहते हैं कि अमेरिका में नस्लवाद समानता के दर्शन के आधार पर उभरा है जबकि भारत में श्रेणीबद्धता को हिन्दू दर्शन की मान्यता प्रदान करता है। यह सोच हिन्दू मान्यता का अभिन्न अंग है। लेकिन तथ्यों में आगे मिरडल का यह तर्क ठहर नहीं सकता। अगर उनके तर्क के अनुसार यह समानता के दर्जे के प्रति अमेरिकी वचनबद्धता की पैदाइश है तो दक्षिण अफ्रीका में तो ऐसी कोई बात न थी फिर

वहाँ क्यों नस्लवाद या अमेरिका से भी बदतर नस्लभेद उभरा। वहाँ बसे श्वेत लोगों का तो समानता के प्रति कोई जुड़ाव या वचनबद्धता नहीं थी। पर इस तर्क या सिद्धान्त को सबसे निर्णायक ढंग से वे स्थितियाँ काटती हैं जिनमें अमेरिका में नस्लभेद और विभिन्न नस्लों के लोगों के बीच अलगाव रखने की शुरुआत हुई, अगर बराबरी का दर्शन माननेवाले समाज में दास प्रथा को लेकर कोई मानसिक परेशानी थी तो यह नस्लवादी विचार उसी समय प्रकट हुए होते जब अमेरिकी लोगों को दास प्रथा की अमानुषिक गलतियाँ दिखने लगी थीं लेकिन हम पाते हैं कि श्वेत अमेरिकी लोग नीग्रो लोगों के प्रति तभी सबसे ज्यादा उग्र हुए जब दास प्रथा को खत्म किया जा रहा था और अमेरिकी समानतावाली प्रणाली से इस बड़ी गड़बड़ी को दूर किया जा रहा था।

कू क्लक्स क्लान जैसे संगठनों का उभार या नीग्रो लोगों पर हमले की वारदातें तभी हुईं जब दास प्रथा को समाप्त किया जा रहा था और नीग्रो लोगों को सम्मानजनक स्थिति में लाने के लिए उनके पुनर्वास का इन्तजाम किया जा रहा था। यह सीधे-सीधे दासों के पुराने स्वामियों और गुलामोंवाले इलाके में रहनेवाले गोरों की प्रतिक्रिया थी जो दास-प्रथा की समाप्ति से अपनी श्रेष्ठता जाने की भावना समाप्त होने से परेशान थे। इस मसले पर हम अमेरिका, दक्षिण अफ्रीका और प्राचीन भारत में एक समानता देखते हैं। इन सभी जगहों पर कभी बनी श्रेष्ठता या बेहतर सामाजिक स्थिति को नए घटनाक्रमों और विज्ञान ने चुनौती दी थी और फिर पुराने उच्च वर्ग की प्रतिक्रिया एक जैसी ही थी। तीनों ही जगहों पर जन्म या चमड़ी के रंग की श्रेष्ठता माननेवालों ने नए बदलाव और विकास को रोकने के लिए कृत्रिम बाधाएँ खड़ी करने की कोशिशें कीं।

पूरे मानव इतिहास में जब एक समूह ने दूसरे को पराजित किया, गुलाम बनाया तो चमड़ी के रंग, भाषा, तौर-तरीकों का भेद रहा है और शासक समूह उन पर जोर भी देता रहा है। सम्भवतः यह अपनी जाति के लोगों को ही अपना गुलाम बनाने की बुरी मनोवृत्ति का ही प्रतिफल था। पर ऊपरी अन्तर के बावजूद सारे मनुष्य एक हैं, यह मूल भावना पूरे इतिहास में रही है। और दूसरे व्यक्ति या समूह को अपना गुलाम या अपने कामों के लिए उपकरण बनाने में कहीं-न-कहीं अपराधबोध काम करता रहा है—यह पुराने यूनान से लेकर अभी तक के दौर में रहा है जिसकी चर्चा हम कर चुके हैं। लेकिन जातिगत भेदभाव या अलगाव एकदम अलग तरह की चीज है और इसकी थोड़ी समानता अमेरिका और दक्षिण अफ्रीका में चलनेवाली नस्लभेद की नीतियों से है। पर यह उल्लेखनीय है कि जाति व्यवस्था में नस्लों सम्बन्धी कोई अन्तर शामिल नहीं है।

लेकिन एक सामाजिक संस्था के रूप में जाति की व्याख्या उसकी उत्पत्ति के एक सिद्धान्त के आधार पर ही नहीं की जा सकती। जाति व्यवस्था के इर्द-गिर्द ही कई किस्मों के और भी विकास के घटनाक्रम चलते रहे हैं। चरवाहा और योद्धा हमलावरों तथा एक जगह बसकर खेती करनेवालों के सम्पर्क में आने, आपस में कुछ मेल-मिलाप होनेवाली स्थिति से वर्ण-व्यवस्था की उत्पत्ति हुई और इसमें विचारों का समन्वय, पुजारी, योद्धा, गृहस्थ और शूद्रों के बीच श्रम का विभाजन भी शामिल रहा है और इससे विजेता हमलावरों और स्थानीय लोगों की सापेक्षिक शक्ति और सामाजिक स्थिति का अन्दाजा भी लगता है। जब चौथे वर्ण के लोगों ने अपनी स्थिति सुधारी तब उनको अलग-थलग करने की कोशिशें हुईं जिनकी चर्चा इसी अध्याय में पहले हो चुकी है। यह तो एक तरह का घटनाक्रम या विकास था। इसके साथ-साथ यह भी हुआ कि अलग-अलग शिल्पों या कौशलों में विशेषज्ञता रखनेवाले कबीलाई समूह भी खेतिहर समाज का अंग बनते गए और अलग-अलग पेशोंवाली जाति के रूप में उनके साथ आते गए।

यह सम्भव है कि उत्तरी हमलावर कबीलों के आने से पहले ही भारत में इस किस्म का सामाजिक विभाजन मौजूद था। हड़प्पा और मोहनजोदड़ो में जिस उन्नत सभ्यता के दर्शन होते हैं उसको चलाने के लिए खेती और काश्तकारी के दूसरे पेशों का भी उन्नत रूप में होना जरूरी था और ऐसी उत्पादक प्रणाली ग्रामीण खेतिहर व्यवस्था के इर्द-गिर्द ही बन सकती थी। जब इंडो-ईरानी हमलावर आए होंगे तब सम्भव है कि इस काम के बँटवारेवाली व्यवस्था में कुछ कठोरता आई होगी। जब इन हमलावरों ने जीत दर्ज कर ली तो उन्होंने उत्पादन प्रणाली और पेशों के बँटवारे में ज्यादा दखल दिए बिना पूरे समुदाय को अपने प्रभाव के दायरे में ले लिया और एक खेमे में रख दिया होगा। इसलिए स्थानीय लोगों की पूरी आबादी भले ही वर्ण-व्यवस्था के चौखटे में सिर्फ शूद्र मान ली गई पर उनके अन्दर विभिन्न तरह के पेशोंवाली जातियाँ बनी रहीं।

इस प्रकार जहाँ वर्ण-व्यवस्था एक ऊपरी किस्म का बँटवारा करती थी, जहाँ एक पेशे या कुल से ज्यादा के लोग एक ही वर्ण में आ सकते थे वहीं जातिगत विभाजन अधिक ठोस और पक्के थे तथा हर पेशे के लिए जातियाँ थीं जो न आसानी से जाति बदल सकती थीं, न पेशा। इस जाति व्यवस्था का तीसरा तत्त्व है छुआछूत या अपवित्र होनेवाला भाव, इसमें शूद्रों के उत्थान और ब्राह्मणों की बदहाली से पैदा बदली स्थिति में ब्राह्मणों की प्रतिक्रिया का भी हाथ हो सकता है। लेकिन इससे चौथे वर्ण के लोगों को अपमानित करनेवाला पहलू एकमात्र या सबसे प्रभावी चीज नहीं था। यह चौथे वर्ण को नीचा बतानेवाली चीज को

दोहराना भर था। लेकिन इससे छुआछूत या प्रदूषित हो जानेवाला पहलू नहीं जुड़ता। इससे अशुद्ध हो जानेवाले भाव में वृद्धि हो सकती है। जैसाकि हटन बताते हैं, यह चीज भारत और बर्मा के लोगों की इस प्रबल भावना से जुड़ी हो सकती है कि आदमी जैसा कर्म करता है, इस जन्म में या अगले जन्म में, उसे वैसा ही फल मिलता है। इसी से यह मान्यता बनी कि अभी इस जन्म में हम जो भोग रहे हैं वह किसी पिछले जन्म के बुरे कर्मों का फल हो सकता है, और यह कि बुरे कामों का असर रहता है और यह दूसरों को भी अपने दायरे में ले सकता है।

निस्सन्देह, भारतीय लोगों में कर्मवाद पर काफी भरोसा है। हटन को लगता है कि यह सोच-समझ की कुछ स्थानीय अवस्था है और भारत तथा बर्मा में यह हिन्दुत्व और बौद्ध मतों[25] के संग ही आई है। इस बात की भी काफी सम्भावना है कि बौद्ध धर्म के लोगों ने स्थानीय निवासियों की कुछ पुरानी मान्यताओं को ही आध्यात्मिक रूप देने की कोशिश की हो। सिर्फ निम्न जाति के लोगों के प्रति ही छुआछूत का भाव नहीं है बल्कि खास स्थितियों में ऊँची जाति और स्वयं अपनी जाति के लोगों के स्पर्श से भी बचा जाता था और इसका जाति व्यवस्था से कोई खास लेना-देना नहीं है बल्कि इस तरह की अस्पृश्यता तो परिवार के लोगों के अन्दर भी कुछ खास स्थितियों में बरती जाती है। जैसे अगर किसी का कोई निकट सम्बन्धी मरा हो और वह मृत्यु से जुड़े कर्मों का कर्त्ता हो तो उसके परिवारवाले भी उसके सम्पर्क में आने से बचते हैं। रजस्वला औरत या खास तरह के धार्मिक अनुष्ठान में लगे व्यक्ति के स्पर्श से भी बचा जाता है। यह चीज लोगों के किसी आदिम और शुरुआती विश्वास से आई होगी। लेकिन बाद में जब यह चीज जाति व्यवस्था से जुड़ गई तब इसने एकदम अलग ही आयाम ले लिया। दरअसल हम तीन अलग-अलग तरह की प्रवृत्तियों या विकासक्रम को जाति व्यवस्था से घुल-मिल जाते देखते हैं।

मोर्टन क्लास ने पिछले दिनों प्रकाशित अपने अध्ययन[26] में सैद्धान्तिक बातों को छोड़कर ऐसा सम्भावित प्रतिमान खड़ा करने की कोशिश की जो उनके हिसाब से जाति व्यवस्था के सम्भावित विकासक्रम को दर्शाता है। उन्होंने लेवी स्ट्रास के टोटेमवादी कुलों-कबीलों के बीच ध्रुवीय सम्बन्धोंवाले विचार को उधार लेकर उसे जाति पर लागू करना चाहा है। टोटेमवादी कुलों में वस्तुओं का लेन-देन नहीं होता, शादी-ब्याह का सम्बन्ध बन जाता है जबकि जाति व्यवस्था में वस्तुओं का आदान-प्रदान तो होता है पर शादी-ब्याह पूरी तरह जाति के अन्दर ही होता है। इस बात की व्याख्या करते हुए वे कहते हैं कि किसी भी देश की अपनी अलग

तरह की पारिस्थितिक-प्रणाली हो सकती है और उसके तहत विभिन्न मानक समूह मौलिक रूप से अलग-अलग तरह की जीवन-शैली अपना सकते हैं और इसमें वे ज्यादा मेल-मिलाप या मिलावट से बचते हैं और इसी क्रम में वे बाहर के समूहों के साथ औरतों की अदला-बदली नहीं कर सकते। इसलिए वे छोटे-छोटे दायरे बनाते हैं जिनके अन्दर ही शादी-ब्याह होते हैं। फिर वे आगे कहते हैं कि भारत में आदिवासी समूहों में श्रेणीबद्धता या वर्गीकरण नहीं हुआ है और वे ज्यादा समानतावाले हैं। और इन सभी विचारों को मिलाकर वे यह निष्कर्ष निकालते हैं :

> ''हम मानते हैं कि पहले दौर में जो समाज बने उनमें समानतावादी मानव समूह उभरे थे और हर समूह की सदस्यता की कुछ विशेषताएँ थीं और चूँकि हर समूह को आर्थिक कामकाज में हर किस्म की विशेषज्ञता नहीं थी इसलिए वे आपस में वस्तुओं और सेवाओं का आदान-प्रदान करते थे। ऐसी व्यवस्था के बाद अतिरिक्त उत्पादनवाली व्यवस्था आने पर ऐसे समूहों की एक नई व्यवस्था विकसित हुई जिसमें सामाजिक रूप से तो वे अलग-अलग रहे पर आर्थिक रूप से उनमें समानतावाली चीज गायब हो गई। इस दौर में एक या एकाधिक समूहों का बुनियादी संसाधनों पर नियन्त्रण रहा या उनकी ही पहुँच इन संसाधनों तक रही और इन संसाधनों में हिस्सा पाने या इन तक पहुँचने के लिए बाकी समूहों को इन कुछेक या एक समूह को अपनी सेवाएँ देनी होती थीं। वस्तुओं और सेवाओं के मामले में इस तरह एक गतिशीलता आई या जमीन और फसलों पर नियन्त्रण रखनेवाले समूहों, जिनका आपस में विवाह का सम्बन्ध था, में खुलापन आया और फसलों, वस्तुओं और सेवाओं का बाकी लोगों के बीच भी वितरण हुआ।''[27]

यह व्याख्या बहुत सरलीकृत, साफ-सुथरी है। सम्भव है कि चीजों का आदान-प्रदान का एक तरीका यह भी रहा होगा। हमने भी खेतिहर समूहों और पशुपालक और शिकारी समूहों के बीच वस्तुओं के लेन-देन की चर्चा की है। लेकिन खेती के उत्पादनवाली व्यवस्था की जटिलताओं को इस परिकल्पना में एकदम भुला दिया गया है। खेतों पर काम करनेवाले लोग सदा उसके स्वामी ही नहीं होते। खेती की पैदाइश में ऊपरी दो वर्णों के लोगों का हिस्सा बहुत ज्यादा हो सकता है क्योंकि जमीन के मालिक वे हैं—भले ही उन्होंने उत्पादन में उस अनुपात में श्रम नहीं किया हो। और जमीन पर एकाधिकार यूँ ही नहीं

बन गया होगा—यह काम शान्तिपूर्ण ढंग से हो गया हो, यह सम्भव नहीं है। अब ये रिकॉर्ड भले ही बहुत बिखरे हों पर इतना स्पष्ट है कि यह कब्जा शक्ति से ही हुआ होगा। यह भी स्पष्ट है कि कबीलाई जीवन जीने के अभ्यस्त हमलावर दस्ते भले ही समानता से ही शुरुआत करें पर जब उनकी मुठभेड़ स्थानीय लोगों से हुई और वे जीते तो उन्होंने बहुत ही असमानता के रिश्तोंवाला समाज बनाया। निश्चित रूप से इसी टकराव के दरम्यान वर्ण-व्यवस्था उभरी और इसमें समानता ढूँढ़े नहीं मिल सकती।

इस विकासक्रम में कुछ भी अस्वाभाविक नहीं है। इस बात को स्वीकार करने में हिचक का एकमात्र कारण यही है कि अभी तक यह माना जाता था कि समाज में वर्गीकरण या श्रेणीबद्धता एक शान्तिपूर्ण विकास के क्रम में ही बनी है। लेकिन सच्चाई यही है कि जहाँ कहीं लोगों के एक समूह को दूसरे समूह की सेवा में लगाया गया, चाहे वह दास प्रथा हो या सामन्तवाद, इस काम में बल-प्रयोग हुआ। अब हाल में जाकर पूँजीवाद के तहत यह हुआ है कि इस काम के लिए सीधे बल-प्रयोग की जगह अदृश्य किस्म के सामाजिक-आर्थिक दबाव काम करने लगे हैं।

भले ही क्लास की धारणा जाति के एक छोटे से गुण—अपने ही दायरे में शादी-ब्याह का सम्बन्ध रखना—को समझने में मदद करती हो लेकिन इसके विकास के इतिहास की अनदेखी करने से वास्तविकता को समझने में यह उपयोगी नहीं लगती।

ऊपर जिन कारणों की चर्चा हुई है उनके अलावा भी कुछ स्थानीय कारक हो सकते हैं जो अलग-अलग जगहों पर आए बदलावों या विशिष्टताओं के लिए जिम्मेवार होंगे। सदियों में विकसित हुई ऐसी संश्लिष्ट प्रणाली के लिए बहुत सरलीकृत पर सुविधाजनक व्याख्या नहीं हो सकती। बल्कि जाति व्यवस्था के बारे में सरल सिद्धान्त ढूँढ़ने के उत्साह में ऐसे विद्वान लोग एक स्थान पर प्रचलित बातों या जाति के एक ही पहलू पर सारा ध्यान केन्द्रित कर देते हैं और हर जगह और हर तरह की विविधता की अनदेखी हो जाती है। पर इस व्यवस्था को समझने के लिए इसके ऐतिहासिक विकासक्रम को ध्यान में रखें, तभी इससे पैदा समस्याओं के समाधान की तरफ बढ़ा जा सकता है।

धर्मशास्त्रों की बातों पर जरूरत से ज्यादा जोर देना भी इस व्यवस्था को सरलीकृत ढंग से समझने की कोशिश का ही हिस्सा है जबकि असल में यह व्यवस्था तरह-तरह के विरोधाभासों से भरी हुई है। पर इस संश्लिष्ट प्रणाली को समझने के लिए कम से कम तीन लड़ियों को गूँथते हुए आगे बढ़ने पर मदद

मिलती है—इस प्रक्रिया की चर्चा हम पहले कर चुके हैं—1. मुख्य किसानीवाले हिस्से और पशुपालक तथा शिकारी हिस्से के बीच लेन-देन का रिश्ता है; 2. वर्ण-व्यवस्था का मिथ विजेता पशुपालक हमलावरों और व्यवस्थित रूप से बसकर खेती करनेवाले स्थानीय लोगों के टकराव से पैदा हुआ है; और 3. छुआछूत की भावना जो पहले तो कर्म के दर्शन से आई थी पर बाद में बौद्ध मत के उभरने के बाद प्रमुखता पाती गई।

सन्दर्भ और पाद-टिप्पणियाँ

1. हरबर्ट रिज़्ले, *द पीपुल्स ऑफ इंडिया,* दूसरा संस्करण, सम्पादक, डब्ल्यू. क्रुक, ओरिएंटल बुक रिप्रिंट कॉर्पोशन बुक पब्लिशर्स, दिल्ली, 1969, पृ. 262, (सबसे पहले 1915 में प्रकाशित)।
2. जेम्स डार्म्सटेटर, जेंड. अवेस्ता के अनुवाद की भूमिका, मुख्य सम्पादक मैक्स म्यूलर, मोतीलाल बनारसीदास, दिल्ली 1965, पृ. *XLV-XLVII.*
3. पूर्वोक्त, पृ. *XLVI-XLVII.*
4. पूर्वोक्त, पृ. *XLVI-XLVII.*
5. गुंथर डी. सोंतहाइमर, *द धांगर्स, ए नोमेडिक पास्चरल कम्युनिटी इन ए डेवलपिंग एग्रिकल्चरल इंवार्नमेंट,* स्क्रिफ्तेंरिह देस सुदासिएन इंस्टीट्यूट दास यूनिवर्सिटेट हाइडरलबर्ग, पृ. 167।
6. एन.के. बोस, द स्ट्रक्चर ऑफ हिन्दू सोसाइटी, ओरिएंट लांगमैन, दिल्ली 1975, पृ. 39।
7. मोर्टिमर व्हीलर, अर्ली इंडिया एंड पाकिस्तान टू अशोका, थॉमस एंड हडसन, लन्दन (संशो.) 1968, पृ. 127।
8. ब्रिगेट और रेमंड आलचिन, *द बर्थ ऑफ इंडियन सिविलाइजेशन : इंडिया एंड पाकिस्तान बिफोर 500 बी.सी.,* पेलिकन ऑरिजिनल, 1968, पृ.257।
9. पूर्वोक्त, पृ. 154।
10. गुस्ताव ओप्पर्ट, *द ऑरिजनल इनहैबिटेंट्स ऑफ इंडिया,* ओरिएंटल पब्लिशर्स, दिल्ली, 1972, पृ. 32।
11. आई.एस. लेविस, *सोशल एंथ्रोपोलॉजी इन पर्सपेक्टिव,* पेलिकन, 1977, पृ. 189-90।
12. मागरिट पेइल, *कंसेसस एंड कंफ्लिक्ट इन अफ्रिकन सोसाइटीज,* लांगमैन लन्दन, 1977, पृ. 90-91।
13. ए. बेरिएडेल कीथ, *द एज ऑफ ऋग्वेद,* इन द कैम्ब्रिज हिस्ट्री ऑफ इंडिया खंड I का आलेख, सम्पादक ए.जे. रैपन, एस. चाँद एंड कम्पनी, दिल्ली 1968, पृ. 83 (पहला प्रकाशन 1921)।
14. वायु पुराण, जे. मुइर द्वारा उद्धृत पुस्तक—*ऑन द ऑरिजिन एंड हिस्ट्री ऑफ द प्यूपिल ऑफ इंडिया,* देयर रिलीजन एंड इंस्टीट्यूशन, ओरिएंटल पब्लिशर्स, नई दिल्ली, 1976, पृ. 97।
15. अलबेरूनी का भारत, सम्पा.—डॉ. एडवर्ड सी. सचान, एस. चाँद एंड कम्पनी, दिल्ली 1964, पृ. 100-101।
16. कर्म पुराण में आर.एस. शर्मा द्वारा उद्धृत, शूद्राज इन एंशिएंट इंडिया, मोतीलाल बनारसीदास, 1958, पृ. 212।

17. जी.एस. घुर्ये, *कास्ट एंड क्लास इन इंडिया,* पोपुलर बुक डिपो, बम्बई, 1957, पृ. 13।
18. पूर्वोक्त, पृ. 12।
19. डी.डी. रूनी और ई. हैल्लाडे, *द बिल्डिंग ऑफ मॉडर्न अफ्रीका,* जॉर्ज जी. हैरप एंड कम्पनी लि., लंदन, 1967, पृ. 208-209।
20. पूर्वोक्त, पृ. 208-209।
21. मोनिका हंटर, *रिएक्शन टू कंक्वेस्ट,* ऑक्सफोर्ड यूनिवर्सिटी प्रेस, 1961, पृ. 560।
22. गुन्नार मिरडल, *ए अमेरिकन डाइलेम्मा,* खंड II, पैंथियन बुक, न्यूयार्क, 1972 (हार्पर एंड रो, 1944), पृ. 668।
23. पूर्वोक्त, पृ. 668।
24. गुन्नार मिरडल, द अमेरिकन डाइलेम्मा, खंड I, पैंथियन बुक, न्यूयार्क 1972, पृ. 89।
25. हटन, *कास्ट इन इंडिया,* ऑक्सफोर्ड यूनिवर्सिटी प्रेस, 1977, पृ. 146।
26. मोर्टन क्लास, *कास्ट : द इमर्जेंस ऑफ साउथ एशियन सोशल सिस्टम,* इंस्टीट्यूट फॉर द स्टडी ऑफ ह्यूमन इश्यूज, फिलाडेल्फिया, 1980।
27. पूर्वोक्त।

अध्याय : 5

परत दर परत आदिवासी जमाव

जाति व्यवस्था की एक उल्लेखनीय विशेषता है—यह लोगों को अपने दायरे में लेते और बाँटते हुए भी उनके पिछले समाज के कबीलाई तत्त्वों को अपेक्षाकृत सुरक्षित ही रहने देती है। कुछ मामलों में तो यह अपने अनुसार बदलाव करती है, यह बाकी काफी सारी पुरानी चीजों और व्यवस्थाओं को चलने देती है। इसी चीज के चलते भारतीय जाति व्यवस्था उन अधिकांश दूसरी व्यवस्थाओं से एकदम अलग बन जाती है जो शोषण पर आधारित रही हैं। जिन समाजों में गुलाम प्रथा प्रभावी रही वहाँ सक्षम लोगों को उनके कबीले और परिवार से छीनकर अलग किया जाता था और गुलाम बाजार की विक्रय योग्य चीज बना दिया जाता था। अब उनका सम्बन्ध सिर्फ उनके स्वामी से रहता था। सामन्तवाद में भी दासों का सम्बन्ध सिर्फ उनके सामन्त से होता था जिसकी जमीन पर वे काम करते थे। जब यह जमीन बिककर दूसरे सामन्त के पास चली जाती थी तब वे भी दूसरे सामन्त के दास बन जाते थे। पर इस व्यवस्था में उसे अपने परिवार से सम्बन्ध रखने दिया जाता था। लेकिन जाति व्यवस्था में उसे अपने पुराने कबीलाई सम्बन्धों को बनाए रखने की आजादी होती थी। यहाँ पूरा-का-पूरा कबीला अधीनस्थ बनता था और फिर उसे प्रभावी कबीले की सेवा करनी होती थी। अक्सर, अधीनस्थ कबीले के लोगों को, अगर वे किसी खास काम में विशेषज्ञता रखते हों तब, उनका पुराना काम करने दिया जाता था, भले ही यह काम वे अपने नए प्रभुओं के लिए करें और बदले में सिर्फ गुजर-बसर करने लायक मूल्य ही पा सकें। अगर उनमें ऐसा कोई विशेष हुनर न हो तो उन्हें मुख्यतः प्रभावी जातियों के खेतों में काम करना पड़ता था और बदले में थोड़ी मजदूरी या उपज का एक हिस्सा मिलता था। कुछ मामलों में उनसे मुश्किल किस्म के काम भी कराए जाते थे—ठीक उसी तरह जैसा गुलामों या दासों के साथ अन्य जगहों पर

होता था। लेकिन भारतीय जाति व्यवस्था में एक ही 'अच्छी' चीज रही कि इसने कबीले के व्यक्ति को उससे अलग करके उसके विश्वासों और जीवन शैली को पूरी तरह नहीं बदला। जो कोई कबीला जाति व्यवस्था के अन्दर आया वह भी पुराने सम्बन्धों को बनाए रख सकता था और उसने अपनी पुरानी पूजा पद्धति को भी चलाया। इसका यह मतलब नहीं है कि प्रभावी और अधीनस्थ कबीलों के बीच किसी किस्म के सम्बन्ध नहीं बने या उनमें किसी किस्म का आदान-प्रदान नहीं हुआ। बल्कि इस प्रक्रिया ने हमलावर और विजेता कबीलों में ज्यादा बदलाव किया और न सिर्फ उनकी जीवन शैली बदली और उनके विश्वास बदले बल्कि वे स्थानीय आबादी में मिल-खप गए। लेकिन इस सारे मेल-मिलाप में कबीलाई पहचान या विशेषताएँ नहीं मरीं और अलग-अलग जगह से आए तत्त्वों के मेल से नया कबीला उभर आया जो समय बीतने के साथ नई जाति के रूप में स्वीकार कर लिया गया।

कबीलों की जीवन शैली में ज्यादा दखल न देने के जाति व्यवस्था के गुण ने इस व्यवस्था को अधिक बड़े इलाके तक शान्तिपूर्ण ढंग से विस्तार करने का अवसर दिया और कहीं से भी वैसा प्रतिरोध या गुत्थमगुत्था होने का प्रमाण नहीं मिलता जैसाकि ऋग्वेदवाले दौर में हुआ था। कबीलों को जाति के रूप में बदलनेवाले इस विकास के बावजूद भारत में नए आदिवासी कबीलों या नए इलाकों की कमी नहीं पड़ी। और सच कहें तो यह कमी आज तक भी नहीं पड़ी है। सो, यह व्यवस्था नए-नए इलाकों तक पहुँचती रही, नए-नए आदिवासी तत्त्व इस व्यवस्था में जुड़ते गए, नई जातियाँ बनीं और उनको एक सामाजिक दर्जा और स्थान मिला। इन्हीं सबके बीच अफगानिस्तान और बलूचिस्तान होकर उत्तर पश्चिम में तथा तिब्बत और बर्मा होकर पूर्वोत्तर से नए कबीलों का आना भी जारी रहा। पूर्वोत्तर से तो यह क्रम उन्नीसवीं सदी तक जारी था और छिटपुट ढंग से अभी तक चल रहा है। बाहरी लोगों के आने से अन्दर भी हलचल हुई और देश के अन्दर भी लोगों का एक स्थान से उठकर दूसरी जगह जाने और बसने का क्रम चलता रहा। इस कबीलाई पलायन और स्थान बदलने के बारे में एक चीज उल्लेखनीय है कि एक जगह जमकर बस गए कबीले या समूह के लोगों को शायद ही कभी उनके स्थान से ठेलकर कहीं भगाया गया होगा—देशनिकाला देने जैसी बात के तो प्रमाण भी नहीं हैं। बल्कि एक के ऊपर एक कबीले के लोग बसते गए—अर्थात् एक ही क्षेत्र में नए समूह भी आए और पुराने भी बने रहे। जाति व्यवस्था एक खाँचे की तरह रही और लोग जिस क्रम से बसते गए उसी क्रम से उनका सामाजिक दर्जा भी तय होता गया। पुराने और

ताकतवर लोग जातिगत सीढ़ी के ऊपरी पायदानों पर रहे। इस प्रकार जाति व्यवस्था ने कबीलाई लोगों के जमते जाने और एक बड़े समाज का हिस्सा बनने की प्रक्रिया में भी मदद की।

इस प्रक्रिया में कोई भी कबीला पूरे मुल्क तक में नहीं पसर पाया, भले ही कुछ लोग काफी बड़े इलाके तक में फैल गए होंगे। और एक कबीले के लोगों के विस्तार का क्षेत्र आसानी से दूसरे कबीले के विस्तार के इलाके तक गया। इस प्रकार सदियों से चली इस प्रक्रिया ने मुल्क में हर कहीं कई-कई कबीलों के लोगों की मौजूदगी की स्थिति बना दी। और इसी क्रम में यह भी हुआ कि एक ही कबीले के लोग एक जगह अलग सामाजिक हैसियत में हैं तो दूसरी जगह एकदम भिन्न स्थिति में। कहीं उन्होंने राजनीतिक सत्ता और समृद्धि हासिल करके सबसे ऊपरी जगह पा ली और उन्हें क्षत्रिय या ब्राह्मण मान भी लिया गया। पर दूसरी जगह पहुँचे उनके ही बन्धु-बान्धव इतने भाग्यशाली नहीं रहे और जाति व्यवस्था में कहीं नीचे पड़े रहे। हमने पहले के उदाहरणों में यह चीज देखी है और यह भी देखा है कि किस तरह एक ही कबीले के कुछ लोगों को जो राजा बनकर क्षत्रिय मान लिए गए, अपने ही कबीले के लोगों से सम्बन्ध रखने या उन्हें अपना बताने में परेशानी होने लगती है। अगर एक ही कबीले के कुछ लोग जाति व्यवस्था में आ गए और बाकी बाहर छूट गए हों तब भी ऐसा ही हो सकता था। इससे कबीले में फूट पड़ जाती थी। जाति व्यवस्था में आ गए लोगों को नया नाम, नया सामाजिक दर्जा मिल जाता था। पर इस बदलाव और अन्तर के बावजूद उनके रीति-रिवाज, देवी-देवता और परम्पराएँ समान रहती थीं जिनसे एक तरह का जुड़ाव तो बना ही होता था। जो कबीले एक ही स्थिति या पेशे से जुड़े होते थे, जैसे अभीर (जिन्हें अब अहीर या यादव कहा जाता है), उनमें यह एकता अधिक रहती थी लेकिन उनके अन्दर भी बाहरी तत्त्व आ जाते थे। लेकिन जब कबीलों को जाति के रूप में मान्यता मिल जाती थी तब भी अपनी उपजाति के अन्दर एक कबीलाई भाव विद्यमान रहा करता था। जिस प्रकार तरह-तरह के समूहों को जोड़कर एक कबीला बनाया जा सकता था उसी प्रकार जाति भी बनती थी और वह काफी कुछ नए या सौतेले कबीले की तरह ही होती थी।

कबीलाई समूहों के विस्तार और एक-दूसरे के इलाके में बसने-खपने की इसी निरन्तरता के चलते भारत में एकता की भावना बनी रही है वरना यहाँ जितनी भाषाएँ हैं, जितने तरह के लोग हैं, जितने रीति-रिवाज हैं उन सभी के बीच बुनियादी एकता के आधार को समझ पाना मुश्किल होता। देश के अधिकांश

हिस्सों तक हुआ इसी किस्म का कबीलाई मेल-मिलाप ही सांस्कृतिक एकता के सूत्र बनाता-गूँथता है। इसी कबीलाई परम्परा के माध्यम से बनी इस भावनात्मक एकता ने ही सदियों से लोगों को लम्बी और मुश्किल तीर्थयात्राएँ करने की प्रेरणा दी है। इसी प्रेरणा से लोग हिमालय से लेकर कन्याकुमारी और असम की पहाड़ियों से लेकर काठियावाड़ के तट तक की तीर्थयात्रा में नदियों-पहाड़ों को भी लाँघते हुए चल देते थे। पूरे मुल्क में बिखरी अपनी कुछ अघोषित-परिभाषित-सी पहचान, अपनी गुम-सी धरोहर की तलाश उन्हें हर कहीं जाने, हर किसी के बीच उठने-बैठने, उपदेश देने-सुनने की प्रेरणा देती थी और इससे देश के एक होने का भाव मजबूत होता था। राष्ट्र की यह भावना किसी साम्राज्यवादी महत्त्वाकांक्षा पर आधारित न होकर अपनी पहचान की तलाश से जुड़ी है। हर भारतीय को लगता है कि उसे उन स्थानों को जाकर देखना चाहिए जो इसके घुमन्तू पूर्वजों ने छुए थे, उन लोगों से मिलना चाहिए जो उनके अपने बड़े कुल का अंग हो सकते हैं। यह बात इस तथ्य से भी पुष्ट होती है कि भारत में शायद ही कुछ अवसरों पर राजनीतिक एकता देखने में आई हो पर सदियों से यहाँ एक राष्ट्र होने की भावना विद्यमान रही है और इसमें राजनीतिक बिखराव की ठोस वास्तविकता भी आड़े नहीं आई है। जाति व्यवस्था में आकर भी कबीलाई लोग अपनी पुरानी पहचान को सुरक्षित पाते हैं और अपने पुराने देवी-देवताओं का रूपान्तरण भी पाते हैं। उनके पूर्वजों के देवी-देवता ब्राह्मणवादी देवी-देवताओं का अवतार घोषित हो जाते हैं। और इसी के चलते तीर्थस्थल उनके लिए दोहरे आकर्षण की चीज बन जाते हैं और तीर्थयात्रा हर हिन्दू के जीवन की एक बड़ी चाहत बन जाती है।

कबीलों के जाति व्यवस्था में समाहित होने से भारतीय राजनीतिक व्यवस्था ने यूरोप और दुनिया के अन्य भागों की तुलना में एकदम अलग ही तरीके से विकास किया है। यूरोप में भी चौथी सदी के अन्त से लेकर सातवीं सदी के शुरू तक लोगों का बड़े पैमाने पर आना-जाना लगा रहा। इसकी शुरुआत की खानाबदोश लोगों ने जो स्लाव लोगों के इलाके में घुस गए। फिर हूण, बुल्गार, अवार, चेजार, मैग्यार, पात्जिनाक, क्यूमान और मंगोल आए। इसी बीच जर्मेनिक लोग पश्चिम की तरफ बढ़े और दूसरे जर्मेनिक लोगों के इलाकों में पसर गए और आखिरकार उस इलाके में पहुँचे जो तब तक रोमन साम्राज्य के अधीन ही आता था। दो सदियों तक गुत्थमगुत्था होने और यहाँ-से-वहाँ भटकते रहने तथा रोमन साम्राज्य के प्रताप को ध्वस्त करने के बाद ये कबीले अलग-अलग इलाकों में जा बसे और लगभग सभी ने अपने-अपने इलाके के पुराने वाशिन्दों को वहाँ

से खदेड़ दिया था।

स्टेम्पे के खानाबदोश लोगों की यह आदत थी कि वे जहाँ बसते थे वहाँ से लोगों को उजाड़कर अपने से कुछ दूरी पर बसा देते थे जिससे उनके बीच थोड़ा सुरक्षित फासला रहे और बाहर से हमला होने की स्थिति में उनको तैयार होने का अवसर मिल जाए। इसी हिसाब से अवार खगन सरदार बाइयान ने जर्मेनिक-अल्ताइक स्लावोनिक लोगों की मिश्रित जमात को अपने इलाके की पश्चिमी सीमा पर बसाया था जिससे वे जर्मेनिक लोगों की तरफ से ढाल का काम कर सकें। इसी प्रक्रिया में क्रोएट, सर्ब, बुल्गार और मैग्यार जैसे कबीलों के लोग पूर्वी यूरोप में फैल गए और हर कबीले ने अपने प्रभाव से इलाके में अपना राज्य बनाया या एक बड़े राज्य के अन्दर अपनी-अपनी राष्ट्रीयता विकसित की।

अपने पुराने इलाकों से खदेड़े गए और नए इलाकों में बसे जर्मेनिक लोगों ने भी समय बीतते जाने के बाद नई राष्ट्रीयताओं को जन्म दिया। इस नई बसावट वाले क्षेत्र में उनकी आबादी बहुत ही व्यवस्थित ढंग से बसी थी क्योंकि स्लावों और थोड़े से दूसरे लोगों के अलावा यहाँ के सभी पुराने वाशिन्दों को खदेड़ दिया गया था। हमलावर और विजेता कबीलों के बीच शायद ही कभी पुराने वाशिन्दों या पराजित कबीले के लोगों को रहने दिया जाता था। अगर कहीं ऐसे लोग रहे भी तो सामाजिक और आर्थिक रूप से एकदम दबी या निचली स्थिति में।

इस प्रक्रिया में एंगल, सैक्सन और जूट लोग समुद्र पार करके इंग्लैंड में जा बसे। वहाँ के पुराने वाशिन्दों, ब्रिटनों को पश्चिम की तरफ खदेड़ दिया गया और वे अधीनस्थ बना लिए गए। ब्रिटनों का एक हिस्सा इंग्लिश चैनल लाँघकर गॉल पहुँचा और उसने अपनी अलग सांस्कृतिक पहचान बनाई जिसे बाद में ब्रिटानी कहा गया। विसिगोथ इबेरियाई प्रायद्वीप में बसे और आगे चलकर उन्होंने जिस राष्ट्र का निर्माण किया उसे स्पेन कहा गया। सेबियन फ्रैंक शीन और राइन के इलाके में बसे और क्लोविस के नेतृत्व में इन्होंने शक्तिशाली साम्राज्य की नींव रखी जो आगे चलकर फ्रांसीसी राज्य के रूप में सामने आया। अलेमानी, बावेरियाई और फ्रैंक लोग स्विटजरलैंड से लेकर जर्मनी तक के इलाके में अलग-अलग जगहों पर बसे और बाद में एकजुट होकर इन्होंने स्विस और जर्मन राष्ट्र बनाए। लोम्बार्ड भागकर इटली के इलाके में बसे और बाद में इतालवी राष्ट्र के सबसे महत्त्वपूर्ण हिस्सा बने।

भारत में आदिवासियों की आवाजाही और इन कबीलों के स्थान बदलने में एक बड़ा अन्तर है। यहाँ एक कबीला बाकी सभी को खदेड़कर एक खास इलाके

पर जम जाता था। इससे इन क्षेत्रों में एक ही तरह के रीति-रिवाज, कानून और संस्कृति रही। लेकिन इसकी सबसे खास बात थी कि यहाँ लोगों के राजनीतिक और सामाजिक रूप से जुड़ाव की दिशा ऊपर-से-नीचे या नीचे-से-ऊपर अर्थात् ऊर्ध्वाधर ही रही। पुराने वाशिन्दों में से कुछेक बचे-खुचे लोगों को छोड़ दें तो समाज में ऊपर से लेकर नीचे तक एक ही समूह के लोग मौजूद रहे। इससे क्षेत्रीय आधार पर राजनीतिक एकता बनाने में काफी मदद मिली। समय बीतते जाने के साथ ही वहाँ के कबीलाई कानून उस इलाके में कानून बन गए। चूँकि वहाँ की आबादी में काफी एकरूपता थी इसलिए समान कानून सभी को आसानी से मंजूर भी हो गया। अधिकांश जर्मेनिक लोगों द्वारा ईसाई मत स्वीकार कर लेने से भी समान नागरिक संहिता बनाने में सुविधा हुई क्योंकि इससे चर्च भी इन कानूनों को बनाने में बड़ी भूमिका निभाने लगा।

पर जहाँ एक से ज्यादा कबीले के लोग रहे वहाँ स्थानीय कबीलाई रीति-रिवाज भी काफी हद तक प्रभावी रहे, जैसाकि मेरोविंजियन साम्राज्य में। इस बारे में क्रिस्टियन फिस्टर लिखते हैं :

> ''मेरोविंजियन गाउल के सभी कबीले एक कानून में नहीं चलते थे। हर कबीले या नस्ल के लोगों के अपने कानून थे और व्यवस्था या सिद्धान्त किसी भी व्यक्ति की नस्ल और कबीले के अनुसार लागू होता था। गालो-रोमन लोगों पर अब भी रोमन कानून चलते थे; विजियोथ लोगों के कानून आसान थे तो ब्रेविरियम एलारिकी किसी और तरह के कानून को मानते थे। लोइरे के दक्षिण के इलाके में गालो-रोमन का पूरा एकाधिकार था और यहाँ दूसरे लोग बहुत ही कम संख्या में थे। और एक्विटेन में सबसे आखिर तक रोमन कानून चलता था। बर्गंडियन और विजिगोथ लोगों के राजा को जब फ्रैंक्स ने उखाड़ फेंका तब उनकी अपनी कानून व्यवस्था चलती थी और मेरोविंजियन दौर में भी इन कबीलों के लोगों पर वही कानून लागू होता रहा। मेरोविंजियन शासक ने यह व्यवस्था बना दी कि अन्य समूहों के कानून लिखित रूप में रखे जाएँ।''[1]

जिन इलाकों में एक ही कबीले का प्रभुत्व-सा था वहाँ उनके बसकर जीवन शुरू करने के साथ सत्ता के केन्द्रीकरण की स्थितियाँ भी बनीं और यह सत्ता राजा के हाथ में आई जो कबीलाई एकता का प्रतीक भी था। इसलिए भले ही कबीलाई तत्त्व धीरे-धीरे दबते-छुपते गए पर यह व्यवस्था बन जाने से कबीले और इलाके की राजनीतिक सत्ता के बीच सीधे टकराव की गुंजाइश भी धीरे-धीरे

समाप्त होती गई। एल.एम. हार्टमैन ने इटली के लोम्बार्डों में राज्य की क्षेत्रीय सत्ता के उभरने का जो विवरण दिया है वह इस बात का उदाहरण बन सकता है। वे लिखते हैं :

> "लोगों के बसाव के तरीके और तथ्य ने ही संवैधानिक विकास और संस्कृति की रूप-रेखा तय कर दी थी। क्षेत्रीय राज्य बिखराववाली शक्तियों से लड़नेवाला एक केन्द्रीय सत्ता बन सकने योग्य शासक को उभारता है और जर्मन आजादी के बुनियादी आधार इसी में छुप जाते हैं। एक जगह बस जाने के चलते कबीले के अन्दरवाले कुलों के स्वतन्त्र आर्थिक आधार समाप्त हो गए थे और हमें लोम्बार्डों में सेंटेना की पहचान कर पाना मुश्किल हो जाता है। राजनीतिक रूप से भी ऐसे घरानों की हैसयित घटी पर अधिकारों के मामले में राज्य धीरे-धीरे ही इनके ऊपर प्रभावी हुआ। रोठरी के कानून ऐसे बड़े कुलों के सामन्ती अधिकारों पर रोक लगाने के प्रयास करते हैं और इसके लिए भारी जुर्माने के प्रावधान किए गए। उनके पास कई तरह के विशेषाधिकार पहले से थे जिनमें अविवाहित औरत के परिवार में निकट रिश्तेदार न होने की स्थिति में उसकी सारी जायदाद पर इनका अधिकार हो जाना शामिल था। इन बड़े कुलवालों के विशेषाधिकार का बोझ ढोनेवालों को इसके विपरीत अपनी अन्तिम इच्छा पूरी करने का अवसर भी काफी देर से और अपवादस्वरूप ही मिलता था जबकि वे भी कभी एक ही बड़े कुनबे का, परिवार का हिस्सा रहे थे। नेशनल असेम्बली अभी भी थी पर यह भी लोम्बार्डों की एकता का उसी तरह प्रतिनिधित्व करती थी जिस तरह राजा करता था। लेकिन उच्च कुलोंवाला आधार खोने के बाद इस असेम्बली को भी क्षेत्रीय सरकार ने एकदम बदल डाला क्योंकि अब सामन्तों और योद्धाओं भर की सभा का चल पाना सम्भव न था क्योंकि सारे इलाके पर तो राजा का नियन्त्रण हो गया था।"[2]

बाहर तो इस किस्म के विकास हुए पर भारत में कबीले जाति के दायरे में आते गए और भले ही स्वाभाविक रूप से उनके तौर-तरीके में स्थानीय स्तर पर भेद रहे पर वे भी धीरे-धीरे जातिगत व्यवस्थाओं के दायरे में आए, उनके जीवन में भी यह मूल्य प्रमुख हुए और इन्हीं के आधार पर उनके दूसरी जाति के लोगों से सम्बन्ध बने। यह ध्यान देने योग्य चीज है कि जातीय कायदे-कानून

और जातीय सत्ता, जो काफी कुछ कबीलाई सत्ता की तरह ही है, का जोर मुख्यतः गैर-द्विज जातियों में ही है। द्विजों का मुख्य कारोबार इधर धर्मशास्त्रों से चलता है। सम्भव है कि पहले वे भी मुख्यतः जातीय कायदे-कानूनों के आधार पर ही चलते हों, खासकर वे लोग तो जरूर जो वर्ण-व्यवस्था में ऊँची हैसियत पर नहीं आए होंगे।

ऐसा क्यों चलता था यह समझ पाना बहुत मुश्किल नहीं है। जैसाकि हमने देखा, वर्ण-व्यवस्था के पहले तीन वर्ण तो एक ही प्रभावी कबीले, आर्यों से बने हैं। इसलिए अगर उसी कबीले के कायदे-कानून हों तो तीनों में उन्हें मानने का रुझान होना स्वाभाविक है। दूसरी ओर अन्य कबीले अपने-अपने पुराने कायदे-कानून से निर्देशित हो सकते थे। और ठोस रूप में देखें तो जाति के रूप में जीवन जीते हुए वे अपनी जाति पंचायत और उसके प्रभुत्व से ही संचालित होते रहे। केरल के नायर जाति के रूप में आने के बाद भी अपनी मातृ-प्रधान व्यवस्था चलाते रहे और नम्बूदरी ब्राह्मण के सबसे छोटे बेटे की शादी नायर लड़की से होती रही। ब्राह्मणवादी हिन्दुत्व की व्यवस्था तो पूरी तरह पुरुष-प्रधान है।

ग्राम पंचायतों का गुणगान होता है, उनको ग्राम प्रशासन की राजनीतिक व्यवस्था बताने जैसी बातें कही जाती हैं और कही जाती रहेंगी पर भारत में पंचायत असलियत में जाति या कबीला पंचायत ही रही हैं। पंचायत के इस गुण को डुमांट ने भी रेखांकित किया है, भले ही उन्होंने इसके आधार पर जरूरी निष्कर्ष नहीं निकाले हैं। यह खास गुण है जाति पंचायत का वर्ण-व्यवस्थावाली श्रेणीबद्धता से काफी हद तक आजाद होकर काम करना। हर जाति की पंचायत लगभग स्वतन्त्र ढंग से काम करती है और यह उस समय से चली आ रही आजादी का ही जारी रहना है जब वे लोग एक कबीले में थे। डुमांट लिखते हैं :

> "भारतीय ग्रामीण समाज के बारे में यही पश्चिमी विचार यहाँ कानून व्यवस्था (पंचायती राज) की हाल की असफलताओं के लिए जिम्मेदार रहे हैं। स्थानीय चुनी हुई पंचायतों और नगरपालिकाओं को यह सोचकर कुछ न्यायिक अधिकार दिए गए थे कि वे छोटे-मोटे विवाद निपटा सकें। पंचायत शासन असल में पुरानी जाति पंचायतों से लिया गया था। और अब इस शब्द के सहारे ही उन्होंने इस संस्था को एक जाति समूह की जगह सभी जातियोंवाले गाँवों की प्रतिनिधि संस्था बनाना चाहा। हमारी धारणा है जो अन्य जगहों

से (पूरे उत्तर प्रदेश में) मिल रही रिपोर्टों से पुष्ट भी होती है कि सारा प्रयास यूँ ही बेमतलब पड़ा है क्योंकि चुने हुए पंचों की इसमें कोई दिलचस्पी नहीं है। जाति पंचायत की व्यवस्था जातिगत एकता पर टिकी है जो कुछ खास तरह की गलतियों और गड़बड़ियों को लेकर बहुत संवेदनशील रहा करती है। जबकि ग्राम पंचायत के पीछे गाँव की एकता नामक कोई चीज दिखाई नहीं देती।''[3]

वे इस बात पर विचार नहीं करते कि जातीय एकता कैसे बनी। श्रेणीबद्धता को प्राकृतिक मानने के उनके नजरिए को मानें तो सामाजिक सम्बन्धों में ऊपर से नीचे और नीचे से ऊपर की तरफ अर्थात् ऊर्ध्वाधर सम्बन्ध ही प्रमुखता से बनने चाहिए। पश्चिमी समाजों में, जहाँ क्षेत्रीय सत्ता ही प्रभावी होती है, संस्थाओं में एक किस्म की श्रेणीबद्धता का सम्बन्ध होता है और इनके माध्यम से व्यक्ति उस क्षेत्रीय सत्ता से बँधता है। दूसरी तरफ हम भारत में पाते हैं कि मानव समूह एक के ऊपर एक होकर पड़े हैं पर इनका ऊपर से नीचे अर्थात् ऊर्ध्वाधर सम्बन्ध बहुत ही कम है। इन विभिन्न परतों के बीच कैसे सम्बन्ध हों इसके बारे में कुछ नियम हो सकते हैं। लेकिन कर्त्तव्य और जिम्मेवारीवाली चीज सिर्फ जाति के मामले में ही होती है। इससे यह संकेत मिल सकता है कि अन्तर-जाति सम्बन्ध कुछ ऐतिहासिक स्थितियों में संयोगवश ही बनते हैं, जबकि कबीलाई सम्बन्ध केन्द्रीय संचालक शक्ति की भूमिका में बने हुए हैं, भले ही कबीले स्वयं जातियों में बदल गए हों। हाँ, धर्म ने इस अन्तर-जाति अलगाव को और मजबूत किया है। पश्चिमी समाजों में समान नागरिक संहिता विकसित करने में ईसाई मत ने एक अनिवार्य और महत्त्वपूर्ण भूमिका निभाई है जबकि हमारे धर्मशास्त्र जातिगत भेद पर जोर देने के चलते विभिन्न कबीलाई तत्त्वों के बीच ऐसा फासला बनाते हैं जिसे भरा नहीं जा सकता।

जी.एस. घुर्ये भी जाति के सदस्यों की अनेक तरह की गतिविधियों के बारे में जाति पंचायत की अर्द्ध-स्वायत्त भूमिका रेखांकित करते हैं। वे लिखते हैं :

''जाति की संचालक संस्था को पंचायत कहते हैं। इसमें जिन अपराधों और गलतियों पर विचार और फैसला होता है उनमें; (i) किसी ऐसी जाति के खाने-पीने और इसी तरह के सम्बन्ध रखने के मामलों में जिसके साथ सामाजिक सम्बन्ध रखने की मनाही हो; (ii) किसी अन्य जाति की महिला को रखैल के तौर पर रखने पर; (iii) विवाहित महिला से अवैध सम्बन्ध रखना या सम्बन्ध बनाने

का प्रयास करना; (iv) व्यभिचार; (v) शादी के वचन से मुकरना; (vi) पति के पास पत्नी को भेजने से इंकार करना; (vii) कर्ज न लौटाना; (viii) मारपीट; (ix) जातिगत पेशे के कायदे को तोड़ना; (x) दूसरे के ग्राहक तोड़ना और कीमतों में वृद्धि या कमी करना; (xi) गाय या किसी के पवित्र पशु की हत्या करना; (xii) ब्राह्मण का अपमान करना; (xiii) भोज वगैरह देने सम्बन्धी जाति के रिवाज को तोड़ना इत्यादि। यह सूची देखने पर स्पष्ट हो जाता है कि जाति पंचायत कुछ ऐसे अपराधों का निपटारा भी करती थी जो आम तौर पर राज्य व्यवस्था की न्यायपालिका किया करती है। इस प्रकार जाति अपने सदस्यों को न्याय देने के लिए एक समूह के तौर पर अपना अलग इन्तजाम रखे हुए थी और वह पूरे गाँव, जिसका वह भी एक हिस्सा है, के लिए बनी व्यवस्था में भी भागीदार थी। जाहिर है वहाँ दिलचस्पी इतनी नहीं रह जाती। वहाँ वे अपने समूह की मान्यताओं, फैसलों से निर्देशित होते हैं—पूरे समुदाय का हिस्सा बनना उन्हें गवारा नहीं होता। दिलचस्प बात यह है कि आपराधिक मामलों में अदालत से सजा मिलने के बाद भी जातीय पंचायतें मामले पर फिर से विचार करने को तैयार रहती हैं।''[4]

वैसे तो घुर्ये ने अपनी किताब में किसी और स्थान पर यह बात जोर देकर कही है कि गाँव के लोग अक्सर एकजुट होकर काम करते हैं पर उपरोक्त उद्धरण स्पष्ट रूप से जाति को एक अलग पहचान के रूप में रेखांकित करता है। उसके अर्द्ध-कानूनी काम, यूरोप में क्षेत्रीय राज्यों के उभरने के पहले वहाँ के कबीलों के कार्य-व्यापार से काफी मेल खाते हैं। पर यह हैरानी की बात है कि जाति का अध्ययन करनेवाले समाजशास्त्रियों ने इससे बहुत ही स्पष्ट दिखते निष्कर्ष नहीं निकाले हैं।

जाति का यह कबीलाई गुण इतना प्रभावी है कि उन जातियों के लोग भी, जो कबीलों से निकलकर जाति व्यवस्था में नहीं आए हैं (निश्चित रूप से अनेक ऐसी जातियाँ हैं जो वर्तमान जातियों के टूटने या विभिन्न जातियों के बीच बेमेल वैवाहिक सम्बन्धों से पैदा हुई हैं) वे भी कबीलाई एकता और कायदे-कानून विकसित करने को ललचाते हैं। जिस समाज में सामाजिक सम्बन्ध व्यक्तिगत आधार की जगह समूची जाति के आधार पर स्थापित होते हैं, वहाँ कबीलों जैसी जातीय एकता निश्चित रूप से लाभदायक रहा करती है। लेकिन यह एकता उन्हीं जातियों में सबसे प्रमुखता से दिखाई देती है जिनकी कबीलाई उत्पत्ति बहुत स्पष्ट

है—जैसे अहीर, जाट, मुसहर, गूजर, कुर्मी वगैरह। राजपूतों के विभिन्न समूह भी जो वैसे तो द्विजों की श्रेणी में आ गए हैं पर अपने कबीलाई मूल के चलते अक्सर ऐसी ही कबीलाई एकता का प्रदर्शन करते हैं। इस प्रकार हम पाते हैं कि जाति व्यवस्था ने आर्थिक विकास के विभिन्न चरणों से गुजरते हुए भी समाज के कबीलाई गुणों को बचाए रखा है। इसने देसी या विदेशी विशाल क्षेत्रीय शासनों, जो खेती पर आधारित थे, के प्रभाव को भी झेल लिया है। ऐसा इसलिए भी सम्भव हुआ क्योंकि जाति व्यवस्था भी खेती के इर्द-गिर्द ही विकसित हुई है। लेकिन इसने आधुनिक औद्योगीकरण के प्रभाव को भी झेल लिया है जबकि इस प्रभाव ने पूरी दुनिया में प्राक्-औद्योगिक सम्बन्धों को बदलने में बड़ी भूमिका निभाई है।

इस सामान्य प्रवृत्ति से उलट हम भारत में देखते हैं कि औद्योगिक समाज बनने के दौर में जाति और ज्यादा सुगठित होती जा रही है। आर्थिक और राजनीतिक विकास, रोजगार की अनिश्चितता और इस जैसे अनेक नए तनावों के बीच जाति व्यवस्था ही अपने सदस्यों को सबसे ज्यादा सुरक्षा का अहसास कराती लगती है। व्यक्ति पर पड़नेवाले इन तनावों, दबावों के चलते भी वह जाति के सुरक्षा कवच में जाना आरामदेह मानता है। अन्य संगठनों को खड़ा होने में वक्त लगता है पर जाति अपने सदस्यों की हर माँग में अपना मदद का हाथ बढ़ाने को सदा तैयार रहती है। इसलिए जाति के तौर पर संगठित रहना सबसे कम सरदर्दी का काम है। उन राजनीतिक संगठनों में भी यह चीज दिखाई देती है जो तर्क और वैश्विक मूल्यों की बातें करते हैं पर असलियत की जमीन पर जातिगत जोड़-तोड़ करना ज्यादा उपयोगी मानते हैं। इससे लोगों को राजनीतिक और आर्थिक व्यवस्था में ऊर्ध्वाधर रूप में जोड़नेवाला व्यवस्थित संगठन के विकास में बाधा आती है।

इस प्रकार हमारे राष्ट्रीय राजनीतिक कार्यकलाप में जाति ने दो परस्पर विरोधी भूमिकाएँ निभाई हैं। एक ओर इसने आदिवासी या कबीलाई समूहों में एक किस्म की क्षैतिज एकता को मजबूत किया, उन्हें जाति के रूप में बदला और उस महाद्वीप के अधिकांश (पूरा नहीं) हिस्से का लोगों के मानसिक धरातल पर एक राष्ट्र का रूप देने में मदद की। दूसरी ओर इसने समाज में ऊपर से नीचे अर्थात् ऊर्ध्वाधर सम्बन्ध बन पाना बहुत ही मुश्किल कर दिया जो आधुनिक दुनिया में टिक सकनेवाले आर्थिक और राजनीतिक संगठन के लिए बहुत जरूरी चीज है।

इस विकासक्रम के धनात्मक पहलू का अन्दाजा हमें तब ज्यादा अच्छी तरह

लगता है कि जब हम पूर्वोत्तर भाग में निरन्तर चलनेवाली गड़बड़ या मुख्य भूमि से उसके असामान्य रिश्तों और बंगाल, बिहार, ओड़िसा और मध्य प्रदेश वगैरह से एकदम अलग तरह के सम्बन्धों को देखते हैं। उल्लेखनीय है कि पूर्वोत्तर में आदिवासियों का मुख्य भूमि से वैसा जुड़ाव नहीं बना है जबकि बाद के प्रदेश भी मुख्यतः कबीलाई क्षेत्र थे पर इनके कबीले जाति व्यवस्था के दायरे में आ गए हैं।

हमें ऋग्वेद के पहलेवाले दौर में भारतीय उपमहाद्वीप में लोगों की गतिशीलता या एक स्थान से दूसरे स्थान तक जाने के बारे में बहुत पता नहीं है। लेकिन ऋग्वेद काल के बाद से इस इलाके में उत्तर-पश्चिम, पूरब और उत्तर-पूर्व के बाहरी लोगों का आना निरन्तर जारी रहा। जाति व्यवस्था के सबसे प्रमुख गुण उत्तर-पश्चिम से आए लोगों के प्रभाव में ही पैदा हुए। निश्चित रूप से वर्ण का मिथ तो उनकी ओर से ही आया है और गंगा-यमुना की भूमि के लोगों से उनके सम्पर्क के बाद रचे साहित्य से ही हमें सबसे पहले वर्ण-व्यवस्था के बारे में पता चलता है। और इसी वर्ण-व्यवस्था के बृहतर दायरे में जाति व्यवस्था ने अपने बहुमुखी और बहुपक्षीय रिश्तों की प्रणाली विकसित की।

उर्वर सिन्धु-गंगा के मैदानी इलाके में जड़ें जमाने के बाद यह प्रणाली मुख्यतः शान्तिपूर्ण ढंग से ही पूरब और दक्षिण की दिशा में हाथ-पाँव फैलाती गई। धीरे-धीरे इसने देश के सभी उर्वर नदी घाटी क्षेत्रों को अपने प्रभाव में ले लिया। लेकिन जंगली और पहाड़ी इलाकों में रहनेवाले लोगों ने इस प्रणाली का प्रतिरोध किया और अपनी पुरानी कबीलाई व्यवस्था को ही चलाते रहे। कुछ पशुपालक, घुमन्तू समूहों ने भी ऐसा ही किया। बाढ़ के पानी की तरह यह धारा उत्तर और दक्षिण के मैदानी इलाकों में फैली, पहाड़ी इलाकों के चारों ओर घूमी और असम-मणिपुर के मैदानी इलाकों में चक्कर काटती रही। और यह प्रक्रिया तीन हजार वर्ष से चलती आई है। असम और मणिपुर में काफी बाद में आकर कबीलाई समूह जाति व्यवस्था के दायरे में आए हैं।

पूरब और उत्तर-पूर्व से आनेवाले कबीलाई लोगों ने एक अलग किस्म का प्रभाव डाला। यहाँ गतिशीलता काफी कुछ यूरोप की तरह रही और एक कबीले ने आकर दूसरे को खदेड़ दिया या खाली इलाके में बस गया। आपसी सम्पर्क में आए कबीलों की जीवन-शैली में भी समानता थी। वे आपस में वस्तुओं का आदान-प्रदान तो करते थे पर कई बार आपस में लड़ते भी रहे लेकिन लोगों को एक नई सामाजिक व्यवस्था से जोड़ने के प्रयास नहीं हुए। इसलिए अधिकांश आदिवासी समूह पास-पास रहते हुए भी अपना अलग-अलग अस्तित्व और

विशिष्टता बनाए रहे। इससे उनके अन्दर अपने विशिष्ट होने का बोध तो बना ही रहा, उनकी प्रकृति स्वायत्त रहने की रही। चूँकि बर्मा और तिब्बत में कबीलाई लोगों का आना बीती शताब्दी तक जारी रहा। इसलिए आदिवासी मूल्यों को निरन्तर नई खुराक भी मिलती रही, दूसरी ओर जाति व्यवस्था ने जुड़ाववाली भावना को चाहे जितना मजबूत किया हो पर इसकी भेदभाव और ऊँच-नीचवाले मूल्य जल्दी ही आजादी और स्वायत्ततावाले कबीलाई भावों से टकराने लगे। इसलिए अंग्रेजों के आने के बाद अगर आदिवासियों को अपनी इच्छा से धर्म चुनना हुआ तो उन्होंने ईसाई धर्म को चुना जिसमें अपेक्षाकृत ज्यादा समानता की भावना होती है। इस धर्मान्तरण में ब्रिटिश हुकूमत की तरफ से मिलनेवाले संरक्षण और लाभ का लोभ भी अपनी भूमिका निभा रहा था।

देश के इस खास किस्म के सामाजिक विकास ने क्षेत्रीय और राजनीतिक रूप से राजनीतिक व्यवस्था को एकरूपता देने के प्रयासों पर दोहरे किस्म का दबाव पैदा किया है। क्षेत्रीय रूप से पूर्वोत्तर के आदिवासी, जो जाति व्यवस्था के तहत आ गए आदिवासियों में आई समन्वय या जुड़ाव की भावना से दूर हैं, शेष मुल्क से अपना जुड़ाव महसूस नहीं करते। उनके अन्दर कबीलाई भाव इतना प्रबल है कि पूरे मुल्क की कौन कहे अपने पड़ोस के दूसरे आदिवासी समूहों की उनको खास परवाह नहीं है। यह स्थिति इस तथ्य से और भी उलझनपूर्ण लगती है कि अंग्रेजों के आने से पहले ये आदिवासी कभी भी किसी सभ्य भारतीय साम्राज्य के अधीन नहीं रहे थे। असम का भी काफी बड़ा हिस्सा पहले अहोमों के पास था जिनसे इस प्रदेश का नाम पड़ा है। फिर बर्मी लोगों ने 1812 में असम के बड़े हिस्से पर कब्जा कर लिया। 1826 में अंग्रेजों के हाथों बर्मा की पराजय के बाद असम ब्रिटिश भारतीय साम्राज्य का हिस्सा बना। जहाँ तक पूर्वोत्तर के कबीलों का सवाल है, अंग्रेजों ने उनके मामलों में न्यूनतम दखल की नीति पर ही अमल किया। कबीलाई लोग मैदानी इलाके में, जो अब ब्रिटिश राज के अधीन थे, आए भी, तब भी अंग्रेजी शासन और आदिवासी लोगों के बीच बहुत कम अवसर पर ही टकराव हुआ। अंग्रेजों ने उनके खिलाफ कुछ दंडात्मक कदम उठाए और उनको उनके ही इलाकों तक सीमित रखने में सफल हुए। लेकिन कुल मिलाकर अंग्रेज आदिवासियों की जीवन-शैली या उनके आन्तरिक मामलों में दखल देने से बचते ही रहे। यह स्वाभाविक भी था कि आदिवासी लोग अपने मामलों में, जिन्हें वे अपनी नाज करने योग्य विशिष्टता मानते थे, भारतीय प्रशासन के दखल पर नाराजगी दिखाते। चूँकि वे अन्य लोगों की तरह कभी भी इस राष्ट्र से घनिष्ठ रूप से नहीं जुड़ पाए थे इसलिए उन्हें

यह दखल बाहरी हस्तक्षेप ही लगता। उन्हें अभी तक सिर्फ अपने या दूसरे आदिवासी संगठनों के तौर-तरीकों का ही पता था इसलिए यह नया प्रशासनिक महत्त्व उनके लिए एकदम पराई या बाहरी चीज ही थी। इससे नाराजगी और टकराव पैदा होता है।

ऐसी ही स्थिति, लेकिन पूरी तरह मेल न खानेवाली, देश की मुख्य भूमि के अन्दर रहे आदिवासी लोगों के साथ भी थी जो हिन्दू समाज के सागर के मध्य छोटे टापुओं की तरह बसे हैं। इन इलाकों में उन्होंने अपने पुराने जीवन की, पुरानी संस्कृति की कुछ चीजें तो बचाकर रखी हैं पर आर्थिक जीवन की जरूरतों ने उन्हें पूरी तरह हिन्दू समाज पर आश्रित कर दिया है। इस तरह की स्थिति में उन्हें दोहरा नुकसान उठाना पड़ता है। पहला नुकसान तो यह हुआ है कि उनकी कबीलाई स्वायत्तता, जिसमें उस इलाके की जमीन पर मिल्कियत भी शामिल है, अब नहीं है; और दूसरे शेष समाज से अलग-थलग रहने के चलते उनको आधुनिक आर्थिक विकास के फायदे भी नहीं मिलते। बाहरी लोगों के तेज-तर्रार ढंग और बढ़ते दबाव ने उनको खेती और शिकार की जगहों से भी वंचित कर दिया है। इसके चलते वे एकदम बदहाल जीवन जीते हैं। इसलिए उनके मन में गैर-आदिवासियों के प्रति भारी नफरत है जो हाल के वर्षों में जब-तब फूटती भी रही है। वे पूर्वोत्तर के आदिवासियों से भी ज्यादा बदतर हालत में हैं और उनकी तरह अलग प्रदेशों की माँग भी नहीं उठा सकते। यह सचमुच बहुत मुश्किल स्थिति है और इससे उनमें कुंठा तथा गैर-आदिवासियों के प्रति नफरत पैदा हो रही है।

एक दूसरी मुश्किल जातियों के ध्रुवीकरण और एकता से पैदा हो रही है जो आम तौर पर दूसरी जातियों के प्रति उग्रता लिये होती है। शुरू में इसने जाति आधारित भेदभाव के खिलाफ विद्रोह का रूप लिया था। शुरू में मन्दिर प्रवेश और छुआछूत हटाने जैसी माँगें प्रमुख थीं। लेकिन धीरे-धीरे इसने ज्यादा व्यापक सामाजिक और आर्थिक मसलों को समेटना शुरू किया।

जिस प्रकार जाति व्यवस्था एक कबीलाई समूह को दबाने या अधीनस्थ बनाने और फिर उससे नीचे किसी और को ले आनेवाले सम्बन्धों से ही उभरी है वैसे ही नवगठित जाति समाज के आर्थिक सम्बन्ध भी भेदभावपूर्ण हैं और इसमें अधीनस्थ और निचली जातियों के लोग नुकसान की स्थिति में ही होते हैं। वैसे तो अक्सर श्रम और उद्यमशीलता के बल पर निचले लोग भी इस असन्तुलित सम्बन्ध को उलट सकने में सक्षम होते हैं लेकिन वे उच्च जातियों के आर्थिक लाभ या विशेषाधिकार वाली स्थिति को बदल सकने में सक्षम नहीं

होते। जब यह जाति प्रणाली नए इलाके में जाती है तो वहाँ के लोग जो ऐतिहासिक कारणों से उत्पादन के मुख्य स्रोत जमीन से वंचित होते हैं, प्रायः जाति व्यवस्था के निचले पायदान पर ही जगह पाते हैं। इसलिए देश के अधिकांश हिस्सों में सामाजिक पिछड़ापन और आर्थिक दरिद्रता साथ-साथ चलते हैं। इसका यह मतलब नहीं है कि उच्च जाति के सारे लोग अमीर ही हैं। उनमें भी अधिकांश गरीब हैं। लेकिन अधिकांश अमीर लोग उच्च जातियों से हैं और अमीरों में शायद ही अपवादस्वरूप कोई-कोई आदमी पिछड़ी जाति का है। इस प्रकार अमीर और गरीब का संघर्ष, जैसाकि सारी दुनिया में होता है और जिसका एक तार्किक आधार भी है, के जल्दी ही जातीय संघर्ष का रूप लेने का खतरा रहता है जो एकदम अतार्किक चीज है। इस अतार्किकता का असली आधार तो यही है कि भले ही अधिकांश पिछड़े गरीब हों पर उनमें से कुछ अमीर भी हैं। और अगड़ों में अधिकांश लोग गरीब हैं, भले ही अगड़ों में पिछड़ों के अनुपात में ज्यादा अमीर लोग हों। इस प्रकार इस संघर्ष के जातिगत रूप लेने में आर्थिक सम्पदा के सापेक्षिक हिस्सेवाली बात पीछे छूट जाती है, उनके बँटवारे में कुछ समस्या के सुलझने की बात कहीं दब जाती है और कुछ काल्पनिक शिकवे-शिकायतें आगे हो जाती हैं जिनकी जड़ें असल में पहले हुए कुछ अन्यायों में या मौजूदा सामाजिक विभाजन में होती हैं। जब पिछड़े लोग अगड़ों के खिलाफ आन्दोलन शुरू करते हैं तो हिंसक प्रतिक्रिया होती है। पिछड़ों के आन्दोलन के मद्देनजर उच्च जाति के गरीब कुछ ज्यादा ही परेशानी महसूस करते हैं और फिर उन्हें कबीलाई निष्ठाओंवाले पुराने दिनों की याद आने लगती है जो काफी पहले ही इतिहास की चीज बन चुके होते हैं। इस प्रकार फिर से वही पुराने कबीलाई विवाद, वही गिरोहबन्दी शुरू होती है जो अक्सर हिंसक टकरावों के रूप में सामने आते हैं। यह चीज न सिर्फ लोकतान्त्रिक व्यवस्था के लिए सबसे गम्भीर खतरा पैदा कर रही है बल्कि सभ्य जीवन के बुनियादी मूल्यों पर भी चोट कर रही है। अनेक दूसरे समाजों की तरह हम भी जो समस्या भुगत रहे हैं वह है 'दुश्मन' के प्रति बेरोक हिंसा और नफरत। और इस दुश्मन को कभी भी कोई मानवीय ढंग से सुधारने या अवसर देने की बात ही नहीं आती। इस समस्या को कुछ खास तरह की नीतियाँ या कानून बनाकर नहीं सुलझाया जा सकता। इसे सभी सामाजिक मसलों में मूल्यों और दृष्टिकोणों का बदलाव करके ही सुलझाया जा सकता है।

सन्दर्भ और पाद-टिप्पणियाँ

1. क्रिस्टियन फिस्टर, *गाउल अंडर द मेरोविंजियन फ्रैंक्स,* कैम्ब्रिज मेडिवल हिस्ट्री II में आलेख, कैम्ब्रिज 1976, पृ. 138.
2. एल.एम. हार्टमैन, *इटली अंडर द लोम्बार्ड्स,* कैम्ब्रिज मेडिवल हिस्ट्री II में आलेख, कैम्ब्रिज 1976, पृ. 207-208।
3. लुई डुमांट, *रिलीजन, पॉलिसीज एंड हिस्ट्री इन इंडिया,* कलेक्टेड पेपर्स इन इंडियन सोशियालॉजी, मॉटन पब्लिशर्स, पेरिस/हेज, 1970, पृ. 14-15।
4. जी.एस. घुर्ये, *कास्ट एंड क्लास इन इंडिया,* पोपुलर बुक डिपो, बम्बई, 1957, पृ. 3-4। (1932 में पहली बार *'कास्ट एंड रेस इन इंडिया'* नाम से प्रकाशित)।

अध्याय : 6

जातिगत झगड़े और हमारा भविष्य

जाति व्यवस्था की उत्पत्ति चाहे जैसी हो, जो हो इसने बीती शताब्दियों पर असली अमंगलकारी परछाईं डाली है और देश के भविष्य को भी अन्धकारमय बनाने का खतरा पैदा कर रही है। इसके विभिन्न किस्म के रूपान्तरण या कार्यप्रणाली के चलते इसके अन्दर समा गए कबीले भी अपनी पुरानी पहचान और कबीलाई निष्ठाओं को अक्षुण्ण रखे हुए हैं। एक ही इलाके में अन्य कबीलों (जो जाति व्यवस्था में आ चुके हों) के साथ रहने की जरूरतें और अपनी पहचान बनाए रखने की चिन्ता ने जातियों को अपने इर्द-गिर्द कुछ खास किस्म की लक्ष्मण-रेखाएँ खींचने की मजबूरी पैदा कर दी। यह एक चीज उन्हें आदिवासी समूहों से अलग बनाती है। वे सामाजिक सम्बन्धों और अदला-बदली–खासकर शादी-ब्याह के मामलों में ज्यादा खुले होते हैं। इतिहास में जाति व्यवस्था ने देश की एकता बनाने में चाहे जो भूमिका निभाई हो, आज यह समाज में बिखराव पैदा करनेवाली एक मुख्य शक्ति बन गई है। सामाजिक व्यवस्थाओं में तर्क ढूँढ़नेवाले व्यवहारवादी इसके समन्वयवादी और कार्यकारी चरित्र पर ही बात करते हैं और अप्रिय पहलुओं की अनदेखी करते हैं जो पूरे समाज के लिए ज्यादा प्रासंगिक हो सकते हैं।

पर इस बात को नजरअन्दाज करना इतिहास से आँखें चुराना होगा कि समूहों के टकरावों ने ही सामाजिक जीवन को आकार देने में बड़ी भूमिका निभाई है। सभ्य लोगों के दो बुनियादी कामों–युद्ध और डाकों का आम तौर पर व्यावहारिक लाभ आसानी से नहीं दिखता, खासकर उनको जो युद्ध में पराजित हुए हों या जिन पर डाके पड़े हों। सम्भवतः यही कारण है कि व्यवहारवादी लोग व्यवस्थाओं की उत्पत्ति पर गौर नहीं करते। लेकिन सारी व्यवस्थाएँ बदलती रहती हैं और वे जो अन्तिम रूप लेती हैं उनसे पता नहीं चलता कि इस प्रक्रिया में कितनी बर्बादी हुई है, कितने तरह के कष्ट हुए हैं और कितनी तबाही मची है। वे यह

भी विचार नहीं करते कि किसी सामाजिक व्यवस्था के हिस्से अपने जिम्मे आए कामों को तो पूरा करते जाते हैं पर उनका काम व्यवस्था द्वारा अपनाए या तय किए मूल्यों के अनुरूप ही होता है। और ये मूल्य भी उस व्यवस्था के पूर्ववर्ती दौर के शासक समूह के हितों से ही निकले होते हैं। इसलिए जैसे ही आप किसी व्यवस्था के मूल्यों पर सवाल उठाने लगते हैं वह व्यवस्था ही भरभराकर गिरने लगती है। इसलिए अगर हम व्यवहारवादियों की बातों पर ही अटके रहे तो व्यवस्था के मूल्य अनछुए ही रह जाएँगे। यह व्यवस्था वैसे समाजशास्त्रियों की वैज्ञानिक उत्सुकता का तो अच्छा तरीका बन सकती है जो समाज को कुछ दूरी पर खड़े होकर देखते हैं पर व्यवस्था के अन्दर का आदमी तो उसे इस तरह से नहीं देख सकता। उनके लिए तो समाज उनकी जरूरतें और आकांक्षाएँ पूरी करने का माध्यम है और वे समाज के कामकाज को इसी परिप्रेक्ष्य में निरन्तर देखते-जाँचते रहते हैं। इस हिसाब से देखें तो जाति व्यवस्था में पहले भी काफी कमियाँ थीं और आज के समानतावादी आदर्शों के दौर में तो यह एकदम ही अनुपयुक्त है। यह कहने से काम नहीं चलेगा कि भारत के लोग ऊँच-नीचवाली श्रेणीबद्धता के मूल्यों, जिसका जीवित रूप जाति व्यवस्था है, के साथ जिए हैं और उनको इसके साथ ही जीना चाहिए।

जैसाकि हमने देखा है, यह मानना भी गलत है और यह सुझाव तो विनाशकारी ही है। मानव विकास के शुरुआती चरण में मौजूद अन्य अधिकांश व्यवस्थाओं की तरह यह भी दमनकारी व्यवस्था थी और उन व्यवस्थाओं की तरह इसे भी विदा हो जाना चाहिए। लेकिन जब-जब इसे समाप्त करने की बात करते हैं तभी हमें अपने रास्ते में अनेक अकल्पनीय मुश्किलें उभरती दिखती हैं।

जाति व्यवस्था बहुत स्पष्ट तथा आर्थिक भूमिकाएँ और पुरस्कार-दंड व्यवस्था से लैस एक उसी तरह का उत्पादक सम्बन्ध है जैसा कि पूँजीवाद में है या किसी हद तक सामन्तवाद में था। इसमें आर्थिक कामकाज और अच्छे काम का पुरस्कार तो जाति के आधार पर बँटता है पर यहाँ आर्थिक पक्ष पीछे रह जाता है। इस व्यवस्था के लोगों की हैसियत उनके भौतिक साधनों या कमाई से तय नहीं होती उन्हें अपनी जाति के हिसाब से खुद को ऊँचा या नीचा मानना होता है। इससे जाति को समाप्त करने का काम बहुत ही मुश्किल और जटिल बन जाता है।

अगर जाति व्यवस्था मुख्यतः आर्थिक सम्बन्ध वाली होती तो इसे समाप्त करना आर्थिक वर्गों को मिटाने जितना आसान होता। किसी एक वर्ग की भौतिक सम्पदा को दूसरा वर्ग ले या छीन सकता है, पुनर्वितरित कर सकता है। वेतन

और कमाई के ढाँचे को पुनर्गठित करके कमाई को बराबर बनाया जा सकता है। सैद्धान्तिक रूप से तो यह चीज हरदम सम्भव है और जहाँ सम्पदा कुछ ही हाथों में सिमटी हो वहाँ पुनर्वितरण और भी आसान है। इसके लिए गरीबों को आन्दोलित करके आर्थिक नीतियों में बदलाव के लिए दबाव बनाने की जरूरत होती है। यह बहुत तार्किक कार्य व्यापार है और जो चीजें छीनी जाती हैं वे बाहरी ही हैं जिनके रहने और न रहने से ही कोई समाज में अमीर या गरीब बनता है। यही बात वर्ग संघर्ष और गरीबों को लामबन्द करने तक जाती है जिससे वांछित बदलाव किया जा सके। लेकिन जाति व्यवस्था एकदम ही अलग तरह की चीज है। यहाँ बड़ा और छोटा होने की मानसिकता ही असली फर्क लानेवाली चीज है। एक दरिद्र ब्राह्मण भी 'छोटी' जाति के लोगों के प्रति ठीक वैसा ही व्यवहार करेगा जैसा कि अमीर ब्राह्मण। बल्कि अमीर के पास तो अपनी श्रेष्ठता बताने का दूसरा तरीका भी है इसलिए गरीब ब्राह्मण उससे भी ज्यादा घटिया किस्म का व्यवहार करेगा, खुद को बड़ा बनाने का अधिक प्रयास करेगा। इससे ही हम जाति व्यवस्था में अमीरी और गरीबीवाले ध्रुव को तलाशने के रास्ते में आनेवाली परेशानियों का अन्दाजा लगा सकते हैं। गरीब ब्राह्मण को (गरीब श्वेत की तरह ही) अपनी जातीय श्रेष्ठता का अहसास अमीर ब्राह्मण से भी ज्यादा होता है और वह ऐसे किसी आन्दोलन में हिस्सा नहीं लेगा जो उससे यह श्रेष्ठताबोध छीन ले। इसलिए जाति-नाश की लड़ाई के लिए की जानेवाली किसी भी कोशिश में सबसे पहले द्विज जातियाँ एकजुट हो जाती हैं और उस वक्त उनमें अमीर-गरीब का भेद भी नहीं रहता। तब पुरानी कबीलाई निष्ठाएँ जाग जाती हैं और जातियों के बीच फासले और गहरे हो जाते हैं। देश के अनेक हिस्सों में हाल में ठीक यही चीज हुई। पिछड़ी जातियों या हरिजनों को एकजुट करके जाति की लड़ाई लड़ने की हर कोशिश का उन जातियों ने एकजुट होकर जवाब दिया जिनके खिलाफ यह लड़ाई लड़ी जानी थी और अक्सर इस विवाद ने हिंसक रूप भी लिया। ऐसे टकरावों और अफ्रीकी समाजों में हुए कबीलाई टकरावों में कई तरह की समानताएँ भी रही हैं।

जाति संघर्ष और वर्ग संघर्ष में समानता मानते हुए जो लोग जाति संघर्ष का आह्वान करते हैं वे इन दोनों के बीच बुनियादी अन्तरों को भूल जाते हैं। वर्ग तो बाहरी सम्पत्ति के आधार पर बनते हैं जबकि जाति दिमाग के अन्दर बसे पूर्वाग्रहों, विशिष्ट पहचान और श्रेष्ठताबोध के आधार पर फलती-फूलती है। जातियों के बीच दुश्मनी या उग्रता का भाव इन पूर्वाग्रहों को और पुख्ता बनाता है और इनके बीच अलगाव बनानेवाली शक्तियों को ही मजबूत करता है। जब

दो समूहों में टकराव हो तो सदा दोनों के बीच अन्तर पर ही जोर दिया जाता है। जातियों में जोर-जबर्दस्ती से बदलाव भी नहीं किया जा सकता जैसाकि कई बार धर्मान्तरण हो जाता है। जातीय या नस्लवाली पहचान की तरह, जिससे जाति बहुत हद तक मेल भी खाती है, जाति की भावना साझा उत्पत्ति और विशिष्ट सामाजिक स्थिति के बोध में ही निहित होती है, जैसाकि कबीलों के मामले में होता है अगर कोई जाति विभिन्न समूहों को मिलाकर बनती है तब भी उनके साझा पूर्वजों और जाति की शुद्धता के मिथक गढ़ लिए जाते हैं। और जाति चाहे ऊँची हो या नीची, सभी पर यह बात लागू होती है। इसलिए जब कोई व्यक्ति अपना धर्म बदल लेता है तब भी समूहवाली उसकी पहचान नहीं मरती। भारत में इसका एक अलग ही रूप देखने को मिला है और धर्म बदलने पर भी जाति वही बनी रहती है। इस्लाम और ईसाई जैसे मत भी, जिनमें समानता ही बुनियादी चीज है, जाति को दबा नहीं पाते। शेख और सय्यद जैसा उच्च जाति का मुसलमान मोमिनों के यहाँ शादी करने की हामी नहीं भरेगा। केरल के ईसाइयों में भी ऐसा ही जातिगत बँटवारा है। वहाँ सीरियन ईसाई खुद को नायरों के बराबर और कई बार नम्बूदरी ब्राह्मणों के बराबर मानते हैं। वे आम तौर पर लैटिन ईसाई से शादी नहीं करते। ऐसी शादी नायरों द्वारा हरिजनों से शादी करना मानी जाएगी।

इस दुविधा या उलझन को देखते हुए जाति संघर्ष के पक्षधरों ने यह कोशिश भी कि आर्थिक प्रकृति की शिकायतों को भी जातिगत विभाजन के हिसाब से इकट्ठा करके पेश किया जाए। चूँकि जातिगत और वर्ग विभाजन हर मामले में साथ नहीं दिखते और आर्थिक समस्याओं के समाधान आर्थिक सुधार के रास्ते आते हैं, इसलिए यह तर्क भी दमदार नहीं बन पाया। पर एक नारे या युद्धघोष के तौर पर यह चीज चल पड़ी, पर इसमें हिटलर द्वारा जर्मनी के सारे मर्जों का कारण यहूदियों को बतानेवाले तर्क की झलक दिखाई देती है। यह सही है कि तब कुछ आर्थिक और बौद्धिक क्षेत्र में यहूदियों की प्रमुख भूमिका थी, लेकिन समाज के अगुवा की भूमिका में जर्मन भी थे और नेतृत्व में उनका ज्यादा ही बड़ा हिस्सा था। लेकिन भारी परेशानी झेल रहे और बलि का बकरा ढूँढ़ रहे लोगों के लिए हिटलर की इस बात के आगे प्रमाण लाने और विचारने की सुध नहीं थी। इसलिए व्यवस्था में सुधार करके अपनी बदहाली दूर करने की जगह यहूदियों को मारने-समाप्त करने में ही समाज के सारे तनाव और कुंठा को निकलने दिया गया।

अगर जाति युद्ध को भी अपनी तार्किक परिणति तक ले जाया गया तो

यह भी उसी तरह के 'समाधान' पर पहुँचेगा। अपने सारे भौतिक संसाधनों से वंचित होकर भी उच्च जाति में जन्मा व्यक्ति इस अहसास को नहीं जाने देता कि वह फलाँ कुल में, फलाँ जाति में जन्मा है इसलिए श्रेष्ठ है। ऐसे में किसी भी समूह को आलोचना का पात्र बनाते हुए वह तो अलग होगा ही, सभी उसके खिलाफ हो जाएँगे। और फिर जिन लोगों को यह सब झेलना पड़ेगा, निश्चित रूप से वे भी बदले की कार्रवाई करेंगे ही। और इस प्रकार बात बढ़ते-बढ़ते यहूदी दमनवाले दौर के गैस चैम्बरों और फाँसी के तख्तों तक पहुँच जाएगी। और असल में अधिकांश मामलों में किसी भी जाति के चुनिन्दा लोगों को छोड़कर किसी से भी कुछ ठोस भौतिक चीज पा सकने की स्थिति ही नहीं रहेगी। दूसरी ओर इस तरह सताए जाने से जातियों के पूर्वाग्रह और बढ़ेंगे—और जाति व्यवस्था की भी यही नींव है। हिटलर के साम्यवाद विरोधी आन्दोलन से उग्र जियोनिज्म वाली शक्तियों को ही बल मिला। इसी प्रकार जातीय संघर्ष और परिणामस्वरूप बड़ी जातियों के प्रति घृणा ऊँची जाति के लोगों में कट-मर जाने की भावना भरेगी। और यह चीज फिलिस्तीनी-यहूदी संघर्ष की तरह स्थायी युद्ध का रूप ले लेगी—बल्कि उससे भी बदतर क्योंकि यहाँ तो सिर्फ फिलिस्तीन और इजरायल बनाने से काम नहीं चलेगा—यदि अलग-अलग जातियों के मुल्क बँटे तो बँटने को जमीन ही न होगी। यदि सचमुच ऐसा हुआ तो हमारी जनता के लिए इससे बदतर स्थिति की तो कल्पना भी नहीं की जा सकती।

ऊपरी तौर पर जिस लड़ाई को द्विज और शूद्र जातियों के बीच मान लिया जाता है वह गम्भीरता से देखने पर बहुत ही जटिल किस्म की जातीय लड़ाई में बदलती दिखती है। जातियाँ तीन मोटी श्रेणियों में बँटी हैं—1. द्विज; 2. शूद्र, और 3. अछूत या जाति-बहिष्कृत। आज मध्य जातियाँ कही जानेवाली शूद्र जातियाँ अछूतों से द्विजों से भी ज्यादा दूरी महसूस करती हैं। शादी को छोड़कर द्विजों और इन मध्य जातियों के बीच हर तरह के सामाजिक सम्बन्ध अब आम हैं और मान्य हैं। लेकिन मध्य जातियों के लोग द्विज ब्राह्मणों की तरह ही अछूतों से दूरी रखते हैं। फिर इन तीनों मोटी श्रेणियों के अन्दर भी काफी गहरे बँटवारे हैं और यह दरार सिर्फ उसी वक्त नहीं दिखती जब एक समूह की जातियाँ दूसरे समूह की जातियों के खिलाफ कमर कसती हैं। ऐसे अवसरों पर एक व्यापक मोर्चा बनाने, एक-दूसरे को गले लगाने (और इसमें कहीं भी आपसी अलगाव को भरने की मंशा नहीं रहती) की कोशिशें की जाती हैं। जब मोर्चे पर जानेवाली यह भावना समाप्त हो जाती है तो हर जाति वापस अपने-अपने दायरे में चली जाती है और फिर आपसी नफरत और रंजिशें चलने लगती हैं।

इस विभाजन के भी तीन स्तर हैं—वर्ण के स्तर पर विभाजन, वर्णों के अन्दर जातिगत विभाजन और जातियों के अन्दर उप-जातियों वाले विभाजन। और किसी भी व्यक्ति की असली निष्ठा उसकी उपजाति में होती है। इसलिए जाति संघर्ष तार्किक रूप से उपजातियों की छोटी-छोटी घेराबन्दी और फिर उनके गठजोड़-प्रति गठजोड़ तक जाएगा। यह परिदृश्य काफी कुछ जंगल के कानून से चलते समाज का है—वास्तविक अर्थों में। और फिर इन समूहों की संख्या इतनी ज्यादा होगी कि इसमें हिटलरवाला अन्तिम समाधान भी सम्भव नहीं रह जाएगा।

यह बात निश्चित नहीं है कि जाति युद्ध के पक्षधरों को अपने इस कथन की तार्किक परिणति का अन्दाजा होगा। अगर ऐसा हो तब भी इस 'शॉर्ट कट' उपाय के 'लाभ' इतने हैं कि इससे वे अपनी आँखों पर पट्टी बाँध लेते हैं। शिकायतों का सारा पुलिन्दा रखनेवाले भी अपनी करनी में दीर्घकालिक परिणामों की परवाह नहीं करते। वे तो बस सामने दिख रहे दुश्मन पर ही सारी परेशानी उतार देंगे। और हमारी भारतीय स्थितियों में सबसे स्पष्ट दुश्मन तो सामाजिक श्रेणी में एक पायदान ऊपर बैठा व्यक्ति ही है। इसमें कोई भेदभाव नहीं है और इस चीज को समर्थन मिलता भी रहा है। राजनीतिक खेल में जिन लोगों को बाकी मुद्दों को दरकिनार करके भावनात्मक समर्थन की दरकार होती है वे इन भेदभावों और बँटवारे का मसला छेड़ देते हैं और फिर उन्हें उन सभी लोगों के समर्थन का भरोसा हो जाता है जो इस तरह के बँटवारे या भेदभाव से खुद को त्रस्त मानते हैं। और दूसरा पक्ष भी शान्त नहीं रहता। उसकी तरफ से भी तत्काल और उतनी ही जोरदार गिरोहबन्दी होती है। और फिर इस स्थिति का लाभ अपनी राजनीति चमकाने के लिए उठानेवाले ऐसे नेताओं की कोई कमी है ही नहीं जो ऐसे अवसरों की ताक में बैठे रहते हैं। इस प्रकार सत्ता का अपना खेल चलने लगता है जिसमें जाति सबसे लाभदायक उपकरण बन जाती है। सारे गड़े मुर्दे उखाड़कर भावनाएँ भड़काई जाती हैं। जैसाकि हमने पिछले दिनों देखा है कि आदमी-आदमी के बीच अन्तर की बात—जोकि जाति व्यवस्था की बुनियादी पहचान है—उस मानवीय संवेदना को ही नष्ट करने के लिए उठाई गई जो एक मनुष्य द्वारा दूसरे मनुष्य पर किए जानेवाले जुल्म में एक किस्म के भावनात्मक रोष का काम करती है। इसी का परिणाम है कि अन्तर-जाति टकरावों में क्रूरतम उपाय अपनाए गए।

क्रूरता फूटने की ये वारदातें तब और डरावनी लगती हैं जब हम उस परिप्रेक्ष्य पर नजर डालते हैं जिसमें ये घटनाएँ हो रही हैं। यह किसी किस्म के अस्वाभाविक गुस्से या पागलपन का फूटना नहीं है जो समय के साथ ही विदा हो जाएगा।

अगर हम आज की दुनिया पर नजर डालें तो पाएँगे कि इस तरह के व्यवहार आम चलन बनते जा रहे हैं—चाहे वह जातीय मसले हों या क्षेत्रीय, धार्मिक विवाद हों या नस्लवादी। आतंकवाद वास्तविक या काल्पनिक अत्याचारों को दूर करने का, उनका बदला लेने का व्यापक तरीका बन गया है। अक्सर आतंक का शिकार एकदम निर्दोष और भले स्त्री-पुरुष बच्चे बनते हैं जिनके खिलाफ आतंकवादियों के मन में भी कोई गुस्सा नहीं होता। लेकिन वे आतंकवादियों के वास्तविक निशाने या 'दुश्मन' लोगों से किसी तरह जुड़े हो सकते हैं, उस इलाके में रहे या गए हो सकते हैं, उनको मारने से 'दुश्मन' किसी तरह प्रभावित हो सकता है। अब जैसे आतंकवादी विमान अपहृत करते हैं या स्कूलों पर बम फेंकते हैं तो ऐसा दुनिया का ध्यान खींचने या खास तरह का दबाव बनाने के लिए ही करते हैं। और इन सबमें सबसे बड़ी चिन्ता की बात है मनुष्य का बतौर मनुष्य मोल खत्म होते जाना। कोई व्यक्ति जिस समूह का हो वही केन्द्रीय बन जाता है और उसके लिए बाकी सारे लोग बाहरी हो जाते हैं। पर यह बाहरीपन या परायापन बाकी सभी को मनुष्य न मानने तक पहुँच जाता है और उनका 'उपयोग' अपने लिए या अपने समूह के लिए करने में हर्ज नहीं लगता। पर इस स्थिति की विडम्बना है कि सारे समूह इसी तरह सोचते हैं।

आधुनिक युग के सैन्यवाद और युद्ध ने भी मानव जीवन के प्रति नजरिए में बदलाव किया है और उसका मोल घटाया है। इस तरह की लड़ाई में जान की परवाह तो रहती ही नहीं। यह सिर्फ सैनिकों के बीच सीमित नहीं रहती। इसमें आराम से आम आदमी को भी निशाना बनाया जाता है और नागरिक ठिकानों पर बमबारी करने में कोई हिचक नहीं रहती। यह बात जगजाहिर है कि सैनिकों को उकसाया जाता है, धन का लोभ देकर प्रोत्साहित किया जाता है कि वे आम लोगों का संहार करें जिससे समझौता बातचीत में उनके पक्षवालों को अपना हाथ ऊपर रखने में मदद मिले। कहना न होगा कि लड़ने, मरने-कटनेवाले और होते हैं और वातानुकूलित होटलों या सभागृहों में समझौता और शान्तिवार्ता करनेवाले और। मोटे—थुलथुल राजनेताओं को अपनी नाक या मूँछ ऊपर रखने की चिन्ता रहती है। इस चीज की सभी निन्दा करते हैं। पर इन्हीं बातों को ध्यान में रखने और अपने मकसद को ही सबसे सही मानने के चलते जब फौजी या आतंकवादी बच्चों के स्कूल पर बम फेंकता है या किसी निर्दोष को निशाना बनाता है तो उसे कोई अपराधबोध नहीं होता। उसे नहीं लगता कि मरनेवाले ने किसी खास इलाके, खास कुल या नस्ल में जन्म लेकर क्या अपराध कर दिया है।

यह चीज पूरी दुनिया में हो रही है, हमारे कथित पिछड़े महादेश से लेकर गोरों की ईसाई भूमि या विकसित इलाके तक में। अरब, यहूदी, तुर्क, इतालवी, जर्मन, अमेरिकी, कोई भी नहीं बचा है जो एक 'पवित्र' उद्‌देश्य के लिए बम की दीक्षा लेने को गलत मानता हो। हर खेमा अपने उद्‌देश्य और पक्ष को एकदम सही मानता है और दूसरे के नजरिए या सोच के प्रति आँखें मूँदे रहता है, इसलिए इस टकराव में तब तक अन्त आता नजर नहीं आता जब तक हर समूह थोड़ी देर के लिए अपने पक्ष को भूलकर खुद को दूसरे की स्थिति में रखकर पूरी स्थिति पर पुनर्विचार न करे, सबको समान मनुष्य न माने और मानव जीवन को सर्वोच्च स्थान न दे।

इसी पृष्ठभूमि में भारत में होनेवाले जातीय टकराव उन सभी लोगों के लिए चिन्ता का विषय बनने चाहिए जो मानव व्यवहार के सभ्य तौर-तरीकों को बचाने की चिन्ता करते हों।

जब तक जातीय टकराव के पीछे की मानसिकता को समझने और अज्ञानता के चलते इन न्यस्त स्वार्थी तत्त्वों द्वारा उभारे गए टकराव के मुद्‌दों को दबाने का प्रयास नहीं किया जाता, हम भारी मुश्किल में फँसेंगे ही। हम उसी ओर बढ़ते जा रहे हैं। जो लोग ऐसे टकराव से लाभ में रहेंगे या लाभ ले रहे हैं उन्हें भी यह सोचना होगा कि वे कहाँ जा रहे हैं और आज मिलनेवाले छोटे लाभ क्या कल उन्हीं को और पूरे समाज के लिए भारी नहीं पड़ेंगे।

जाति आधारित बिखराव इतना व्यापक है कि अगर लोग अपने आधिकारिक पद की जिम्मेदारियों की जगह जातिगत निष्ठाओं को रखने लगें तो कोई भी प्रशासन काम कर पाएगा ? ऐसी स्थिति में व्यवस्था बैठ जाएगी। हाल में उभरे जातिवाद के नए दौर और टकरावों ने लोकतान्त्रिक संस्थाओं और प्रशासनिक कुशलता पर गम्भीर चोट की है। अगर नियुक्ति, पदस्थापन और तबादला, सभी में काबलियत और कामकाज को आधार बनाने की जगह व्यक्ति की जाति के आधार पर फैसले लिए जाने लगें तो कोई भी प्रशासनिक व्यवस्था कैसे काम कर सकती है।

राजनीति आधुनिक समाज में एकता लानेवाली एक बड़ी शक्ति है, खासकर लोकतान्त्रिक राजनीति। आज का समाज भी पहले के किसी भी समाज से ज्यादा बिखरा हुआ है। पिछली शताब्दियों में लोगों की आवाजाही, दूरदराज के इलाकों तक धर्म के फैलाव और परिवहन के बढ़ते साधनों ने अब हर मुल्क की एकरूपता या समरूपता को तोड़ा है। आज अधिकांश देशों में मिश्रित आबादी है जहाँ अलग-अलग जातीय समूहों, राष्ट्रीयताओं, धार्मिक मान्यताओं और भाषायी समूहों

के लोग साथ-साथ रहते हैं। किसी भी आधुनिक मुल्क की राजनीति इन तरह-तरह के स्वार्थों को एक तार्किक खाँचे में फिट करती है और इस खाँचे को बनाने में इस बात का खास ध्यान रखा जाता है कि कोई भी समूह खुद भी एकदम अलग-थलग महसूस न करे। और इसी विशेष चिन्ता के चलते समाज में एकता कायम की जाती है या बनती है। लेकिन इस भूमिका को निभा सकने में सक्षम होने के लिए राजनीतिक दलों को इस बात से बचना होता है कि वे किसी एक ही गैर-आर्थिक और गैर-तार्किक समूह के साथ खुद को नत्थी न कर दें। अगर वे किसी एक समूह के साथ पूरी तरह जुड़ जाते हैं तो फिर देश में एकता बनाने की अपनी असली भूमिका नहीं निभा सकते। और अगर राजनीतिक दल ही ऐसे समूहों के अनुरूप खुद ही संगठित हों तो समाज की तरह राजनीतिक व्यवस्था भी बिखराव का शिकार हो जाएगी और समाज को एकजुट करनेवाली कोई शक्ति ही नहीं रह जाएगी। ऐसी स्थिति में राजनीतिक समूहों का उद्देश्य परस्पर विरोधी हितों को आगे बढ़ाना होगा और अन्ततः राजनीतिक व्यवस्था में सिर्फ बड़े समूहों के पक्षधर ही बचेंगे और उस पर एक बड़े समूह की तानाशाही कायम हो जाएगी। यह तानाशाही जैसी स्थिति अन्य समूहों, खासकर छोटे समूहों की जरूरतों को नजरअन्दाज करेगी और ऐसे समूहों को दबाने का प्रयास भी करेगी। अगर प्रभुत्व की लड़ाईवाले समूहों की ताकत कमोबेश समान होगी तो धीरे-धीरे गृहयुद्ध की स्थिति आ जाएगी और अगर दूसरे समूह बहुत कमजोर हुए तो वे आतंकवाद का सहारा लेंगे।

जातिगत भेदों या अन्तरों को बढ़ा-चढ़ाकर बताने और राजनीति में जाति का मुद्दा बनाने से लोकतान्त्रिक राजनीति का बंटाधार हो जाएगा। और इस चीज को न देख पाना सब कुछ जानकर आँखों पर पट्टी बाँध लेना ही होगा।

लेकिन यह सब कहने का यह मतलब भी नहीं निकाला जाना चाहिए कि सामाजिक अन्याय के लम्बे समय से पड़े मसलों पर ध्यान ही न दिया जाए। ऐसा करने से सम्भव है कि ये विवाद कुछ समय के लिए टल जाएँ पर इस बात की ज्यादा गुंजाइश हो जाती है कि बाद में ये और विस्फोटक रूप लेकर सामने आएँ। ऐसे में जरूरत है कि समस्या को किसी एक छोटे हिस्से की समस्या मानने की जगह पूरे समाज की समस्या मानकर सामाजिक न्याय के हिसाब से निपटाएँ। जातिगत पिछड़ेपन और अक्षमता के मसले को जब सामाजिक न्याय के नजरिए से सुलझाते हैं तब समाज को जोड़नेवाली शक्तियाँ ताकतवर होती हैं और समानता और निष्पक्षता जैसे कुछ बुनियादी मूल्यों के इर्द-गिर्द समाज के सभी समूहों को एकजुट करती हैं। इससे पुराने पूर्वाग्रहों को उभरने का अवसर

नहीं मिलता। अगर यह समझ रहे कि क्या समस्या है तो जातिगत टकराव के अनेक जटिल और उलझे मसलों के भी अनेक समाधान निकाले जा सकते हैं। निश्चित रूप से इससे उन लोगों को खास लाभ होगा जो सामाजिक रूप से वंचित रहे हैं और वे पहले की कमी को भी पूरा कर सकते हैं। लेकिन जहाँ तक सम्भव हो इसके साथ ही ऊपरी जाति के गरीब लोगों के लिए भी बदले में कुछ कदम उठाने होंगे जिससे किसी के मन में यह दुर्भावना न फैले कि उन्हें बिना किसी उनकी गलती के ही सजा दी जा रही है या उनके साथ कोई भेदभाव हो रहा है। अधिकांश मामलों में तो पिछड़े और खासकर दलित जातियों के लोग ही सबसे ज्यादा गरीब हैं। ऐसे में यह बेहतर विकल्प हो जाता है कि सिर्फ आर्थिक कदम उठाने की जगह पिछड़ी जातियों की आर्थिक स्थिति को बेहतर किया जाए। जातिगत भेदभाव दूर करने का यह तरीका किसी भी जाति में नाराजगी नहीं पैदा करेगा और जहाँ तक सम्भव हो इसे ही बढ़ावा दिया जाना चाहिए। अक्सर वंचित जाति के लोगों का अपमान उनकी दरिद्रता के चलते कई गुना बढ़ जाता है। दरिद्रता के चलते वे बहुत साफ-सुथरा नहीं रह पाते और फिर यही चीज बड़ी जातियों के लिए एक हथियार बन जाती है कि वे पिछड़ों को, दलितों को गन्दा बताकर अपने से दूर ही रखें। हाँ, अगर बड़ी जाति का आदमी साफ-सफाई नहीं रखता तो इस बात की अनदेखी कर दी जाती है। अगर पिछड़ी जातियों की दरिद्रता दूर कर दी जाए तो उनकी तरफ से नाक फेरने का बहाना भी खत्म हो जाएगा।

हमने ऊपर कहा है कि राजनीति हमारे समय के मिश्रित समाजों में एकता पैदा करनेवाली शक्ति के रूप में काम करती है। यह बात एकदम सही है बशर्ते राजनीति निजी या एक छोटे समूह के लिए सत्ता पाने की मंशा से न की जाए। यह बात तभी सच होती है जब राजनीति समाज के वृहत्तर हितों का खयाल रखती है और राजनीतिक दल कुछ बातों को न उठाने-छेड़ने पर सहमति रखें। उन्हें समाज के नुकसान पहुँचानेवाले वैसे क्षुद्र प्रयासों का मोह छोड़ना होगा। इन सबका सीधा-सा मतलब यह है कि राजनीति कायदे से चले, मूल्यों पर आधारित हो। इनके बिना तो राजनीति विखंडनवादी शक्तियों का उत्प्रेरक बन जाती है। और हर आधुनिक समाज में ऐसी शक्तियाँ दबी-छुपी रहती हैं। भारत में मर्यादित व्यवहारवाली राजनीति बहुत नहीं चली है। इसी चीज ने जातिवाद, सम्प्रदायवाद और हर किस्म के क्षेत्रवाद जैसी विभाजनकारी शक्तियों को आगे ला दिया है।

इस स्थिति से निकलने का रास्ता न बना पाने की हमारी अक्षमता राजनीति

के सीमित नजरिए से भी आई है और यह तंग दृष्टिकोण पश्चिम के राजनीतिक सोच पर चलने के चलते बना है। हम जिस पश्चिमी सैद्धान्तिक ढाँचे के तहत चलते-सोचते रहे हैं उससे अपने समाज के आज के टकरावों और संघर्षों को सही परिप्रेक्ष्य में नहीं समझ सकते। पिछले डेढ़ सौ वर्ष की सभी प्रमुख राजनीतिक और समाजशास्त्रीय अवधारणाएँ यूरोप के अनुभव पर आधारित रही हैं जो काफी कुछ एकसमान आबादीवाले देशों का समाज है। प्रमुख राजनीतिक, विचारक और समाजशास्त्री लोगों की जो मुख्य चिन्ताएँ रही हैं वे भी अलग-अलग पसन्द या सोचवाली रही हैं अर्थात् बाहरी कारकों से तय हुई हैं। मार्क्सवादियों के लिए पूँजीवाद के तहत उत्पादन और वितरण व्यवस्था की अराजकता चिन्तन का मुख्य मुद्दा थी और वे योजनाबद्ध अर्थव्यवस्था की तार्किकता लाकर इसे सुधारना चाहते थे। पश्चिमी समाजशास्त्र को बहुत ज्यादा प्रभावित करनेवाले मैक्स वेबर के लिए जीवन और विचारों की पारम्परिक शैली की अतार्किकता सबसे बड़ा मुद्दा थी और वे मानते थे कि समाज इस पर जीत हासिल करने और एक तार्किक व्यवस्था लाने का प्रयास कर रहा है। वैसे तो पैराटो ने सामाजिक व्यवहार की अतार्किकता पर जोर दिया पर यह अतार्किकता भी समाज के अन्दर से आती थी और समाज की समानतावादी संस्कृति के चलते सीमित ही रहती थी।

इन सबने जिन प्रणालियों की बात की उनके मूल्यों में एक समानता थी। मार्क्स तक में प्रभावी वर्ग की विचारधारा, जिसमें उसके मूल्य भी समाहित थे, पूरे समाज की विचारधारा बन जाती है। जब एक नया वर्ग सत्ता हासिल करता है तो फिर उसके मूल्य सारे समाज के लिए सार्वजनिक बन जाते हैं।

दूसरी ओर हम आज के अधिकांश समाजों में यह स्थिति देखते हैं कि विभिन्न जातीय, धार्मिक और अन्य समूहों के अपने-अपने कुछ बुनियादी मूल्य, पहचान और निष्ठाएँ हैं जो पूरे समाज के हितों का प्रतिनिधित्व करनेवाले मूल्यों के भी ऊपर गिनी जाने लगती हैं और इसमें भी और चिन्ता की बात यह है कि अगर विभिन्न समूहों के बीच बैर या उग्रता का भाव है तो गुटों के प्रति निष्ठा और तेजी से बढ़ती जाती है।

पश्चिमी जगत में यही स्थिति तब थी जब सिकन्दर की विजयों के साथ यूनानी साम्राज्य विस्तृत होता गया था या जब रोमन साम्राज्य बहुत बड़ा हो गया था और अनेक मूल और विश्वासोंवाले लोग एक ही राजनीतिक व्यवस्था की छतरी के नीचे आ गए थे। यह पहला साम्राज्य तो इतना लम्बा चला ही नहीं कि उसे अपने अन्दर के इतने तरह के लोगों को सँभालने के लिए पर्याप्त प्रणाली विकसित करने का अवसर मिलता। रोमन साम्राज्य में भी कोई

समानतावादी दर्शन या आदर्श से तो काम नहीं हुआ पर वहाँ छोटे समूहों–जिन्हें बारबेरियन अर्थात् बर्बर और असभ्य माना जाता था–के विश्वासों और सन्देहों की परवाह किए बिना रोमन कानून लागू किए गए और उनके अनुरूप ही सबसे आचरण कराके शान्ति रखी गई। लेकिन साम्राज्य के बाद के दिनों में जब यही 'बारबेरियन' लोग साम्राज्य के कामकाज में प्रमुख भूमिका निभाने लगे तब पुरानी व्यवस्था गम्भीर दबावों में आ गई। लेकिन राजा और प्रजा सभी के ईसाई धर्म में दीक्षित हो जाने से राहत मिली और समाज अराजकता की गिरफ्त में आने से बच गया। इससे सशक्त कबीलों को अवसर मिला और उन्होंने अपने-अपने क्षेत्रीय राज्य स्थापित किए जिनमें काफी हद तक सामंजस्य और समानता रही। इसके बाद उनसे सम्बन्धित जो भी राजनीतिक व्यवस्थाएँ और विचार आए वे वैसे ही मुल्कों की शासन प्रणाली को ध्यान में रखकर विकसित हुए थे। यह वह पृष्ठभूमि है जिसमें राजनीतिक व्यवस्था की तार्किकता का विचार फतवे जैसी हैसियत में आ गया। पर जब फासीवाद का उदय हुआ तब शीशे का यह महल चकनाचूर हो गया। तब यह लगने लगा कि समाज के अन्दर कुछ ऐसी बेलगाम शक्तियाँ भी सुप्तावस्था में पड़ी हैं जो जागकर लोगों के सिर पर जुनून की तरह छा सकती हैं। इससे फ्रायड के अध्ययन और मानव मन की अतार्किक शक्तियों के अध्ययन में दिलचस्पी जगी। लेकिन विश्वयुद्धों के बाद भी समृद्धि ने लोगों को इन सभी चीजों को भुलाने की प्रेरणा दी। उसके बाद से ये चीजें जहाँ-तहाँ सिर उठा रही हैं लेकिन यूरोपीय लोगों की निश्चिन्तता में खलल नहीं डाल पातीं। इसलिए वे अभी भी सन्तुलन के अपने सिद्धान्तों के साथ ही चल रहे हैं, उन्हीं के लिए तर्क, कुतर्क और प्रमाण इकट्ठे करते जा रहे हैं।

दूसरी तरफ भारत अपने ऐतिहासिक दौर के शुरू से ही विभिन्न तरह के लोगों की विविधता को समेटकर एक शासन प्रणाली विकसित करने की जद्दोजहद में लगा रहा है। कुछ खास तरह से जाति व्यवस्था ने इस काम को एक हद तक पूरा भी किया है। लेकिन इसकी जड़ों में ही वैमनस्य के बीज पड़े हैं जो कुछ लोगों को श्रेष्ठ बताते हैं तो कुछ को नीच। लेकिन यह व्यवस्था दो 'सेफ्टीवाल्वों' के मौजूद होने से चलती रही। पहली चीज तो थी कठोर वैचारिक ढाँचे के बावजूद सत्ता या तलवार के जोर पर पिछड़ों के लिए अगड़ी पाँत में बैठने की गुंजाइश। यह तब हुआ जब किसी पिछड़े नायक ने हथियारों के बल पर अपना राज्य स्थापित किया और शासक जाति का दर्जा पा लिया। दूसरी चीज थी पूरी व्यवस्था द्वारा भौतिक सुखों का त्याग करने को मनुष्य का सबसे बड़ा उद्देश्य बताना। इस व्यवस्था के चलते समाज में सबसे ज्यादा सम्मान का

हकदार वही होगा जो सब कुछ त्याग दे—यह हिन्दू संन्यासी या बौद्ध भिक्खू ही हो सकता था। और संन्यासी या भिक्खू बनना हर किसी के लिए सम्भव न था, इसलिए निचले तबकों या जमातों में पैदा तनाव कभी भी पूरी व्यवस्था को ठप्प करने या बाधित करने की स्थिति तक नहीं पहुँचा।

एक वास्तविक समानतावादी समाज इससे भी ज्यादा प्रभावी ढंग से सामाजिक तनावों को दूर कर सकता है। भौतिक सम्पत्ति और दर्जे का मोल घटाना इसका सबसे आसान तरीका हो सकता है क्योंकि इन्हीं के लिए व्यक्ति और समूह अन्ध प्रतिद्वन्द्विता करते हैं और इनको लेकर ही उनके अन्दर सबसे ज्यादा राग-द्वेष होता है। लेकिन जब तक जरूरतों पर अंकुश न लगाया जाए तब तक समानता के आदर्श को हासिल कर पाना सम्भव नहीं है। अत्यधिक सम्पत्ति का स्वामी बनने की भूख के साथ अगर जातिगत मूल्यों से पैदा हताशा को जोड़ लें तो भारत में जातियों के बीच टकराव को कौन टाल सकता है। पिछले दिनों हुई घटनाएँ इस बड़ी आपदा की चेतावनी भर हैं। जातिगत सम्बन्धों में कोई तार्किकता नहीं है, न हो सकती है। इसलिए खुद को बचाने का एकमात्र तरीका है कि हम अपने मूल्यों को बदलें और उन्हें अधिक-से-अधिक समानतावादी होने की तरफ मोड़ें।

मूल्यों की बात करना राजनीति को उपदेश-कला बनाना लग सकता है। लेकिन अन्तिम विश्लेषण में भी राजनीति की वैधता तभी है जब वह राजनीति या शासन में तात्कालिक लक्ष्यों को लाँघकर ऊपर उठती है। राजनीतिक सत्ता पाने के लिए जरूरी जनमत जुटाने के काम में जुटे राजनेता भी हरदम ऐसी अपील करते हैं। पर इस सम्पर्क में सिर्फ एक ही पहलू पर गौर करना चाहिए कि यह अपील एक कबीलाई एकता के कुछ अन्तर्निहित भावों को छेड़कर उसे कौन-सी दिशा देती है। यह अक्सर एक समूह में दूसरे समूहों के प्रति विद्वेष भाव को उकसाती है, यह सार्वजनिक मूल्यों के प्रति विद्वेष पैदा करती है।

जब से विभिन्न जातीय या सांस्कृतिक पृष्ठभूमि के लोगों का मेल-जोल होना शुरू हुआ है, तभी से पूरे समाज के लिए कोई ऐसी नैतिक शक्ति पैदा करने की कोशिशें चलती रही हैं जो सबके बीच एकता बनाए, उसे मजबूत करे। कबीलाई धर्म को सार्वजनिक धर्म में बदलना इस दिशा में सबसे महत्त्वपूर्ण प्रयास है। बौद्ध, इस्लाम और ईसाई जैसे धर्मों ने लोगों में बन्धुत्व पर जोर दिया है। इन सभी धर्मों के बारे में यह खास बात है कि ये शुरुआत में ही समानतावादी रहे हैं। सभी मनुष्य भाई-भाई हैं, जैसी अवधारणा के साथ समानता की बात अनिवार्यतः जुड़ती है। जब तक भौतिक सुख-साधनों को ऊँचा स्थान मिलता

रहेगा, मनुष्य का मोल उसी अनुपात में कम होता जाएगा जिस अनुपात में कुछेक लोगों के साथ में ही सम्पत्ति सिमटती जाएगी। पर भौतिक सुख-साधनों का लालच बहुत बड़ा है और इन्हें जमा करते जाने की मनुष्य की भूख ने महान धर्मों की तरफ से भी उसकी आँखों पर परदा डाल दिया। और वह उसी में पड़ा रहा। और फिर जिन लोगों की धर्म में आस्था बनी रही वे थोड़े से ही रह गए। उन लोगों के मन में भी यह धारणा बैठ गई कि वे ईश्वर द्वारा चुने हुए लोग हैं और विशिष्ट हैं इसलिए उन्होंने अपने धर्म के ही थोड़े से लोगों के साथ बन्धुत्व रखते हुए छोटे-छोटे समूह बना लिए।

इसलिए अब सभी धर्मों के अन्दर भी बड़ी-बड़ी मूर्तियाँ लगाने, वर्गीकरण करने और भौतिक साधन जुटाने की होड़-सी लगी है।

समाजवाद ने भी उसी वक्त एक मत या अलग सम्प्रदाय का रूप ले लिया जब उपभोगवाद आर्थिक गतिविधियों के जाल में पूरे विश्व को समेट रहा था और इस प्रकार नए टकरावों की स्थिति पैदा कर रहा था। समाजवाद ने दुनिया के सारे वंचितों के एकजुट होने का आह्वान किया। पर इसकी शुरुआती तेजी को समाजवादी आन्दोलन के उन कुछ धड़ों ने ही भोथरा किया, जिन्होंने संग्रहशील (सम्पत्ति जमा करनेवाला) समाज के उन मूल्यों को स्वीकार किया जिन पर कभी समाजवाद ने चोट करने की शुरुआत की थी।

जब असमानताएँ बहुत ही बड़ी हो जाती हैं तो लोग मतभेदों या अलगाववाले कारकों की तलाश करते हैं। अक्सर उन मतभेदों को भी खोदकर निकाला जाता है जिन्हें काफी पहले दफना दिया गया होता है क्योंकि अपने कष्टों के लिए दूसरों को जिम्मेवार ठहराने में इन मतभेदों या अन्तरों का सहारा आसानी से लिया जा सकता है। हैरानी की बात यह है कि व्यक्तिगत हितों को आगे बढ़ाने, सम्पत्ति जमा करने और अपनी हैसियत के अनुरूप समाज में जगह बनाने की होड़वाले दौर में जिन अतार्किक अपीलों और निष्ठाओं को मृत या समाप्त मान लिया गया था, अब अनौपचारिक रूप से सामने आ रही हैं।

आज दुनिया जिस रूप में है उसे देखते हुए नहीं लगता कि जब तक लोग अपनी आकांक्षाओं को नीचे लाने को तैयार नहीं होंगे, दूसरे लोगों की जरूरतों के अनुरूप अपने उपभोग की आदतों में बदलाव नहीं करेंगे तब तक ये पुराने पिशाच फिर से वापस डाल पर जाएँगे। जातिगत विभाजन के सन्दर्भ में यह बात अधिक दमदार रूप से हम पर भी लागू होती है। आज जो लोग सामाजिक दृष्टि से लाभ की स्थिति में हैं वे अगर बाकी लोगों को साथ लेने या उनको भी खपाने की भावना से काम नहीं करेंगे तो यह समस्या समाप्त होनेवाली नहीं

है। पुस्तक में पहले जो विस्तृत चर्चा हुई है उससे जाति की परम्परा में विशिष्टता का बोध समाप्त करने में कुछ मदद मिल सकती है और सम्भव है कि इससे लोग यह भी देख सकेंगे कि अभी जो भी अन्तर या असमानताएँ हों, असल में हिन्दुस्तान के सभी लोग एक ही तरह के मूलवाले हैं और अलग-अलग तरफ से आकर वे एक बड़े समाज का हिस्सा बनते गए हैं। सम्भव है इससे कुछ रिश्ते का भाव बने, जिसके बिना हमारा कोई भविष्य नहीं है।

अनुक्रमणिका

●●●